国家示范性高职院校建设项目成果

汽车拆装与调整

主　编　董继明　胡　勇
副主编　王贤高
参　编　王悬悬　陈海燕

机 械 工 业 出 版 社

本书选取汽车维修拆装过程中的典型工作任务，从提高学生能力出发，提炼出适于教学的学习情境，不仅较全面、系统地介绍了汽车各总成的拆装调整过程，同时也较为系统地讲解了汽车各部分的构造原理。本书主要以大众桑塔纳3000等典型轿车为主进行介绍，分汽车车身附件、发动机、底盘拆装调整3个情境、19个学习单元进行介绍，具有很强的实用性和系统性。

本书可作为高职高专院校汽车专业教材，亦可供汽车工业部门、汽车维修企业和汽车运输部门的技术人员阅读。

本教材配有电子课件,凡使用本书作为教材的教师可登录机械工业出版社教材服务网 www. cmpedu. com 注册后下载。咨询邮箱：cmpgaozhi@ sina. com。咨询电话：010-88379375。

图书在版编目（CIP）数据

汽车拆装与调整/董继明，胡勇主编. —北京：机械工业出版社，2010. 9（2012. 7 重印）

国家示范性高职院校建设项目成果

ISBN 978-7-111-31804-0

Ⅰ. ①汽… Ⅱ. ①董…②胡… Ⅲ. ①汽车-装配（机械）-高等学校：技术学校-教材 Ⅳ. ①U472

中国版本图书馆 CIP 数据核字（2010）第 174426 号

机械工业出版社（北京市百万庄大街22号 邮政编码100037）

策划编辑：葛晓慧 责任编辑：葛晓慧

版式设计：霍永明 责任校对：姚培新

封面设计：赵颖喆 责任印制：张 楠

北京振兴源印务有限公司印刷

2012年7月第1版·第2次印刷

184mm×260mm · 18.5印张 · 457千字

4001—7000册

标准书号：ISBN 978-7-111-31804-0

定价：32.00元

前 言

本书紧密围绕高等职业教育人才培养目标和人才需求来确定内容，为适应汽车检测与维修技术专业教学改革需要，结合编写院校多年教学经验编写而成。

本书以从实践中归纳的典型工作任务入手，提炼出适合教师教学和学生学习训练的学习情境，注重知识应用性和能力素质的培养，任务明确，内容简练，基础理论浅显，以够用为度。技能操作简单实用，循序渐进，非常适合汽车检测与维修技术及相近专业的入门学习。

全书共有车身附件的拆装与调整、发动机的拆装与调整、汽车底盘的拆装与调整3个学习情境，19个学习单元。每一学习单元首先明确学习任务与目标（学习目标）；以案例导入学习任务（任务载体）；借以丰富的图片、插图和简练的文字阐明每个具体工作任务的操作方法及工作要求（技能操作），目的在于使学生掌握专项操作技能；结合工作任务，讲述其相关理论知识（相关知识）；介绍任务所涉及的最新领域与相关的技能（知识与能力拓展）；最后还设置了课后思考题。同时，为了引导学生独立思考，培养其计划决策能力，每一单元设计了任务工单，方便学习与教学。

本书内容全面，适应性强，对传统操作内容进行筛选，抛弃过时的和难度较大的内容，具有很强的实用性。同时，选用常用车型与设备，方便教学单位教学。通过精心设计的学习情境，将汽车结构、保养、维修、检测、新技术等理论知识巧妙地串联起来，具有一定的系统性，也可以作为传统“汽车构造”课程理论与实训的选用教材。

本书内容新颖，适合教学改革需要。每一任务都是经过社会调查与企业专家论证结果，经教学专家研讨提炼而成。

本书由河南职业技术学院董继明、胡勇为主编，王贤高为副主编，王悬悬和陈海燕参加编写。

本书在编写过程中，曾得到河南豫港华信汽车销售有限公司梁相成和河南豫港上海大众汽车销售有限公司牛云鹤以及其他许多专家和同行的热情支持，并参阅了许多国内外公开出版和发表的文献，在此一并表示感谢。

由于编者水平有限，书中难免存在不妥与疏漏之处，恳请读者批评指正。

编 者

序

三载寒暑，数易其稿，我院国家示范性高职院校建设成果之一——工学结合的系列教材终于付梓了，她就像一簇小花，将为我国高职教育园地增添一抹春色。我院入选国家示范性高职院校建设单位以来，以强化内涵建设为重点，以专业建设为龙头，以精品课程和教材建设为载体，与行业企业技术、管理专家共同组建专业团队，在课程改革的基础上，共同编著了30余部教材，涵盖了我院的机电一体化技术、电子信息工程技术、汽车检测与维修技术、烹饪工艺与营养四个专业的30余门专业课程。在保证知识体系完整性的同时，体现基于工作过程的基本思想，是本批教材探讨的重点。

本批教材是学院与行业企业共同开发的，适应区域、行业经济和社会发展的需要，体现了行业新规范、新标准，反映了行业企业的新技术、新工艺、新材料。教材内容紧密结合生产实际，融“教、学、做”为一体，力求体现能力本位的现代教育思想和理念，突出高职教育实践技能训练和动手能力培养的特色，注重实用性、先进性、通用性和典型性，是适合高职院校使用的理论和实践一体化教材。

本批教材由我院国家示范性重点建设专业的专业带头人、骨干教师与相关行业企业的技术、管理专家合作编写，这些同志大都具有多年从事职业教育和生产管理一线的实践经验，合作团队中既有享受国务院政府特殊津贴的专家、河南省“教学名师”，又有河南省教育厅学术技术带头人、国家技能大赛优胜者等。学院教师长期工作在高职教育教学一线，熟悉教学方法和手段，理论方面有深厚功底，行业企业专家具有丰富的实践经验，能够把握教材的广度和深度，设定基于工作过程的教学任务，两者结合，优势互补，体现“校企合作、工学结合”的主要精髓。相信这批教材的出版，将会为我国高职教育的繁荣发展做出一定贡献。

河南职业技术学院院长　**王爱群**

目　录

序
前言
学习情境1　车身附件的拆装与调整 …… 1
　学习单元1　常用汽车拆装工具设备的使用 …… 1
　学习单元2　汽车保险杠的拆装 …… 21
　学习单元3　汽车内饰件的拆装 …… 35
学习情境2　发动机的拆装与调整 …… 47
　学习单元1　发动机拆装 …… 47
　学习单元2　气缸垫的更换 …… 55
　学习单元3　发动机活塞环的检查与更换 …… 64
　学习单元4　发动机正时带的更换 …… 84
　学习单元5　气门拆装与气门间隙的检查调整 …… 91
　学习单元6　发动机机油泵的拆装与更换 …… 109
　学习单元7　空气滤清器及汽油滤清器的更换 …… 120
　学习单元8　发动机节温器与水泵的拆装与更换 …… 131
　学习单元9　发动机排气管更换 …… 139
学习情境3　底盘的拆装与调整 …… 155
　学习单元1　离合器调整与离合器片的更换 …… 155
　学习单元2　变速器操纵机构调整 …… 168
　学习单元3　变速器同步器的更换 …… 177
　学习单元4　悬架减振器的更换 …… 190
　学习单元5　汽车车轮与轮胎的拆装 …… 203
　学习单元6　转向器的检查调整 …… 213
　学习单元7　制动蹄与制动块的更换 …… 227
任务工单 …… 245
参考文献 …… 290

学习情境1　车身附件的拆装与调整

学习单元1　常用汽车拆装工具设备的使用

【学习目标】

1. 能通过与客户交流、查阅相关维修技术资料等方式获取车辆信息。
2. 通过查阅资料和观摩，掌握汽车常用拆装工具和设备的种类和用途。
3. 熟悉使用各种拆装工具和设备。
4. 能对操作结果进行测试，检查和评估其修复质量。
5. 能根据环保要求，妥善处理辅料、废弃液体和损坏零部件。

【任务载体】

客户桑塔纳轿车5000km维护后，发现汽车停车地点有漏油痕迹，检查发动机油尺，发动机润滑油油位偏低，经维修店检查发现是汽车发动机油底壳放油螺钉处漏油，进一步检查发现为油底壳放油螺钉螺纹损伤导致不能拧紧所致。虽然故障问题不大但维修较为麻烦。其原因是轿车保养更换润滑油时在拧紧放油螺钉时维修工使用工具不当和用力过猛所致。因此正确的使用维修工具是对维修人员最基本的要求。

【相关知识】

一、汽车维修常用拆装工具

1. 呆扳手

最常见的一种扳手，主要用于拆装一般标准规格的螺栓或螺母。使用时可上下套入或直接插入，使用方便。其开口的中心平面和本体中心平面成15°角，这样既能适应人手的操作方向，又可降低对操作空间的要求。其规格是以两端开口的宽度S（mm）来表示的（如8~10mm、12~14mm等），通常是成套装备，有8件一套、10件一套等，一般用45、50钢锻造，并经热处理，适用的范围在6~24mm之间。按其结构形式可分为单头和双头两种，图1-1所示为双头呆扳手。

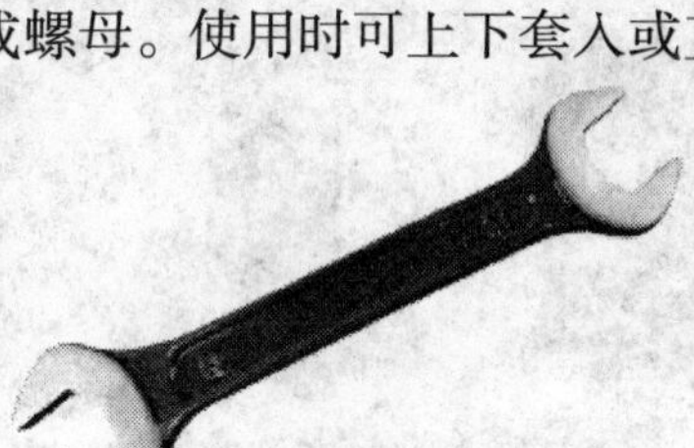

图1-1　呆扳手

2. 梅花扳手

其两端是环状的，环的内孔由两个正六边形互相同心错转30°而成，如图1-2所示。使用时，扳动30°后，即可换位再套，因而适用于狭窄场合下操作，与呆扳手相比，梅花扳手强度高，使用时不易滑脱，但套上、取下不方便。其规格是以闭口尺寸S来表示，如8~10mm、12~14mm等，通常是成套装备，有8件一套、10件一套等，一般用45钢锻造，并经热处理，适用范围在5.5～27mm之间。

3. 两用扳手

一端为呆扳手，另外一端为梅花扳手，兼具两种扳手的特点，两端尺寸相同，如图1-3所示。

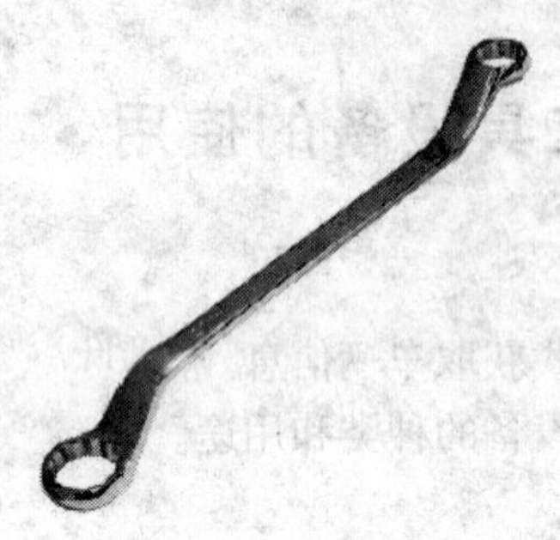

图1-2　梅花扳手

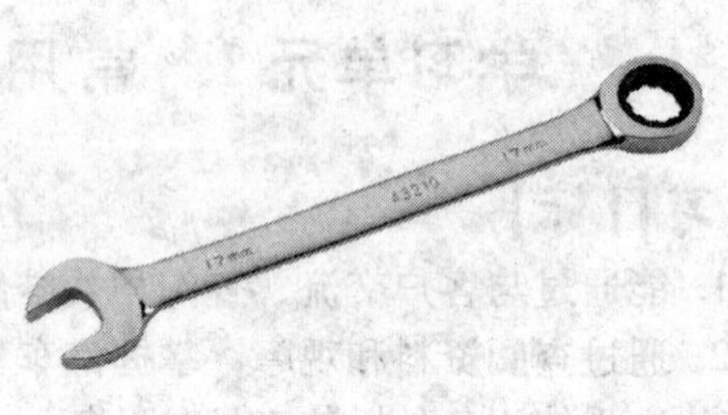

图1-3　两用扳手

4. 套筒扳手

是一种组合型工具，使用时由几件组成一把扳手。套筒扳手的材料、环孔形状与梅花扳手相同，适用于拆装位置狭窄或需要一定力矩的螺栓或螺母。套筒扳手主要由套筒头（见图1-4）、手柄、快速摇柄（见图1-5）、棘轮手柄（见图1-6）、接头和接杆等组成，各种手柄适用于各种不同的场合，以操作方便或提高效率为原则。如活动手柄可以调整所需力臂；快速手柄用于快速拆装螺母、螺栓，同时还能配用扭力扳手显示扭紧力矩。常用套筒扳手的规格是10～32mm。在汽车维修中还采用了许多专用套筒扳手，如火花塞套筒、轮毂套筒、轮胎螺母套筒（见图1-7）等。套筒扳手具有功能多、使用方便、安全可靠的特点，尤其在拆装空间狭小、凹下很深或不易接近等部位的螺栓、螺母更为方便、实用。常用的套筒扳手有13件、17件和24件一套等多种规格。

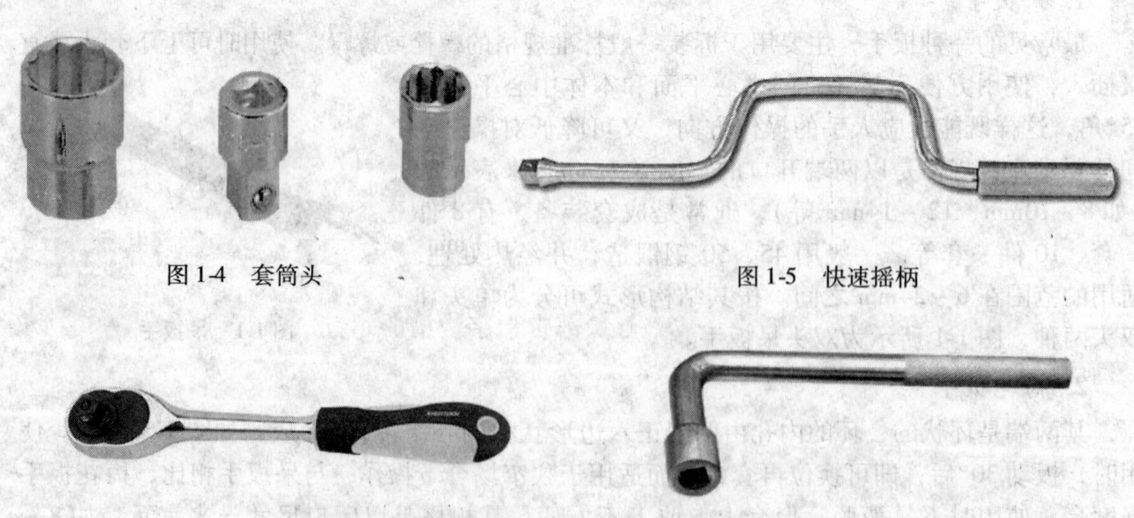

图1-4　套筒头

图1-5　快速摇柄

图1-6　棘轮手柄

图1-7　轮胎螺母专用套筒

5. 活扳手

其开口尺寸能在一定的范围内任意调整，使用场合与开口扳手相同，但活扳手操作起来不太灵活，其外形如图1-8所示。其规格是以最大开口宽度（mm）来表示的，常用有150mm、300mm等，通常是由碳素钢（T）或铬钢（Cr）制成的。

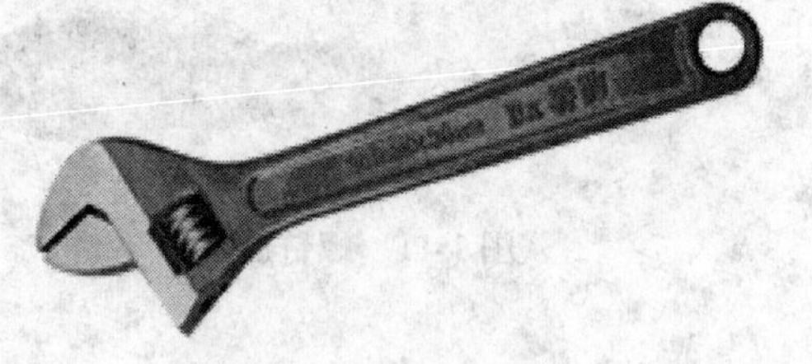

图1-8　活动扳手

6. 扭力扳手

它是一种可读出所施拧紧力矩大小的专用工具，外形如图1-9所示。其规格是以最大可测力矩来划分的，常用的有294N·m、490 N·m两种；扭力扳手除用来控制螺纹件旋紧力矩外，还可以用来测量旋转件的起动转矩，以检查配合、装配情况，如北京492Q发动机曲轴起动转矩应不大于19.6 N·m。

7. 内六角扳手

是用来拆装内六角螺栓（螺塞）用的，如图1-10所示。规格以六角形对边尺寸*S*表示，有3~27mm 13种，汽车维修作业中使用成套内六角扳手拆装M4~M30的内六角螺栓。

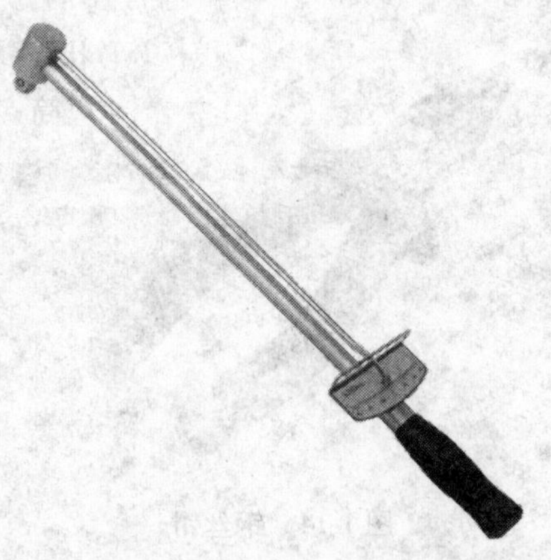

图1-9　扭力扳手

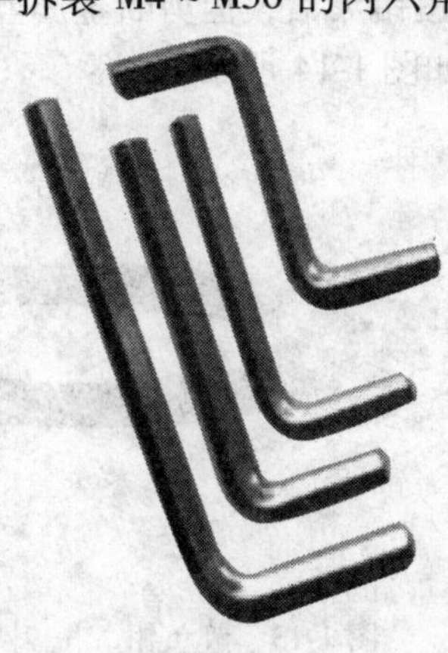

图1-10　内六角扳手

8. 螺钉旋具

（1）一字螺钉旋具　用于旋紧或松开头部开一字槽的螺钉，一般工作部分用碳素工具钢制成，并经淬火处理。如图1-11所示，一字螺钉旋具由手柄、刀体和刃口组成；其规格以刀体部分的长度表示，常用的规格有100mm、150mm、200mm和300mm等几种，使用时，应根据螺钉沟槽的宽度选用相应的规格。

（2）十字螺钉旋具　用于旋紧或松开头部带十字沟槽的螺钉，材料和规格与一字形螺钉旋具相同。

9. 锤子

其锤头一端平面略有弧形，是基本工作面，另一端是球面，用来敲击凹凸形状的工件，规格以锤头质量来表示，以0.5~0.75kg的最为常用，锤头以45钢、50钢锻造，两端工作面热处理后具有较高的硬度，外形如图1-12所示。

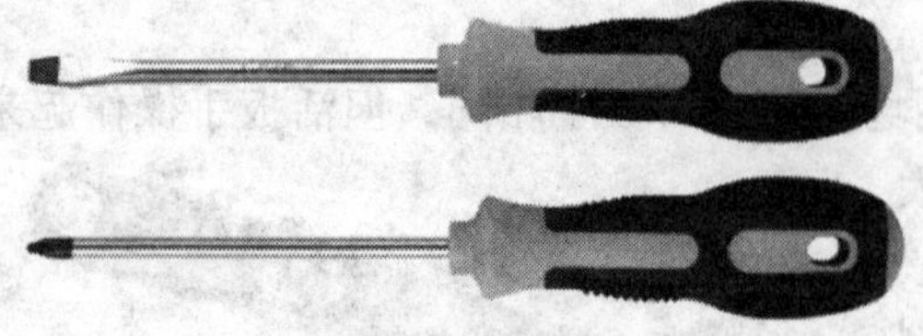

图 1-11　螺钉旋具

图 1-12　手锤

10. 手钳

（1）鲤鱼钳　鲤鱼钳钳头的前部是平口细齿，适用于夹捏一般小零件，中部凹口粗长，用于夹持圆柱形零件，也可以代替扳手旋小螺栓、小螺母。钳口后部的刃口可剪切金属丝，由于一片钳体上有两个互相贯通的孔，又有一个特殊的销子，所以操作时钳口的张开度可很方便地变化，以适应夹持不同大小的零件，是汽车维修作业中使用最多的手钳。规格以钳长来表示，一般有 165mm、200mm 两种，用 50 钢制造，外形如图 1-13 所示。

（2）钢丝钳　钢丝钳的用途和鲤鱼钳相仿，但其支销相对于两片钳体是固定的，故使用时不如鲤鱼钳灵活，但剪断金属丝的效果比鲤鱼钳要好，规格有 150mm、175mm、200mm 3 种，外形如图 1-14 所示。

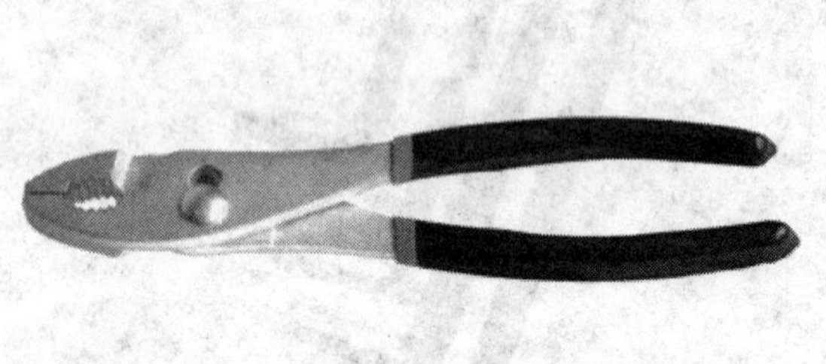

图 1-13　鲤鱼钳

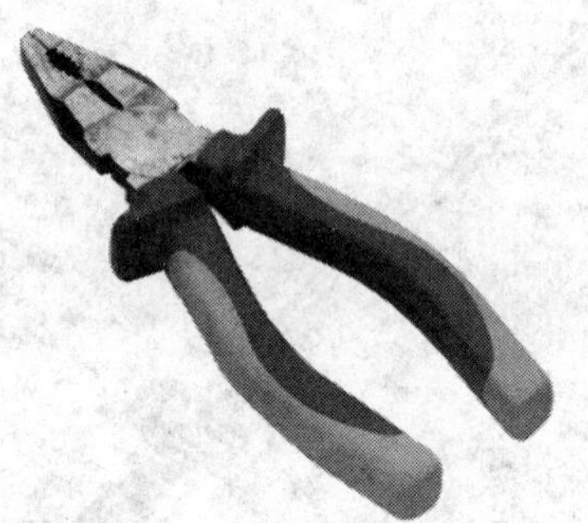

图 1-14　钢丝钳

（3）尖嘴钳　其头部细长，能在较小的空间工作，带刃口的能剪切细小零件，使用时不能用力太大，否则钳口头部会变形或断裂，规格以钳长来表示，常用 160mm 一种，外形如图 1-15 所示。

图 1-15　尖嘴钳

图 1-16　拉器

11. 拉器

用来拉出轴上零件，如将轴上齿轮、带轮、轴承从轴上拉出或把轴承外圈、油封等孔内零件从孔里拉出。由于采用静压力拆卸零件，避免了冲击对过盈联接零件的损害，因此在拆卸过程中应用广泛，外形如图1-16所示。

二、汽车维修常用拆装设备

在汽车维修中，汽车维修设备是不可忽视的。它包括维修工作地沟、汽车举升设备、总成拆装运送设备与工作台架等。

1. 千斤顶

（1）立式液压千斤顶　千斤顶是一种起重高度小（小于1m）的简单的起重设备。它有机械式和液压式两种。机械式千斤顶又有齿条式与螺旋式两种，由于起重量小，操作费力，只用于一般机械维修工作。液压式千斤顶结构紧凑，工作平稳，有自锁作用，故使用广泛。其缺点是起重高度有限，起升速度慢。按照所能顶起的质量可分为3000kg、5000kg、9000kg等多种不同规格，目前广泛使用的是液压式千斤顶，外形如图1-17所示。

图1-18是液压千斤顶的工作原理图。大油缸9和大活塞8组成举升液压缸。杠杆手柄1、小油缸2、小活塞3、单向阀4和7组成手动液压泵。如提起手柄使小活塞向上移动，小活塞下端油腔容积增大，形成局部真空，这时单向阀4打开，通过吸油管5从油箱12中吸油；用力压下手柄，小活塞下移，小活塞下腔压力升高，单向阀4关闭，单向阀7打开，下腔的油液经管道6输入举升大油缸9的下腔，迫使大活塞8向上移动，顶起重物。再次提起手柄吸油时，单向阀7自动关闭，使油液不能倒流，从而保证了重物不会自行下落。不断地往复扳动手柄，就能不断地把油液压入举升缸下腔，使重物逐渐地升起。如果打开截止阀11，举升缸下腔的油液通过管道10、截止阀11流回油箱，重物就向下移动。这就是液压千斤顶的工作原理。

图1-17　立式液压千斤顶

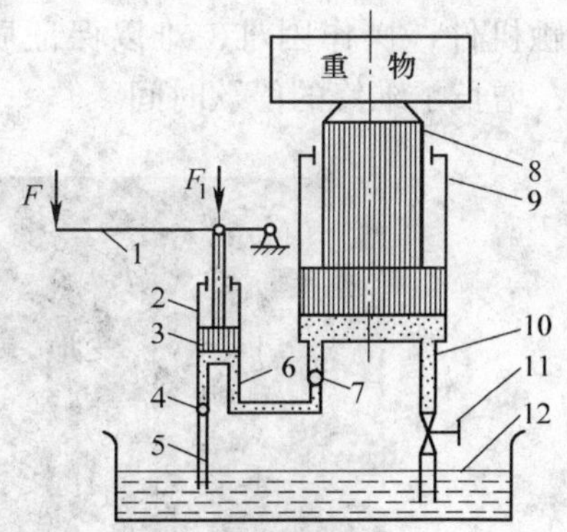

图1-18　液压千斤顶工作原理图

1—杠杆手柄　2—小油缸　3—小活塞
4、7—单向阀　5—吸油管　6、10—管道
8—大活塞　9—大油缸
11—截止阀　12—油箱

因此，千斤顶就是利用有压力的油液作为传递动力的工作介质。压下杠杆时，小油缸2输出压力油，是将机械能转换成油液的压力能，液压油经过管道6及单向阀7，推动大活塞

8举起重物，将油液的压力能又转换成机械能。大活塞8举升的速度取决于单位时间内流入大油缸9中油容积的多少。

（2）卧式液压千斤顶　卧式液压千斤顶工作原理和立式千斤顶相同，其使用更方便，行程较长，但其尺寸较大，不宜随车携带，是汽车维修企业常用的设备，外形如图1-19所示。

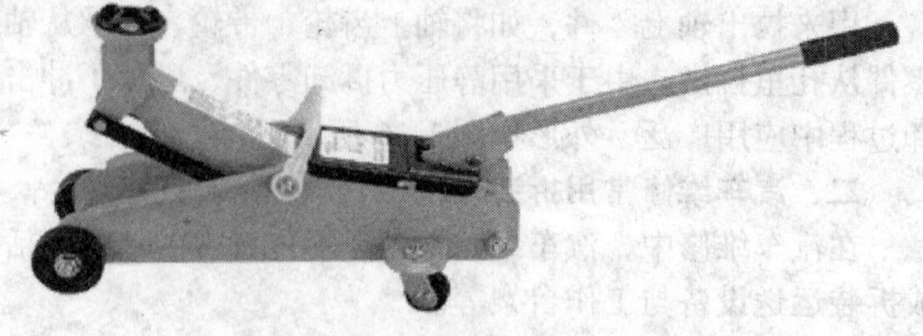

图1-19　卧式液压千斤顶

2. 起重吊车

在发动机整体拆装过程中，离不开吊车。它具有移动使用方便，吊装能力强等特点，在汽车维修企业得到广泛应用。经常使用的吊车有门式、悬臂式、单轨式以及梁式四种类型。在汽车拆装实训中使用最多的是悬臂式吊车，它分为机械式以及液压式两大类。

（1）机械式悬臂　吊车通过手柄转动绞盘以及棘轮，收缩或放长铁链使重物上升或下降，可作短距离移动。

（2）液压式悬臂　吊车吊起时、由于液压泵的作用，使液压油进入工作油缸内，推动顶杆外移，使重物吊起打开放油阀，工作缸内的油流回油箱，压力降低，使重物下降，外形如图1-20所示。

图1-20　液压吊车

3. 维修地沟（见图1-21）

汽车底盘维修作业约占维修工作总量的50%，若由工人躺在车下检修底盘机件，不仅因车下能见度差，不易接触机件，操作困难，难以保证质量，而且工作效率低，增长了维修的停歇时间。

图1-21　汽车维修地沟

地沟是汽车维修企业广泛采用的设备，它在汽车维修中使用的历史较长。由于地沟建造费用低，安全可靠，不需要专门进行维护，故在小型汽车修理厂中使用较多。目前在现代化汽车特约维修站很少采用。

4. 举升器

汽车举升器与搬运设备的广泛应用，不仅为汽车维修机械化流水作业提供了基础，而且给提高维修质量和效率、减轻工人的劳动强度创造了条件。

汽车维修最常见的举升设备是液压传动举升器。液压传动举升器是应用液压油（主要是矿物油）作介质，通过液压缸传递动力和运动。它的优点是工作比较平稳，容易控制，结构简单；其缺点是当需要较大的举升高度和举升力时，则举升设备往往制成固定式，这不但增加了设备安装费，而且增加了设备保养维护工作。

固定式液压举升器常用的是双柱举升器（见图1-22），常用于举升轿车、面包车等小型车辆，两柱的间距依据维修车辆的宽度而设置，在维修作业的灵活性方面比维修地沟有较多优点，同时也改善了工人的作业条件。目前此种举升设备应用较多。

图1-22　双柱汽车液压举升器

【技能操作】

1. 呆扳手的使用

所选用的扳手的开口尺寸必须与螺栓或螺母的尺寸相符合，扳手开口过大易滑脱并损伤螺栓的六角。为防止扳手损坏和滑脱，应使拉力作用在开口较厚的一边，以防损坏螺母和扳手，如图1-23所示。

在狭窄场合扳手转过的角度受到限制，可将呆扳手翻转一周使用，反复操作，直至将螺母卸下，如图1-24所示。

为防止相对的零件也转动，可用一把扳手固定一个螺母，用另一把扳手旋转直至卸下另一螺母。图1-25所示为拧松一根燃油管时的情况。

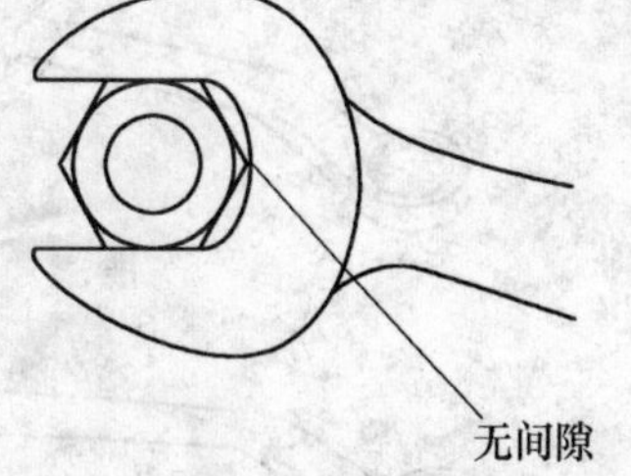

图1-23　呆扳手的使用

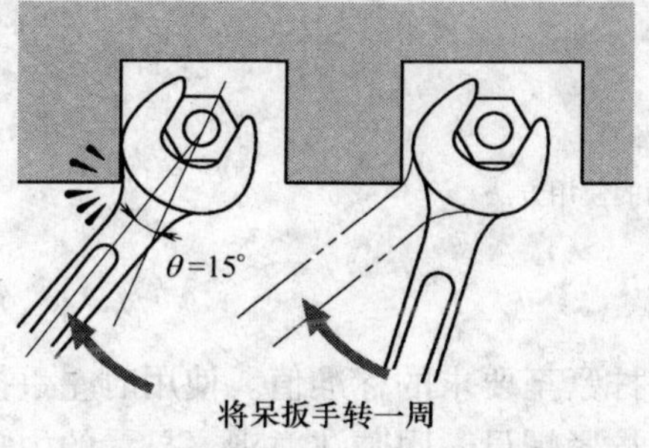

图1-24　呆扳手在狭窄场合的使用

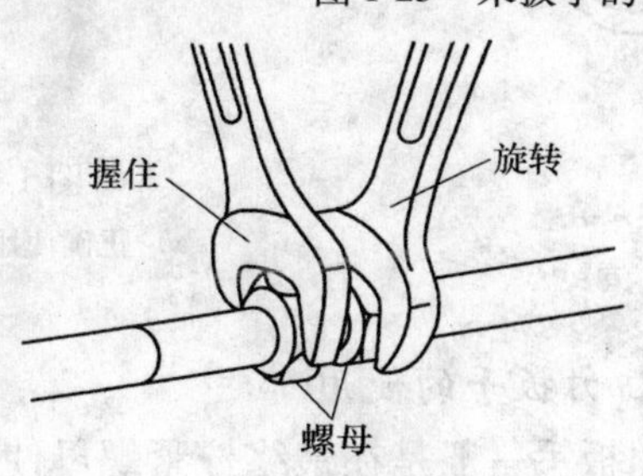

图1-25　双螺母的拆卸

2. 梅花扳手的使用

梅花扳手钳口是双六角形的，可以容易地装配螺栓或螺母，还可以在一个有限空间内重新安装。同时，由于螺栓或螺母的六角形表面被包住，因此没有损坏螺栓角的危险，并可施加大力矩。由于手柄具有一定的角度，因此可用于在凹进空间里或在平面上旋转螺栓或螺母，如图 1-26 所示。

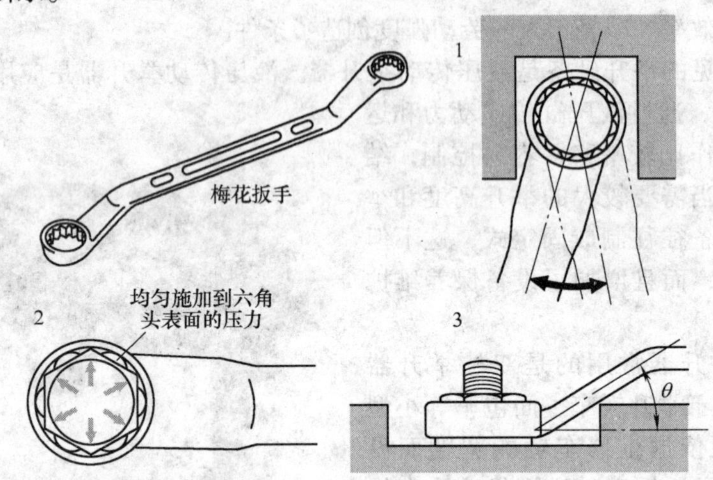

图 1-26　梅花扳手的适用场合

使用时首先应选择尺寸合适的扳手，否则，极易损伤扳手和螺母。应尽量使用拉力，如果由于空间限制无法拉动工具，可用手掌推它。已经拧得很紧的螺栓或螺母可以通过施加冲击力轻松松开，如图 1-27a 所示。但是不能使用锤子和管子（用来加长轴）来增加力矩，如图 1-27b 所示。

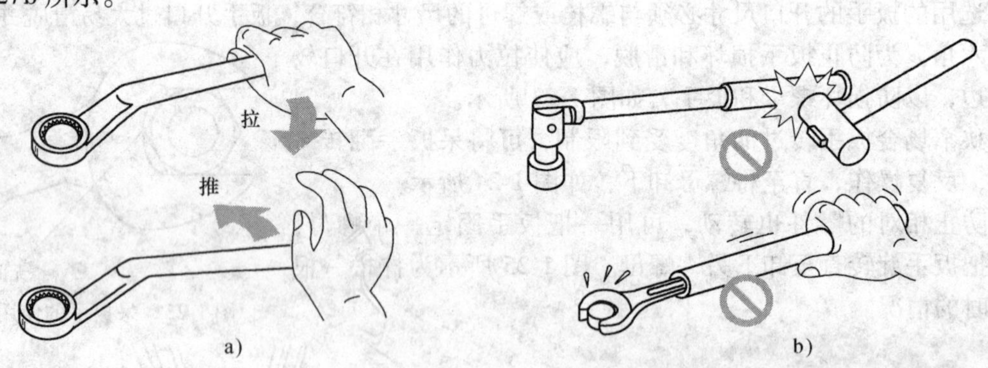

图 1-27　梅花扳手的使用
a）正确使用方法　b）不正确的使用方法

3. 扭力扳手的使用

扭力扳手一般是在最终拧紧螺母使用，以便将其拧紧至要求的标准值。使用时左手按住扭力扳手头部，右手握住手柄，向胸口方向使用拉力拧紧螺母，眼睛注意观察显示的力矩数值，注意用力要均匀，避免突然发力，如图 1-28 所示。

4. 套筒扳手的使用

其根据工作状态装上不同手柄和套筒后可以很轻松地拆下并更换螺母。配合不同手柄等的具体使用方法如下。

(1) 套筒头　套筒头有大和小两种尺寸。大的一种可以获得比小的一种更大的力矩。同时套筒深度也有标准的和深的两种类型，深的比标准的深2~3倍。较深的套筒可用于螺栓突出的螺母。

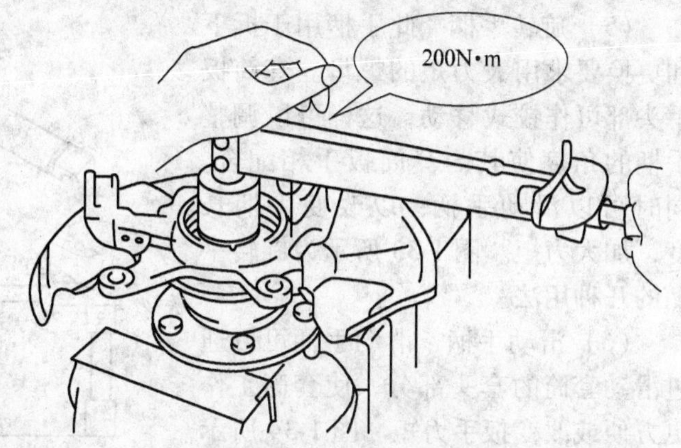

图1-28　扭力扳手的使用

套筒的钳口有双六角形和六角形两种类型。六角部分与螺母的表面有很大的接触面，这样就不容易损坏螺母的表面，如图1-29所示。

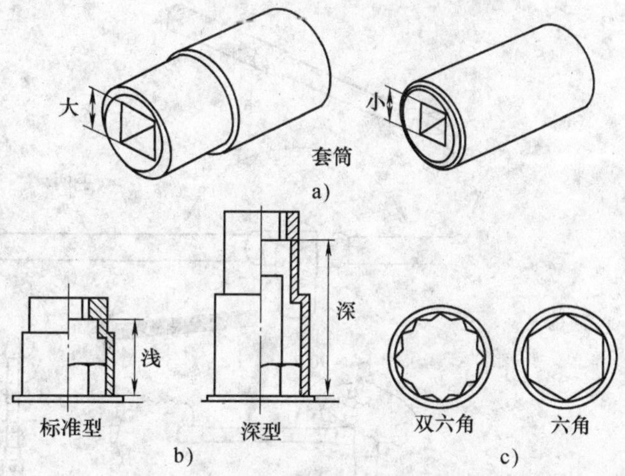

图1-29　套筒头的选用

a) 套筒头　b) 套筒深度类型　c) 套筒钳口

(2) 套筒接合器　用作改变套筒方形套头尺寸的连接器。但注意力矩要根据规定的拧紧极限施加，不要将超大力矩负载施加在套筒本身或小螺栓上，其使用如图1-30所示。

(3) 万向节　套筒的方形套头部分可以前后或左右移动，手柄和套筒扳手之间的角度可以自由变化，使其在有限空间内工作。但注意不要使手柄倾斜较大角度来施加力矩，并且不要使用风动工具，以免球节由于不能吸收旋转摆动而脱开，并造成工具、零件或车辆损坏，其使用如图1-31所示。

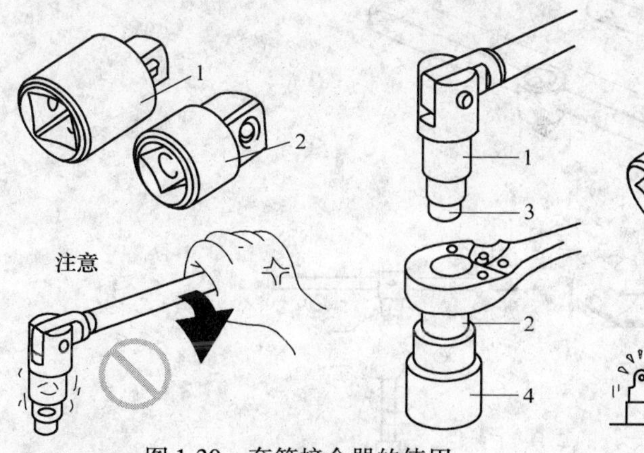

图1-30　套筒接合器的使用

1—套筒接合器（大—小）　2—套筒接合器（小—大）　3—小尺寸套筒　4—大尺寸套筒

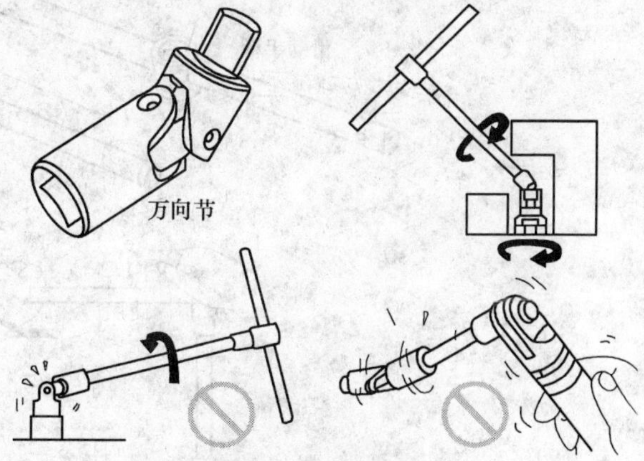

图1-31　万向节的使用

（4）加长杆　如图 1-32 所示，使用加长杆可用于拆下和更换装得太深不易接触的螺母。也可用于将工具抬离平面一定高度，便于使用。

（5）旋转手柄　此手柄用于拆下和更换要求用大力矩的螺母。套筒扳手头部可作铰式移动，这样可以调整手柄的角度使其与套筒扳手相配合。同时可以滑动手柄，以改变手柄长度，加大力矩。图 1-33 所示为旋转手柄的几种用法。

（6）滑动手柄　滑动手柄可以通过滑动套筒的套头部分，使套筒工作更方便或改变扳手力矩。图 1-34 所示为滑动手柄的两种使用用法。

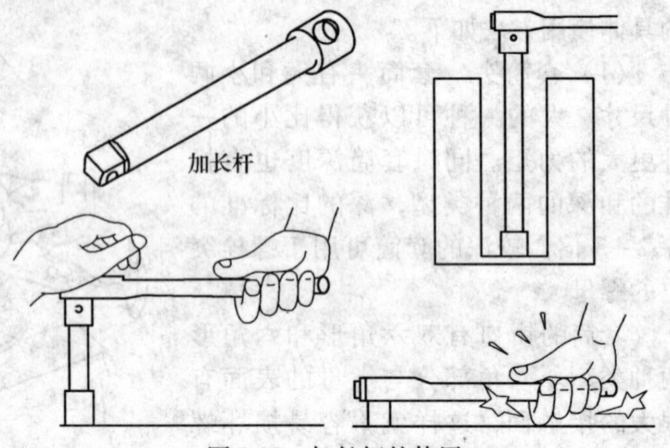

图 1-32　加长杆的使用

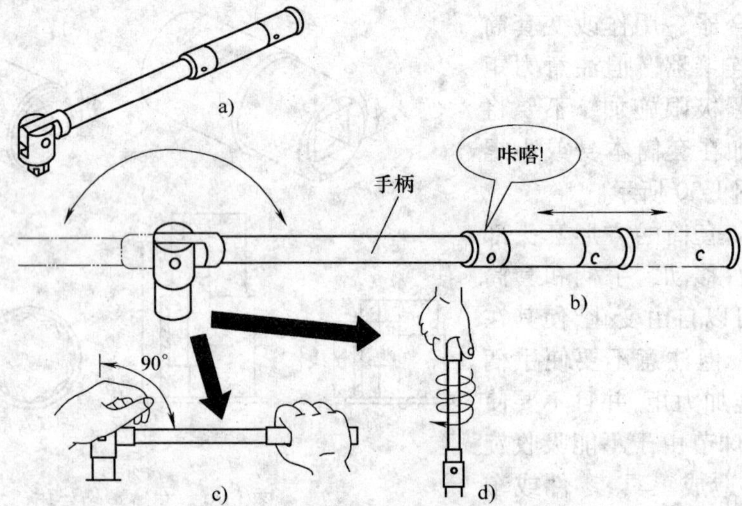

图 1-33　旋转手柄的使用

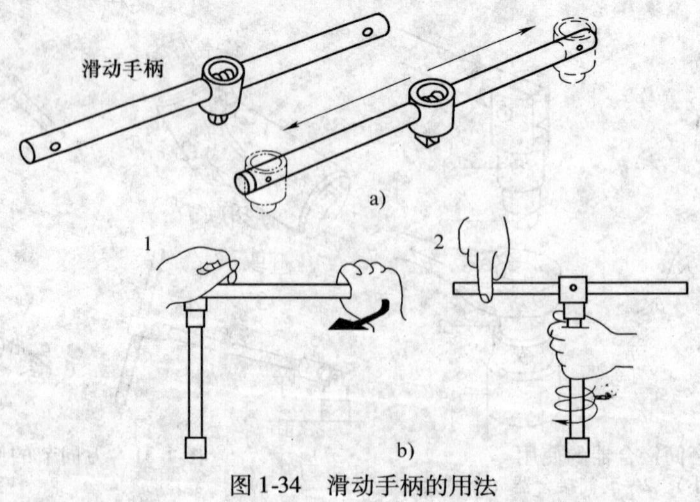

图 1-34　滑动手柄的用法

a）外形　b）使用方法

(7) 棘轮扳手　扳动棘轮扳手上的手柄可以改变扳手的用力方向，往左转可以拧紧螺母，往右转可以松开螺母。因此螺栓或螺母可以不需要取下套筒头而往复操作，提高了工作效率，同时，套筒扳手可以以小的回转角锁住，在有限的空间中工作。但注意内部的棘轮不能承受较大的力，因此不要施加过大力矩，否则可能损坏棘爪的结构。其使用如图 1-35 所示。

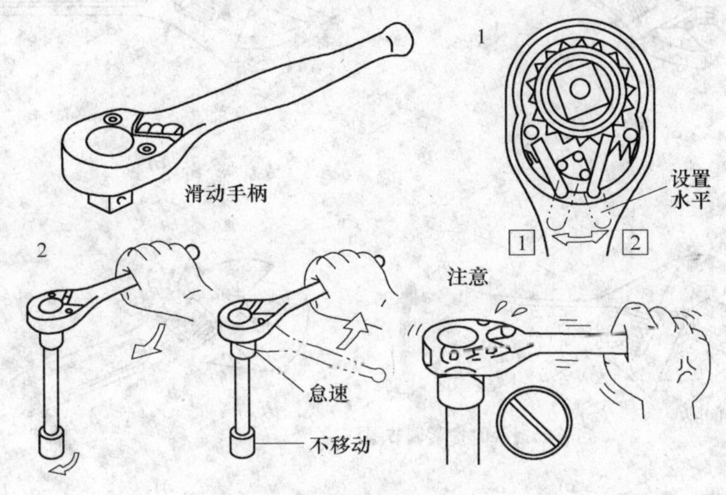

图 1-35　棘轮扳手的使用

注意：

1）棘轮手柄适合在狭窄空间中使用。然而，由于棘轮的结构，它不可能获得很高的力矩。

2）滑动手柄要求极大的工作空间，但它能提供最快的工作速度。

3）旋转手柄在调整好手柄后可以迅速工作。但此手柄很长，很难在狭窄空间使用。

5. 活扳手的使用

活扳手可通过旋转调节螺钉改变口径。一个可调扳手可用来代替多个呆扳手，适用于尺寸不规则的螺母。使用时转动调节螺杆，使孔径与螺母头部配合完好，并注意使拉力作用在开口较厚的一边来转动扳手。否则将使压力作用在调节螺杆上，使其损坏，具体使用如图 1-36 所示。

6. 螺钉旋具的使用

首先选择使用尺寸合适的螺钉旋具，与螺钉槽的形状、大小合适。然后保持螺钉旋具与螺钉尾端成直线，边用力边转动。注意不要用锂鱼钳或其他工具过度施加力矩，否则可能刮削螺钉的凹槽或损坏螺钉旋具尖头，具体使用如图 1-37 所示。

一些不同用途的特殊螺钉旋具，如图 1-38 所示。

穿透螺钉旋具——可以锤击后部，传导力量用于上紧固定螺钉。

短柄螺钉旋具——可用在空间狭小的场合内拆卸并更换螺钉。

方柄螺钉旋具——可用扳手加大拧紧和拆卸力矩，用在需要大力矩的地方。

精密螺钉旋具——可用以拆卸并更换小零件。

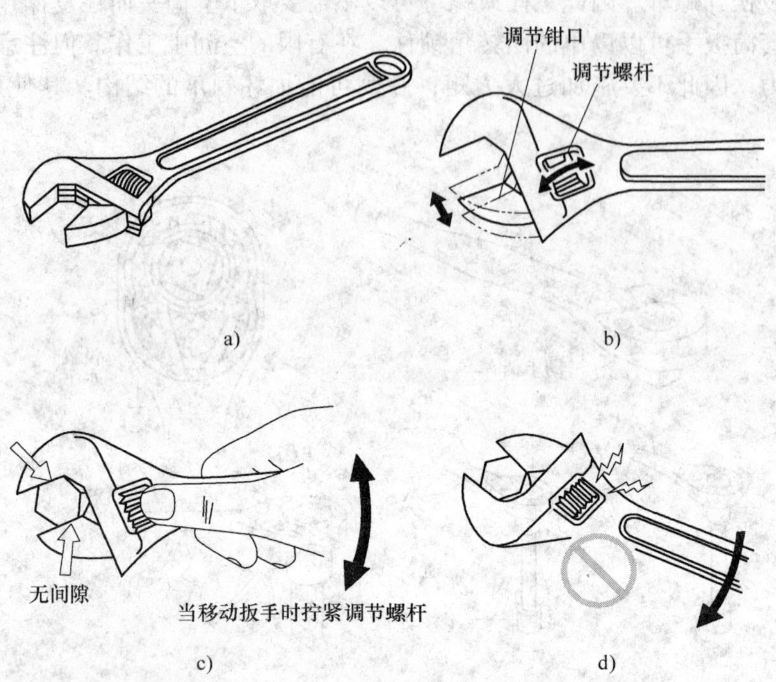

图 1-36　活扳手的使用

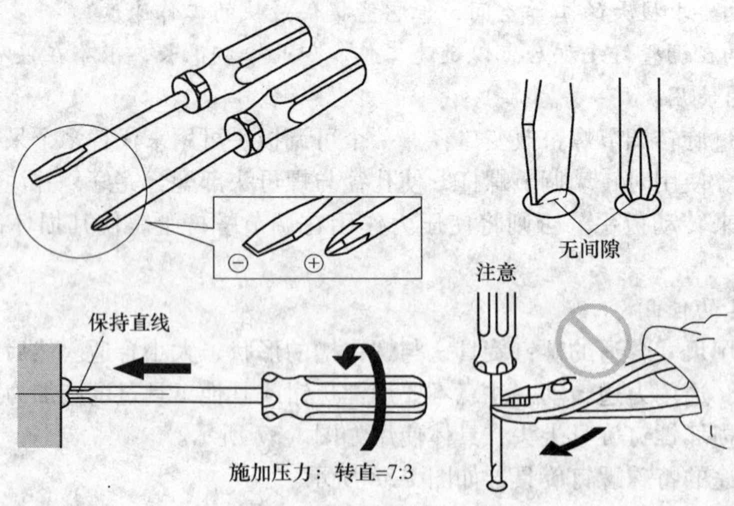

图 1-37　螺钉旋具的使用

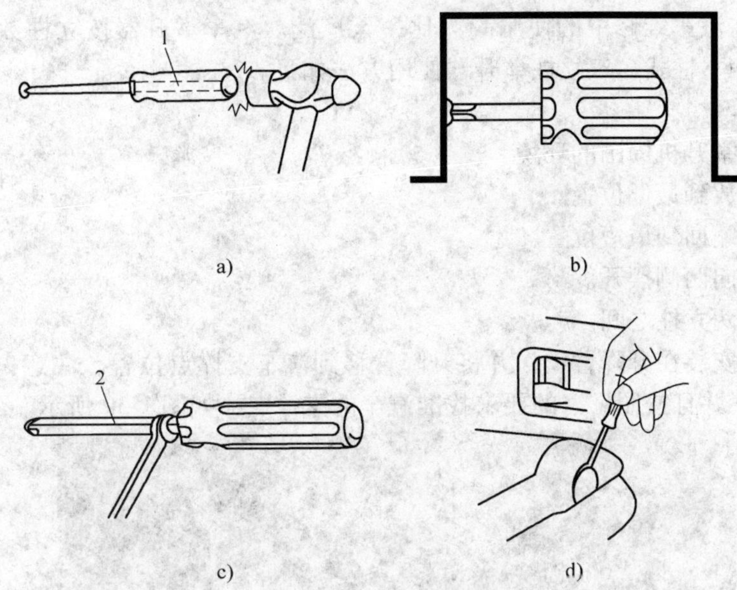

图 1-38　特殊螺钉旋具的不同用途

a）穿透螺钉旋具　b）短柄螺钉旋具　c）方柄螺钉旋具　d）精密螺钉旋具

1—穿透螺钉旋具　2—方柄螺钉旋具

7. 千斤顶的使用

1）顶起汽车前，应把千斤顶顶面拭擦洁净，拧紧液压开关，把千斤顶放置在被顶部位的下部，并使千斤顶与被顶部位相互垂直，以防千斤顶滑出而造成事故。

2）旋转顶面螺杆，改变千斤顶顶面与被顶部位的原始距离，使起顶高度符合汽车需要的顶置高度。

3）用三角形垫木将汽车着地车轮前后塞住，防止汽车在顶起过程中发生滑溜事故。

4）用手上、下压动千斤顶手柄，被顶汽车逐渐升到一定高度，在车架下放入搁车凳。

5）徐徐拧松液压开关，使汽车缓缓随地下降，架稳在搁车凳上。

注意：

1）汽车在顶起或下降过程中，禁止在汽车底下操作。

2）应徐徐拧松液压开关，使汽车缓慢下降，汽车下降速度不能过快，否则易发生事故。

3）在松散绵软路面上使用千斤顶顶起汽车时，应在千斤顶底座下加垫一块有较大平面或物体表面的而且能承受压力的材料（如木板等），防止千斤顶由于汽车重压而下沉。千斤顶与汽车接触位置应正确、牢固。

4）千斤顶把汽车顶起后，当液压开关处于拧紧状况时，若发生自动下降故障，该当即查找原由，及时排除故障后，方可继续使用。

5）如发现千斤顶缺油时，应及时增补规定液压油，不能用其他油液或水代替。

6）千斤顶不能用火烘热，以防皮碗、皮圈损坏。

7）千斤顶必须垂直放置，以免因油液渗漏而无效。

8. 汽车举升器的使用

汽车举升器在汽车维修中的使用一天比一天广泛。汽车举升器按立柱数可分为单立柱式、双立柱式、四立柱式。双立柱举升器使用方法如下。

（1）上升汽车

1）清理干净举升机周围的环境。

2）将升降臂放到最低位置。

3）将升降臂缩回到最短位置。

4）将升降臂向两侧摆开。

5）将车开到两立柱之间。

6）将橡胶垫安装在升降臂上，并将升降臂移到汽车支撑点位置。注意：四个升降臂必须同时接触汽车，并且按照厂家的要求找准汽车的支撑点，如图1-39所示。

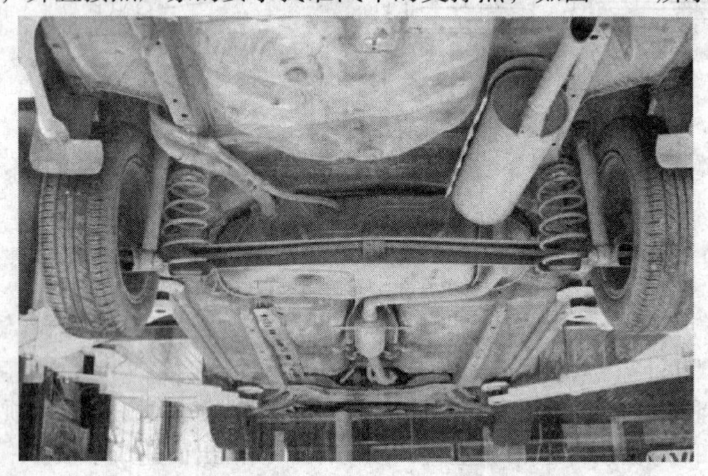

图1-39 汽车举升器支撑臂支撑点位置

7）按上升按钮直到橡胶完全接触汽车，确信安全。

8）继续缓慢上升举升机，在确信平衡的状态下将车举到需要的高度，松开上升按钮。

9）按下降操纵手柄将举升机下降到安全锁位置，然后才可以对汽车进行修理。

（2）下降汽车

1）清理举升机周围和下面的障碍物，并让周围的人离开。

2）按上升按钮稍微举起汽车，拉开安全锁，并按下操纵手柄使汽车下降。

3）将摆臂向两端摆开，并将其缩短到最短位置。

4）开走汽车。

注意：

1）车辆的总质量不能大于举升器的起升能力。

2）根据车型以及停车位置的不同，尽量使汽车的重心与举升器的重心相接近；严防侧倾；为了打开车门，汽车与立柱间应留有一定的距离。

3）转动、伸缩、调整举升臂至汽车底盘指定位置并接触牢靠。

4）汽车举高前，操作职员应检查汽车周围职员的动向，防止意外。

5）汽车举升时，要在汽车离开地面较低位置举行反复升降，无异样现象时方可举升至所需高度。

6）汽车举升后，应落槽于棘牙之上并当即锁紧。

【知识和能力拓展】

我国 GB/T 3730.1—2001《汽车和挂车类型的术语和定义》中对汽车的定义是：由动力装置驱动，具有四个或四个以上车轮的非轨道无架线车辆。

按照汽车的上述定义，我国二轮摩托车和三轮机动车都不属于汽车的范畴，不带动力装置的全挂车和半挂车不算汽车，但当它们与牵引车组合成汽车列车后属于汽车。

一、汽车分类

按 GB/T 3730.1—2001 把汽车分为乘用车和商用车两种。乘用车（Passenger Car）指在其设计和技术特性上主要用于载运乘客及其随身行李或临时物品的汽车，包括驾驶员座位在内最多不超过 9 个座位。它也可以牵引一辆挂车。而乘用车具体划分为普通乘用车、活顶乘用车、高级乘用车、小型乘用车、敞篷车、仓背乘用车、旅行车、多用途乘用车、短头乘用车、越野乘用车、专用乘用车共 11 种。

1. 乘用车

（1）普通乘用车（Saloon，Sedan）　封闭式车身，固定式车顶（顶盖），有的顶盖一部分可开启。有 4 个或 4 个以上座位，至少两排，后座椅可折叠或移动形成装载空间；2 个或 4 个侧门，可有一后开启门，如图 1-40 所示。

图 1-40　普通乘用车

（2）活顶乘用车（Convertible Saloon）　具有固定侧围框架可开启式车身，车顶为硬顶或软顶。车顶至少有两个位置：封闭和开启或拆除。可开启式车身可以通过使用一个或数个硬顶部件和合拢软顶将开启的车身关闭。有 4 个或 4 个以上座位，至少两排；2 个或 4 个侧门；4 个或 4 个以上侧窗，如图 1-41 所示。

图 1-41　活顶乘用车

（3）高级乘用车（Pullman Saloon）　封闭式车身，前后座之间可以设有隔板，固定式硬车顶，有的顶盖一部分可开启。有4个或4个以上座位，至少两排，后排座椅前可安装折叠式座椅；4个或6个侧门，也可有一个后开启门；6个或6个以上侧窗，如图1-42所示。

图1-42　高级乘用车

（4）小型乘用车（Coupe）　封闭式车身，通常后部空间较小。固定式硬车顶，有的顶盖一部分可开启。有2个或2个以上的座位，至少一排；2个侧门，也可有一个后开启门；2个或2个以上侧窗，如图1-43所示。

（5）敞篷车（Convertible，Open Tourer）　可开启式车身，车顶可为软顶或硬顶。车顶至少有两个位置：第一个位置遮覆车身；第二个位置车顶卷收或可拆除。有2个或2个以上的座位，至少一排；2个或4个侧门；2个或2个以上侧窗，如图1-44所示。

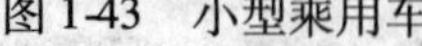

图1-43　小型乘用车

图1-44　敞篷车

（6）舱背乘用车（Hatch Back）　封闭式车身，固定式硬车顶，有的顶盖一部分可以开启。有4个或4个以上的座位，至少两排，后座椅可折叠或可移动，以形成一个装载空间；2个或4个侧门，车身后部有一仓门，如图1-45所示。

（7）旅行车（Station Wagon）　封闭式车身，车尾外形可提供较大的内部空间，固定式硬车顶，有的顶盖一部分可以开启；有4个或4个以上的座位，至少两排，座椅的一排或多排可拆除，或装有向前翻倒的座椅靠背，以提供装载平台；2个或4个侧门，并有一后开启门；4个或4个以上侧窗，如图1-46所示。

图1-45　舱背乘用车

图1-46　旅行车

（8）多用途乘用车（Multi-purpose Passenger Car）　上述（1）~（7）车辆以外的，只有单一车室载运乘客及其行李或物品的乘用车，如图1-47所示。

（9）短头乘用车（Forward Control Passenger Car）　一半以上的发动机长度位于车辆前风窗玻璃最前点以后，并且转向盘的中心位于车辆总长的前1/4部分内，如图1-48所示。

图1-47　多用途乘用车

图1-48　短头乘用车

（10）越野乘用车（Off-road Passenger Car）　所有车轮同时驱动，或其几何特性、技术特性和它的性能允许在非道路上行驶的一种乘用车，如图1-49所示。

（11）专用乘用车（Special Purpose Passenger Car）　运载乘员或物品并完成特定功能的乘用车，它具备完成特定功能所需的特殊车身或装备，如旅居车、防弹车、救护车、殡仪车等。图1-50所示为国产旅居车。

图1-49　越野乘用车

图1-50　国产旅居车

2. 商用车（Commercial Vehicle）

指在设计和技术特性上用于运送人员和货物的汽车，并可以牵引挂车。商用车包括客车、半挂牵引车、货车 3 种。

（1）客车（Bus） 在设计和技术特性上用于载运乘客及其随身行李的商用车辆，包括驾驶员座位在内座位数超过 9 座。客车有单层的或双层的，也可牵引一挂车。客车又分为小型客车、城市客车、长途客车、旅游客车、铰接客车、无轨电车、越野客车、专用客车等。图 1-51 所示为城市客车。

图 1-51 客车

（2）半挂牵引车（Semitrailer Towing Vehicle） 装备有特殊装置用于牵引半挂车的商用车辆，如图 1-52 所示。

图 1-52 半挂牵引车与挂车

（3）货车（Goods Vehicle） 一种主要为载运货物而设计和装备的商用车辆。货车又分为普通货车、多用途货车、全挂牵引车、越野货车、专用作业车、专用货车等，如图 1-53 所示。

图 1-53 普通货车和越野货车

(4) 挂车（Trailer） 需由汽车牵引才能正常使用的一种无动力的道路车辆，用于载运人员或货物或特殊用途。挂车又分为牵引杆挂车、半挂车、中置轴挂车等，如图1-52所示。

(5) 汽车列车（Combination Vehicles） 一辆汽车与一辆或多辆挂车的组合。汽车列车又分为乘用车列车、客车列车、货车列车、牵引杆挂车列车、铰接列车、双挂列车、双半挂列车和平板列车等，如图1-54所示。

图1-54 汽车列车

另有一类专为汽车比赛而设计生产的专用车辆称为竞赛汽车，它是按照特定的竞赛规范而设计的汽车。著名的竞赛规范有一级方程式竞赛、拉力赛等。竞赛汽车的结构和设计原理虽然与其他汽车大致相同，但由于竞赛过程中汽车的各种零部件及其性能都需经受极其严峻的考验，因此在竞赛汽车上集中使用了大量尖端科技成就。各厂商为了争夺好成绩也不惜大量投资进行代价昂贵的研制工作。图1-55所示为F1方程式赛车。

图1-55 F1方程式赛车

二、根据汽车动力装置形式分类

1. 活塞式内燃机汽车

根据使用的燃料不同，活塞式内燃机汽车通常分为汽油车和柴油车。汽油和柴油在近期内仍将是活塞式内燃机的主要燃料，而各种代用燃料的研究工作也在大力开展，例如以丙烷和丁烷为主的液化石油气（LPG）、压缩天然气（CNG）、还有甲醇和乙醇以及它们的衍生产品等。活塞式内燃机还可按其活塞的运动方式分为往复活塞式和旋转活塞式内燃机等类型。

2. 电动汽车

电动汽车动力装置是直流电动机。电动汽车的优点是无废气排出、不产生污染、噪声小、能量转换效率高、易实现操纵自动化。电动机的供能装置通常是化学蓄电池。传统式的铅蓄电池在重量、充电间隔时间、寿命、放电能力等方面还不完全令人满意，从而限制了电动汽车的大量普及。但是，在汽车公害、能源等社会问题进一步突出的今天，又会促使电动汽车的研究和推广工作加快步伐。目前，碱性蓄电池（镍-镉电池、镍-铁电池）的研究取得了较大的进展，这种电池性能好、重量轻，但是其制造工艺较复杂，致使价格过高。此外，电动机的供能装置也可以是太阳能电池，或者是其他形式的电源。

3. 混合动力汽车

混合动力汽车是指车上装有两个以上动力源，由电动机驱动，符合汽车道路交通、安全法规的汽车。车载动力源有多种，如蓄电池、燃料电池、太阳能电池、内燃机车的发电机组等。当前混合动力汽车一般是指内燃机再加上蓄电池的汽车，它由计算机管理系统精确控制，按照不同工况安排使用不同动力，使其始终在油耗低、污染少的最优工况下工作。当需要大功率内燃机功率不足时，由蓄电池来补充；当负荷少时，富余的功率可发电给蓄电池充电。因为有了电池，可以十分方便地回收制动时、下坡时、怠速时的能量。在繁华市区，还可关停内燃机，由蓄电池单独驱动，从而降低能量消耗，实现零排放。

4. 燃气轮机汽车

与活塞式内燃机相比，燃气轮机功率大、质量小、转矩特性好，所使用的燃油无严格限制，但其耗油量大、噪声较大、制造成本也较高。

三、根据汽车行驶机构的特征分类

1. 轮式汽车

轮式汽车是通过车轮承载车重，并传递驱动和制动力矩的。轮式汽车通常可分为非全轮驱动和全轮驱动两种形式。汽车的驱动形式一般用符号“$n \times m$”表示，其中 n 为车轮总数（在 1 个轮毂上安装双轮辋和轮胎仍算 1 个车轮），m 为驱动轮数。例如普通轿车和解放 CA1091 一类的普通货车属于 4 ×2 型，北京牌 2020 越野汽车属于 4 ×4 型，东风 EQ2080 越野汽车属于 6 ×6 型等。

2. 其他形式的汽车

其他形式的汽车有履带式（见图 1-56）、雪橇式、螺旋推进式、气垫式、步行机构式等。

图 1-56　履带式汽车

四、根据汽车类型按行驶道路条件分类

1. 公路用车

公路用车指主要行驶于道路和等级公路（包括高速公路和 1 ~ 4 级公路）的车。公路用车的长度、宽度、高度、单轴负荷等均受交通法规的限制。

2. 非公路用车

非公路用车主要有两类：一类是本身的外廓尺寸、单轴负荷等参数超出了法规限制而不适于公路行驶，只能在矿山、机场和工地内的无路地区或专用道路上行驶的汽车，如大吨位矿用自卸车、大型挖掘机等；另一类是既能在非公路地区、又可在公路上行驶的越野汽车。

五、按轿车车身结构分类

1. 三厢式

轿车车身结构由三个相互封闭用途各异的车厢所组成，包括前部发动机舱、车身中部的乘员舱和后部的行李舱，如图 1-57 所示。

早期的发动机舱只是用来安置轿车发动机、变速器及转向机构等总成。现代轿车发动机舱还具有被动安全的作用。当轿车发生意外正面碰撞时，发动机舱会折皱变形以吸收碰撞产生的巨大能量，减小碰撞对车内外人员的猛烈冲击，起到保护车内乘员的作用。车身中部乘员舱设计坚固、刚性大，遇到碰撞和翻滚冲击时，车厢不易变形，有利于车祸后顺利地打

图 1-57　三厢轿车

开车门逃生。后行李舱除用于放置行李外，还起降低后车追尾所致伤害的功能。三厢轿车中间高两头低，从侧面看前后对称，造型美观大方；其缺点是车身长，在交通拥挤的大城市里行驶及停泊不方便。

2. 两厢式

两厢轿车前部与三厢式的没有区别，作用也是一样的。不同之处在于这种轿车将乘员舱近似等高向后延伸，把后行李舱和乘员舱合为一体，使其减少为发动机舱和乘员舱两厢。由于两厢轿车也有独立的前发动机舱，与三厢轿车一样，具有良好的正面碰撞保护性能。

两厢轿车尾部有宽大的后车门，使这种轿车具备了使用灵活、用途广泛的特点：放倒（平）后排座位，就可以获得比三厢车大得多的载物空间，如图1-58所示。

3. 单厢式

单厢车其实就是面包车（厢式车）的高级变种。面包车空间较大，既可载客，又可拉货，但单厢车没有单独的发动机舱，在发生正面撞击时没有缓冲。由于严格的安全法规，北美和欧洲已禁止生产这种原始形态的单厢车，但受该车型的启发，结合两厢车和面包车的特点，生产出了新型的单厢车。与典型的两厢车相比，这种单厢车的高度更高（一般为1.6m）。单厢车虽然也有突出的前鼻，但发动机舱和乘员舱的构架是连贯一体的。单厢车的好处是内部空间增大，脚部和头部空间更充裕。世界上最成功的单厢车是雷诺的风景和雪铁龙的毕加索（见图1-59）。

图1-58　两厢轿车

图1-59　单厢车雪铁龙毕加索

【思考题】

1. 举升器的安全锁有什么用途？
2. 选用扳手的优先顺序是什么？

学习单元2　汽车保险杠的拆装

【学习目标】

1. 能通过与客户交流、查阅相关维修技术资料等方式获取车辆信息。
2. 通过查阅资料和观摩，了解汽车的整体结构。
3. 掌握前后保险杠的更换方法。
4. 能对操作结果进行测试，检查和评估其修复质量。
5. 能根据环保要求，妥善处理辅料、废弃液体和损坏零部件。

【任务载体】

桑塔纳3000轿车发生碰撞，前保险杠变形。汽车保险杠是吸收和缓和外界冲击力、防护车身前后部的安全装置。目前轿车的前后保险杠都是塑料制成的，称为塑料保险杠，由外板、缓冲材料和横梁三部分组成。塑料保险杠具有一定强度、刚性和装饰性，在汽车发生碰撞事故时能起到缓冲作用，保护车体不受损伤。从外观上看，可以很自然地与车体结合在一块，成为装饰轿车外形的重要部件。因此汽车碰撞和刮蹭后往往保险杠受损，需要拆卸后修复或更换。

【相关知识】

现代汽车是由多个装置和机构组成的。不同型号、不同类型及不同厂家生产的汽车其基本构造都是由发动机、底盘、电器设备和车身四大部分组成，如图1-60所示。

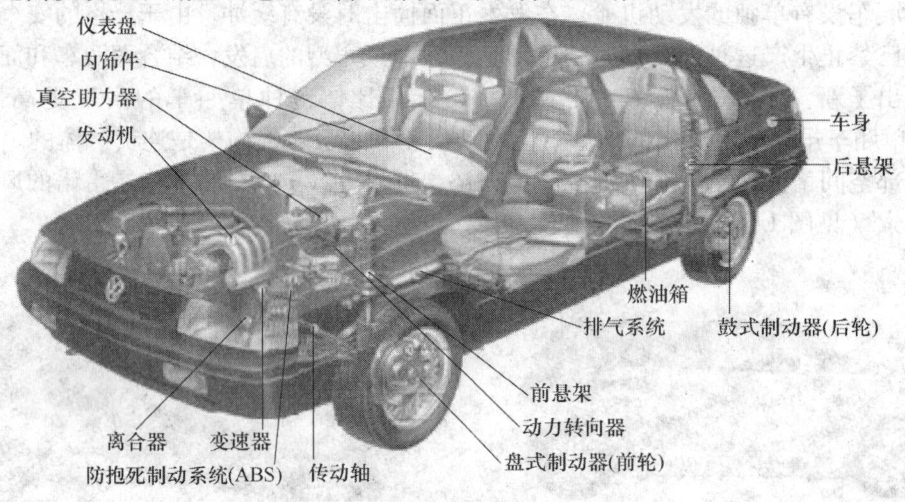

图1-60　汽车组成

一、发动机

发动机是为汽车行驶提供动力的装置。现代汽车广泛采用往复活塞式内燃发动机。它是通过可燃混合体在气缸内燃烧膨胀产生压力，推动活塞运动并通过连杆使曲轴旋转来对外输出功率的。汽油机主要包括两大机构和五大系统，它们是曲柄连杆机构、配气机构、燃料供给系统、冷却系统、润滑系统、点火系统和起动系统，具体结构如图1-61所示。

1. 冷却系

一般由水箱、水泵、散热器、风扇、节温器、冷却液温度表和放水开关组成。汽车发动机采用两种冷却方式，即空气冷却和水冷却。一般汽车发动机多采用水冷却。

2. 润滑系

发动机润滑系由机油泵、集滤器、机油滤清器、油道、限压阀、机油表、感压塞及油尺等组成。

3. 燃料系

汽油机燃料系由汽油箱、汽油表、汽油管、汽油滤清器、汽油泵、燃油分配器、喷油

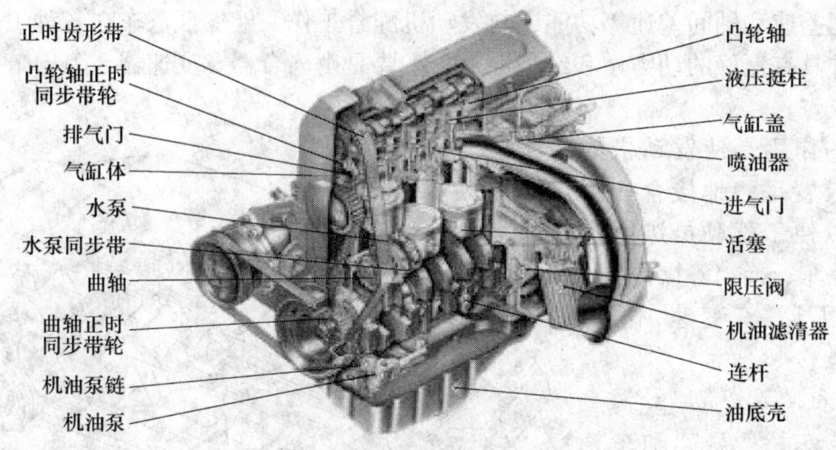

图1-61　汽车发动机

器、空气滤清器、进排气歧管等组成。

4. 汽车发动机的布置形式（驱动方式）

为满足不同使用要求，汽车的总体构造和布置形式可以是不同的。按发动机和各个总成相对位置的不同，现代汽车的布置形式通常有如下几种，如图1-62所示。

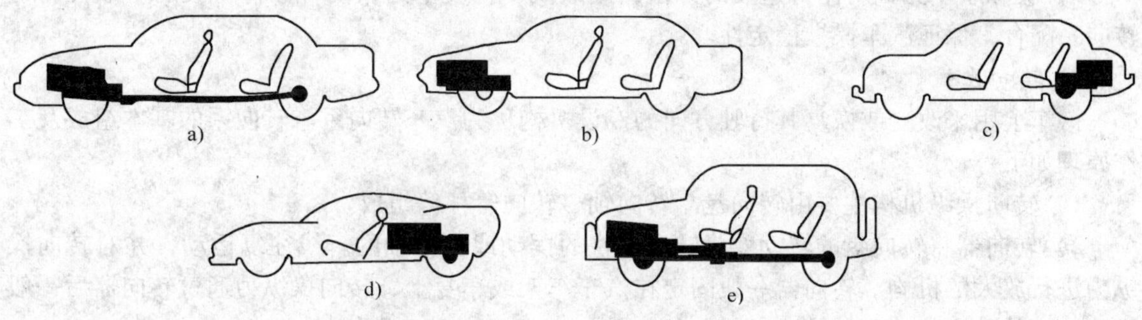

图1-62　现代汽车的布置形式
a) FR式　b) FF式　c) RR式　d) MR式　e) 4WD式

1）发动机前置后轮驱动（FR）。

2）发动机前置前轮驱动（FF）。

3）发动机后置后轮驱动（RR）。

4）发动机中置后轮驱动（MR）。

5）全轮驱动（NWD）。

二、汽车底盘

底盘接受发动机的动力，使汽车产生运动，并保证汽车按照驾驶员的操纵正常行驶。底盘由传动系、行驶系、转向系和制动系组成，如图1-63所示。

1. 传动系

汽车发动机所发出的动力靠传动系传递到驱动车轮。传动系具有减速、变速、倒车、中断动力、轮间差速和轴间差速等功能，与发动机配合工作，能保证汽车在各种工况条件下的正常行驶，并具有良好的动力性和经济性。它主要是由离合器、变速器、万向节、传动轴和驱动桥等组成。

离合器的作用是使发动机的动力与传动装置平稳地接合或暂时地分离，以便于驾驶员进行汽车的起步、停车、换挡等操作。

变速器用于汽车变速、输出转矩。

2. 行驶系

由车架、车桥、悬架和车轮等部分组成。行驶系的功用是：

1）接受传动系的动力，通过驱动轮与路面的作用产生牵引力，使汽车正常行驶。

2）承受汽车的总重量和地面的反力。

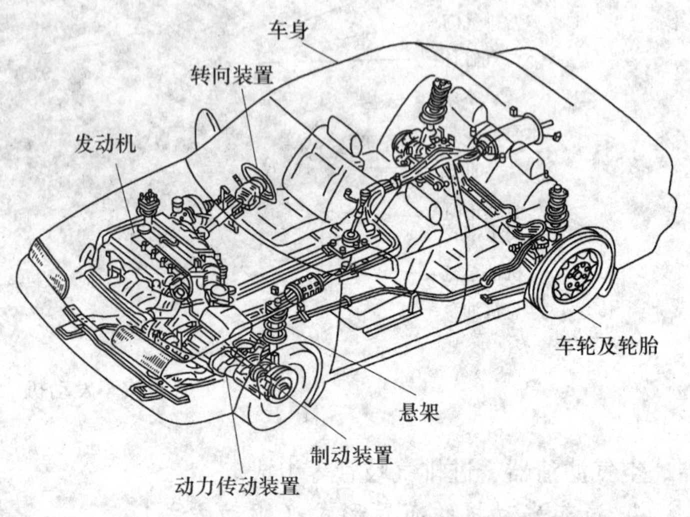

图 1-63　现代汽车底盘构成

3）缓和不平路面对车身造成的冲击，衰减汽车行驶中的振动，保持行驶的平顺性；与转向系配合，保证汽车操纵稳定性。

3. 转向系

汽车上用来改变或恢复其行驶方向的专设机构称为汽车转向系。转向系的基本组成及工作原理如下：

1）转向操纵机构主要由转向盘、转向轴、转向管柱等组成。

2）转向器将转向盘的转动变为转向摇臂的摆动或齿条轴的直线往复运动，并对转向操纵力进行放大的机构。转向器一般固定在汽车车架或车身上，转向操纵力通过转向器后一般还会改变传动方向。

3）转向传动机构将转向器输出的力和运动传给车轮（转向节），并使左右车轮按一定关系进行偏转。

4. 制动系

汽车上用以使外界（主要是路面）在汽车某些部分（主要是车轮）施加一定的力，从而对其进行一定程度的强制制动的一系列专门装置统称为制动系。其作用是使行驶中的汽车按照驾驶员的要求进行强制减速甚至停车；使已停驶的汽车在各种道路条件下（包括在坡道上）稳定驻车；使下坡行驶的汽车速度保持稳定。

三、汽车车身

车身是驾驶员工作的场所，也是装载乘客和货物的场所。车身应为驾驶员提供方便的操作条件，以及为乘客提供舒适安全的环境或保证货物完好无损。典型的货车车身包括车前钣金件制作、驾驶室、车厢等部件，其他专用车辆还包括其他特殊装备等。车身还包括车门、窗、车锁、内外饰件、附件、座椅及车前各钣金件等，如图 1-64 所示。

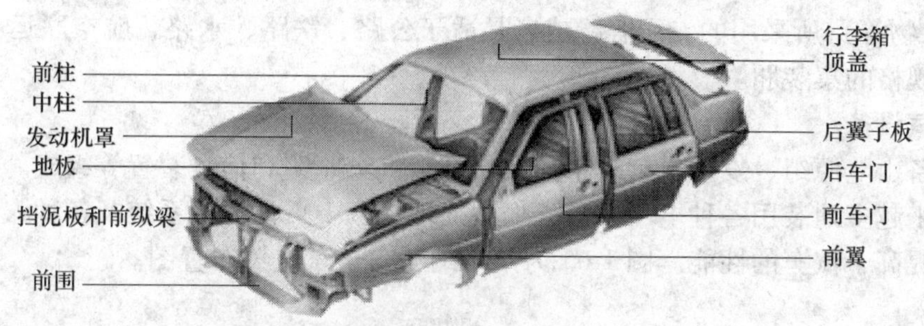

图1-64　汽车车身结构

轿车、客车的车身一般是整体结构，货车车身一般是由驾驶室和货厢两部分组成。

汽车车身结构主要包括：车身壳体（白车身）、车门、车窗、车前钣金制件、车身内外装饰件和车身附件、座椅以及通风、暖气、冷气、空气调节装置等。在货车和专用汽车上还包括车厢和其他装备。

1）车身壳体（白车身）是一切车身部件的安装基础，通常是指纵、横梁和支柱等主要承力元件以及与它们相连接的钣金件共同组成的刚性空间结构。客车车身多数具有明显的骨架，而轿车车身和货车驾驶室则没有明显的骨架。车身壳体通常还包括在其上敷设的隔音、隔热、防振、防腐、密封等材料及涂层。

2）车门通过铰链安装在车身壳体上，其结构较复杂，是保证车身的使用性能的重要部件。这些钣金制件形成了容纳发动机、车轮等部件的空间。

3）车身外部装饰件主要是指装饰条、车轮装饰罩、标志、浮雕式文字等。散热器面罩、保险杠、灯具以及后视镜等附件亦有明显的装饰性。

4）车内部装饰件包括仪表板、顶篷、侧壁、座椅等表面覆饰物，以及窗帘和地毯。在轿车上广泛采用天然纤维或合成纤维的纺织品、人造革或多层复合材料、连皮泡沫塑料等表面覆饰材料；在客车上则大量采用纤维板、纸板、工程塑料板、铝板、花纹橡胶板以及复合装饰板等覆饰材料。

5）车身附件包括：门锁、门铰链、玻璃升降器、各种密封件、风窗刮水器、风窗洗涤器、遮阳板、后视镜、拉手、点烟器、烟灰盒等。在现代汽车上常常装有无线电收、放音机和杆式天线，在有的汽车车身上还装有无线电话机、电视机或加热食品的微波炉和小型电冰箱等附属设备。

6）车身内部的通风、暖气、冷气以及空气调节装置是维持车内正常环境、保证驾驶员和乘客安全舒适的重要装置。座椅也是车身内部重要装置之一。坐椅由骨架、坐垫、靠背和调节机构等组成。坐垫和靠背应具有一定的弹性。调节机构可使座位前后或上下移动以及调节坐垫和靠背的倾斜角度。某些坐椅还有弹性悬架和减振器，可对其弹性悬架加以调节以便在驾驶员们不同的体重作用下仍能保证坐垫离地板的高度适当。在某些货车驾驶室和客车车厢中还设置适应夜间长途行车需要的卧铺。

7）为保证行车安全，在现代汽车上广泛采用对乘员施加约束的安全带、头枕、气囊以及汽车碰撞时防止乘员受伤的各种缓冲和包垫装置。按照运载货物的不同种类，货车车厢可以是普通栏板式结构，平台式结构，倾卸式结构，闭式车厢，气、液罐以及运输散粒货物（谷物、粉状物等）所采用的专用容罐或者是适于公路、铁路、水路、航空联运和国际联运的各种标准规格的集装厢。

四、电气设备

电气设备由电源组、发动机起动系和点火系、汽车照明和信号装置等组成。此外，在现代汽车上越来越多地装用各种电子设备，如微处理机、中央计算机系统及各种人工智能装置等，显著地提高了汽车的性能。图 1-65 为桑塔纳轿车全车电器布置图。

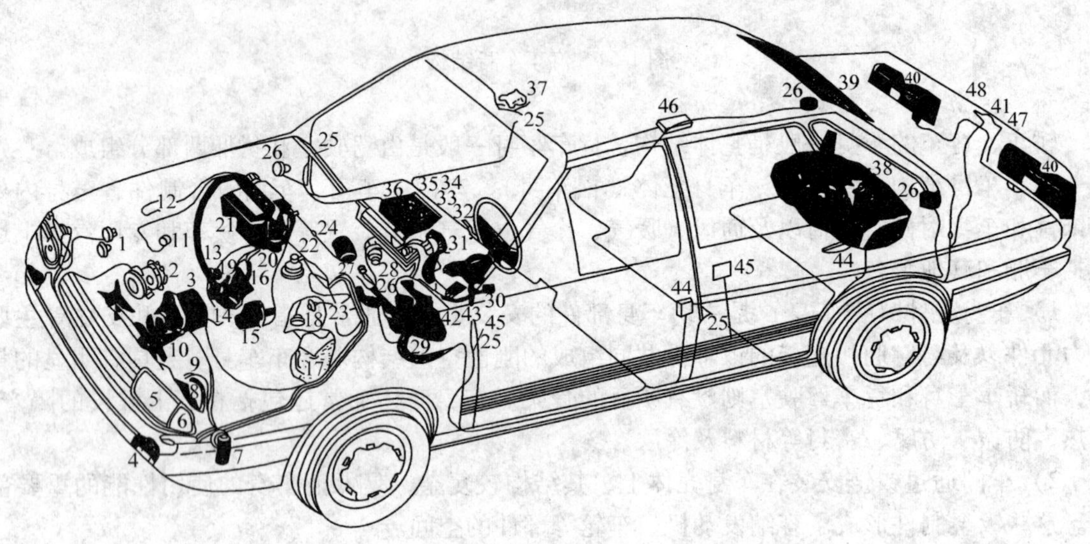

图 1-65　桑塔纳 2000 型轿车电气设备布置略图

1—双音喇叭　2—空调压缩机　3—交流发电机　4—雾灯　5—前照灯　6—转向指示灯　7—空调储液干燥器　8—中间继电器　9—电动风扇双速热敏开关　10—风扇电动机　11—进气电预热器　12—化油器怠速截止电磁阀　13—热敏开关　14—润滑油油压开关　15—起动机　16—火花塞　17—风窗清洗液电动泵　18—冷却液液面传感器　19—分电器　20—点火线圈　21—蓄电池　22—制动液液面传感器　23—倒车灯开关　24—空调、暖风用鼓风机　25—车门接触开关　26—扬声器　27—点火控制器　28—风窗刮水器电动机　29—中央接线盒　30—前照灯变光开关　31—组合开关　32—空调及风量旋钮　33—雾灯开关　34—后窗电加热器开关　35—危急报警灯开关　36—收放机　37、46—顶灯　38—油箱油面传感器　39—后窗电加热器　40—组合后灯　41—牌照灯　42—电动天线　43—电动后视镜　44—中央集控门锁　45—电动摇窗机　47—后盖集控锁　48—行李箱灯

（1）电源系统　包括蓄电池、交流发电机及其调节器。

（2）起动系统　包括直流起动机、进气预热装置。

（3）点火系统　包括点火开关、点火线圈、分电器（AJR 型发动机无）、霍尔传感器、点火控制器、火花塞等。

（4）照明系统　包括前照灯、雾灯、牌照灯、顶灯、阅读灯、仪表板照明灯、行李箱灯、门灯、发动机舱照明灯等。

（5）仪表系统　包括车速里程表、燃油表、冷却液温度表、发动机转速表等。

（6）信号系统　包括音响信号和灯光信号装置，制动信号灯、转向信号灯、倒车信号灯以及各种报警指示灯等。

（7）辅助用电设备　包括电动玻璃升降器、中央集控门锁、电动后视镜、风窗刮水器、洗涤器、电喇叭、点烟器等。

【技能操作】

一、桑塔纳3000轿车前保险杠的拆装

1）拆卸前车牌上的4个铆钉，拿下前车牌，如图1-66所示。

2）拆除进气格栅上的两个固定螺钉，如图1-67所示。

3）拿掉进气格栅，卸下前保险杠上方的三个螺钉，如图1-68所示。

4）拆除前翼子板下方两侧与保险杠相联的螺钉，如图1-69所示。

5）举升车辆，拆除前保险杠下方与车身相联接的螺钉，如图1-70所示。

6）取下前保险杠，如图1-71所示。

7）安装前保险杠与拆卸顺序相反。

图1-66　桑塔纳前保险杠拆卸（1）

图1-67　桑塔纳前保险杠拆卸（2）

图1-68　桑塔纳前保险杠拆卸（3）

二、汽车后保险杠的拆卸

1）拆卸后车牌上的4个铆钉，拿下后车牌，如图1-72所示。

2）拆掉后保险杠上的两个扣板，如图1-73所示。

3）卸下露出的两个联接螺钉，如图1-74所示。

4）拆除牌照灯上的固定螺钉，拆下后牌照灯，如图1-75所示。

图 1-69　桑塔纳前保险杠拆卸（4）

图 1-70　桑塔纳前保险杠拆卸（5）

图 1-71　桑塔纳前保险杠拆卸（6）

图1-72 桑塔纳后保险杠拆卸（1）

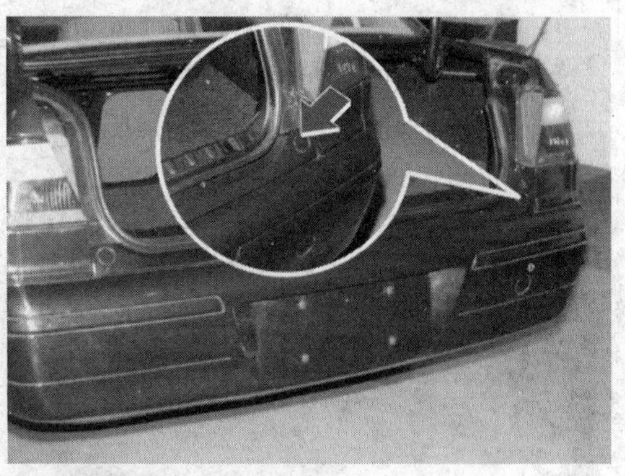

图1-73 桑塔纳后保险杠拆卸（2）

图1-74 桑塔纳后保险杠拆卸（3）

图1-75 桑塔纳后保险杠拆卸（4）

5）拆掉牌照灯盒内的联接螺钉，如图1-76所示。

6）拆掉后翼子板下方两侧与保险杠相联的螺钉，如图1-77所示。

图1-76 桑塔纳后保险杠拆卸（5）

图1-77 桑塔纳后保险杠拆卸（6）

7）举升车辆，拆除后保险杠下方与车身相联接的螺钉，如图 1-78 所示。

8）取下后保险杠，如图 1-79 所示。

9）安装前保险杠与拆卸顺序相反。

图 1-78　桑塔纳后保险杠拆卸（6）

图 1-79　桑塔纳后保险杠拆卸（7）

【知识和能力拓展】

一、汽车行驶的基本原理

要使汽车行驶，必须在汽车行驶方向作用一个推动力，以克服汽车行驶中遇到的各种阻力，这个推动力称为驱动力，也叫做牵引力。汽车在不同路面状况和不同工况下运行时，受到的阻力有滚动阻力、空气阻力、上坡阻力和加速阻力。

1. 驱动力的产生

驱动力产生的原理如图 1-80 所示。发动机工作时产生转矩，经传动系传至驱动轮上，驱动轮在转矩 M_t 的作用下对路面产生一切向力 F_0，其方向与汽车行驶方向相反，大小为

$$F_0 = \frac{M_t}{r}$$

式中　r——车轮的滚动半径。

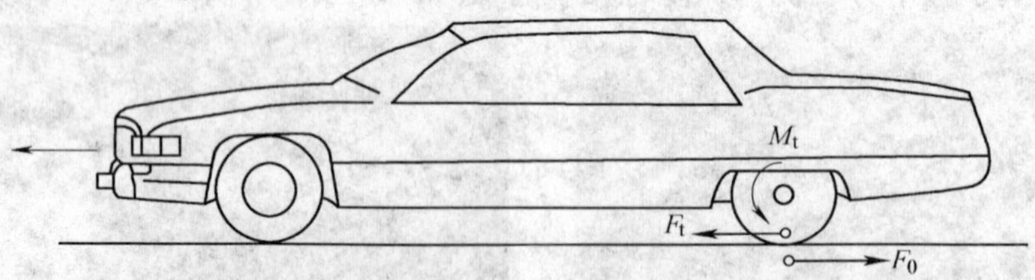

图 1-80　汽车驱动力的产生

由于驱动轮对路面作用一切向力 F_0，路面也要给驱动轮一反作用力 F_t，且 F_t 与 F_0 的大小相等、方向相反。F_t 就是驱动汽车行驶的外力，即驱动力。

2. 汽车的行驶阻力

汽车在行驶过程中受到的阻力有滚动阻力、空气阻力、上坡阻力和加速阻力。

（1）滚动阻力 F_f　车轮滚动时，由于轮胎与路面之间的摩擦以及轮胎和路面各自的变

形而产生的阻力就是滚动阻力。只要汽车运动，滚动阻力就存在，其大小与汽车的总质量、路面性质、轮胎的结构及气压等有关。

（2）空气阻力 F_w 汽车行驶时，在汽车前部受到空气的压力、后部因形成真空而产生向后的拉力、车身表面与空气间形成的摩擦力，这些力总称为空气阻力。只要汽车运行，空气阻力就存在，其大小与车速、汽车迎风面积和外形等有关。

（3）上坡阻力 F_i 汽车上坡时，其重力沿路面方向形成一个与汽车行驶方向相反的阻力就是上坡阻力。只有在上坡时，汽车才受到上坡阻力的影响，其大小与汽车总质量和道路的纵向坡度有关。

（4）加速阻力 F_j 汽车加速时，必须克服其质量加速运动时的惯性力，这就是加速阻力。只有在加速时，汽车才受到加速阻力的影响，其大小与汽车的总质量和加速度有关。

汽车在不同路面状况和不同工况下的受力情况是不同的，见表1-1。

表1-1 汽车运行工况与受力分析

路面状况	运行工况	驱动力与行驶阻力的关系	路面状况	运行工况	驱动力与行驶阻力的关系
水平路面	等速行驶	$F_t=F_f+F_w$	纵向坡道	等速上行	$F_t=F_f+F_w+F_i$
	加速行驶	$F_t=F_f+F_w+F_j$		加速上行	$F_t=F_f+F_w+F_i+F_j$

3. 附着力与附着条件

汽车行驶时，路面阻止驱动轮滑转（打滑）的最大反作用力叫做附着力，用 F_φ 表示。它与轮胎和路面的性质以及作用在驱动轮上的压力有关，其大小为

$$F_\varphi=F_N\varphi$$

式中 F_N——附着力，即作用在所有驱动轮上的法向反作用力；

φ——附着系数，其数值因轮胎和路面性质而异，一般由试验测定。

汽车在冰雪、泥泞或松软的路面上行驶时，附着系数小使附着力很小，汽车的驱动力受到附着力的限制而不能克服较大的行驶阻力，出现打滑现象。若继续加大节气门，则驱动轮只会加速滑转，而驱动力并没有增大。显然，附着力对驱动力起着制约的作用，即驱动力 F_t 的大小不仅与发动机动力有关，还受到附着力 F_φ 的限制，即附着条件为

$$F_t\leqslant F_\varphi$$

要使驱动轮不产生滑转，附着力 F_φ 必须大于或等于驱动力 F_t。由此可见，保证汽车正常行驶要满足两个条件：一是驱动力必须大于或等于行驶阻力；二是驱动力必须小于或等于附着力。

二、汽车的主要特征参数

1. 质量参数

整备质量：汽车完全装备好（但不包括货物、驾驶员及乘客）的质量。除了包括发动机、底盘和车身外，还包括燃料、润滑油、冷却液、随车工具和备用轮胎等的质量。

载质量：货车在硬质、良好的路面上行驶时所允许的最大额定装载质量。客车和轿车的载质量一般以乘坐人数表示，其额定客人数即为车上的额定座位数。

总质量：汽车在满载时的总质量，即汽车装备质量与所载质量之和。

2. 尺寸参数

汽车的主要尺寸参数有车长、车宽、车高、轴距、轮距、前悬、后悬、接近角、离去角

和离地距离等。

（1）车长　车长是指汽车长度方向两极端点间的距离，图 1-81 所示为各尺寸参数。车长是对汽车的用途、功能、使用方便性等影响最大的参数。一般中小型乘用车长 4m 左右，接近 5m 长的可算作大型车。按我国有关规定，公路车辆的极限总长是：货车、越野车、客车不大于 12m，铰接式客车不大于 18m，汽车带挂车不大于 20m。

（2）车宽　车宽是指汽车宽度方向两极端点间的距离。车宽主要影响乘坐空间和灵活性。按我国有关规定，公路车辆的极限总宽不大于 2. 5m。

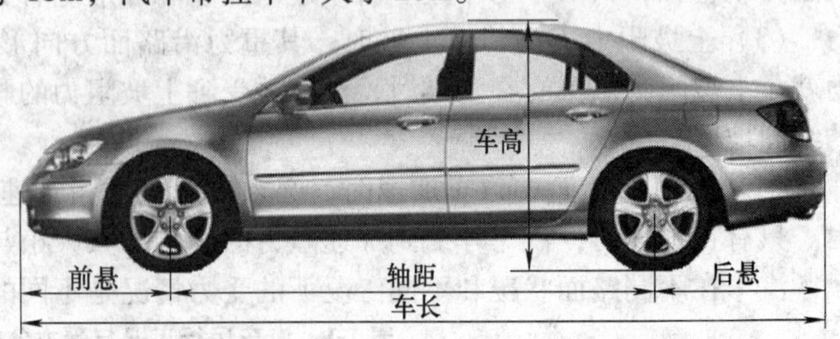

图 1-81　汽车常见尺寸参数

（3）车高　车高是指汽车最高点至地面间的距离。车高直接影响重心（操控性）和空间。大部分轿车高度在 1. 5m 以下，主要是出于降低全车重心的考虑，以确保高速拐弯时不会翻车。MPV、面包车等为了营造宽阔的乘坐（头部空间）和载货空间，车身一般比较高（1. 6m 以上），按中国的有关规定，公路车辆的极限总高不大于 4m。

（4）轴距　轴距是指汽车前轴中心至后轴中心的距离。在车长被确定后，轴距是影响乘坐空间最重要的因素，因为绝大多数的两厢和三厢轿车，乘员的座位都是布置在前后轴之间的。长轴距使乘员的纵向空间增大，直接得益的是对乘坐舒适性影响很大的脚部空间。在行驶性能方面，长轴距能提高直路巡航的稳定性，但转向灵活性下降，回旋半径增大。

（5）轮距　轮距是指同一车轴左右轮胎胎面中心线间的距离。轮距直接影响汽车的前后宽度比例。与其他尺寸相比，轮距更受机械布局（尤其是悬架系统的类型）的影响，是造型设计师需要在早期确定的参数。一般轿车的前轮距比后轮距略大（相差 10 ~ 50mm），即车身前半部比后半部略宽，这与气流动力学有关。轮距越大，转向极限和稳定性也会越高。

（6）前悬与后悬　前悬是指汽车最前端至前轴中心的距离。后悬是指汽车最后端至后轴中心的距离。

（7）接近角与离去角　接近角是指汽车前端突出点向前轮引切线与地面的夹角。离去角是指汽车后端突出点向后轮引切线与地面的夹角。接近角和离去角越大，表示汽车的通过性越好，如图 1-82 所示。

图 1-82　接近角与离去角

（8）最小离地间隙　是指满载时车体最低点与地面的距离。后驱车的离地最低点一般在后轴中央，前驱车一般在前轴，也有些轿车的离地最低点在前防撞杆下缘。离地间隙高则汽车的通过性好，但离地间隙高也意味着重心高，影响操控性，一般轿车的最低离地距离为 130 ~ 200mm，符合正常道路状况的使用要求。越野车离地距普遍大于 200mm。

三、汽车的使用性能

汽车的使用性能是指汽车满足使用要求的程度，也是衡量汽车性能好坏的重要指标。汽车的使用性能包括：动力性、燃料经济性、制动性、操纵稳定性、行驶平顺性、乘坐舒适性、通过性、安全性、可靠性、耐久性、操作方便性和排放性等。

1. 汽车的动力性

汽车动力性可从下面几个方面指标进行评价。

（1）汽车的最高车速　汽车的最高车速是指汽车在水平的良好路面（混凝土或沥青）上能达到的最高行驶速度。

（2）汽车的加速能力　指汽车在各种使用条件下迅速增加到汽车行驶速度的能力。汽车的加速能力强，表明汽车有较好的超车能力，汽车的加速能力通常用原地起步至某一速度（例如100km/h）的加速时间来衡量，或由原地起步行驶某一距离（如400m）的加速时间来衡量。

（3）汽车的爬坡能力　汽车的爬坡能力用汽车满载时以最低挡位在坚硬路面上等速行驶所能克服的大坡度来表示，称为最大爬坡度。它表示汽车最大牵引力的大小。

不同类型的汽车对上述三项指标要求各有不同。轿车与客车偏重于最高车速和加速能力，载货汽车和越野汽车对最大爬坡度要求较严。

（4）最大功率　最高输出功率一般用千瓦（kW）数来表示。发动机的输出功率同转速关系很大，随着转速的增加，发动机的功率也相应提高，但是到了一定的转速以后，功率反而呈下降趋势。一般在汽车使用说明书中最高输出功率同时用每分钟转速（r/min）来表示。

（5）最大转矩　发动机从曲轴端输出的力矩，转矩的表示方法是N·m/(r/min)，最大转矩一般出现在发动机的中、低转速范围，随着转速的提高，转矩反而会下降。

2. 汽车的燃料经济性

为降低汽车运输成本，要求汽车以最少的燃料消耗，完成尽量多的运输量。汽车以最少的燃料消耗量完成单位运输工作量的能力，称为燃料经济性。燃料经济性的衡量指标是：给定行驶里程的汽车燃料消耗量，或给定燃料消耗量能使汽车行驶的里程。例如，我国采用的指标是汽车行驶100km消耗多少升燃料（L/100km）。

3. 汽车的制动性

汽车具有良好的制动性是安全行驶的保证，也是汽车动力性得以很好发挥的前提。汽车制动性有下述三方面的内容。

（1）制动效能　汽车迅速减速直至停车的能力。常用制动过程中的制动时间、制动减速度和制动距离来评价。

（2）制动效能的恒定性　在短时间内连续制动后，制动器温度升高导致制动效能下降，称之为制动器的热衰退。连续制动后制动效能的稳定程度为制动效能的恒定性。

（3）制动时方向的稳定性　制动时的方向稳定性是指汽车在制动过程中不发生跑偏、侧滑和失去转向的能力。当左右侧制动动力不一样时，容易发生跑偏；当车轮“抱死”时，易发生侧滑或者失去转向能力。前轮抱死后，汽车将失去转向操纵能力；后轮抱死后，汽车后部很可能发生侧滑甩尾。可见，在车轮抱死时，会影响汽车制动的方向稳定性。

4. 汽车的操纵性和稳定性

汽车的操纵性是指汽车对驾驶员转向指令的响应能力，它直接影响到行车安全。轮胎的气压和弹性，悬架装置的刚度以及汽车重心的位置都对该性能有重要影响。

汽车的稳定性是汽车在受到外界扰动后恢复原来运动状态的能力，以及抵御发生倾覆和侧滑的能力。对于汽车来说，侧向稳定性尤为重要。当汽车在横向坡道上行驶。转弯以及受其他侧向力时，容易发生侧滑或者侧翻。汽车重心的高度越低，稳定性越好。合适的前轮定位角度使汽车具有自动回正和保持直线行驶的能力，提高了汽车直线行驶的稳定性。

5. 汽车的行驶平顺性和乘坐舒适性

汽车在行驶过程中由于路面不平的冲击，会造成汽车的振动，使乘客感到疲劳和不舒适，货物损坏。为防止上述现象的发生，不得不降低车速。同时振动还会影响汽车的使用寿命。汽车在行驶中对路面不平的降振程度，称为汽车的行驶平顺性。

6. 汽车的通过性

汽车在一定的载重量下能以较高的平均速度通过各种坏路及无路地带和克服各种障碍物（陡坡、台阶、壕沟等）的能力，称之为汽车的通过性。各种汽车的通过能力是不一样的。轿车和客车由于经常在市内行驶，通过能力就差，而越野汽车、军用车辆、自卸汽车和载货汽车，就必须有较强的通过能力。

7. 汽车的安全性

安全性是指汽车在行驶时避免发生碰撞事故以及碰撞后可减轻损失或伤亡的性能。

汽车的安全性又可分为主动安全性和被动安全性两项。

（1）主动安全性　主动安全性是指汽车对操纵稳定性和制动性能等事故的预防能力。像汽车防抱死制动系统（ABS）、电子稳定系统（ESP）等都可提高汽车的主动安全性。

（2）被动安全性　被动安全性是指汽车发生不可避免的碰撞事故时，对驾驶员和乘员进行保护，尽可能减少其所受的伤害的能力，即提高汽车碰撞对人员的保护能力。如保险杠性能、防撞车身结构、安全带效能、安全气囊效能、安全玻璃性能等都可以提高被动安全性。图1-83所示为汽车安全气囊工作情况。

图1-83　汽车安全气囊

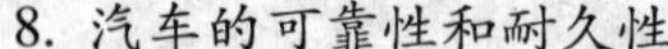

8. 汽车的可靠性和耐久性

可靠性是指汽车在正常条件下、规定的时间内完成必要的工作的能力。如果汽车的零部件在规定的使用期限内不能保证性能要求，就称为“故障”或“不可靠”。故障包括零部件不工作，工作不稳或性能降低等情况，又分为突发性和渐衰性两种表现形式。汽车零部件产生故障后，有的经过维修后仍可保证性能要求，而有的则不可维修而报废。零部件从开始正常工作直至不能正常工作而报废的整个过程称为使用寿命，可用零部件的工作时间或汽车的行驶里程去衡量。可靠性和耐久性的含义有相似之处，但可靠性是针对故障而言，而耐久性是指使用寿命的长短。

【思考题】

1. 汽车保险杠都能起到什么作用？
2. 汽车各项特征参数对汽车性能都有什么影响？

学习单元3 汽车内饰件的拆装

【学习目标】

1. 能通过与客户交流、查阅相关维修技术资料等方式获取车辆信息。
2. 通过查阅资料和观摩，掌握汽车内饰件的组成。
3. 掌握汽车内饰的拆装操作。
4. 能根据环保要求，妥善处理辅料、废弃液体和损坏零部件。

【任务载体】

客户的桑塔纳3000轿车的电动车窗工作出现异常，升降机部件都安装在车门内，在检查维修和更换时首先需拆卸车门内护板。除此之外，汽车的线路大都掩盖在内饰下，在进行维修检查时首先需熟练掌握内饰件的拆装方法。

【相关知识】

介绍汽车内饰件的组成。

汽车内饰件包括仪表板、车门内护板、转向盘、座椅、顶棚、地垫、遮阳板、储物盒、烟灰缸等，还有一些附属设备如音响、空调、通信、电视、照明灯具等。

1. 仪表台或仪表板

仪表板总成也叫仪表盘总成，它是汽车上的主要内饰件。它壁薄，体积大，上面开有很多方孔、圆孔等仪表孔，结构形状十分复杂。汽车中绝大多数的操控开关都是驾驶员专用的，一般在转向盘前面，如仪表及仪表罩、灯光开关、刮水器开关等。桑塔纳3000型轿车仪表板如图1-84所示。

2. 车门内护板（见图1-85）

车门内护板占据了驾驶室内左右两个侧面，是汽车内饰中重要的功能件和装饰件，使用十分频繁，车门内护板上装有门锁内手柄、门锁开启按钮、玻璃升降手柄、扶手、杂物袋、扬声器等，并对肘部活动空间有直接影响。许多仪表板控制件和座椅的扶手都布置在车门内护板上。

3. 座椅（见图1-86）

汽车座椅是根据人体工程学原理而设计的，它不仅要满足驾乘人员的使用功能，而且具有舒适的特点。座椅前后调节一般是靠滑道来完成的，座椅上下调节则靠螺旋升降装置。现在有的座椅在坐垫上还增加了加热、充冷气装置，以适用于高热、高寒地区不同用户的需要。

4. 转向盘

转向盘是汽车的主要操作功能件又是装饰件。转向盘一般由盘毂、圆周和盘辐及附件等组成。早期的转向盘功能单一，只有转向功能。随着技术的发展，现代汽车的转向盘集合了多种功能，在其上可布置一些操控件和按钮。这样一来驾驶员在手不离开转向盘的情况下就可以进行许多操作，既方便，又安全，如图1-87所示。此外轿车转向盘内都装有安全气囊，以保证汽车的被动安全性。转向盘的尺寸和形状直接影响到转向操纵的轻便性，选用较大直径的转向盘虽然操纵轻便，但是会使驾驶员进出驾驶室困难；选用较小直径的转向盘时，会要求驾驶员施加较大的力，从而使汽车操纵趋于困难。新型汽车中，一般都有转向助力装置，转向力不需要很大，从而提高了操纵舒适性。

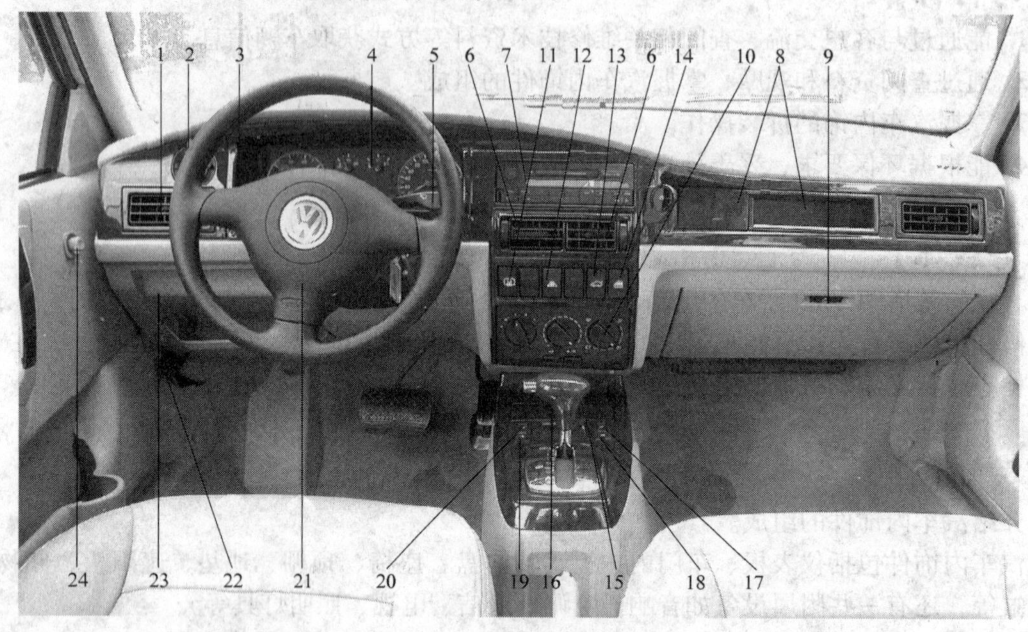

图 1-84　桑塔纳 3000 型轿车仪表板

1—出风口　2—灯光转换开关　3—转向信号灯和远光灯拨杆　4—组合仪表　5—风窗刮水器和风窗洗涤装置　6—出风口　7—收音机/CD 播放机　8—杂物盒　9—杂物箱　10—空调开关　11—后窗加热开关　12—危险报警闪光灯开关　13—行李箱盖锁开启开关　14—车窗升降锁定开关　15—点烟器/烟灰盒　16—变速杆　17—副驾驶员侧车窗玻璃升降开关　18—右后排乘员车窗玻璃升降开关　19—左后排乘员车窗玻璃升降开关　20—驾驶员侧车窗玻璃升降开关　21—转向盘　22—发动机罩开锁装置　23—熔丝护板壳　24—电动后视镜开关

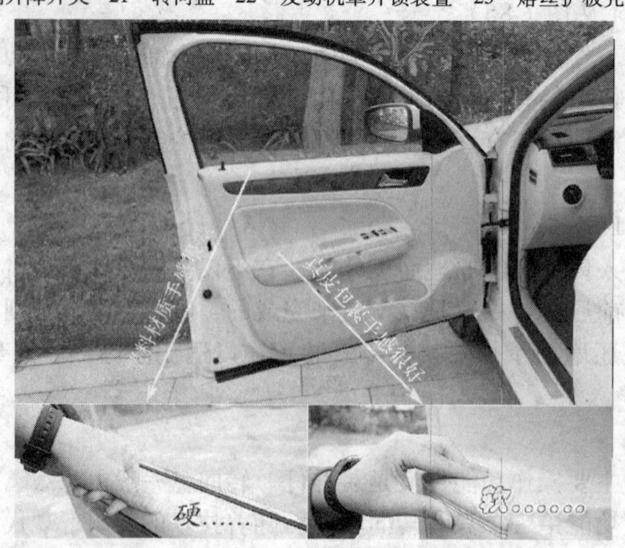

图 1-85　汽车车门内饰板

图1-86　汽车座椅

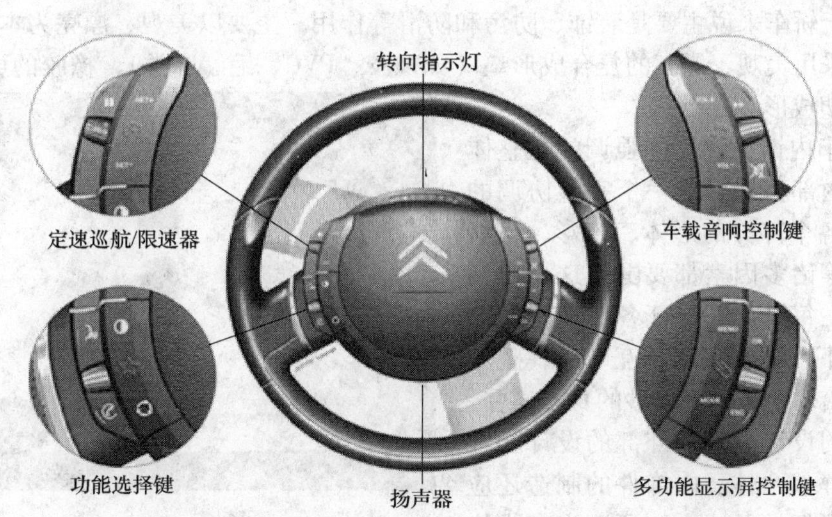

图1-87　雪铁龙轿车中央集控式转向盘

5. 顶棚、后围护板（见图1-88）

车内顶棚、后围护板（主要用于商用车）是内饰件中材料和品种花样最多的一种复合层压制品。它的作用除了起装饰功能外，还起着隔热、隔音等功能。

顶棚、后围按其材料分为硬质的和软质的。硬质轿车顶棚一般使用TPO发泡片材、玻璃纤维、无纺涤纶布材料层压成形。软质的一般由基材和表皮构成，基材采用热固性或热塑性毡类压制成形，表皮材料选用针织面料、无纺布、PVC等。

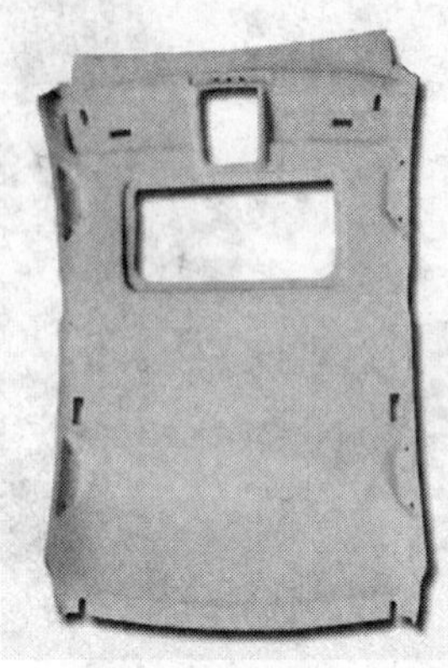

图 1-88　汽车顶棚

6. 地垫（见图 1-89）

地垫对于轿车来说主要是装饰、防污和防滑等作用。主要以美观、漂亮为本。轿车中的地垫一般都采用美观、漂亮的复合成形垫（如橡胶、PVC、毛、麻类），橡胶的可热压成形，PVC 的可注塑成形。

图 1-89　汽车整体地垫

现代汽车内饰设计首先强调的是整体感，即整个内部环境形成一个完整协调的设计主调，各个部分的形体、色彩、材料质感、纹理等诸多因素都要围绕这个主调进行变化，在每个局部保证各自独立功能要求的前提下，还要注意相互呼应，整体统一，以期给驾乘人员更美妙的身心感受。同时，内饰的设计也应与外部的设计相呼应，使整车浑然一体。内饰件的制造还应考虑工艺的可行性及成本。所以汽车内饰件的设计与制造是一门综合的学问，涉及的知识比较多，有美学的、光学的、力学的、人体工程学的、材料科学的、化工学的等。尤其是现在汽车工业的飞速发展，新的材料、新的工艺层出不穷，这也促进了现代汽车内饰设计的进步。

【技能操作】

一、红旗轿车前排座椅的拆卸（见图 1-90）

用十字螺钉旋具拆下螺钉 1，取下外导轨罩盖 2，撬下卡扣 3，取下内导轨罩盖 4，取下回位弹簧，取下定位销总成，拧开螺钉和锁紧螺母，向后移动座椅，直到座椅滑出导轨，取出座椅。

二、仪表板总成的拆卸

1. 扶手总成的拆卸，如图1-91所示。

1）向外拉出汽车后座出风口总成2。

2）拆卸组合螺母。

3）向上取下扶手总成3。

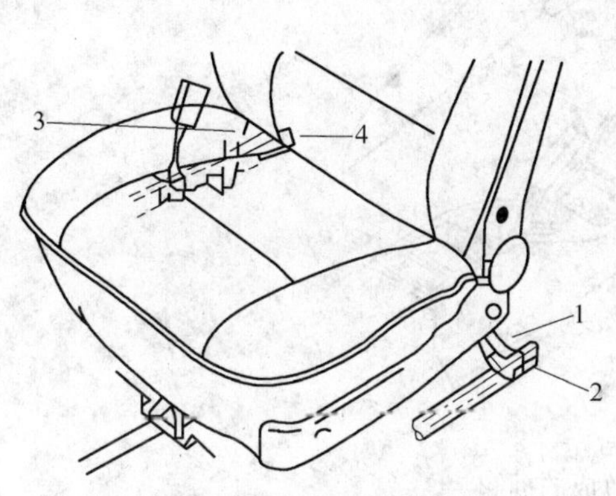

图1-90　前排座椅的拆卸
1—螺钉　2—外导轨罩盖
3—卡扣　4—内导轨罩盖

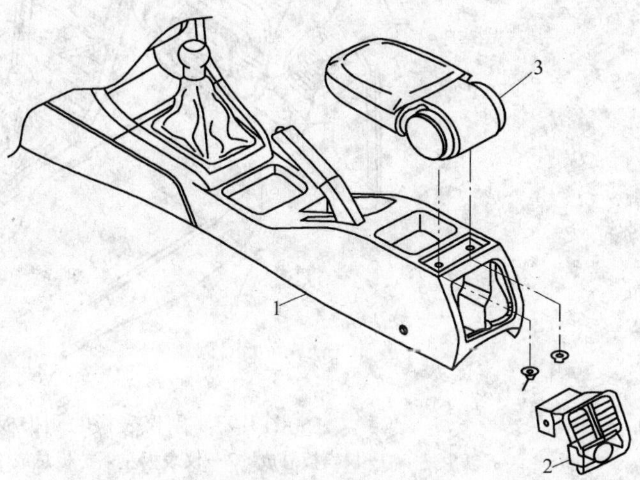

图1-91　扶手总成拆卸
1—副仪表板总成　2—汽车后座出风口总成　3—扶手总成

注意：为保证安全，开始工作前，必须拆下蓄电池搭铁线。

2. 副仪表板总成的拆装（见图1-92）

1）拆卸与前地板焊接总成相联接的4个六角头螺栓3。

2）抬起手制动。

3）从手柄里的定位凸块上撤出手制动杆手柄，向前取出。

4）向前、向上慢慢举起副仪表板使其成一定角度。

5）拆卸点烟器插头。

3. 副仪表板的侧护板总成的拆卸（见图1-93）

1）拆卸螺钉罩盖4，自攻螺钉5，垫圈6。

2）拉出仪表板左、右护板总成。

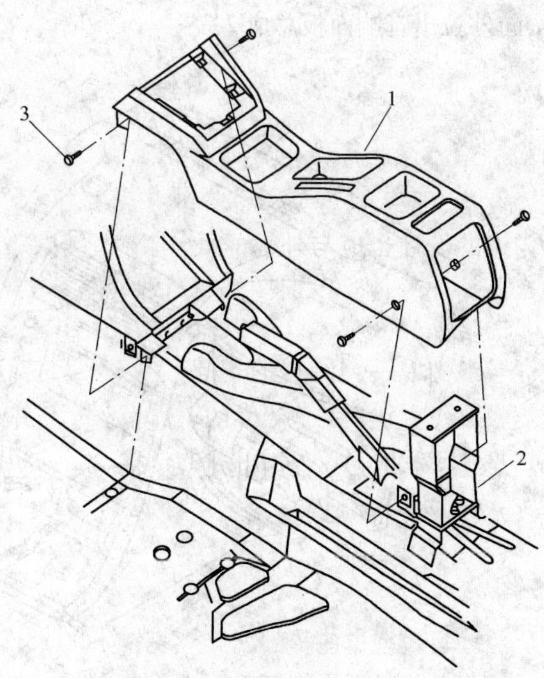

图1-92　副仪表板拆卸
1—副仪表板总成　2—前地板焊接总成
3—六角头螺栓

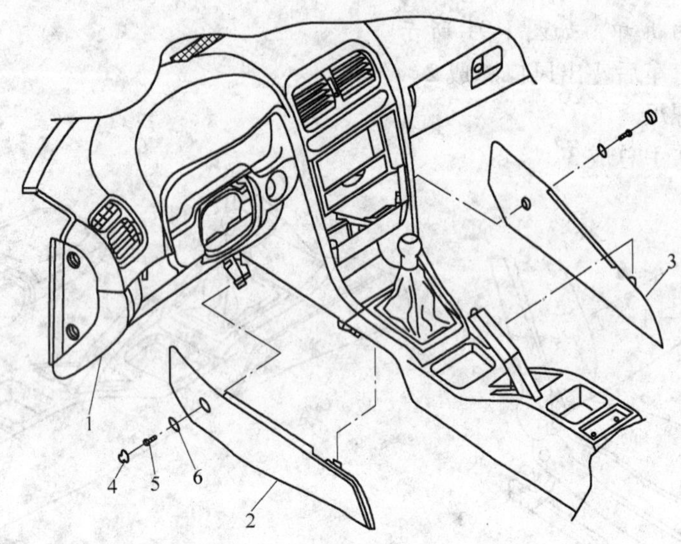

图 1-93　副仪表板的侧护板总成的拆卸
1—仪表板总成　2—仪表板左下护板总成　3—仪表板右下护板总成
4—螺钉罩盖　5—自攻螺钉　6—垫圈

4. 音响面板总成的拆卸（见图 1-94）

1）拆卸两个十字头自攻螺钉 3。

2）向外拉出音响面板总成 2。

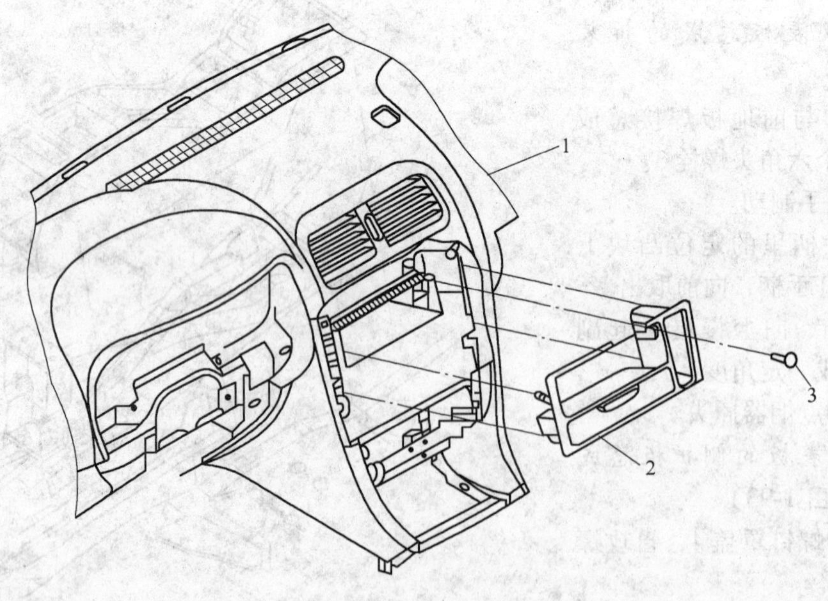

图 1-94　音响面板总成的拆卸
1—仪表板总成　2—音响面板总成　3—十字头自攻螺钉

5. 烟灰盒总成的拆卸（见图1-95）

1）拆卸三个六角头螺栓3。

2）向外拉出烟灰缸总成2。

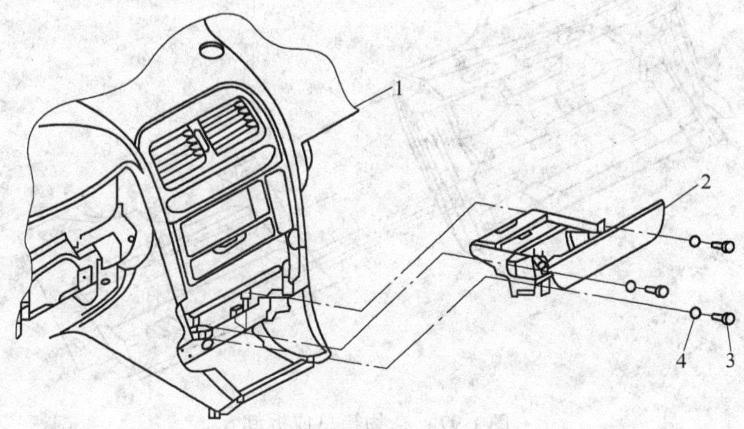

图1-95　烟灰盒总成的拆卸

1—仪表板总成　2—仪表板烟灰缸总成　3—六角头螺栓　4—弹簧垫圈

6. 仪表罩总成的拆卸（见图1-96）

1）拆卸十字头自攻螺钉3。

2）向外拉出仪表罩2。

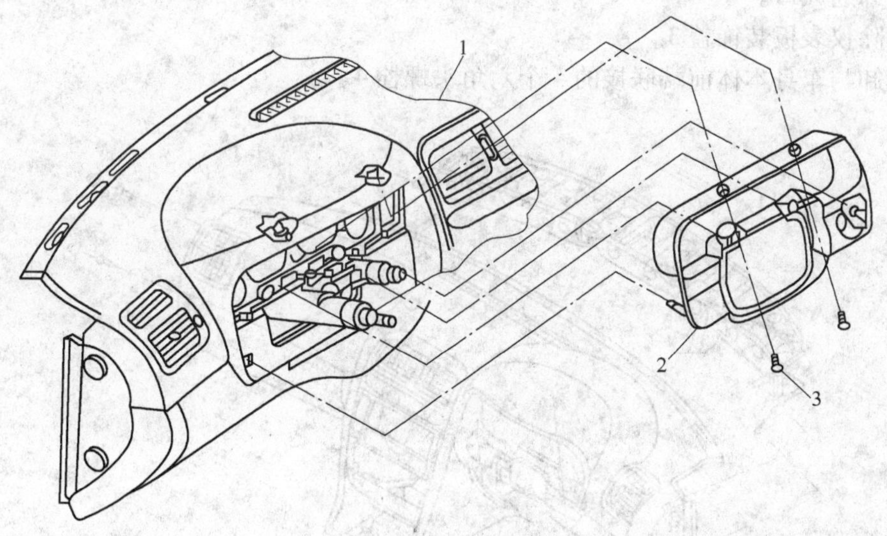

图1-96　仪表罩总成拆卸

1—仪表板总成　2—仪表罩总成　3—十字头螺钉

7. 拆卸杂物盒锁总成

8. 杂物盒总成的拆卸（见图1-97）

向外拉出杂物盒总成。

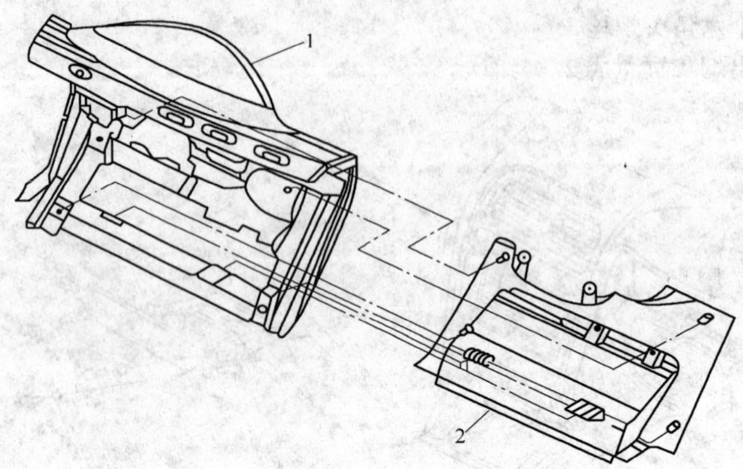

图 1-97　杂物箱总成拆卸

1—仪表板总成　2—杂物盒总成

9. 仪表板总成的拆卸（见图 1-98）

1）拆卸转向盘。

2）拆卸转向柱开关。

3）拆卸杂物盒总成。

4）拆卸通风口。

5）拆除仪表板装饰盖 3。

6）拆卸与车身本体前端联接的 4 个六角头螺栓 4。

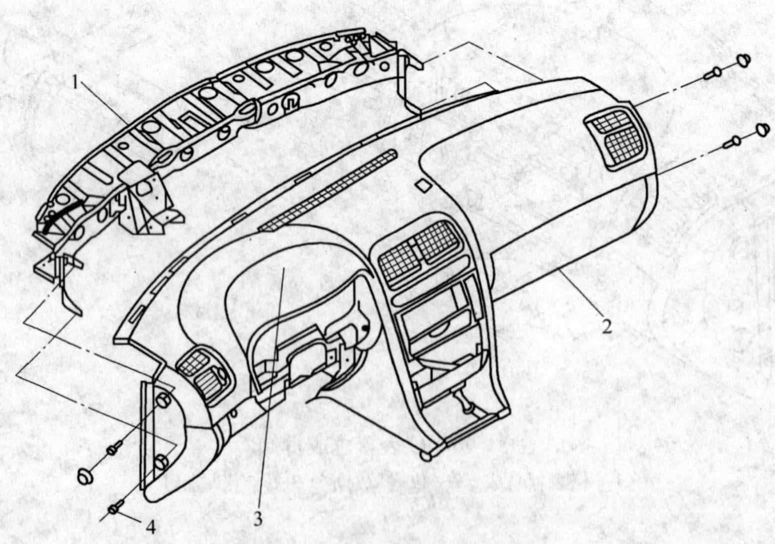

图 1-98　仪表板总成拆卸

1—转向柱横梁　2—仪表板总成　3—装饰盖　4—六角头螺栓

注意：开始工作前拆下蓄电池搭铁线。

三、地板的拆装（见图1-99）

先拆除驾驶座总成、副驾驶座总成、后座座垫总成、左右安全带下固定点、仪表板总成、副仪表板总成、暖风装置、后冷气风道、左右立柱下护板后，然后可拆卸地毯总成。

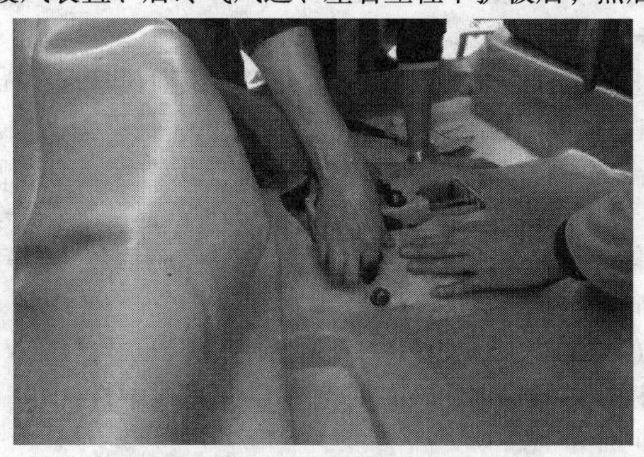

图1-99 地板拆装

【知识和能力拓展】

一、国外汽车型号

各个品牌不太一样，尤其是国内和进口都有区别。

1. 奥迪汽车型号

打头的第一个字母“A”，如奥迪A2、A3、A4、A6、A8系列等。后面的数字越大表示等级越高：A2、A3系列是小型轿车；A4系列是中级轿车；A6系列是高级轿车；A8系列是豪华轿车。

除了以A字打头的轿车外，奥迪还有S系列和TT系列：S系列多是高性能车型，但并非是越野车，主要有S3、S6及S8等；TT系列则全部是跑车。

2. 奔驰汽车型号

奔驰汽车前面的字母表示类型和级别：A级是小型单厢车，C级为小型轿车，E级为中级轿车，S级为高级轿车，M级为SUV，G级为越野车，V级为多功能厢式车，SLK为小型跑车，CLK为中型跑车，SL为高级跑车，CL为高级轿跑车，SLR为超级跑车。

型号中间的数字，如280、300及500代表发动机排量，分别表示发动机排量为2.8L、3L及5L。

型号尾部的字母L表示为加长车型，Diesel表示为柴油。如S600L则表示为高级、排量6L、加长型轿车。

3. 宝马汽车型号

宝马汽车公司主要有轿车、跑车、越野车三大车种。

轿车有3、5、7和8四个系列，轿车型号的第一个数字即为系列号，第2和第3个数字表示排量，最后的字母中i表示燃油喷射、A表示自动挡、C表示双座位、S表示超级豪华。比如，318iA表示为3系列，排量为1800mL，燃油喷射，自动挡；850Si表示8系列轿车，排量为5000mL，超级豪华型，燃油喷射。

跑车型号用Z打头，主打车型有Z3、Z4、Z8等，后面的数字越大表示越高级。

越野车用X打头，代表车型是X5。

二、车辆识别代号（VIN）

1. 车辆识别代号（VIN）的意义和作用

现在国外各汽车公司生产的汽车大都使用了车辆识别代号（Vehicle Identification Number，VIN）。它由一组字母和阿拉伯数字组成，共17位，是识别一辆汽车不可缺少的工具。VIN的每位代码代表着汽车的某一方面信息参数。按照识别代号编码顺序，从VIN中可以识别出该车的生产国家、制造公司或生产厂家、车的类型、品牌名称、车型系列、车身形式、发动机型号、车型年款（属哪年生产的哪款车型）、安全防护装置型号、检验数字、装配工厂名称和出厂顺序号码等。

《车辆识别代号（VIN）管理规定》车辆必须有车辆识别代号（VIN）。VIN具有很强的唯一性、通用性、可读性以及最大限度的信息载量和可检索性。VIN编码一般以标牌的形式，装贴在汽车的不同部位。

VIN识别代码可用于：

1）车辆管理：登记注册、信息化管理的关键字，如美国DMV的VDS。

2）车辆检测：年检和排放检测。

3）车辆防盗：识别车辆和零部件，盗抢数据库。

4）车辆维修：诊断、电脑匹配、配件订购、客户关系管理。

5）二手车交易：查询车辆历史信息。

6）汽车召回：年代、车型、批次和数量。

7）车辆保险：保险登记、理赔、浮动费率的信息查询。

另外，利用VIN数据规定还可以鉴别出拼装车、走私车。因为拼装的进口汽车一般不按VIN规定进行组装。

2. VIN的组成

VIN的组成（GB 16735—2004《道路车辆　车辆识别代号（VIN）》规定）如下所示（年产量大于500辆）：

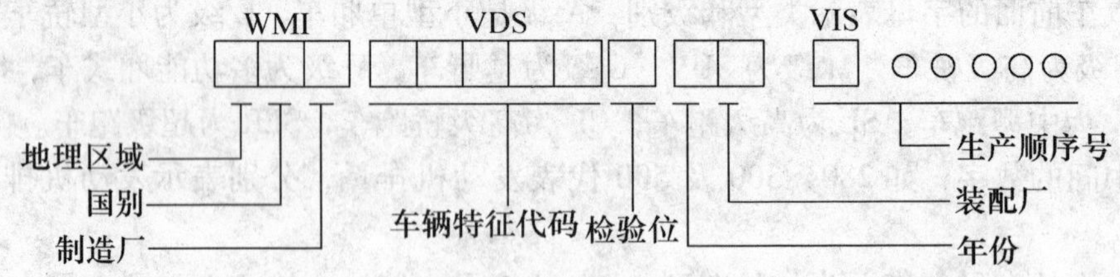

VIN编码的组成

注：□—代表字母或数字；○—代表数字。数字为0～9共10个阿拉伯数字，字母为A～Z共23个大写拉丁字母（I、O及Q不能使用）。

（1）世界制造厂识别代号（WMI）　世界制造厂识别代号，国际标准化组织按地理区域分配给各国，各国再分配给本国的制造厂，所有的WMI代号由美国汽车工程师学会（SAE）保存并核对。中国由天津汽研中心标准所代理，国资委备案。

（2）车辆描述部分（VDS）　第4～9位，为车辆的类型和配置。若其中的一位或几位字符不用，必须用选定的字母或数字占位。一般包含：车辆类型、车辆结构特征、车辆装置特征、车辆技术特性参数和检验位（第9位，0～9或X）等信息。

（3）车辆指示部分（VIS）　第10～17位，制造厂为了区别每辆车而指定的一组字符。一般包含：车型年代（第10位，字母或数字，不能为数字0、字母O、Q、I、Z）、装配厂（第11位，字母或数字）、生产顺序号（汽车年产量大于500时，最后6位，一般为数字）等信息。

如果制造厂生产的某种类型的车辆产量不小于500辆，VIS的第3～8位表示生产顺序号；如果制造厂的产量小于500辆，则此部分的第3、4、5位与WMI中的第3位字码一起来表示一个车辆制造厂。

3. VIN标牌的位置

VIN标牌的位置各大汽车厂不完全一样，一般在左风窗仪表盘上、门柱上、发动机车架等大部件上，左侧轮罩内，转向柱上，散热器支架上，发动机前部的加工垫上，质保和保养手册、车主手册上。

三、汽车产品型号识别代码（VIN）详解

VIN代码由17位数字及字母组成。每一位数字或字母都有不同的含义。不同国家或汽车生产厂家，其VIN含义有细微的不同。下面举几个例子具体说明：

1. 美国福特汽车公司轿车VIN

第1位：生产国别代码

第2位：生产或归属部门代码

第3位：车型类别代码

第4位：乘员安全保护装置代码

第5位：车型系列代码

第6～7位：车身类型代码

第8位：发动机型号代码

第9位：VIN检验数代码

第10位：车型年款代码

第11位：总装工厂代码

第12位：出厂顺序号代码

2. 德国宝马汽车公司轿车VIN

第1位：生产国别代码

第2位：生产厂家代码

第3位：车型及种类代码

第4～6位：车型代码

第7位：发动机型号代码

第8位：乘员安全保护装置代码

第9位：VIN检验数代码

第10位：车型年款代码

第11位：总装工厂代码

第12位：出厂顺序号代码

3. 德国奔驰汽车公司轿车VIN

第1位：生产国别代码

第2~3位：生产厂家代码

第4位：车身及底盘系列代码

第5位：发动机类型代码

第6~7位：车型代码

第8位：乘员安全保护装置代码

第9位：VIN检验数代码

第10位：车型年款代码

第11位：总装工厂代码

第12位：出厂顺序号代码

4. 日本丰田汽车公司雷克萨斯轿车VIN

第1位：生产国别代码

第2位：生产厂家代码

第3位：车型类别代码

第4位：发动机型号代码

第5位：车型代码

第6位：车型与型号代码

第7位：系列/级别代码

第8位：车身类型代码

第9位：VIN检验数代码

第10位：车型年款代码

第11位：总装工厂代码

第12位：出厂顺序号代码

5. 车型年款代码对照

A：1980，B：1981，C：1982，D：1983，E：1984，F：1985，G：1986，H：1987，J：1988，K：1989，L：1990，M：1991，N：1992，P：1993，R：1994，S：1995，T：1996，V：1997，W：1998，X：1999，Y：2000。

6. 车辆识别代号（VIN）实例

风神蓝鸟车型代码为：L G B C 1 A E 0 6 3 R 0 0 0 8 1 4。

LGB：代表东风汽车公司；C：表示品牌系列，即风神“蓝鸟”EQ7200系列（E：NISSAN SUNNY 2.0系列）；1：表示车身类型，即四门三厢（2—四门二厢，3—五门二厢，4—三门二厢，A：表示发动机特征，即2.0L、(B—待定)；E：表示约束系统类型；0：表示变速器形式，即0—AT（2—MT)；6：为检验位；3：表示年份；R：表示装配厂，即风神一厂（襄樊）(Y—风神二厂（花都))；000814：表示生产序号。

【思考题】

1. 汽车内饰都是采用哪种连接方式?

2. 采用汽车VIN有什么意义?

学习情境 2 发动机的拆装与调整

学习单元 1 发动机拆装

【学习目标】

1. 了解汽车发动机的总体构造与工作原理。
2. 掌握发动机在汽车上的拆装方法。
3. 掌握相关工具的使用。

【任务载体】

当判定发动机是造成故障的原因或判定发动机零部件已经损坏或严重磨损时，通常需要对发动机进行大修。尽管有些发动机修理工作可以在车辆上进行，但是大多数的发动机修理作业需要将发动机从车辆上拆卸下来。检修完毕，需要按正确的方法装复发动机。

【相关知识】

汽油机由两大机构和五大系统组成，即由曲柄连杆机构，配气机构、燃料供给系、润滑系、冷却系、点火系和起动系组成；柴油机由两大机构和四大系统组成，即由曲柄连杆机构、配气机构、燃料供给系、润滑系、冷却系和起动系组成。柴油机是压燃的，不需要点火系。图 2-1 所示为单缸四冲程汽油机的总体构造。

一、曲柄连杆机构

曲柄连杆机构是发动机实现工作循环，完成能量转换的主要运动零件。它由机体组、活塞连杆组和曲轴飞轮组等组成，如图 2-2 所示。

二、配气机构

配气机构的功用是根据发动机的工作顺序和工作过程，定时开启和关闭进气门和排气门，使可燃混合气或空气进入气缸，并使废气从气缸内排出，实现换气过程，其结构如图 2-3 所示。

三、冷却系统

冷却系的功用是将受热零件吸收的部分热量及时散发出去，保证发动机在最适宜的温度状态下工作。水冷发动机的冷却系通常由冷却水套、水泵、风扇、散热器、节温器等组成，结构如图 2-4 所示。

四、燃料供给系统

汽油机燃料供给系的功用是根据发动机的要求，配制出一定数量和浓度的混合气，供入气缸，并将燃烧后的废气从气缸内排出到大气中去。图 2-5 所示为博世 M 型电控汽油喷射系统。

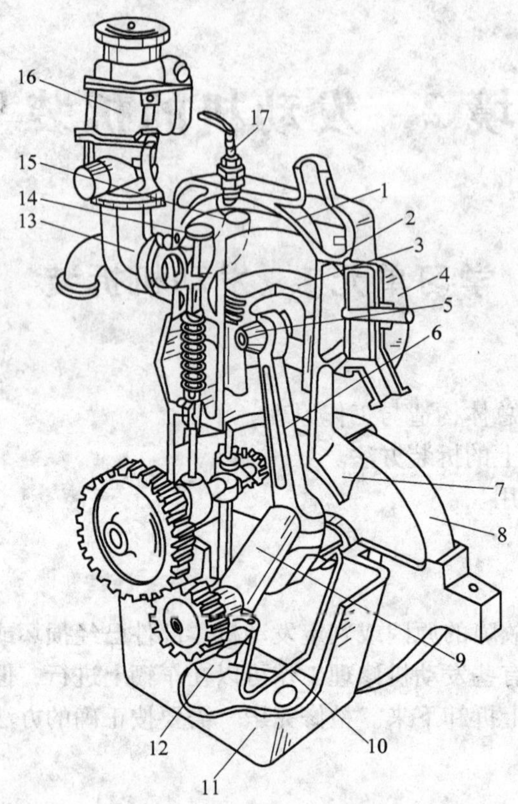

图 2-1　单缸四冲程汽油机

1—气缸盖　2—气缸　3—活塞　4—水泵　5—活塞销　6—连杆　7—曲轴箱　8—飞轮　9—曲轴
10—润滑油管　11—油底壳　12—机油泵　13—进气管　14—进气门　15—排气门　16—化油器　17—火花塞

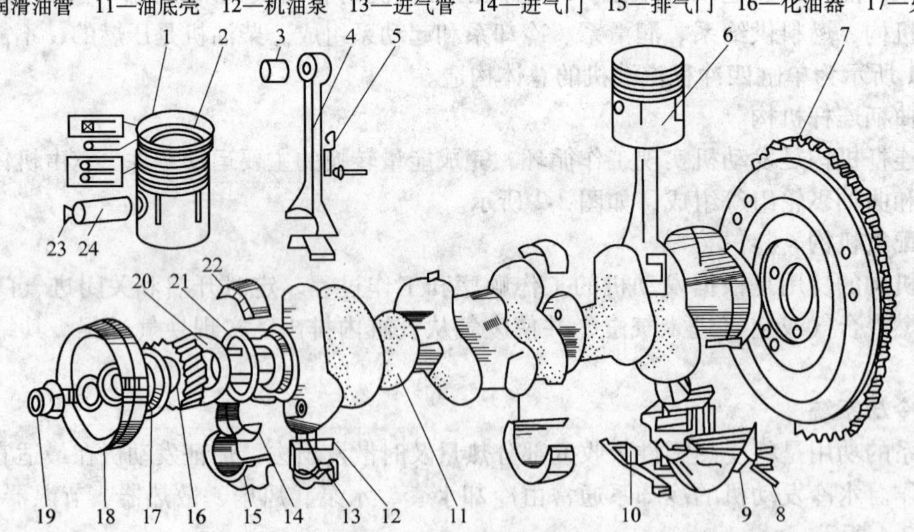

图 2-2　曲柄连杆机构

1—气环　2—油环　3—连杆衬套　4—连杆　5—连杆螺栓　6—活塞　7—飞轮　8—曲轴后主轴承盖
9—曲轴后主轴承油封座　10—螺栓扣片总成　11—曲轴　12—连杆轴瓦　13—连杆盖
14—曲轴主轴瓦　15—主轴承盖　16—曲轴齿轮　17—曲轴前挡油盘　18—曲轴带轮
19—曲轴起动爪　20、21—止推前垫圈　22—止推后垫圈　23—活塞销锁环　24—活塞销

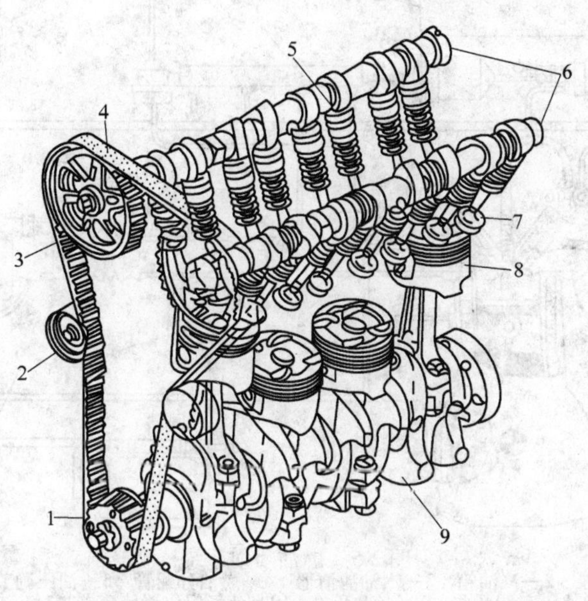

图2-3　配气机构

1—曲轴同步带轮　2—张紧轮　3—凸轮轴同步带轮　4—同步带
5—液压挺住　6—凸轮轴　7—气门　8—活塞　9—曲轴

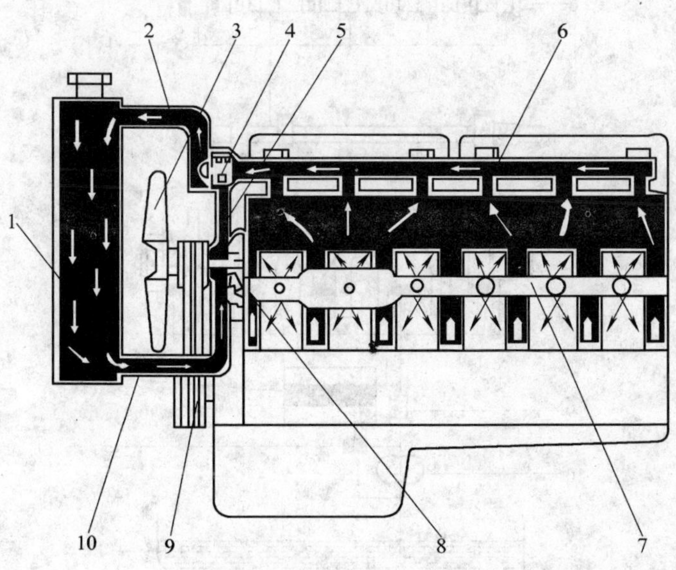

图2-4　冷却系统

1—散热器　2—上水管　3—风扇　4—节温器　5—旁通道　6—水套
7—分水管　8—水泵　9—风扇传动带　10—下水管

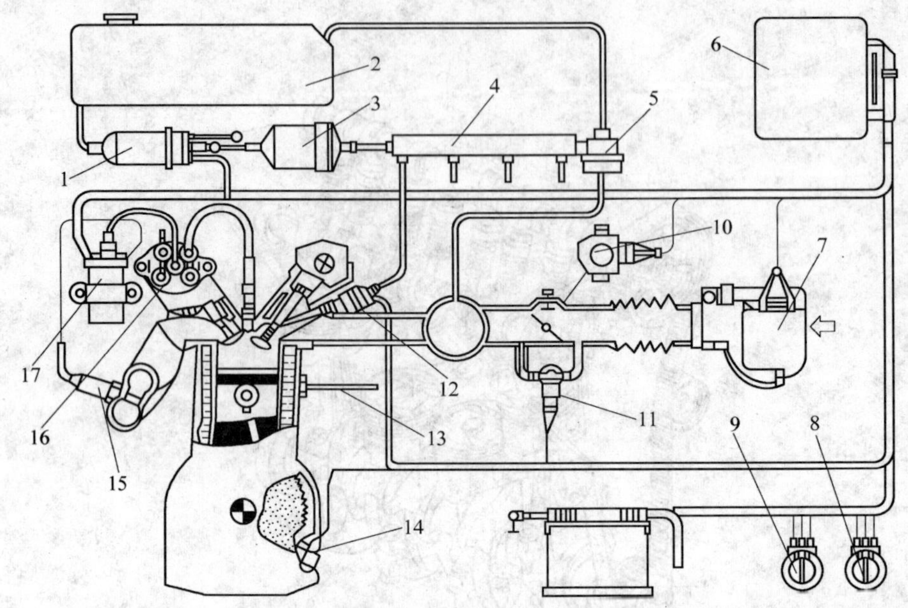

图 2-5　燃油喷射系统

1—电动汽油泵　2—汽油箱　3—汽油滤清器　4—燃油分配管　5—油压调节器　6—ECU
7—空气流量计　8—空调开关　9—点火开关　10—节气门位置传感器　11—怠速空气调节器
12—喷油器　13—温度传感器　14—曲轴位置传感器　15—氧传感器　16—分电器　17—点火线圈

五、润滑系统

润滑系统的功用是向做相对运动的零件表面输送定量的清洁润滑油，以实现液体摩擦，减小摩擦阻力，减轻机件的磨损，并对零件表面进行清洗和冷却。润滑系通常由润滑油道、机油泵、机油滤清器和一些阀门等组成。其结构如图 2-6 所示。

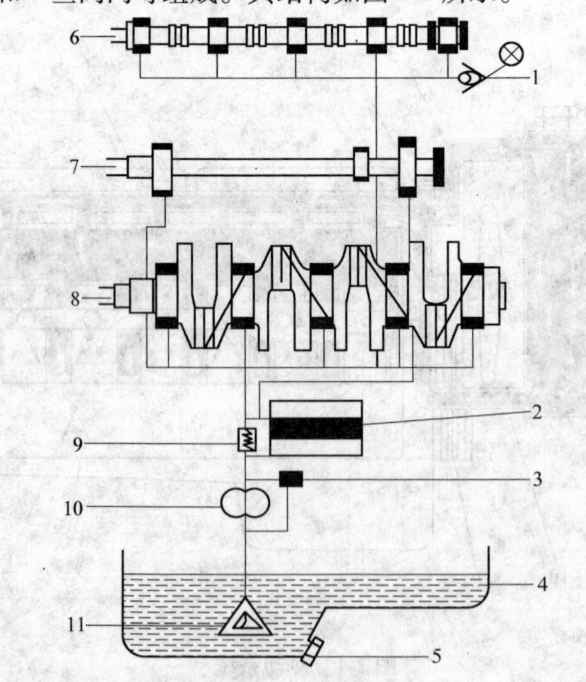

图 2-6　润滑系统

1—低压报警开关　2—机油滤清器　3—限压阀　4—油底壳　5—放油螺塞
6—凸轮轴　7—中间轴　8—曲轴　9—旁通阀　10—机油泵　11—集滤器

六、点火系统

在汽油机中，气缸内的可燃混合气是靠电火花点燃的，为此在汽油机的气缸盖上装有火花塞，火花塞头部伸入燃烧室内。能够按时在火花塞电极间产生电火花的全部设备称为点火系，点火系通常由蓄电池、发电机、分电器、点火线圈和火花塞等组成，如图2-7所示。

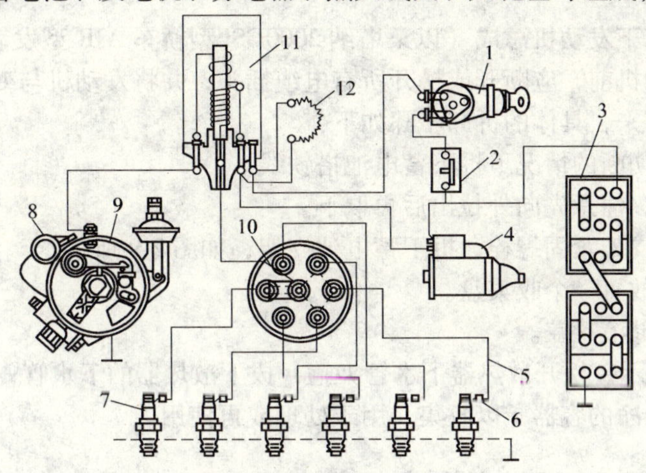

图2-7　传统点火系统

1—点火开关　2—电流表　3—蓄电池　4—起动机　5—高压导线　6—阻尼电阻
7—火花塞　8—电容器　9—断电器　10—配电器　11—点火线圈　12—附加电阻

七、起动系统

要使发动机由静止状态过渡到工作状态，必须先用外力转动发动机的曲轴，使活塞做往复运动，气缸内的可燃混合气燃烧膨胀做功，推动活塞向下运动使曲轴旋转，发动机才能自行运转，工作循环才能自动进行。因此，曲轴在外力作用下开始转动到发动机开始自动地怠

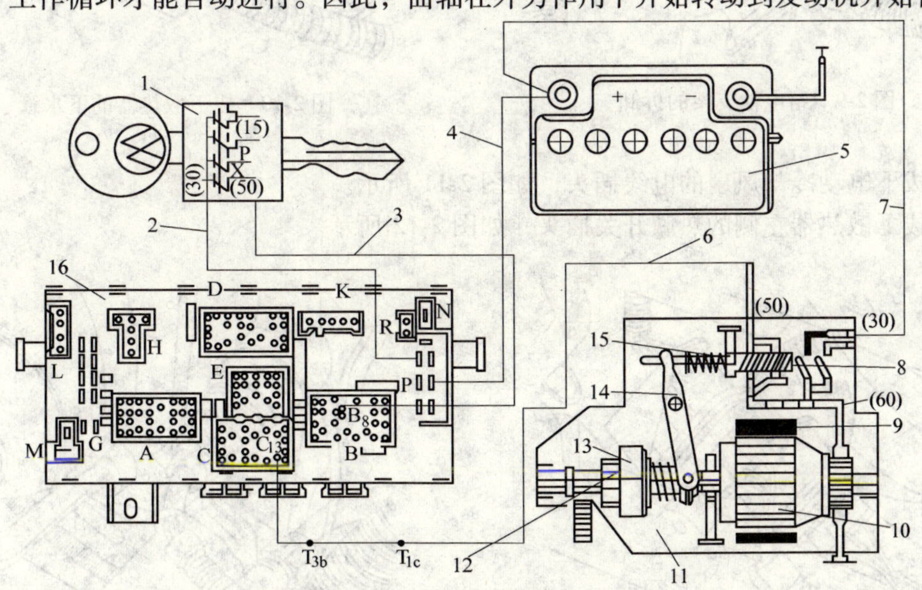

图2-8　起动系统

1—点火开关　2、4—红线　3、6—红/黑线　5—蓄电池　7—黑线　8—电磁开关　9—定子　10—转子
11—起动机总成　12—小齿轮　13—单向滚柱离合器　14—传动叉　15—回位弹簧　16—中央电气装置电路板

速运转的全过程，称为发动机的起动。完成起动过程所需的装置，称为发动机的起动系统。起动系统的组成如图 2-8 所示。

【技能操作】

一、从汽车上拆下发动机总成（以桑塔纳 2000GSi 型轿车 AJR 型发动机为例）

一般在拆卸发动机前，应断开或松开所有电缆插头，并将发动机与变速器脱离，然后从前面将发动机拆卸下来，具体的拆卸步骤如下：

1）在点火开关切断的情况下拆下蓄电池搭铁线。

2）拆下蓄电池，注意先向外拉出后再取下。

3）旋松蓄电池支架紧固螺栓，拆下蓄电池支架，如图 2-9 所示。

4）在发动机下放置一个收集盘。

5）旋开冷却液储液罐盖。

6）如图 2-10 所示，松开散热器下水管夹箍，拔下散热器的下水管，放出冷却液。所抽取的冷却液必须用干净的容器予以收集，用于处理或再使用。

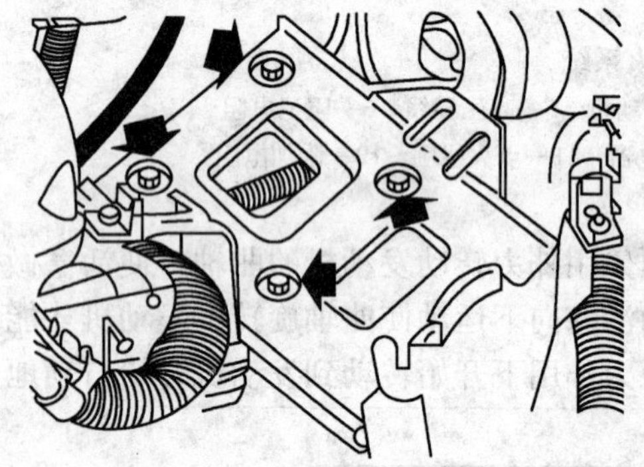

图 2-9　蓄电池支架的拆卸

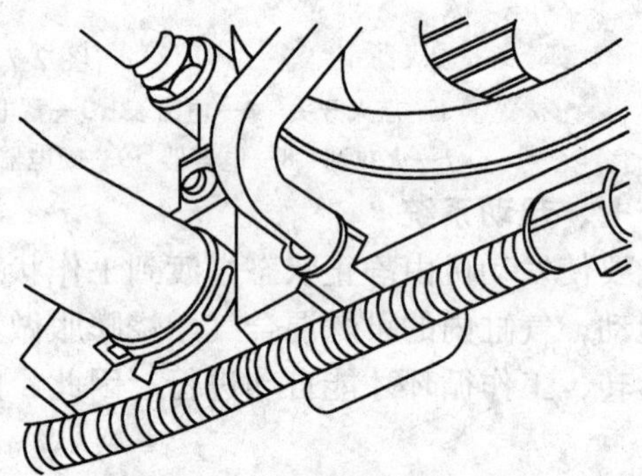

图 2-10　拔下散热器的下水管

7）拔下电动冷却风扇的电线插头，如图 2-11 所示。

8）拔下散热器左侧的热敏开关插头，如图 2-12 所示。

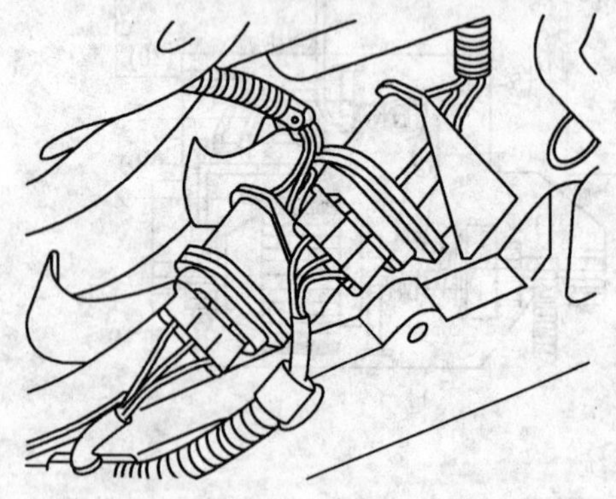

图 2-11　拔下电动冷却风扇的电线插头

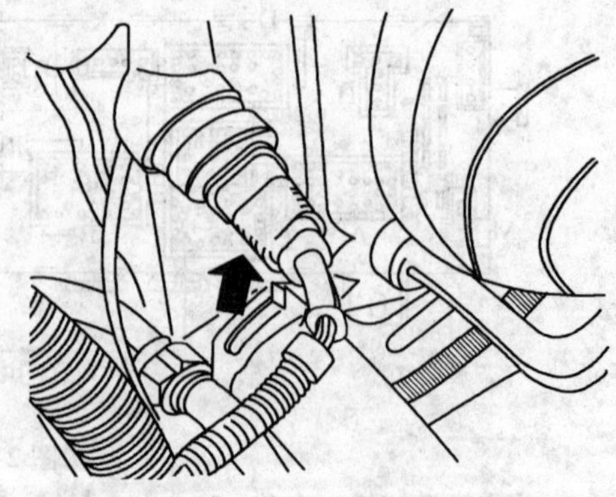

图 2-12　拔下散热器左侧的热敏开关插头

9）松开散热器的上水管的夹箍，拔下散热器的上水管。

10）旋松电动冷却风扇的4个紧固螺栓，拆下电动冷却风扇和散热器。

11）拔下空气流量计的电线插头，如图2-13所示。

12）拔下活性炭罐电磁阀（ACF阀）的电线插头，如图2-14所示。

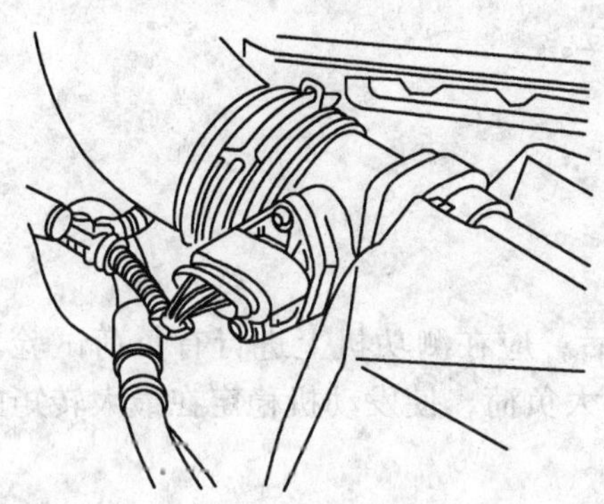

图2-13　拔下空气流量计的电线插头

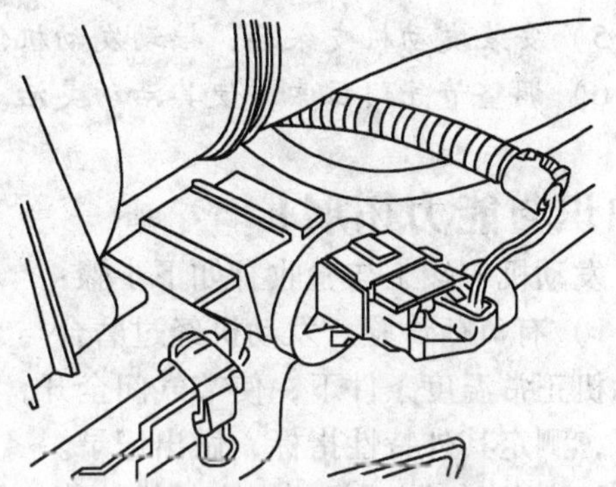

图2-14　拔下活性炭罐电磁阀的电线插头

13）拆下空气滤清器至节气门控制器之间的空气管路，拆下空气滤清器罩壳。

14）拔下燃油分配管上的供油管和回油管。

15）松开节气门拉索。拔下通向活性炭罐电磁阀的真空管和通向制动系真空助力器的真空管。

16）拔下位于发动机底部通向暖风热交换器的冷却液管。

17）拔下气缸盖通向暖风热交换器的冷却液管。

18）拔下变速器上的车速传感器电线插头，倒车灯开关。

19）松开空调压缩机与支架的联接螺栓，取下V带。

20）移开空调压缩机并使用电线将其悬挂在副梁上。

21）使用专用工具拆卸张紧轮，并用销钉固定张紧轮，从发动机上取下V带。

22）松开动力转向液压泵V带轮的螺栓，拆下V带轮。拆下动力转向液压泵，固定于发动机舱内的一侧。

23）旋下排气歧管和排气管的联接螺栓。

24）拔下起动机导线，并从变速器壳体上拆下起动机。

25）松开车身搭铁线。

26）旋下所有发动机与车身的联接螺栓。

27）使用变速器托架托住变速器的底部，或者将专用支承固定在车身两侧，使用变速器吊装工具吊住变速器。

28）旋下发动机与变速器的紧固螺栓，留下一个螺栓定位。

29）使用小吊车吊住发动机的吊耳。

30）松开最后一个紧固螺栓，小心地将发动机吊离发动机舱。

二、将发动机总成安装到汽车上

按照与以上拆卸相反的顺序进行。

注意：

1）在安装时应检查发动机和变速器之间的定位销是否安装好。

2）正式修理的汽车，应更换所有的自锁螺母、密封圈、衬垫。

3）应在变速器输入轴上涂薄薄的一层润滑脂。

4）检查曲轴后部滚针轴承是否安装上，必要时检查离合器压盘的对中程度。

5）安装发动机支架后，摇动发动机使其安装到位。

6）调整节气门拉索，使其活动灵活。

【知识与能力拓展】

发动机的竣工与验收有如下步骤：

1）有负荷试验。发动机经过磨合与无负荷试验后，应在测功机上进行有负荷试验。在发动机正常温度条件下，使节气门全开，同时逐渐增大负荷，使发动机稳定在最大转矩的转速下，测定其外特性指标，做出记录。

2）用废气测试仪测定废气排放值，做出记录。

3）发动机大修竣工外特性试验技术标准：最大功率不低于原厂额定功率的95%；最大转矩不低于原厂额定转矩的95%；最低燃油消耗率不高于原厂规定值；废气排放值符合国家规定。若不能达到上述标准，则应查明原因予以排除，直至符合外特性试验标准方可验收。

4）发动机热状态下的验收在发动机起动和运转过程中，进行观察、检测，并查阅发动机大修过程中的有关技术资料，进行热状态下的验收。热状态下进行验收的要求如下：

5）发动机按照规定的装配技术条件进行装配，零部件及附件均应符合修理技术标准，并装备齐全、工作良好、固定可靠。

6）按规定进行冷、热磨合及拆检清洗。

7）发动机在正常温度下，55℃内能顺利起动（汽油机不低于 -5℃；柴油机不低于5℃）。

8）在正常工作温度下，怠速、中速、高速（按原车最高转速的75%计算）运转应稳定、均匀，不得有回火冒烟现象，在正常工作下不得有过热现象。改变转速时，应过渡圆滑，急加速时不得有突爆声，不得回火，消声器不得放炮。

9）润滑油与冷却液的温度及压力应符合规定，各仪表工作正常。

10）气缸压缩压力应符合原厂规定。冷却液温度为75～85℃时，各缸压缩压力应在允许范围内，汽油机应不超过各缸平均压力的8%，柴油机应不超过10%。

11）发动机不得有漏油、漏水、漏气、漏电等现象。各密封面处不允许有形成滴状的浸渍。

12）发动机在正常工作温度下，进气歧管真空度应符合原厂规定。

13）发动机在正常工作温度下，不得有下列响声：活塞敲缸声，活塞、连杆轴承异响声，正时齿轮敲击声，其他部位不得有异响。

14）发动机起动运转稳定后，允许有下列轻微响声：冷却液温度低于45℃时，允许活塞有轻微敲缸声；正时齿轮等齿轮啮合间隙符合规定时，允许有轻微啮合响声；气门、气门推杆装配间隙符合规定时，允许有轻微响声。

15）发动机不得有窜润滑油现象。起动至怠速5min后，拆下火花塞检查，电极与磁心处不得有油迹（允许有黑烟痕迹）。

16）缸盖螺栓要求复紧的，应复紧检查。

17）发动机外表应按规定进行油漆涂装。

18）发动机应按规定加注足够的润滑液。

19）其他有关要求应符合原厂规定。

【案例剖析】

案例：发动机的振动

故障现象：用户反映发动机在怠速时有较大的振动。较高转速下，也能感觉全车振动。

故障分析与排除：在排除发动机不存在点火或燃油问题的前提下，根据故障描述，发动机振动最可能的原因是发动机或变速器的支座损坏或断裂。对发动机和变速器的所有支座进行目视检查，必要时进行更换，故障排除。

【课后思考】

1. 在拆卸燃油分配管时，必须采取什么防范措施？

2. 若需要同时拆装发动机和变速器，应提前做好什么工作？

学习单元2　气缸垫的更换

【学习目标】

1. 了解气缸体、气缸盖、气缸垫的功用和结构特点。

2. 掌握气缸盖、气缸垫的拆装方法。

【任务载体】

常见的气缸垫烧蚀故障是由于高温高压燃气冲击缸垫，烧坏包口、护圈及石棉板，从而导致气缸漏气、润滑油和冷却液窜漏。出现冲蚀气缸垫故障时，发动机动力性下降、气缸压力不足，严重时出现发动机回火，排气管放炮现象。

【相关知识】

一、气缸体总成结构

1. 气缸体

气缸体和曲轴箱是发动机的骨架，是发动机其他机构、系统及附件的安装基体，一般气缸体与曲轴箱铸成一体，通称为气缸体，如图2-15所示。

通常，气缸体结构形式根据上下曲轴箱的接合面情况，可以分为三种类型，如图2-16所示。

（1）平分式（一般式）　气缸体底面与曲轴轴线平齐的缸体，称为平分式气缸体。这种缸体高度小、质量轻、加工方便。但与另外两种缸体相比刚度较差。如夏利376Q、马自达6、BJ492Q 等中小型汽油机发动机大多采用平分式气缸体。

（2）龙门式　龙门式缸体是指底平面下沉到曲轴轴线以下的缸体，缸体底平面到曲轴轴线的距离称作龙门高度。龙门式缸体由于高度增加，其弯曲刚度和扭转刚度均比平分式缸体有显著提高，缸体底平面与油底壳之间的密封也比较简单。捷达轿车、富康轿车、桑塔纳轿车等发动机都是龙门式缸体。

（3）隧道式　隧道式缸体是指主轴承孔不剖分的缸体。这种缸体配以窄型滚动轴承可以缩短缸体长度，采用组合式曲轴。隧道式缸体的刚度大，主轴承孔的同轴度好，多用于负荷较大的柴油机上。

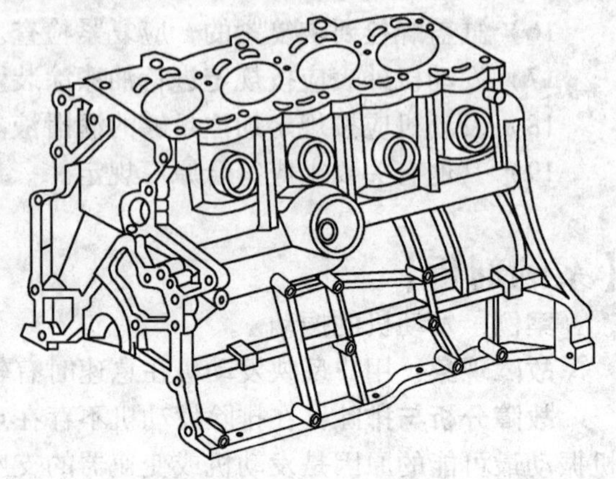

图2-15　气缸体总成

对于多缸发动机，气缸的排列形式决定了发动机外形尺寸和结构特点，对发动机气缸体的刚度和强度也有影响，并关系到汽车的总布置情况。发动机气缸体的排列形式可归纳为直列式、V形、对置式（水平式）三种，如图2-17所示。

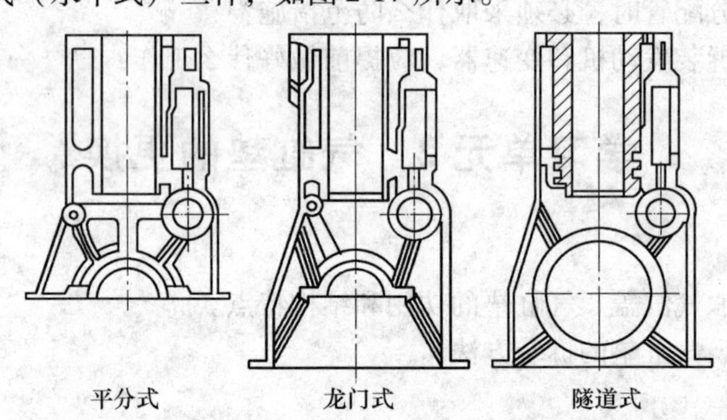

图2-16　气缸体的三种结构形式

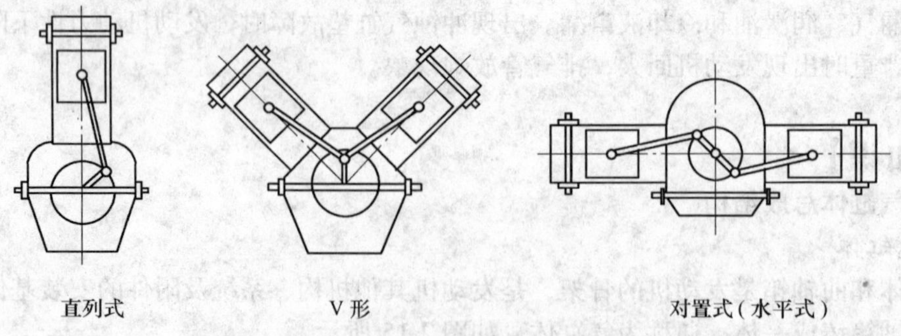

图2-17　多缸发动机气缸排列形式

2. 气缸套

气缸套也称气缸，用来引导活塞做往复直线运动，其形式分干式和湿式两种，如图2-18

所示。

（1）干式气缸套　外表面不直接与冷却液接触，气缸套壁较薄，一般为1~3mm，有的只有1mm厚。其优点是气缸体的刚度好，不存在漏水、漏气的问题。缺点是装配难度大，冷却效果较差。干式缸套一般适用于汽油机铸铁缸体。有些发动机先直接在气缸体内加工出气缸，待大修时才镶入干式缸套。

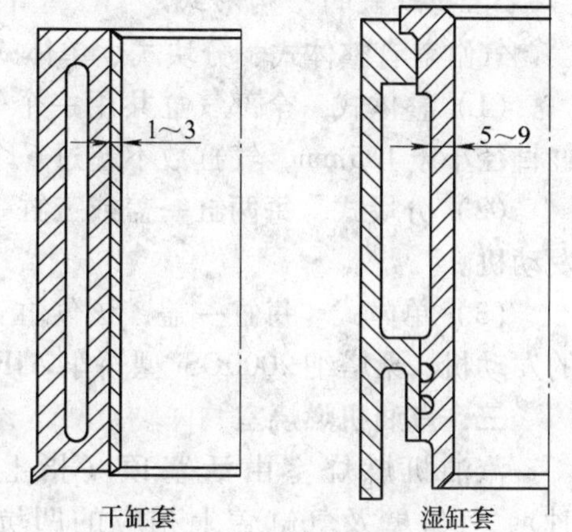

图2-18　气缸套的两种形式

（2）湿式气缸套　外表面直接与冷却液接触，其缸套壁较厚，一般为5~9mm。其优点是气缸体铸造较容易，缸套本身便于修理更换，冷却效果较好。缺点是气缸体刚度较差，易漏水、漏气。为确保密封和安装固定，利用缸套外表面两个凸出的部位，与气缸体间为间隙配合的圆环带以保证径向定位；利用缸套上部凸缘的下平面进行轴向定位。在缸套下面支撑密封带内还嵌有1~3个橡胶环。缸套装入气缸体，其上端应高出气缸体上平面0.05~0.15mm，以便紧固气缸盖螺栓后，使气缸盖压紧气缸垫和缸套，防止漏水、窜气。湿式缸套广泛应用于柴油机发动机和铝合金缸体发动机。

3. 油底壳（见图2-19）

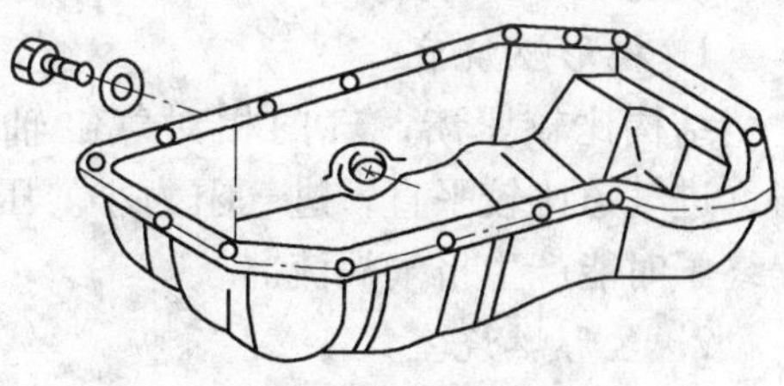
图2-19　油底壳

油底壳俗称机油盘，其作用是储存发动机润滑油并与曲轴箱一起密封发动机。油底壳常用薄钢板冲压制成。它与曲轴箱用螺栓联接，结合处有衬垫，以防漏油。油底壳的底部有深度较大的集油池，壳内装有稳油挡板。集油池底部有放油螺塞，大多数放油螺塞带有磁性，可将铁屑吸住以减少机件磨损。

二、发动机气缸盖的功用、结构

1. 气缸盖的功用

气缸盖的主要功用是封闭气缸上部，并与处于上止点时的活塞顶部和气缸壁一起形成燃烧室。同时，气缸盖也是某些零件的装配机体，并与发动机的某些零件和系统发生一定的相互关系，其关系如图2-20所示。

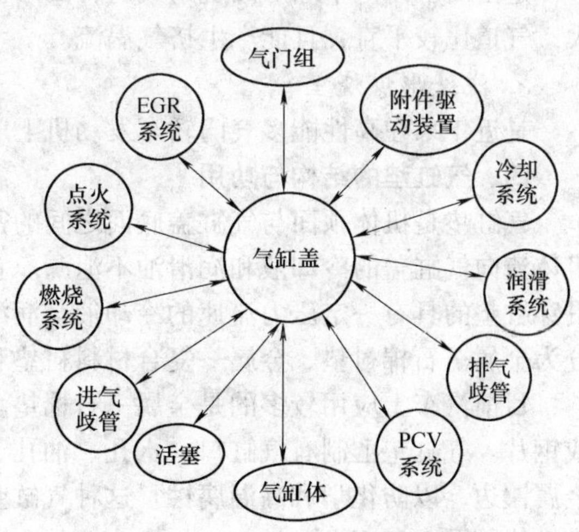

图2-20　气缸盖与其他系统的关系

2. 气缸盖的结构

气缸盖是结构复杂的箱形零件。气缸盖的下部用于密封气缸和构成燃烧室，两侧用于进、排气歧管的安装，中部用于气门组件的安装，上部空间用于安装凸轮轴或摇臂轴，气缸盖上还加工有安装火花塞（汽油机）或喷油器（柴油机）的座孔。液冷发动机气缸盖内部还铸有冷却系统的水套及进排气道和燃烧室或燃烧室的一部分。气缸盖上则还加工有凸轮轴承孔或凸轮轴承座或摇臂轴承孔及其润滑油道。

3. 气缸盖的结构形式

气缸盖有整体式、分块式、单体式等形式。

（1）整体式　全部气缸共用一个气缸盖，其结构紧凑，气缸中心距较短。一般用于气缸直径小于105mm，气缸数不超过6个的发动机。

（2）分块式　每两缸一盖或三缸一盖。适用于气缸直径介于100～140mm的双数缸数的发动机。

（3）单体式　每缸一盖，该气缸盖刚度大，但结构复杂，一般适用于缸径大于140mm的发动机。桑塔纳2000GSi型轿车AJR型发动机采用整体式气缸盖，如图2-21所示。

三、汽油机燃烧室

汽油机燃烧室由活塞顶（指上止点时）、气缸壁及气缸盖上相应的凹坑所组成。燃烧室有楔形、盆形、半球形、双球形、浅篷形等多种类型，如图2-22所示。

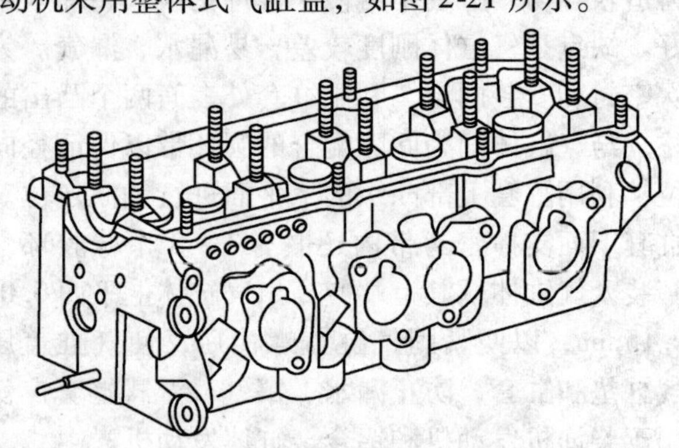

图2-21　桑塔纳2000GSi AJR发动机的气缸盖

1. 楔形燃烧室

结构比较紧凑，气门相对气缸轴线倾斜，进气道比较平直，进气阻力小。压缩行程终了时能产生挤气涡流。

2. 盆形燃烧室

结构简单，气门与气缸轴线平行，进气道弯度较大。压缩行程终了能产生挤气涡流。

3. 半球形燃烧室

结构最紧凑，燃烧室表面积与其容积之比（面容比）最小。进排气门呈两列倾斜布置，气门直径较大，气道较平直。火焰传播距离较短，不能产生挤气涡流。

4. 多球形燃烧室

是由两个以上半球形凹坑组成的，其结构紧凑，面容比小，火焰传距离短，气门直径较大，气道比较平直，且能产生挤气涡流。

5. 浅篷形燃烧室

是近年来在高性能多气门轿车发动机上广泛应用的燃烧室。

四、气缸垫的结构与功用

气缸垫是机体顶面与气缸盖底面之间的密封件。其作用是保持气缸密封不漏气，保持由机体流向气缸盖的冷却液和润滑油不泄漏。它必须严密密封气缸内所产生的高温高压气体和贯穿缸垫的具有一定压力流速的冷却液与润滑油，并能经受住水、气和油的腐蚀。气缸垫可分为金属—石棉衬垫、金属—复合材料衬垫和全金属衬垫等多种。

目前汽车上应用较多的是金属—石棉垫。在石棉的中间夹有金属丝或金属屑，外覆铜片或钢片。气缸垫上制有气缸口、水孔、油孔、螺栓孔等，在孔的周围通常采用铜片、镍片等金属镶边，以防化学和高温腐蚀。这种气缸垫强度较高，弹性大，密封性好，可重复使用。其结构如图2-23所示。

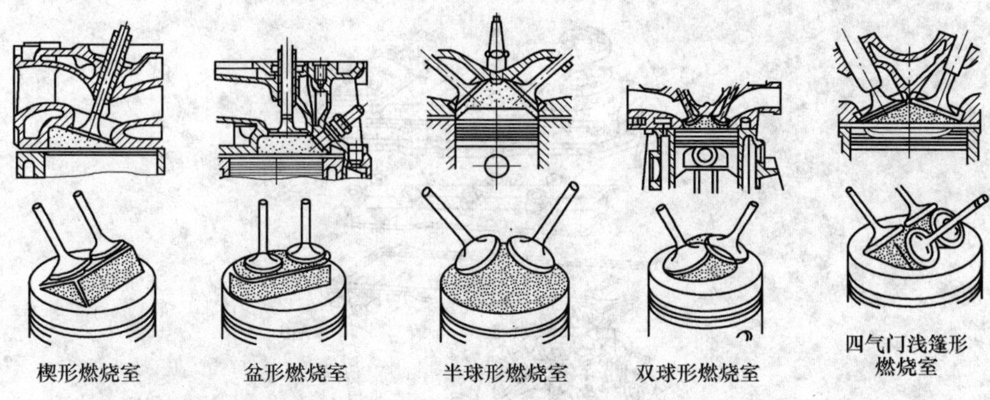

图 2-22　汽油机燃烧室

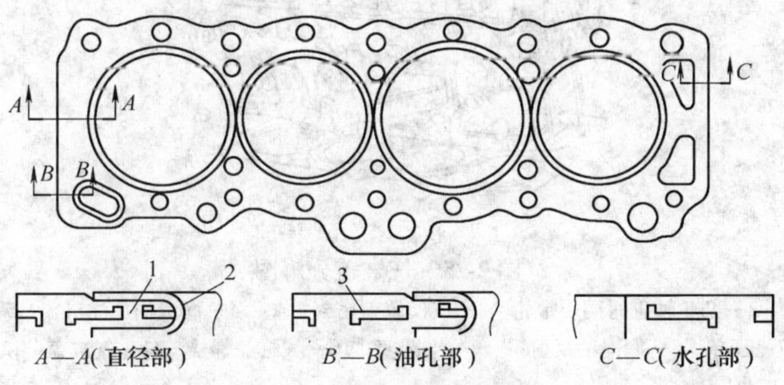

图 2-23　气缸垫结构图

1—石棉　2—钢板　3—心骨（低碳钢板）

一些强化发动机采用纯金属气缸垫，它由单层或多层金属片（铜、铝或低碳钢）制成。为了确保密封，在气缸口、水道孔、油道口处冲有弹性凸肋。桑塔纳 2000 的 AJR 发动机气缸垫为纯金属垫，由三层钢片组成，上下两层薄钢片冲压成波纹状表面，使其具有一定的弹性，如图 2-24 所示。

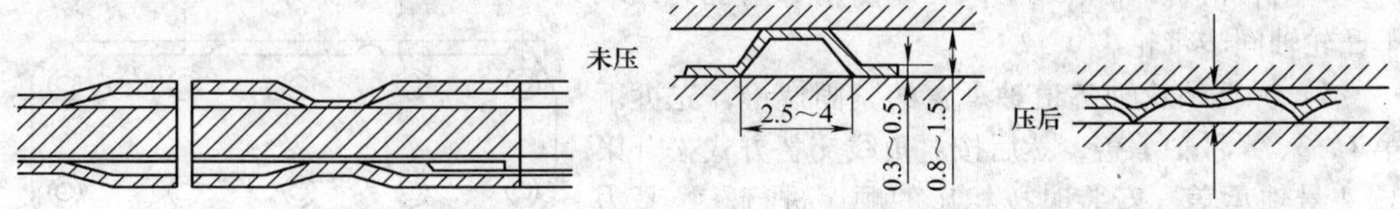

图 2-24　桑塔纳 2000GSi 型轿车 AJR 发动机纯金属气缸垫结构图

注意：发动机大修时须更换气缸垫。

【技能操作】

一、气缸盖和气缸垫的拆卸（以桑塔纳 2000GLi AFE 发动机为例）

气缸盖的分解图如图 2-25 所示。

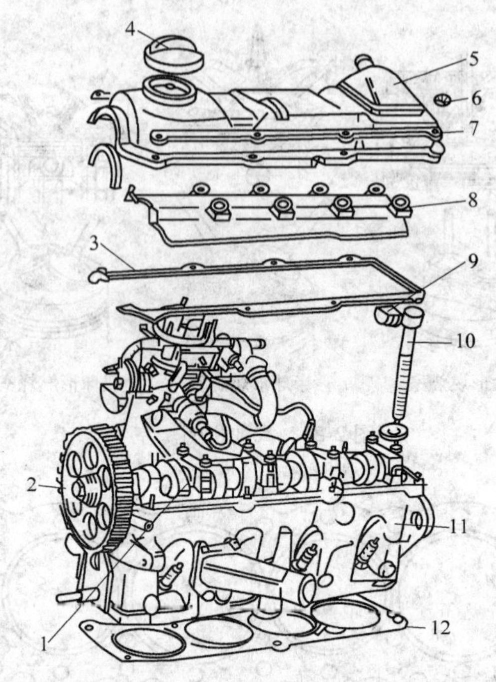

图 2-25　气缸盖分解图

1—凸轮轴　2—凸轮轴正时同步带轮　3—气门罩盖密封衬垫　4—润滑油加注口盖　5—气门罩盖　6—螺栓　7—压条　8—润滑油反射罩　9—半圆塞　10—气缸盖螺栓　11—气缸盖　12—密封衬垫

1）拆下润滑油加注口盖，拆下进、排气歧管。

2）拧下气门室罩盖的螺母，依次取下支架、压条、气门室罩盖、气门室罩盖衬垫和润滑油反射罩。

3）按照图 2-26 所示，用扭力扳手按①~⑩的顺序松开气缸盖螺栓，将气缸盖和气缸垫取下。

注意：分 2~3 次松开气缸盖螺栓，防止因拆卸不当使气缸盖变形。

4）拆卸同步带轮螺栓，必须使用专用工具，取下凸轮轴同步带轮。

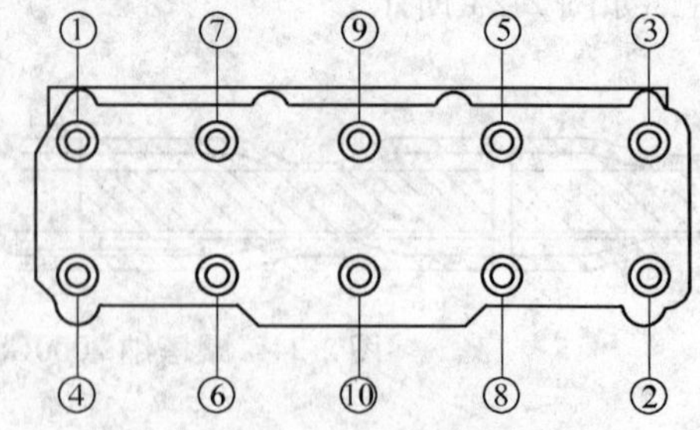

图 2-26　气缸盖螺栓拆卸顺序图

5）拆下凸轮轴各道轴承盖的紧固螺母，先拆下第 1、3、5 号轴承盖，然后按对角线交替方式松开第 2、4 号轴承盖。安装时按相反的顺序进行，拧紧力矩为 20N · m。取下轴承盖及凸轮轴，并把轴承盖按顺序排列或打上装配标记，不得错乱。

6）取出液压挺柱，按顺序排列或在内壁上做上标记。

7）用气门弹簧拆装钳拆卸气门组（见图 2-27），取出气门锁片、气门弹簧座、气门弹簧、气门油封及气门，各组件按顺序摆放好，不得错乱。

8）拆下火花塞。密封圈、凸轮轴油封拆卸后应更换。

二、发动机气缸盖和气缸垫的安装

气缸盖的安装顺序基本与拆卸顺序相反，但是应注意以下事项：

1）气缸盖在安装前，必须将气缸盖、气缸体、螺栓及螺孔等处的脏物彻底清除掉。

2）转动曲轴使所有活塞离开上止点位置，防止在安放气缸盖时，气门和活塞顶撞击坏。

3）安装气缸垫时应更换所有密封条或密封衬垫，并注意衬垫的安装位置和方向。

①安装发动机气缸垫时，有标号（配件号）的一面必须可见。

②换用新的气缸垫时，把有标记（“OBEN”、德文“顶部”，“top”英文“顶部”等）的一面朝向气缸盖，如图 2-28 所示。

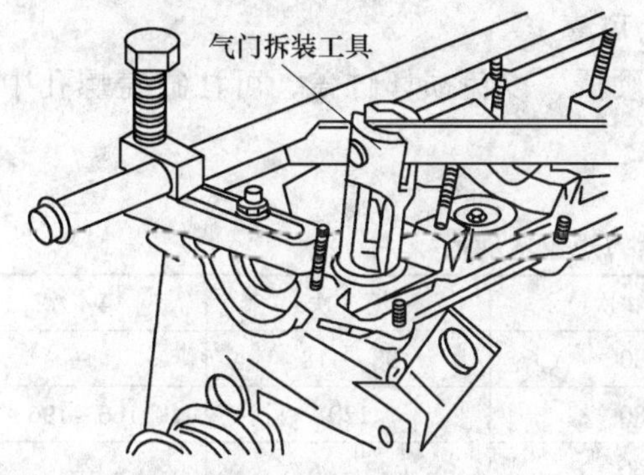

图 2-27　用专用工具拆卸气门组

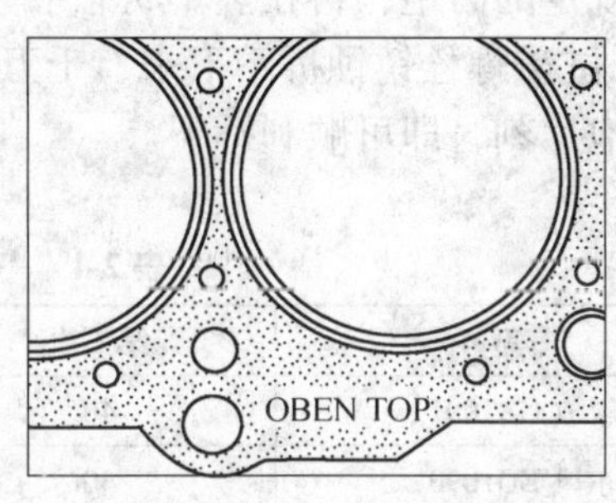

图 2-28　气缸垫标记

③气缸垫有卷边的一面，应朝向易修整的接触面或硬平面。如气缸盖和气缸体同为铸铁时，卷边应朝向易修整的气缸盖；气缸盖为铝合金，气缸体为铸铁时，卷边应朝向气缸体。

4）安装气缸盖时，应将专用工具 3070 定位导向螺栓旋入气缸体第 8 和第 10 孔内（图 2-19 所示第 8 和第 10 螺栓孔）。放上气缸盖和其余 8 个螺栓，并稍微拧紧。

5）用扳手旋出事先拧入的 3070 定位导向螺栓，并拧入气缸螺栓。按图 2-29 所示的顺序，将气缸盖螺栓分 4 次旋紧，发动机冷态时，气缸盖紧固螺栓的拧紧力矩第 1 次为 40N · m、第 2 次为 60N · m、第 3 次为 75N · m、第 4 次再拧紧 1/4 圈。

6）注意气缸盖紧固螺栓不能重复使用。

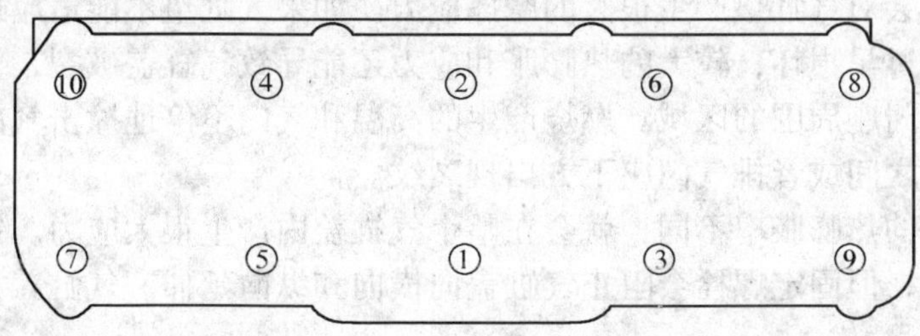

图 2-29　气缸盖螺栓安装顺序

【知识与能力拓展】

一、气缸垫的使用与维护

使用中，缸垫应在高温高压气体作用下，有足够的强度，不易损坏：还要具有耐热、耐腐蚀特性；有一定弹性，能补偿接合面的平面度，具有良好的密封性；拆装方便不粘缸及使用寿命长。目前广泛使用的是石棉缸垫，其结构为石棉中间夹有金属丝，水孔周围用铜皮镶边，燃烧室孔用铜皮镶包，以防高温烧蚀。装用维护时需注意以下事项：

1）拆卸缸盖螺栓更换缸垫，必须在发动机完全冷却之后进行，以免缸盖挠曲变形。

2）检查缸垫表面有无凹陷、凸起、破损等；检查缸盖和缸体平面度是否符合要求，然后将缸垫、缸盖和缸体清洗干净，用高压空气吹干，以免脏物影响密封。

3）选用的缸垫必须是符合要求（规格型号）质量可靠的原厂配件，安装注意其上下朝向标记，以防装反，避免人为故障。

4）按技术规范拧紧缸盖螺栓（见表2-1），由于中央向两头对称扩展交叉进行，分2~4次拧至规定的力矩；再在热车状态下紧固一次更为可靠。

5）缸盖螺栓锈蚀拆不下来，千万不要用铁器硬撬，以免损坏缸盖，可往缸盖螺孔中注煤油浸泡片刻，即可顺利拆下。

表2-1　气缸盖螺栓拧紧力矩技术规范

车型	第1次	第2次	第3次	第4次
解放 CA1091	40	80	98~118	—
东风 EQ1090	40	80	120	166~196
北京 BJ2020	30	60	73~96	—
桑塔纳	40	60	75	1/4 圈
丰田 5R、12R	30	60	100~105	—
丰田 2R、3R	30	60	88	—

6）缸盖保管不妥、拆装不慎，缸垫破损变形，安装时清洗不净，将导致工作不良、密封不严而造成人为故障，必须引起重视。

二、气缸垫与铝制气缸盖

铝制气缸盖被普遍使用，因为铝制气缸盖的质量大约只有铸铁气缸盖的一半，可以减轻9~18kg，有利于提高燃油经济性。不过由于铝的膨胀率和收缩率大约是铸铁的两倍，铝气缸盖在温度变化时，会产生许多问题，即当铝制缸盖与铸铁气缸体相配时，由于二者的热膨胀率存在差异，就会对气缸垫产生很大的摩擦应力。如果气缸垫不能适应这种作用力，就会发生泄漏和气缸壁过早损坏；较大的热膨胀和应力还能导致气缸盖破裂，气缸盖上最容易产生裂缝的部位是气门座周围的区域。燃烧产生的高温和气门不停地撞击气门座，常会使气缸盖的进、排气门座之间或者排气门座下方出现裂纹。

由于铝和铸铁的热膨胀率不同，就会在整个气缸盖内产生很大应力。铝制气缸盖受热后会向各个方向膨胀，但固定螺栓会阻止气缸盖向横向和纵向延伸。气缸盖只能向上膨胀，气缸盖中间拱起。

铝制气缸盖的强度不及铸铁气缸盖，对气缸体顶部的牵制作用相对较小，使气缸上部区域产生较大变形，会影响燃烧室的密封性和活塞环的寿命，并发生燃烧窜气。镗削气缸时，使用镗削范板有助于减小铝制气缸盖安装后的变形量。当铝制气缸盖温度很高时，不要拧松或拧紧气缸盖固定螺栓，否则，拧紧力矩的变化将引起气缸盖弯曲变形。

铝比较软，外来微粒可以嵌入其中，因而是很好的轴承材料。但与传统的钢背轴承相比，支撑能力和刚性不足。如果气缸盖过热或者弯曲，凸轮轴安装孔的同轴度就会被破坏。

铝的另一个缺点是其具有多孔性。在铸造过程中有时会在金属内留下微孔，润滑油或冷却液会通过这些微孔发生渗漏。

三、气缸垫相关故障

1. 气缸垫烧蚀故障现象

1）缸垫的两缸缸沿之间烧损：发动机动力不足，汽车行驶无力，加速性差，取下空气滤清器，发动机怠速时，进气管口可听见“啪啪”声。

2）缸垫烧损部位与水套孔相通：散热器出现冒气泡、开锅，排气冒白烟现象。

3）缸垫烧损部位与油道相通：部分润滑油会窜入缸内烧蚀掉，排气冒蓝烟现象。

4）缸垫烧损部位与外部大气环境相通：发动机动力性差，经济性恶化，并且从缸垫的破损处发出激烈的“噼噼”声。

2. 故障原因

1）发动机长时间大负荷下工作，经常产生爆燃，导致缸内局部高温、高压而烧蚀缸垫。

2）紧固缸盖螺栓时，没有按规定要求进行操作，力矩不均致使缸垫没有平整地贴在缸体与缸盖的接合面上导致窜气。

3）点火提前角或喷油提前角过大，使之循环最高压力、最高温度过高。

4）缸垫质量较差、厚薄不均；包口内存有气泡，石棉铺设不均或包边不紧。

5）缸盖翘曲变形，缸体平面的平面度超差，个别缸盖螺栓松动，导致密封不严。

6）驾驶操作方法不当，习惯猛踩节气门踏板和急加速、高速运行，过大的压力加剧缸垫冲蚀。

3. 故障诊断与排除

使用中除了通过检测气缸压力判断缸垫是否烧蚀外，还可取下散热器盖，起动发动机中速运转，观察散热器内有无气泡冒出。若发现散热器加水口不断有气泡冒出，为其缸垫烧蚀。或散热器内水面波动随发动机转速提高而加剧，同时有水喷出，则为气缸垫水道周围部分冲毁。这时可逐缸断火查出不工作的气缸，拆下火花塞电极检查是否有水珠；起动发动机，观察是否有水或水蒸气从火花塞孔喷出，即可确定缸垫是否烧损。

发动机工作时，用手沿缸垫四周移动，若感觉到有气体冲手则可能是缸垫烧蚀。当缸垫损坏严重时，会在缸盖与缸体接合处有气泡冒出，缸垫密封失效。

使用中当发现散热器中水位下降较快，拔出机油尺检查发现润滑油中有水（润滑油颜色发黄甚至发白），则可能是缸垫漏水；另外散热器中冷却液温度上升太快，经常沸腾，加水口翻水花，而进水管无凹瘪现象，冷却液无明显消耗，则可能是缸垫漏气，遇上述现象应予更换新缸垫。

若在行车途中发现缸垫烧损，又无备件时可采取以下急救措施：缸垫拆下来认真检查，若是冲坏一道小口，可用烟盒内包装锡纸、废容电器内锡铂或石棉线等物填补在冲坏处，并仔细敲平压实即可；若冲坏面较大时，可用干牛皮垫或从废缸垫相同部位剪下一块贴补代用，车辆修理时重新按技术规范修复。

【案例剖析】

故障现象： 用户反映，散热器在无任何渗漏的情况下，防冻液会减少；早晨检查散热器水位时，打开散热器盖，有一股很大的气流喷出，润滑油面有增高，油质有变化。发动机高速运转时，冷却液温度偏高。

故障分析与排除： 故障现象表明气缸垫极有可能与水道间有开口，从而导致冷却液的渗漏损失，并致使污染润滑油。拆下气缸盖，检查气缸垫，发现果然有水道开口，更换新的气缸垫，故障排除。

【课后思考】

1. 气缸盖和气缸垫安装时需要注意哪些事项？
2. 如何快速检查气缸垫是否烧蚀？

学习单元3　发动机活塞环的检查与更换

【学习目标】

1. 了解活塞连杆组的功用和组成。
2. 掌握活塞连杆组的拆装方法。
3. 掌握活塞环的3个间隙的测量方法。
4. 了解曲轴飞轮组的功用、组成和拆装方法。

【任务载体】

活塞连杆组是发动机中重要的组件，而其中的活塞环长期在高温、高压、高速下工作，且润滑条件差，磨损、失效往往较快。随着磨损的加剧，活塞环的弹力逐渐减弱，端隙、侧隙增大，气缸密封性变差，造成窜油和漏气，从而会降低发动机的动力性和经济性。因此，保持活塞环正常的技术状态非常重要，若气缸的最大圆柱度误差达到0.09～0.11mm，发动机进行大修时应更换活塞环。

【相关知识】

一、活塞组

活塞组包括活塞、活塞环、活塞销及固定件。

1. 活塞的功用

其主要功用是承受燃烧气体压力，并将此力通过活塞销传给连杆以推动曲轴旋转。此外活塞顶部与气缸盖、气缸壁共同组成燃烧室。现代汽车发动机不论是汽油机还是柴油机，广泛采用铝合金活塞，只在极少数汽车发动机上采用铸铁或耐热钢活塞。

2. 活塞的结构

活塞由顶部、头部和裙部等3部分构成，如图2-30所示。

（1）活塞顶部（见图2-31）　汽油机活塞顶部的形状与燃烧室形状和压缩比大小有关。大多数汽油机采用平顶活塞，其优点是受热面积小，加工简单。采用凹顶活塞，可以通过改

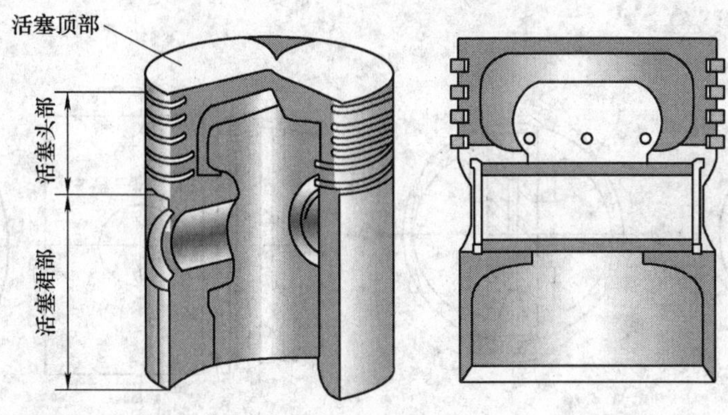

图2-30　活塞的结构

变活塞顶上凹坑的尺寸来调节发动机的压缩比。

（2）活塞头部（见图2-31）　活塞顶至油环槽下端面之间的部分，称为活塞头部。在活塞头部加工有用来安装气环和油环的气环槽和油环槽。在油环槽底部还加工有回油孔或横向切槽，油环从气缸壁上刮下来的多余的润滑油，经回油孔或横向切槽流回油底壳。

（3）活塞裙部　活塞头部以下的部分为活塞裙部。裙部的形状应该保证活塞在气缸内得到良好的导向，气缸与活塞之间在任何工况下都应保持均匀的、适宜的间隙。间隙过大，活塞敲缸；间隙过小，活塞可能被气缸卡住。此外，裙部应有足够的实际承压面积，以承受侧压力。活塞裙部承受膨胀侧压力的一面称主推力面，承受压缩侧压力的一面称次推力面，如图2-31所示。

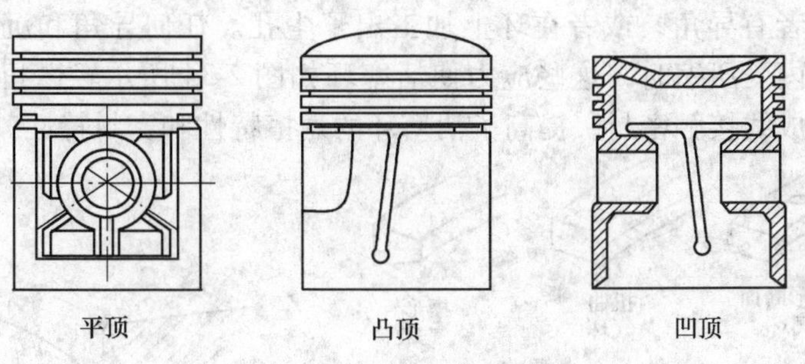

图2-31　活塞顶部与头部

发动机工作时，活塞在气体压力和侧压力的作用下发生机械变形，而活塞受热膨胀时还发生热变形，如图2-32所示。这两种变形的结果都是使活塞裙部在活塞销孔轴线方向的尺寸增大。因此，为使活塞工作时裙部接近正圆形与气缸相适应，在制造时应将活塞裙部的横断面加工成椭圆形，并使其长轴与活塞销孔轴线垂直。现代汽车发动机的活塞均为椭圆裙部。另外，沿活塞轴线方向，活塞的温度是上高下低，活塞的热膨胀量自然是上大下小。因此为使活塞工作时裙部接近圆柱形，必须把活塞制成上小下大的圆锥形或桶形。

3. 活塞环的种类与功用

活塞环包括压缩环（又称气环）和油环两种。气环的作用是保证活塞与气缸壁间的密封，防止气缸中的高温、高压燃气大量漏入曲轴箱，同时还将活塞顶部的大部分热量传导到

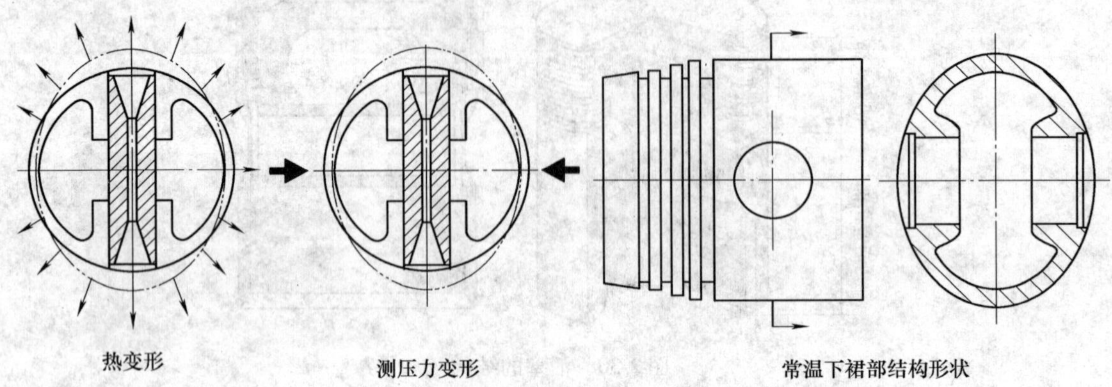

图 2-32 活塞裙部的变形与结构

气缸壁，再由冷却液带走。

油环用来刮除气缸壁上多余的润滑油，并在气缸壁面涂上一层均匀的润滑油膜，这样既可以防止润滑油窜入气缸燃烧，又可以减小活塞、活塞环与气缸的磨损和摩擦阻力。

（1）气环　气环由铸铁制成，该材料很脆，如果弯曲很容易折断。不过，脆性材料耐磨性很好。某些重载发动机和某些柴油机使用韧性铁作为活塞环的材料。这种材料强度较大，具有抗断裂性能，但制成的活塞环的成本较高。某些高质量的活塞环外侧都具有镀铬层或镀钼层，镀铬或镀钼层能够降低活塞环与缸壁的磨损，使活塞环的抗断裂时间相应延长。

气环有若干种类型，图 2-33 所示为一些比较普通的类型。矩形断面环平贴着缸壁，锥面环改善了向下行程的划擦能力。另一些活塞环，诸如将角槽和倒锥面活塞环设计成了扭曲环；还有活塞环或者有导角，或者在环上加工出了尘孔。任何导角和沉孔都会使环产生应力，活塞环在气缸内受压缩时，这些应力使活塞环如图 2-34 所示轻微扭曲。扭曲可在缸壁和活塞环凹槽内形成线接触密封，提高了活塞环的划擦特性和密封特性。

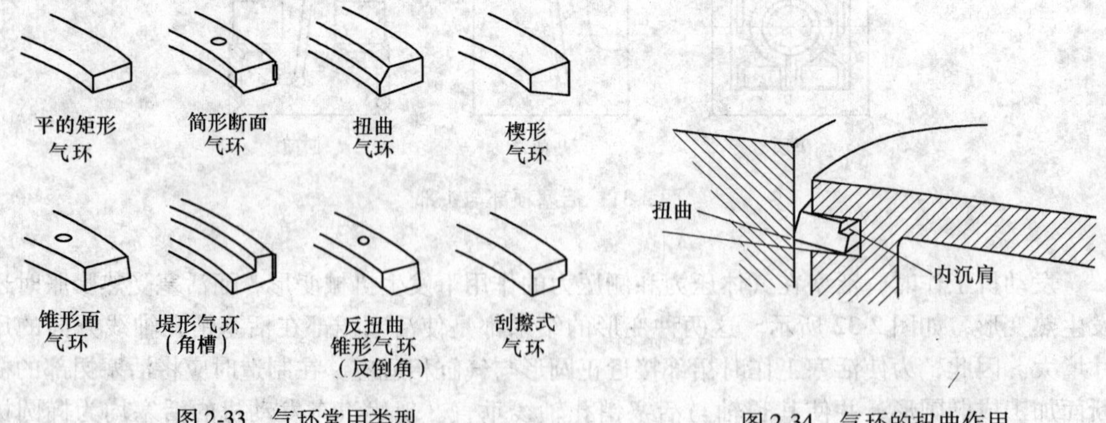

图 2-33 气环常用类型

图 2-34 气环的扭曲作用

在发动机的进气行程、压缩行程和排气行程中，没有向下的压力作用在活塞环上，只有在做功行程中，高压才作用在活塞环上。在进气行程中，扭曲力压迫活塞环的底角，就像刮刀一样刮擦缸壁，这有助于除去缸壁上过多的润滑油。在压缩行程中，活塞环仍保持扭曲状态，使活塞环滑过仍保留在缸壁上的润滑油而不是将其带到燃烧室内。随着活塞的上升，压缩压力有助于使活塞环变平以利于更好的密封。在做功行程中，燃烧室中的热气进入活塞环槽中，活塞环被顶出，平靠在缸壁上（见图2-35）。在做功行程中具有良好的密封，该过程也称做动态密封。在排气行程中，静态状况再次出现，活塞环再次扭曲，扭曲使活塞环又滑过缸壁上的润滑油。多槽和圆形或管形面活塞环也可产生线接触，从而达到更好的密封效果。

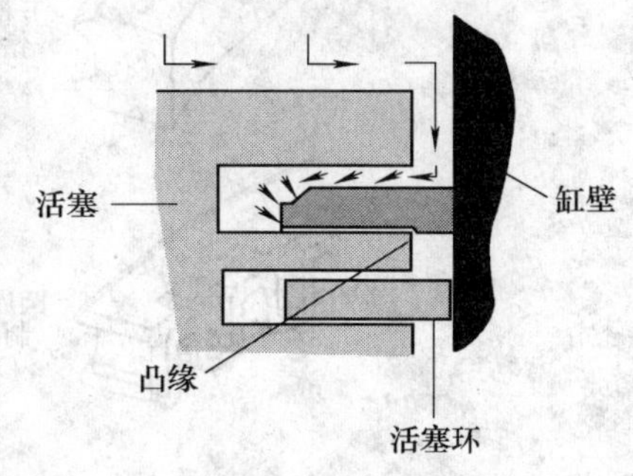

图2-35　做功行程中的气环

（2）油环　发动机正常工作时，有大量的润滑油被甩到缸壁上，连杆也将润滑油飞溅到缸壁上，某些发动机连杆上有油孔，有助于将润滑油直接飞溅到缸壁上。缸壁上的润滑油又有助于润滑和减少磨损，但一定不要让润滑油进入到燃烧室内。油环用来刮掉缸壁上的润滑油，还可以防止润滑油进入到燃烧室内，并润滑缸壁以防过度磨损。

所有的油环都用来在向下行程中刮掉缸壁上的润滑油（见图2-36）。润滑油从缸壁上被刮下来后，穿过油环中间，然后从活塞上的孔流过，返回到曲轴箱内。这种刮擦过程有助于除去活塞环上的炭颗粒。润滑油油流也有助于冷却和密封活塞。

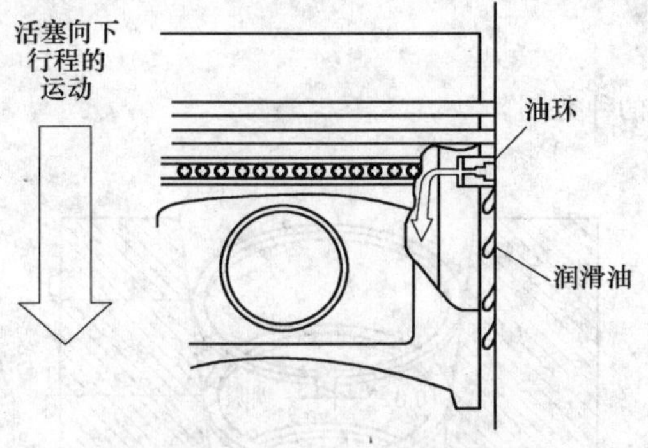

图2-36　油环的刮油原理

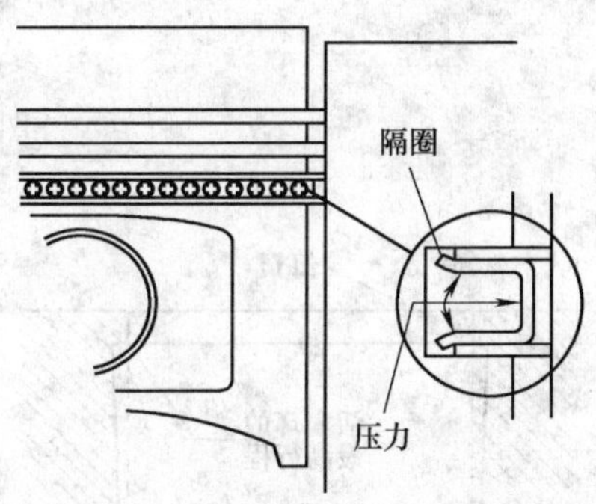

图2-37　隔圈分开两个刮环

油环由2、3或4部分组成，通常包括膨胀圈、上轨道、隔圈以及下轨道，有些油环其中几个部分可能制成一体。膨胀圈用来顶着缸壁推出油环，上下轨道用来刮掉缸壁上的润滑油，有时也将其称做刮环；隔圈用来将两个刮环分开。图2-37所示为普通形式的油环，对于某些刮环，镀铬部分可以提高油环的耐磨性。图2-38表示了几种汽车发动机使用的油环以及它们是如何组合在一起的。

4. 活塞环与气缸磨损

活塞和活塞环的运动使气缸磨损均匀，逐渐变成了锥状，图2-39说明了典型的气缸磨损规律。只有在活塞环接触缸壁的地方才产生锥状，其最大程度的磨损发生在气缸顶部，最小程度的磨损发生在气缸底部，这使气缸孔的上部形成了隆起。大修过程中，一定要去掉隆起后再拆下活塞，如果隆起没有去掉，活塞一经拆卸就会损坏，新的活塞环在安装以后，敲打隆起的底部也可能被损坏。汽车维修手册中所列出的制造商规范仅允许缸壁有一定量的锥度，过大的锥度会影响活塞环的端隙，如图2-40所示。极大的活塞环端隙会产生过量窜气。

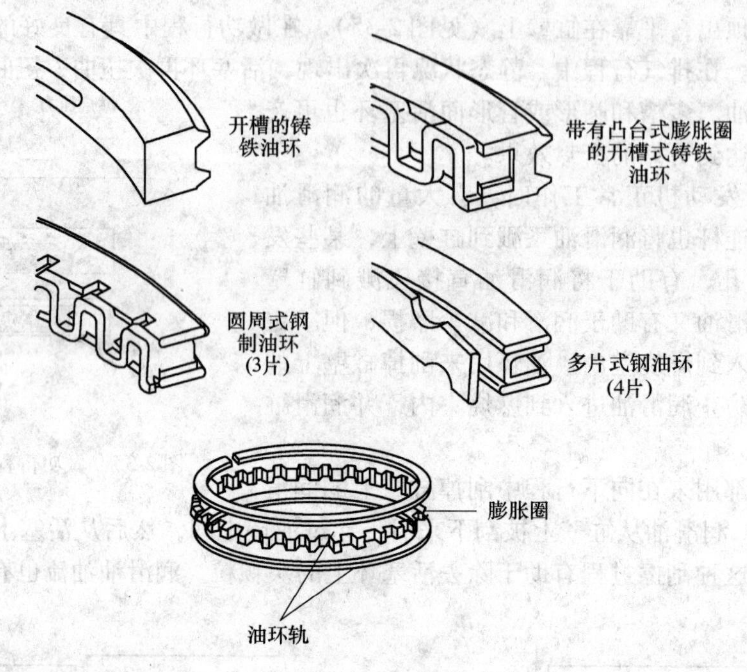

图 2-38　油环的种类

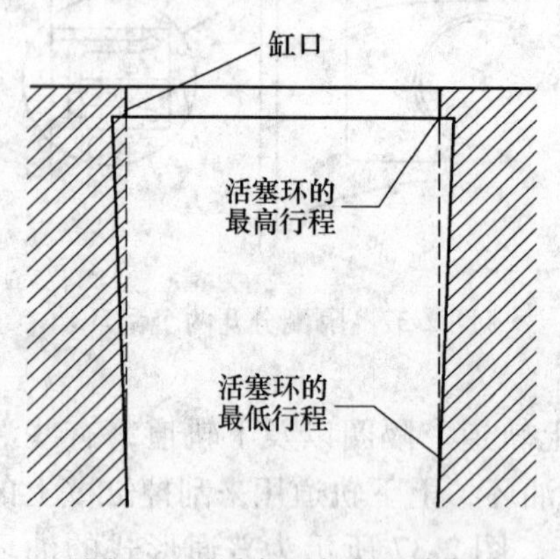

图 2-39　活塞环与气缸磨损

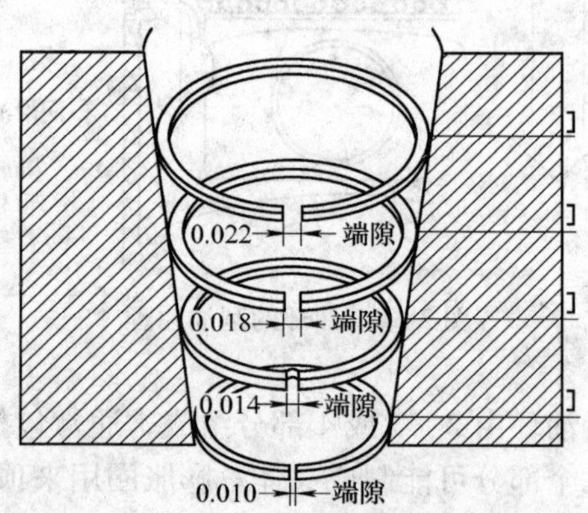

图 2-40　气缸锥度对活塞环端隙的影响

5. 活塞环与气缸珩磨

当将新的活塞环装在活塞上时，活塞环以及缸壁没有完全密合（其差别如图 2-41 所示），活塞环接触气缸的部位仅为活塞环上细微的突出部分，这就使得活塞环上和缸壁之间有细微的密封不良。所以，活塞环和缸壁表面都被设计成略有凸凹，工作后，由于活塞环和缸壁开始磨损，表面上的突出部分就会先行磨损，两者渐趋于密合，这个过程被称作发动机内的磨合。

珩磨就是在气缸表面产生网纹的操作（见图 2-42）。珩磨也有助于在缸壁上保留一些润滑油。这些留下的润滑油有助于润滑新的活塞环并利于磨合过程。

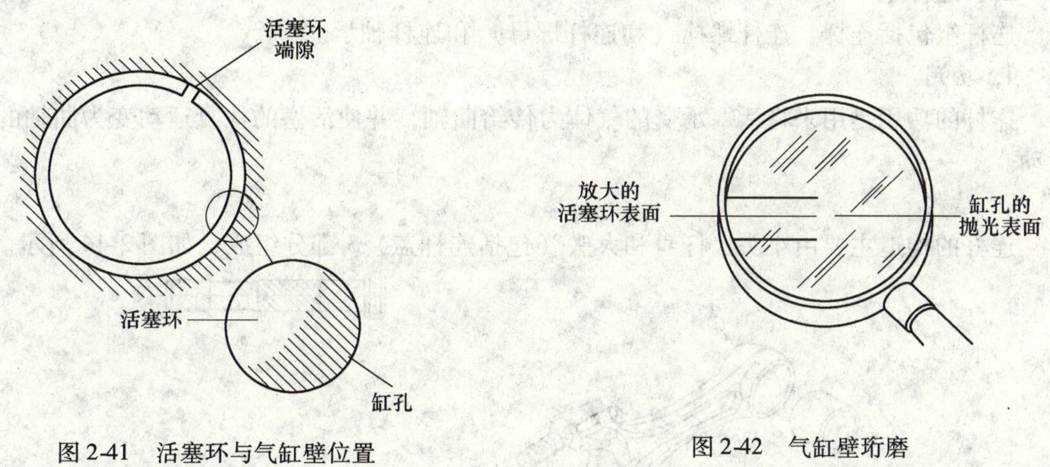

图 2-41　活塞环与气缸壁位置

图 2-42　气缸壁珩磨

6. 活塞销

活塞销的功用是连接活塞和连杆小头，将活塞承受的气体作用力传给连杆。活塞销在高温下承受很大的周期性冲击载荷，润滑条件较差（一般靠飞溅润滑），要求有足够的刚度和强度，表面要耐磨，质量则尽可能小。因此，活塞销通常做成空心圆柱体，有的采用等截面管状活塞销，也有的按等强度要求，制成变截面管状活塞销，其结构与配合如图 2-43 所示。

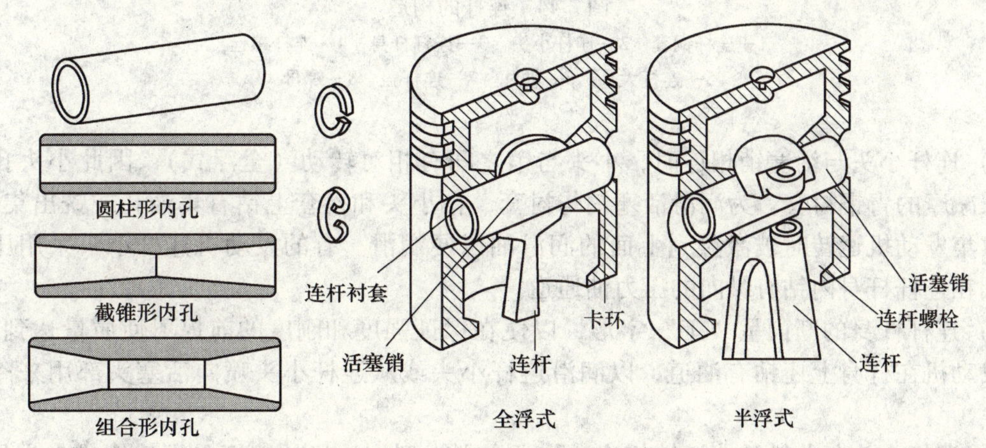

图 2-43　活塞销的结构与配合

活塞销与活塞销座孔及连杆小头衬套孔的连接配合，有“半浮式”和“全浮式”两种方法，如图 2-43 所示。采用“全浮式”时，活塞销既不与连杆固定，也不与活塞销座固定。为了防止其轴向窜动，活塞销座两侧装有卡环，使活塞销在发动机运转过程中，不仅可在连杆小头衬套孔内运动，还可以在销座孔内缓慢地转动，使活塞销各部分的磨损比较均匀。由于铝合金活塞的膨胀系数比钢制的活塞销大，为保证工作状态下有适当的配合间隙，冷态配合时应有一定的过盈。装配时，先将活塞放入水或油中加热到 70 ~ 90℃，再将活塞销轻轻推入。最后必须用卡环锁住销的两端，以免窜出拉伤气缸。

二、连杆组

连杆组包括连杆、连杆螺栓（和连杆螺母）和连杆轴承。

1. 功用

连杆的功用是用来将活塞承受的气体力传给曲轴，并使活塞的往复运动变为曲轴的旋转运动。

2. 结构

连杆的构造主要由小头、杆身和大头（包括连杆盖）3 部分组成，如图 2-44 所示。

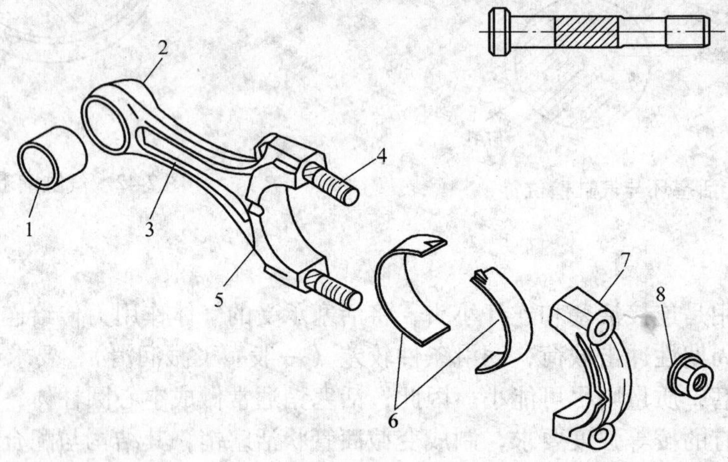

图 2-44　连杆的构造

1—连杆铜套　2—连杆小头　3—连杆杆身　4—连杆螺栓
5—连杆大头　6—轴瓦　7—连杆盖　8—螺母

1）连杆小头与活塞销相连时，小头与销之间有相对转动（全浮式），因此小头孔中一般压入减摩的青铜衬套。为润滑活塞销与衬套，在小头和衬套上钻有集油孔或铣出集油槽，用来收集发动机运转时被激溅到上面的润滑油以便润滑。有的发动机连杆小头采用压力润滑，则在连杆杆身内钻有纵向的压力油通道。

2）连杆杆身的断面呈“工”字形，以便在保证强度和刚度的前提下使质量达到最小。有些发动机在杆身上还钻有油道，以润滑连杆小头或从连杆小头喷向活塞头部用来冷却活塞。

3）连杆大头与曲轴的曲柄销相连，除了个别小型汽油机的连杆采用整体式大头外，一般连杆大头做成剖分式的，被分开的部分称为连杆盖，用特制的连杆螺栓紧固在连杆大头上。连杆盖与连杆大头是组合锁孔的，为了防止装配时配对错误，在同一侧刻有配对记号。一般汽油机连杆大头沿着杆身轴线垂直方向切开，称为直切口连杆。柴油机连杆大头的尺寸往往大于气缸直径，故采用斜切口连杆。其角度为 30°～60°，一般常用 45°，如图 2-45 所示。

连杆大头上部通常钻有直径为 1～1.5mm 的小孔，在发动机工作中，当小孔与连杆轴颈上的油道孔重合时，润滑油由此喷向缸壁、凸轮等机件。在连杆杆身和盖上，还制有凸点或数码等安装记号，装配时应注意配对及方向。连杆螺栓是一个经常承受交变载荷的重要零件，一般采用韧性较高的优质合金钢或优质碳素钢锻制或冷镦成形，以保证坚固可靠；连杆螺栓必须以出厂规定的拧紧力矩，分2~3次均匀地拧紧，还必须用防松胶或其他锁紧装置紧固，以防止其在工作时自动松动。

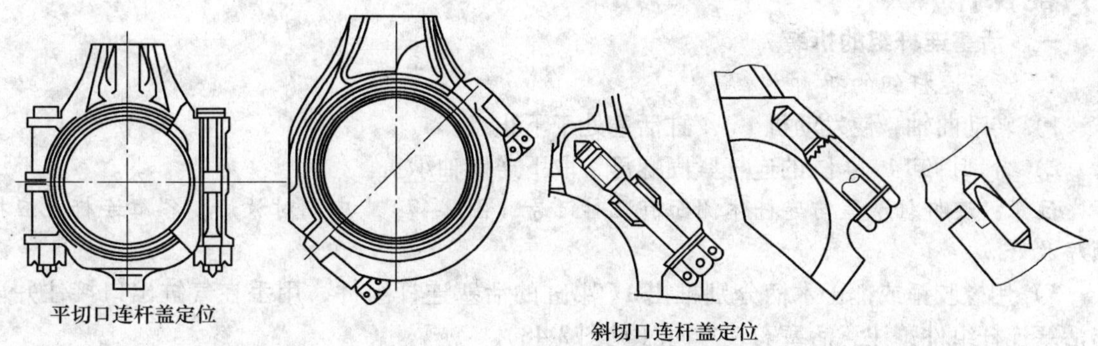

图2-45　连杆盖切口形式

3. 连杆轴承

（1）功用　连杆轴承也称连杆轴瓦（俗称小瓦），装在连杆大头的孔内，用以保护连杆轴颈及连杆大头孔。连杆轴承在工作时承受着较大的交变载荷、高速摩擦、低速大负荷时润滑困难及润滑油变质带来的腐蚀等苛刻条件。为此，要求轴承具有足够的强度、良好的减摩性及良好的耐蚀性。

（2）结构　发动机所用的连杆轴承是由钢背和减摩层组成的分开式薄壁轴承，如图2-46所示。

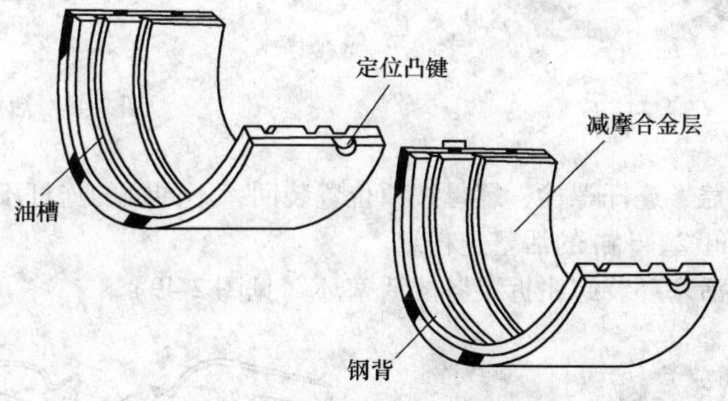

图2-46　连杆轴承

钢背由1~3mm厚的低碳钢带制成，是轴承的基体。钢背既有足够的强度，以承受近乎冲击性的载荷，又有合适的刚度，便于与轴承孔良好贴合。在钢背的内圆面上制有0.3~0.7mm厚的减摩合金层，用以减小摩擦阻力、加速磨合及保持油膜。目前常用的轴承减摩合金主要有铜铅合金和铝基合金。连杆轴承背面具有较小的表面粗糙度值，当轴承装入连杆大头时有一定的过盈，故能均匀地紧贴在大头孔壁上，具有很好的承载能力和导热能力，这样可以提高其工作可靠性和延长使用寿命。

为了防止连杆轴承在工作中发生转动或轴向移动，在两个连杆轴承的剖分面上分别冲压出高于钢背面的两个定位凸键。装配时，这两个凸键分别嵌入在连杆大头和连杆盖上的相应凹槽内，在连杆轴承内表面上还加工有油槽，用以储油保证可靠润滑。

【技能操作】

一、活塞连杆组的拆装

1. 活塞连杆组的拆卸

1）转动曲轴，使发动机1、4缸活塞处于下止点。

2）分别拆卸1、4缸的连杆紧固螺母，取下连杆轴承盖。

注意：连杆轴承盖与连杆体侧面有配对记号（图2-47），应配对放好，各缸连杆也应按顺序放好。

3）用橡胶锤或锤子木柄分别推出1、4缸的活塞连杆组件，用手在气缸出口接住并取出活塞连杆组件，注意活塞安装方向（见图2-48）。

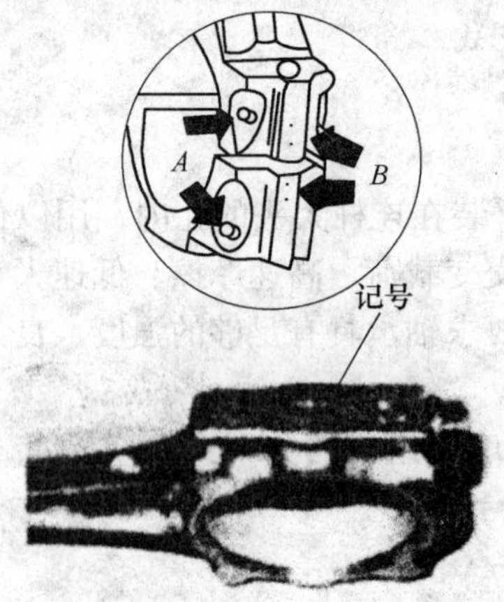

图2-47　连杆标记

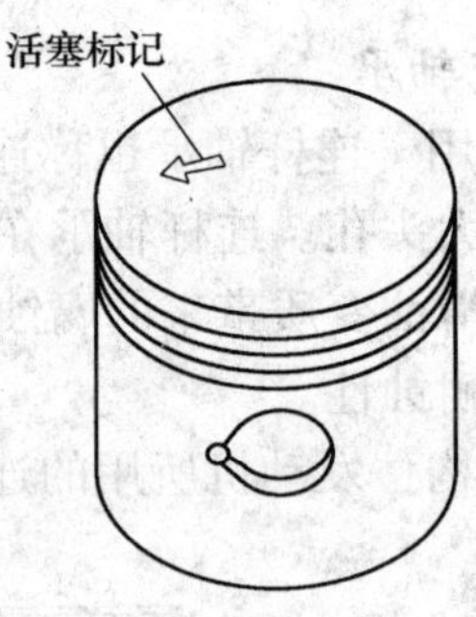

图2-48　活塞标记

4）将连杆轴承盖、连杆螺栓、螺母按原位置装回，不同缸的连杆不能互相调换。

5）同样方法拆卸2、3缸的活塞连杆组。

6）采用专用的活塞环装卸钳拆装各缸活塞环（见图2-49）。

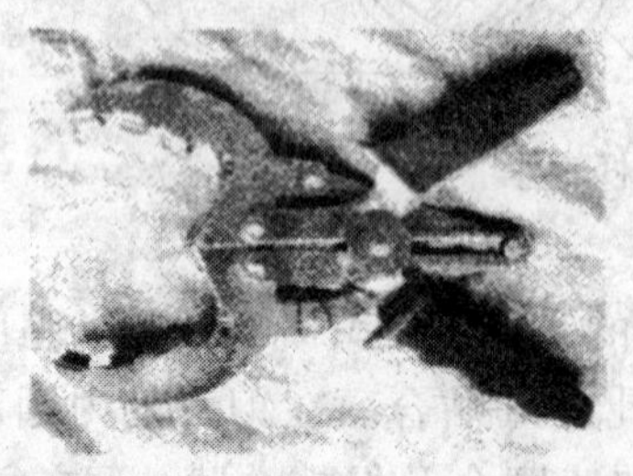

a)

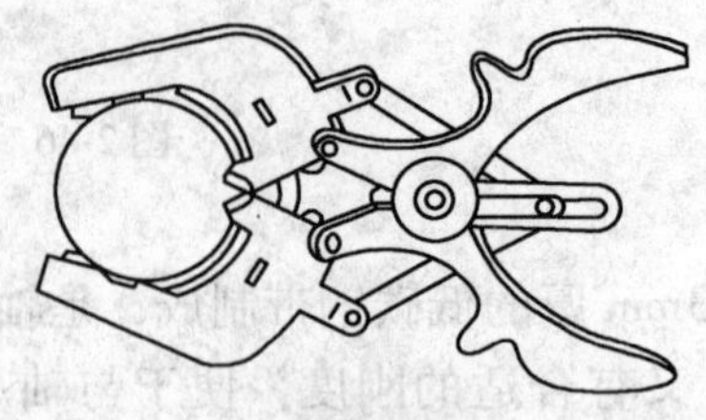

b)

图2-49　拆装活塞环

a）活塞环拆装钳　b）拆装活塞环

7）采用卡簧钳拆卸活塞销卡环（见图2-50），半浮式配合则没有活塞销卡环。

8）在油压机上进行活塞销的拆卸。如无油压机，也可以将活塞连杆组浸入60℃的热水或润滑油中加热，然后用专用工具进行拆卸。

2. 活塞连杆组的安装（见图2-51）

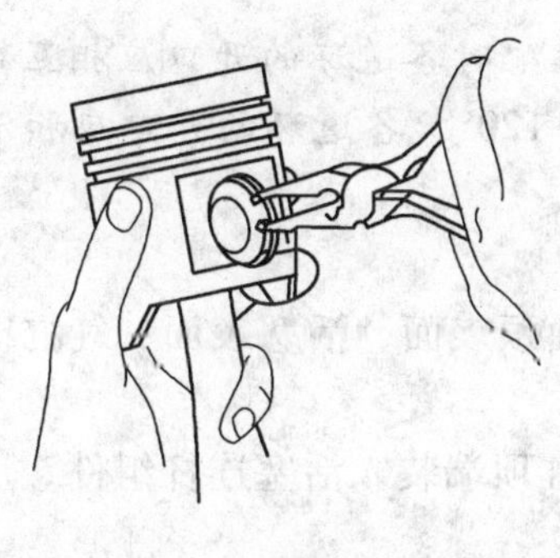

图2-50　拆卸活塞销卡环

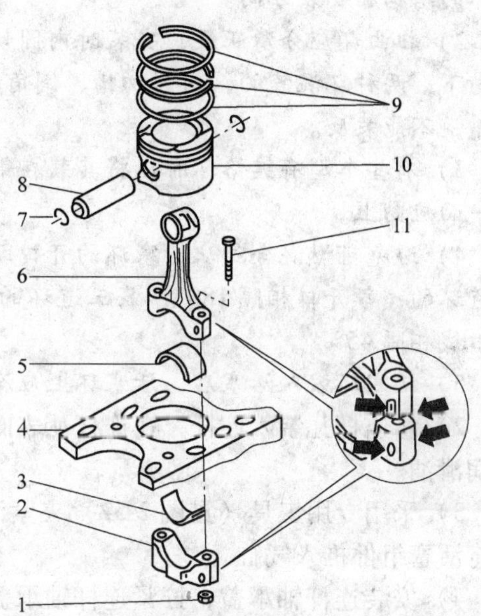

图2-51　活塞连杆组件安装

1—连杆紧固螺母　2—连杆盖
3、5—连杆瓦　4—气缸体　6—连杆
7—卡环　8—活塞销　9—活塞环
10—活塞　11—连杆螺钉

注意：

1）安装前应全面清洗发动机零部件，尤其是相互配合的运动件表面应保持清洁，并应涂抹润滑油。

2）安装顺序一般与拆卸顺序相反，由内向外进行。

3）各配对的零部件不能互相调换，安装方向也应该正确。各零部件相对装配关系应保持正确。

4）各紧固螺钉应按规定力矩和方法拧紧。

5）发动机正式修理时，所有的油封、密封垫等一次性的零部件都应该更换。

1）用专用工具（见图2-52）将活塞环装入活塞环槽内，使各活塞环开口互相错开120°。

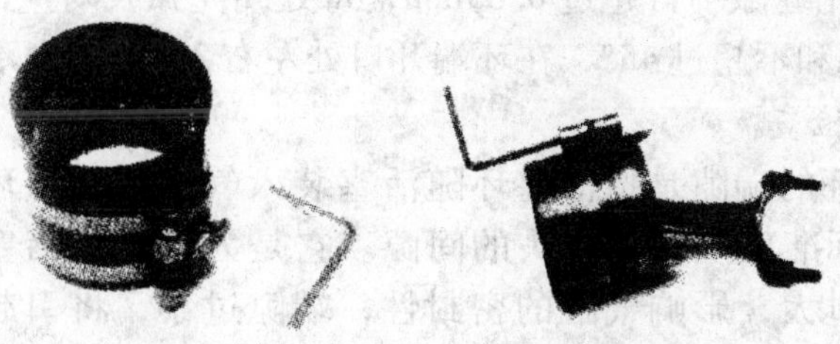

图2-52　活塞环夹紧工具

注意：

1）活塞环容易折断，在安装时应使用专用夹具，如无专用夹具，也可用两手大拇指适当扳开活塞环端口，其余四指护着环的四周，小心地将活塞环套进活塞环槽内，同时注意各道环的结构和安装方向。

2）扭曲环应分清正反，安装时内圆切槽、倒角的，槽口向上；外圆切槽、倒角的，槽口向下；两种环混装的，内圆切槽、倒角的装第一道环槽，外圆切槽、倒角的装第二、三道环槽，不能装反。

3）有些车型有镀铬环时应将其装在第一道环槽内。某些锥形环有标记，安装时有标记的一面应向上。

4）避免可燃混合气从活塞环的开口间隙中漏出，装配时各道环的开口应相互错开。装四道环的，各开口相隔180°，装三道环的，各开口相隔120°，各道环的开口应和活塞销口中心线相隔45°。

5）活塞环装入活塞后，活塞环上应涂抹润滑油。

2）将连杆瓦装入连杆，在连杆瓦表面、曲轴连杆轴颈表面、活塞表面、气缸壁表面涂抹润滑油。

3）采用专用工具（见图2-52）夹紧活塞环，从气缸顶端装入活塞连杆组件，用锤子木柄将活塞组件推入气缸。

4）安装连杆轴承盖，拧紧连杆轴承盖螺母，拧紧力矩为45N · m +90°（M9 ×1 螺母）或30N · m +90°（M8 ×1 螺母），并且每缸的两个螺母应交替拧紧。

二、活塞环的检查

活塞环检查的项目有弹力检查、“漏光度” 检查和“三隙” 检查。

1. 活塞环的弹力检查（见图2-53）

活塞环与气缸内壁应有一定的压力，使环的周围均匀地压在气缸壁上。弹力过大，增加摩擦损耗；弹力过小，不能起到良好的密封作用，引起气缸的漏气、窜油。进行检测时，将活塞环放在弹力检测器上，把活塞环的开口间隙放置在水平位置，移动检查器上的量块，当把活塞环开口间隙压缩至标准数值时，弹力应符合各机型的规定要求。如奥迪轿车发动机第一道气环弹力为8.5 ~12.8N，第二道气环弹力为7.5 ~11.3N，油环弹力为35 ~52.5N。

2. 活塞环的漏光检查

活塞环漏光检查的目的是察看活塞环与气缸壁的贴合情况，漏光度过大，活塞环局部接触面积小，易造成漏气和润滑油上窜。选配时，必须进行漏光检查，检查时将活塞环平放在气缸内，在活塞环的下边放一个发亮的灯，活塞环上面放一块盖板，盖住活塞环的内圆，如图2-54 所示。一般漏光缝隙不得超过0.03mm，每处漏光弧长对应的圆心角不得大于25°，同一环上的漏光弧度总和不超过45°，在环端开口处左右30°范围内不允许有漏光现象。

3. 活塞环的三隙检查

（1）端隙　活塞环的端隙是指活塞环随活塞装入气缸后，该环在上止点时环的两端头的间隙或活塞环在标准环规内两端头的间隙。它是为了防止活塞环受热膨胀卡死在气缸内而设置的，端隙过大，影响气缸的密封性；端隙过小，将引起活塞环的运动状态不正常。

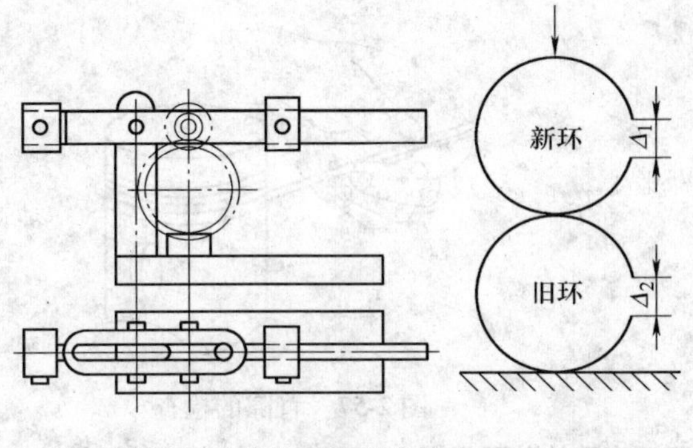

图2-53　活塞环的弹力检查

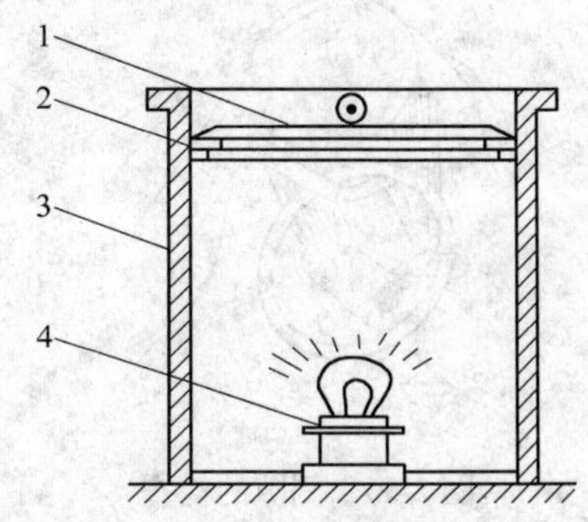

图2-54　活塞环漏光度的检查

1—盖板　2—活塞环　3—气缸　4—灯光

如图2-55所示检查端隙时，将活塞环置于气缸套内，并用倒置活塞的顶部将环推入气缸内其相应的上止点，然后用塞尺测量。若端隙大于规定值则应重新选配活塞环；若端隙小于规定值时，应利用细平锉刀对环口的一端进行锉修。锉修时只能锉一端且环口应平整，锉修后应将加工产生的毛刺去掉，以免在工作时刮伤气缸壁。

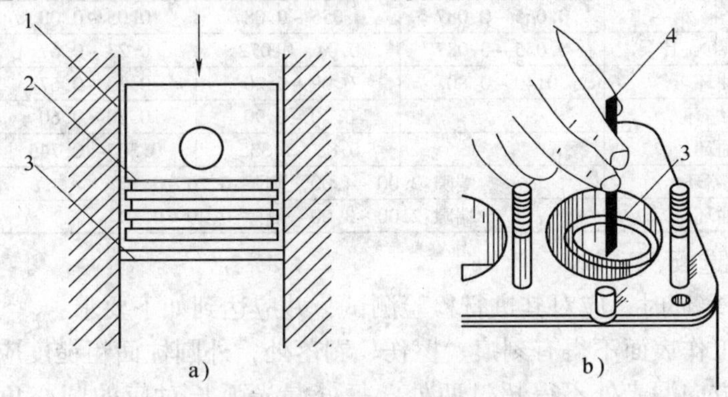

图2-55　活塞环端隙的检查

a）从活塞顶部把活塞环推平　b）用塞尺测量端隙

1—气缸　2—活塞　3—活塞环　4—塞尺

（2）侧隙　活塞环侧隙，即活塞环在环槽内的上下间隙。侧隙过大将影响活塞环的密封作用；过小则可能卡死在环槽内，造成拉缸事故。若侧隙过小时，车削加宽活塞环槽修整侧隙。现代汽车的活塞一般采用表面喷钼等表面强化措施，因此禁止再采用研磨环上下平面的办法修整侧隙。检查时，将活塞环放入环槽内，用塞尺按图2-56所示的方法测量。其经验方法是：活塞环在其槽内，能沿槽转动自如，且无松旷感觉为宜。侧隙过大或过小，均需重新选配。

（3）背隙　活塞环的背隙是指活塞与活塞环装入气缸后，活塞环内圆柱面与活塞环槽底面的间隙。背隙是为建立背压、储存积炭和防止活塞工作时膨胀过大挤断活塞环而设置的。背隙的值为活塞环的内圆柱面与活塞环槽底部直径差值的一半，但一般不用此法表示，为测量的方便，通常是将活塞环装入活塞内，以环槽深度与活塞环径向厚度的差值来衡量。测量时，将环落入环槽底，再用深度游标卡尺测出环外圆柱面沉入环岸的数值。如背隙过小时，应更换活塞环或车深活塞环槽的底部。其检查方法如图2-57所示。

常见车型活塞环的装配间隙见表2-2。

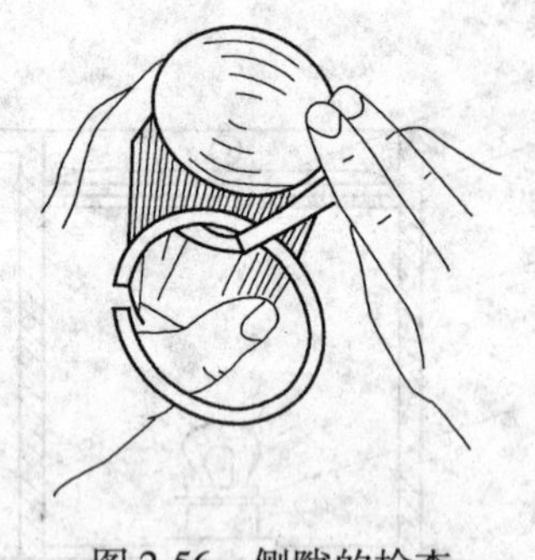
图 2-56　侧隙的检查

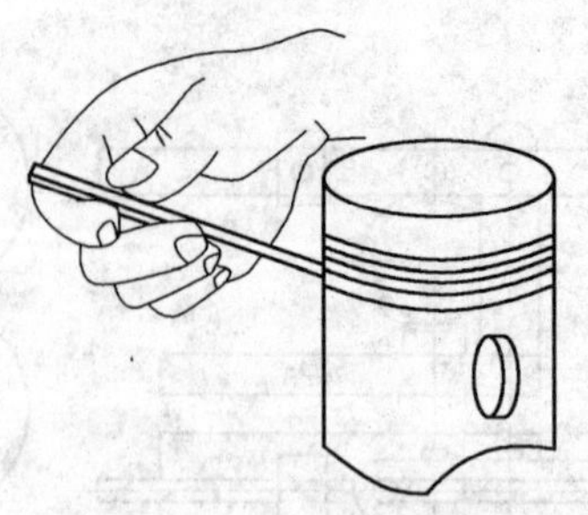
图 2-57　背隙的检查

表 2-2　常见车型活塞环的装配间隙

项目 \ 标准/mm \ 发动机型			CA6102	EQ6100 EQ6100-1	BJ492Q	桑塔纳
端隙	压缩环	第一道	0.50~0.70	0.29~0.49	0.20~0.40	0.30~0.45
		其余	0.40~0.60	0.29~0.49	0.20~0.40	0.25~0.40
	油环		0.30~0.50	0.50~0.70	0.20~0.40	0.25~0.50
侧隙	压缩环	第一道	0.055~0.087	0.055~0.087	0.05~0.08	0.02~0.05
		其余	0.055~0.087	0.04~0.072	0.23~0.67	
	油环		0.40~0.80	0.09~0.20	0.23~0.67	
背隙	压缩环			0.20~0.90	0.20~0.60	
	油环			0.88~1.335	0.305~0.745	
使用极限	压缩环		端隙:2.00~4.00　侧隙:0.20~0.40			侧隙:0.15
	油环		端隙:2.00~3.00　侧隙:0.20~0.30			端隙:1.00

三、活塞环的选配

在更换选配活塞环时，应对其进行检验测试，并应达到如下要求：

1）活塞环的工作表面不得有刻痕、擦伤、剥落处，外圆柱面粗糙度应符合要求。

2）沿环圆周方向漏光处不得超过两处，每处漏光弧长对应的圆心角总和不大于45°，距开口间隙两侧30°范围内不应漏光，漏光处的最大缝隙不大于0.03mm。

3）活塞环的翘曲度一般不大于0.02mm。

4）活塞环在槽中的标准下沉量不得超过0.15~0.25mm。

5）活塞环的端隙、侧隙、背隙、弹力等应符合规定。

四、活塞环的修磨

在选配过程中，若活塞环的端隙、侧隙不符合规定，应通过修磨使其达到要求。

1. 活塞环端隙的修磨

活塞环端隙如太大，则气缸密封性能下降，此时必须更换活塞环。活塞环端隙如太小，可能造成受热膨胀而卡死，此时可采用对环口一端加以锉修的方法修正，注意保持环口端面的平整，并应边锉边测量。锉后环的外端应倒角，以防拉伤气缸。

2. 活塞环的平面修磨

活塞环的侧隙过大，将造成气缸漏气、窜油，此时应更换活塞环。活塞环的侧隙过小，将会造成活塞环卡死在环槽中，此时可通过车削活塞环槽上、下端面的方法进行修配，也可采用修磨活塞环平面的方法进行修配。修磨活塞环平面可在专用磨床上进行，也可在0号砂纸上进行手工研磨。

【知识与能力拓展】

一、活塞环早期磨损主要原因

1. 活塞环原因

1）活塞环材质组织不符合技术要求，组织疏松。

2）活塞环的硬度低，不符合要求。

3）活塞环热稳定差，金相组织变化大。

2. 缸套原因

1）缸套内径不符合要求，过大或过小。

2）缸套内孔表面粗糙度不符合要求，油膜不易形成。

3）缸套垂直度、圆度不符合要求。

3. 其他配件

1）空气滤清器、机油滤清器质量不好，大量灰尘或润滑油内过多杂质进入缸体。

2）摩擦副选配不当。

4. 油质方面

1）润滑油质量低劣。

2）燃油质量低劣，含铅量高，燃烧生成物形成了磨料，而引起磨料磨损。

5. 修理方面

1）修理时，清洁度不够，缸体内有砂粒或铁屑等杂质。

2）活塞环或活塞的尺寸选择不当。

3）装配运动件时，配合间隙、螺栓的拧紧力矩不符合要求。

6. 使用方面

1）发动机的温度不正常，过高、过低都会加剧机件的磨损。

2）发动机怠速或高速运动时间过长，超负荷运转。

3）大修后，发动机没有按规定正常走合和保养。

7. 其他方面

1）活塞环槽磨损呈喇叭形。

2）燃烧不充分，缸体内、活塞槽上积炭严重。

3）活塞槽表面粗糙度不符合要求（侧面磨损）。

4）受到燃烧剩余物的腐蚀。

二、活塞环的失效

活塞环在工作时，由于受高温、高压和润滑条件差的影响，其磨损失效往往要比气缸达到磨损极限快。由于活塞环最初不能与气缸壁表面完全密合，磨合磨损较快。经过磨合磨损后，形成光滑的镜面，活塞环转入运行磨损，则磨损速度减慢。随后活塞与气缸壁的间隙逐渐增大，活塞倾斜也增大，活塞环形成不规则的磨损，弹力下降，密封性能减弱，润滑油膜不能防止漏窜气体的侵入，从而加速了磨损。

活塞环除正常磨损失效外，还有断裂损坏。除发动机大修时更换外，在两次大修之间，气缸最大磨损每100mm缸径达到0.18～0.22mm时，也应更换活塞环，以改善发动机的动力性能。

三、曲轴飞轮组的结构

曲轴飞轮组主要由曲轴、飞轮、带轮和正时齿轮以及其他不同作用的零件和附件等机件组成。其零件和附件的种类及数量取决于发动机的结构和性能要求。

1. 曲轴

曲轴的功用是把活塞、连杆传来的气体压力转变为转矩，用以驱动汽车的传动系统和发动机的配气机构以及其他辅助装置。曲轴在周期性变化的气体压力、惯性力及其力矩的共同作用下工作，承受弯曲和扭转交变载荷。因此，曲轴应有足够的抗弯曲、抗扭转、抗疲劳的强度和刚度；轴颈应有足够大的承压表面和耐磨性；曲轴的质量应尽量小；对各轴颈的润滑应该充分。曲轴结构如图 2-58 所示，主要由曲轴前端、主轴颈、连杆轴颈、曲柄臂、平衡重和曲轴后端组成。

（1）主轴颈　主轴颈通过滑动主轴承支撑于发动机曲轴箱体上，主轴承结构和连杆轴承类似，不同点是内表面有油槽。主轴承盖与上曲轴箱的主轴承座用螺栓紧固在一起。按照曲轴的主轴颈数，可以把曲轴分为全支撑曲轴和非全支撑曲轴两种。在每个连杆轴颈两侧都加工出主轴颈者，称为全支撑曲轴。如果主轴颈数目比连杆轴颈数少，则称为非全支撑曲轴，其特点和全支撑曲轴相反。因此，直列式发动机的全支撑曲轴的主轴颈总数（包括曲轴前端和后端的主轴颈）比气缸数多一个；V 形发动机的全支撑曲轴的主轴颈总数则比气缸数的一半多一个。一般多缸发动机的曲轴做成整体式的。连杆大头为整体式的某些小型汽油机或采用滚动轴承作为曲轴主轴承的发动机，必须采用组合式曲轴，即将曲轴的各部分分段加工，然后组合成整个曲轴。

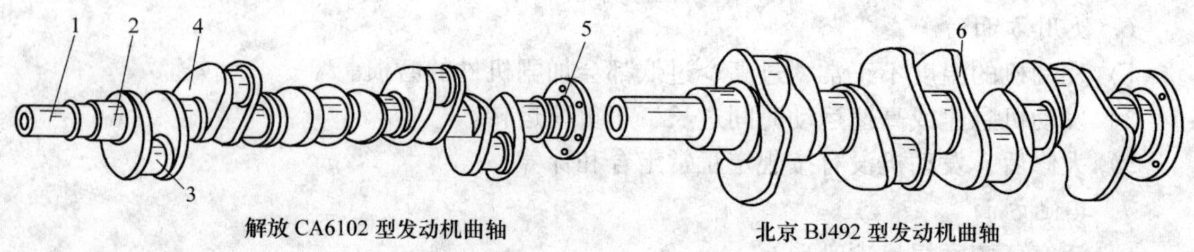

图 2-58　曲轴的结构

1—曲轴前端　2—主轴颈　3—连杆轴颈　4—曲柄臂　5—曲轴后端　6—平衡重

（2）连杆轴颈　连杆轴颈用来安装连杆大头，直列式发动机的连杆轴颈数与气缸数相等；V 形发动机由于两个连杆共同装在一个连杆轴颈上，故连杆轴颈数为气缸数的一半。曲柄销与主轴颈连接处用圆弧过渡以减少应力集中，防止使用中发生裂纹或折断。

（3）曲轴臂　曲轴臂用来连接主轴颈和连杆轴颈，有的发动机曲轴臂上加有平衡块，用来平衡曲轴的离心力和离心力矩，还可平衡一部分往复惯性力。

（4）曲轴的前端轴　曲轴前端装有驱动配气凸轮轴的正时齿轮起动爪、驱动风扇和水泵的带轮以及止推片等，如图 2-59 所示。为了防止润滑油沿曲轴轴颈外漏，在曲轴前端有一个甩油盘，随曲轴旋转，当被齿轮挤出和甩出来的润滑油落到盘上时，由于离心力的作用，会被甩到齿轮室盖的壁面上，再沿壁面流下来，回到油底壳中。如果还有少量润滑油落到甩油盘前面的曲轴轴段上，也会被压配在齿轮室盖上的油封挡住。所以，甩油盘的外斜面应向后，如果装错，效果将适得其反。在曲轴前端还装有起动爪，以便必要时用人力转动曲轴，使发动机发动。

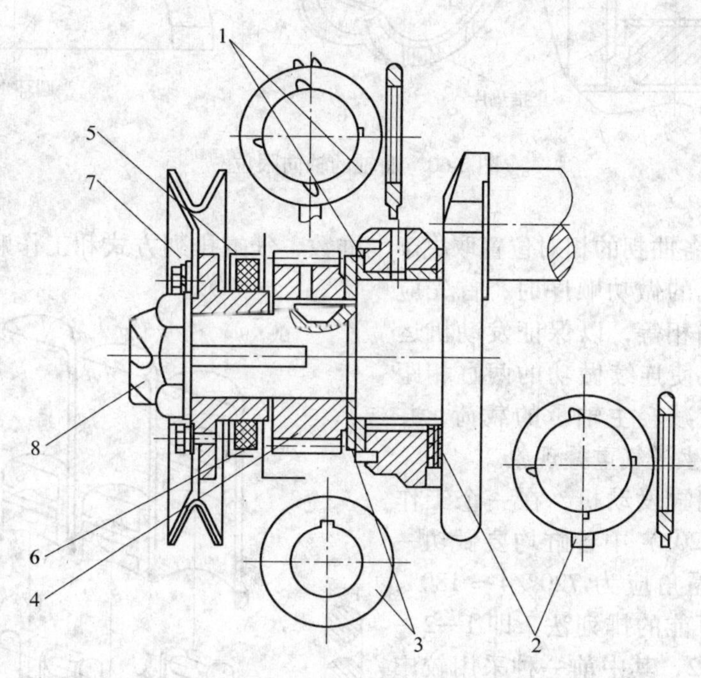

图 2-59　曲轴前端

1、2—滑动止推轴承　3—止推垫片　4—正时齿轮　5—甩油盘　6—油封　7—带轮　8—起动爪

（5）曲轴的后端轴　曲轴的后端轴制有甩油突缘、回油螺纹和飞轮结合盘。飞轮结合盘用来连接飞轮输出动力。甩油突缘与回油螺纹用来防止润滑油外漏，从主轴承间隙流向后端的润滑油，主要被甩油突缘甩入主轴承座孔后边缘的凹槽内，并经回油孔流回油底壳。

（6）曲轴轴向限位装置　曲轴除了承受正时齿轮的斜齿传动所引起的轴向力以外，在汽车上下坡、加速、制动及踩离合器踏板时，还要承受相应的轴向力作用，从而造成曲轴前后窜动。如果曲轴轴向窜动量过大，将破坏各机件的正常工作；但也不能过小，应给曲轴留有热膨胀伸长的余地。为此，曲轴必须有一定的轴向间隙，此间隙一般在 0. 05 ~ 0. 25mm，一般设置在某道主轴颈的两侧，用垫片等零件进行限位。限位零件材料加工与滑动轴承类似，也是在钢背上浇铸一层减摩合金，但具体结构因车型而异。其结构有的是两片整圆形的止推垫圈，通常安装在前端轴上；有的是两片或四片半圆形的止推垫片；更多的是将四片半圆形止推片与主轴承制成一体而成为翻边轴瓦，当曲轴前、后窜动时，翻边轴瓦端面的减摩合金与相对应的曲轴臂上的止推面接触摩擦，限制了曲轴窜动，如图 2-60 所示。

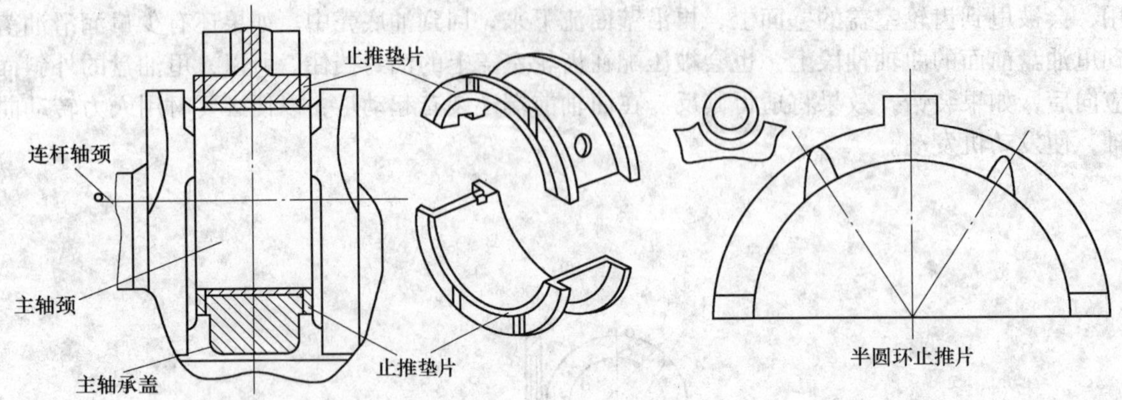

图 2-60　曲轴的轴向限位

曲轴的形状和各曲拐的相对位置取决于气缸数、气缸排列方式和工作顺序等多种因素。在安排多缸发动机的做功顺序时，首先应该使各缸做功间隔相等，以保证发动机运转平稳；其次应该使连续做功的两缸相距尽可能远一些，以减轻主轴承的载荷，并可避免相邻两缸发生进气重叠现象。

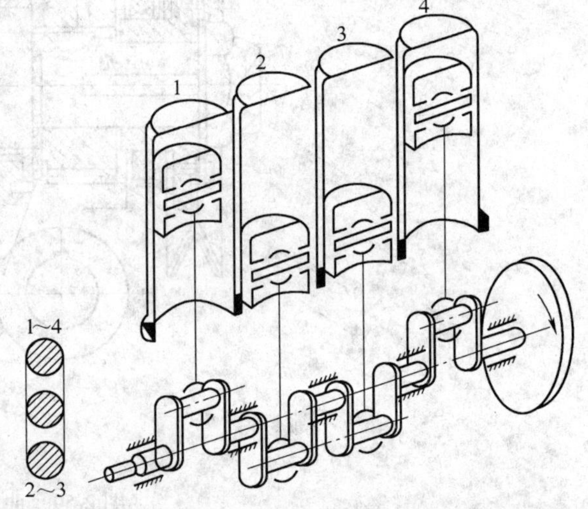

图 2-61　直列四缸四冲程发动机的曲拐布置简图

四冲程直列四缸发动机，在一个工作循环（曲轴旋转 720°）中各缸均要做功一次，所以做功间隔角应为 720°/4 = 180°，工作顺序有两种可能的排列法，即 1—2—4—3 或 1—3—4—2，其中前一种采用较广泛。曲拐的布置如图 2-61 及表 2-3 所示。同理，四冲程直列六缸发动机各缸的做功间隔角应为 720°/6 = 120°，曲拐的布置如图 2-62 和表 2-4 所示，六个曲拐分别布置在三个平面内，各平面夹角为 120°。曲拐的具体布置有两种形式，国产发动机普遍采用布置形式的工作顺序为 1—5—3—6—2—4，另一种曲拐布置形式的工作顺序为 1—4—2—6—3—5。

表 2-3　直列四缸四冲程发动机工作循环表（点火顺序 1—3—4—2）

曲轴转角/(°)	第一缸	第二缸	第三缸	第四缸
0 ~ 180	做功	排气	压缩	进气
180 ~ 360	排气	进气	做功	压缩
360 ~ 540	进气	压缩	排气	做功
540 ~ 720	压缩	做功	进气	排气

表 2-4　直列六缸四冲程发动机工作循环表（点火顺序 1—5—3—6—2—4）

<table>
<tr><th colspan="2">曲轴转角/(°)</th><th>第一缸</th><th>第二缸</th><th>第三缸</th><th>第四缸</th><th>第五缸</th><th>第六缸</th></tr>
<tr><td rowspan="3">0～180</td><td>60</td><td rowspan="3">做功</td><td rowspan="2">排气</td><td>进气</td><td>做功</td><td rowspan="2">压缩</td><td rowspan="3">进气</td></tr>
<tr><td>120</td><td rowspan="3">压缩</td><td rowspan="3">排气</td></tr>
<tr><td>180</td><td rowspan="3">进气</td><td rowspan="3">做功</td></tr>
<tr><td rowspan="3">180～360</td><td>240</td><td rowspan="3">排气</td><td rowspan="3">压缩</td></tr>
<tr><td>300</td><td rowspan="3">做功</td><td rowspan="3">进气</td></tr>
<tr><td>360</td><td rowspan="3">压缩</td><td rowspan="3">排气</td></tr>
<tr><td rowspan="3">360～540</td><td>420</td><td rowspan="3">进气</td><td rowspan="3">做功</td></tr>
<tr><td>480</td><td rowspan="3">排气</td><td rowspan="3">压缩</td></tr>
<tr><td>540</td><td rowspan="3">做功</td><td rowspan="3">进气</td></tr>
<tr><td rowspan="3">540～720</td><td>600</td><td rowspan="3">压缩</td><td rowspan="3">排气</td></tr>
<tr><td>660</td><td rowspan="2">进气</td><td rowspan="2">做功</td></tr>
<tr><td>720</td><td>排气</td><td>压缩</td></tr>
</table>

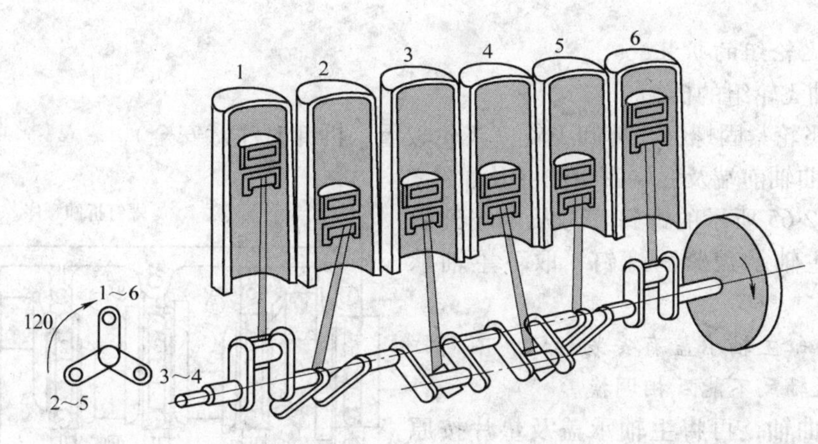

图 2-62　直列六缸四冲程发动机的曲拐布置简图

2. 飞轮

飞轮的功能是储存做功行程的能量，以克服各辅助行程的阻力，使曲轴能均匀地旋转，并使发动机能克服短时间的超负荷。同时，飞轮是摩擦式离合器的主动件，将发动机的动力传给离合器，飞轮的结构如图 2-63 所示。飞轮轮缘上镶嵌有供起动发动机用的飞轮齿圈，以便在起动发动机时与起动机的小齿轮相啮合。由于飞轮与曲轴的装配是经过精确平衡的，为了避免在拆装时破坏两者的平衡状态，飞轮与曲轴的装配都有轴向定位装置，如采用不对称螺孔，两种不同直径的固定螺栓或定位销等。在飞轮上还刻有上止点记号，用来校准点火正时或喷油正时以及调整气门间隙，如解放 CA6102 型发动机的正时记号（见图 2-64）。当该记号与飞轮壳上的刻线对准时，即表示 1～6 缸的活塞在上止点位置。东风 EQ6100 型发动机有两处记号，一处是飞轮上的一个钢球与飞轮壳上的刻线对准时，另一处是当曲轴带轮上的小缺口和正时齿轮盖上凸肋对准时，都表示 1～6 缸的活塞在上止点位置。其他车型发动机的正时记号与上述发动机大同小异。

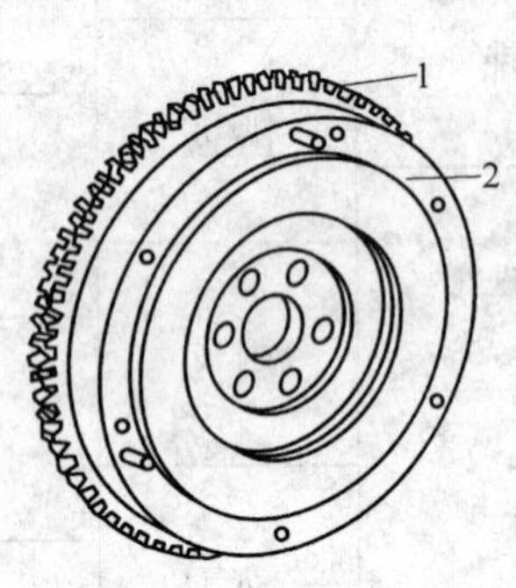

图 2-63　飞轮

1—飞轮齿圈　2—飞轮盘

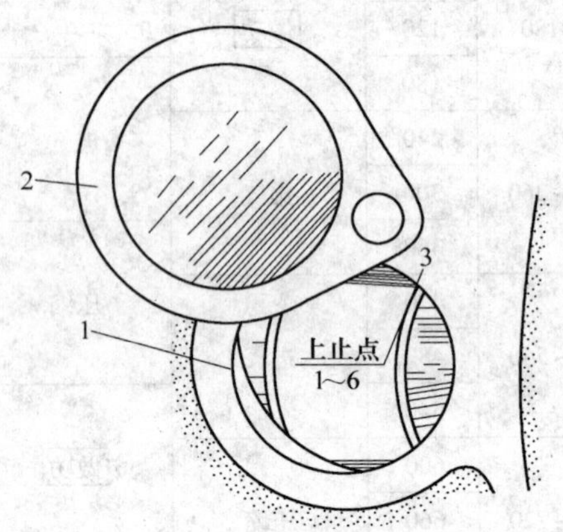

图 2-64　解放 CA6102 型发动机的正时信号

1—离合器外壳的记号　2—观察孔盖板　3—飞轮上的记号

3. 曲轴飞轮组的拆装

(1) 曲轴飞轮组的拆卸

1) 旋松飞轮紧固螺钉，拆卸飞轮（飞轮较重，拆卸时注意安全）。

2) 拆卸曲轴前端及后端密封凸缘及油封。

3) 按图 2-65 所示的螺钉序号从两端到中间旋松曲轴主轴承盖紧固螺钉，取下主轴承盖。

注意：各缸主轴承盖有安装标记，不同缸的主轴承盖及轴瓦不能互相调换。

4) 抬下曲轴，再将主轴承盖及垫片按原位装回，并将固定螺钉拧入少许。注意曲轴推力轴承的定位及开口的安装方向。

(2) 曲轴飞轮组的安装　安装位置如图 2-66 所示。

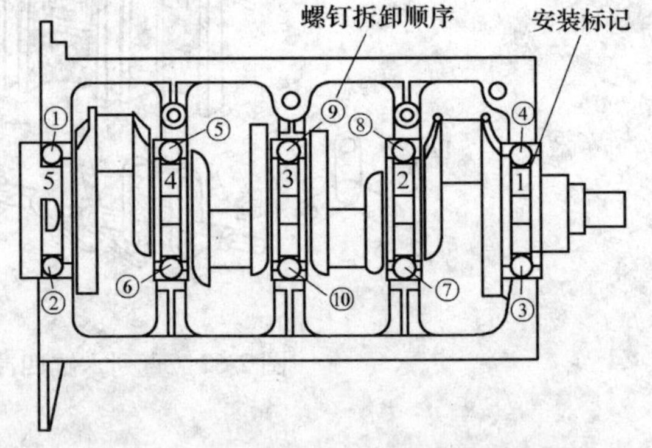

图 2-65　曲轴主轴承盖螺钉拆卸顺序

1) 在发动机体上安装曲轴主轴瓦和推力轴承，并在轴瓦表面涂抹润滑油。

2) 将曲轴平稳放入主轴瓦上，注意推力轴承不要脱落或阻卡。

3) 将主轴瓦装入主轴承盖中，再把主轴承盖固定于发动机机体上，按图 2-67 中的顺序和要求力矩（桑塔纳 2000GSi 发动机为 65N · m + 90°）紧固螺钉。装配完毕，用手摇转曲轴，应该感觉轻松自如、无阻卡，否则应检查原因，重新安装。

4) 安装曲轴前、后油封。

5) 安装飞轮部件。采用专用工具固定飞轮（见图 2-68），按要求拧紧飞轮固定螺栓（桑塔纳 2000GSi 发动机为 60N · m + 90°）。

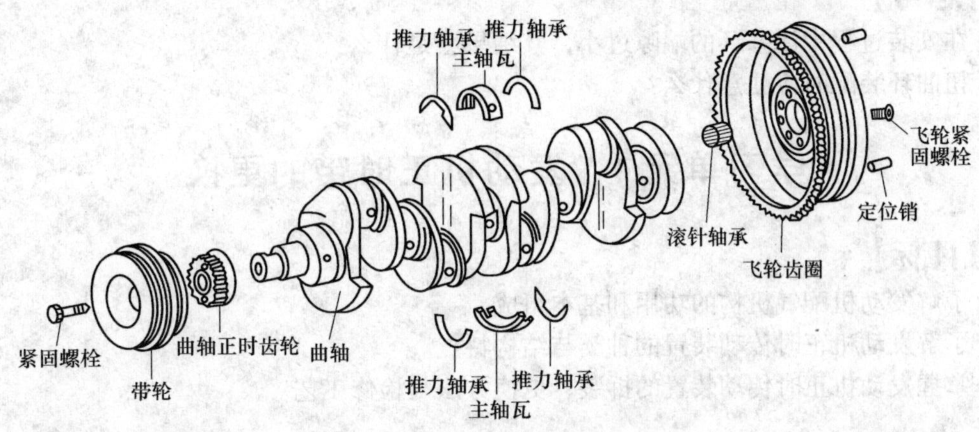

图2-66　曲轴飞轮组安装位置

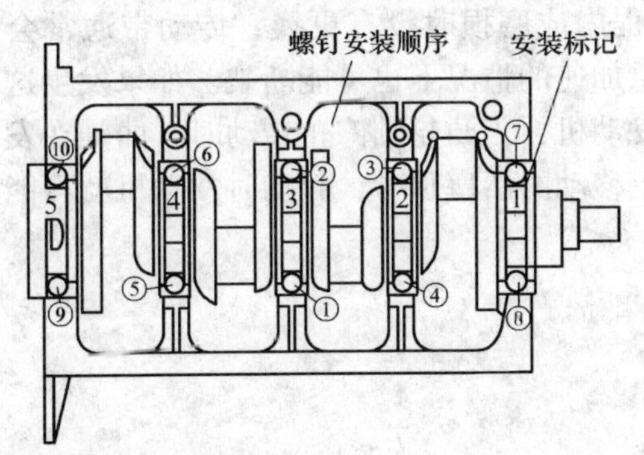

图2-67　曲轴主轴承盖螺钉安装顺序

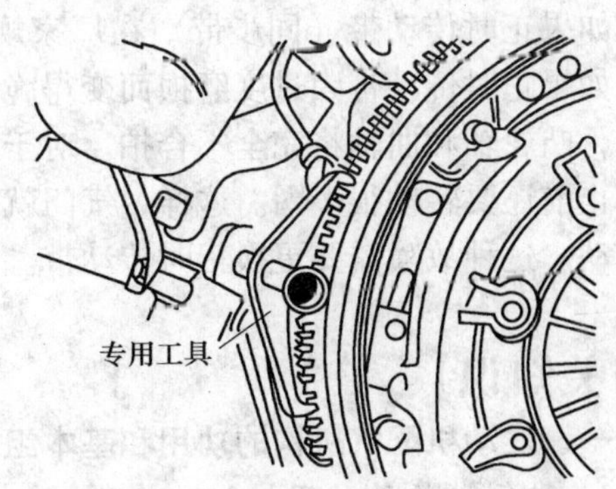

图2-68　采用专用工具固定飞轮

【案例剖析】

案例1：活塞环早期异常磨损

故障现象：发动机行驶、加速无力，长时间后排气管冒蓝烟。拆机后发现缸套、活塞环出现异常磨损，活塞、活塞环外圆面及缸套内表面有明显的轴向划痕，进一步检查发现进气道存在明显的灰尘。

故障分析与排除：大量灰尘进入燃烧室，造成活塞、活塞环、缸套间产生剧烈的磨料磨损。修理或更换空气滤清器，确保进气清洁。

案例2：拉缸

故障现象：发动机有明显的敲击声和窜气声，行驶、加速无力，呼吸器冒油烟，排气管冒蓝烟。拆机后发现缸套、活塞环出现异常磨损，活塞环外圆面有明显的块状烧伤黄斑。检查活塞顶部及内腔无黄斑，而润滑油粘度等级差。

故障分析与排除：润滑油粘度等级差，与该发动机运行工况要求不符。早期行驶即发生劣化，润滑油粘度减小，油膜承载能力下降，缸套、活塞环发生干摩擦而导致拉缸。更换润滑油，选用适合该发动机运行工况的润滑油。

【课后思考】

1. 在安装过程中活塞环的端隙过小，其结果会是什么?
2. 扭曲环装配时应注意什么?

学习单元4　发动机正时带的更换

【学习目标】

1. 了解发动机配气机构的功用和基本组成。
2. 了解发动机正时传动装置的种类与结构特点。
3. 掌握发动机正时传动装置的拆装、更换方法与检修工艺。

【任务载体】

如果正时传动带（同步带）在厂家规定的里程内或磨损时没有更换，传动带通常会断裂。如果正时传动带因过度磨损而变得脆弱，在急加速的情况下也可能断裂。如果发生这种情况，凸轮轴和曲轴将完全不合拍。对于大多数发动机，当凸轮轴停止转动时，曲轴在发动机停止前还要转动很多圈。这样，气门就会被向上移动的活塞顶弯，起动时发动机就可能不能转动。这种故障需要更换正时传动带。

【相关知识】

一、发动机配气机构的功用和基本组成

1. 配气机构的功用

配气机构的功用是按照发动机的工作需要，定时地开启或关闭进气门、排气门，使混合气（汽油机）或空气（柴油机）及时进入气缸，或使气缸内的废气及时排出。

2. 配气机构的基本组成

发动机配气机构的基本组成可分为气门组和气门传动组两部分，如图2-69所示。气门

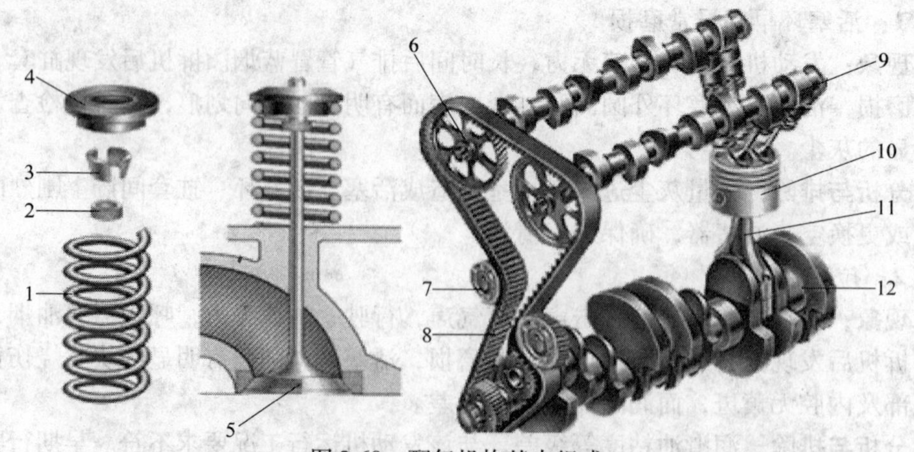

图2-69　配气机构基本组成

1—气门弹簧　2—气门导管油封　3—气门锁片　4—弹簧座　5—气门　6—正时齿轮
7—张紧轮　8—正时带　9—凸轮轴　10—活塞　11—连杆　12—曲轴

组的组成与配气机构的形式大致相同，主要零件包括气门、气门座、气门弹簧和气门导管等。气门传动组包括驱动气门动作的所有零件，其组成视配气机构的形式不同而异，主要零件包括正时齿轮（或正时链轮和链、或正时带轮和传动带）、凸轮轴、气门挺杆、推杆、摇臂轴和摇臂等。

二、正时传动装置的结构

凸轮轴靠曲轴来驱动，传动方式由齿轮传动、链传动和带传动三种。气门的开启和关闭时刻、凸轮轴与曲轴的传动比均靠传动装置来保证。

1. 正时齿轮传动装置

正时齿轮传动具有传动平稳、可靠、不需调整等优点，下置凸轮轴式配气机构一般都采用此种传动装置。正时齿轮分别安装在曲轴和凸轮轴的前端，用螺栓或螺母固定，齿轮和轴靠键传动。凸轮轴正时齿轮的齿数为曲轴正时齿轮齿数的两倍，以实现传动比为2∶1。为保证气门的开启和关闭时刻正确，装配时，应对正两正时齿轮上的正时标记，如图2-70所示。

图2-70 轮转动及正时记号

1—凸轮轴正时齿轮 2—曲轴正时齿轮 3—正式标记

2. 正时链传动装置

侧置凸轮轴式配气机构或顶置凸轮轴式配气机构均可采用正时链传动装置。正时链传动装置的组成如图2-71所示，主要由正时链、正时链轮、正时链张紧装置等组成。凸轮轴正时链轮的齿数为曲轴正时链轮齿数的两倍，以实现传动比为2∶1。为防止正时链抖动，正时链传动装置设有导链板和张紧装置。导链板采用橡胶导向面为链导向，一般应与链一起更换。张紧装置使正时链保持一定的紧度，可分为机械式和液压式两种，应用较多的是液压式正时链张紧装置。当发动机工作时，利用润滑油压力推动液压缸活塞，使张紧轮压紧正时链。正时链传动装置特点是工作可靠，使用寿命长，但工作噪声大，润滑、维修较麻烦。

3. 正时带传动装置

正时带传动装置主要由同步带、同步带轮和张紧轮等组成，如图2-72所示。张紧轮靠弹簧压紧同步带张紧轮，也起到对同步带轴向定位的作用。凸轮轴同步带轮的直径等于曲轴同步带轮直径的两倍，传动比为2∶1。

为了确保传动可靠，同步带需保持一定的张紧力，为此在同步带传动机构中也设置了由张紧轮与张紧弹簧组成的张紧机构。张紧轮的滚动轴承是全密封的，并填有长效润滑脂，使用中无需加脂，但也不可清洗。同步带驱动是一种啮合传动，而不是摩擦传动，因此传动比较精确，同步性好，与链条传动相比，使用速度范围大，传动平稳，有良好的减振性，且不需要润滑，传动机构简单，噪声小。正时同步带传动装置与正时链传动装置一样，装配时必须按相关维修手册中的规定对正正时标记。装配时应对正下列标记：凸轮轴同步带轮与气缸盖上的标记、曲轴同步带轮与气缸体前端标记。

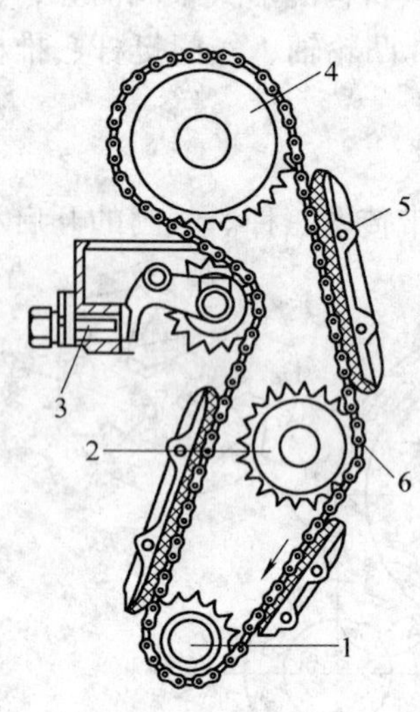

图 2-71　正时链传动装置
1—曲轴链轮　2—液压泵驱动链轮
3—液压张紧装置　4—凸轮轴链轮
5—导链板　6—正时链

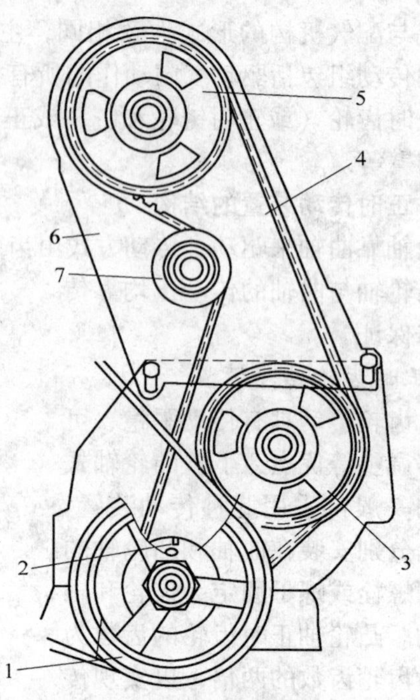

图 2-72　桑塔纳 2000 型轿车 AFE 型发动机正时同步带
1—曲轴同步带轮　2—曲轴同步带轮上正时记号　3—中间轴同步带轮　4—同步带
5—凸轮轴同步带轮　6—护罩　7—张紧轮

【技能操作】

奇瑞 A3 ACTECO 发动机同步带和同步带轮的示意图如图 2-73 所示。

图 2-73　奇瑞 A3ACTECO 发动机同步带和同步带轮

发动机轮系布置如图2-74所示。

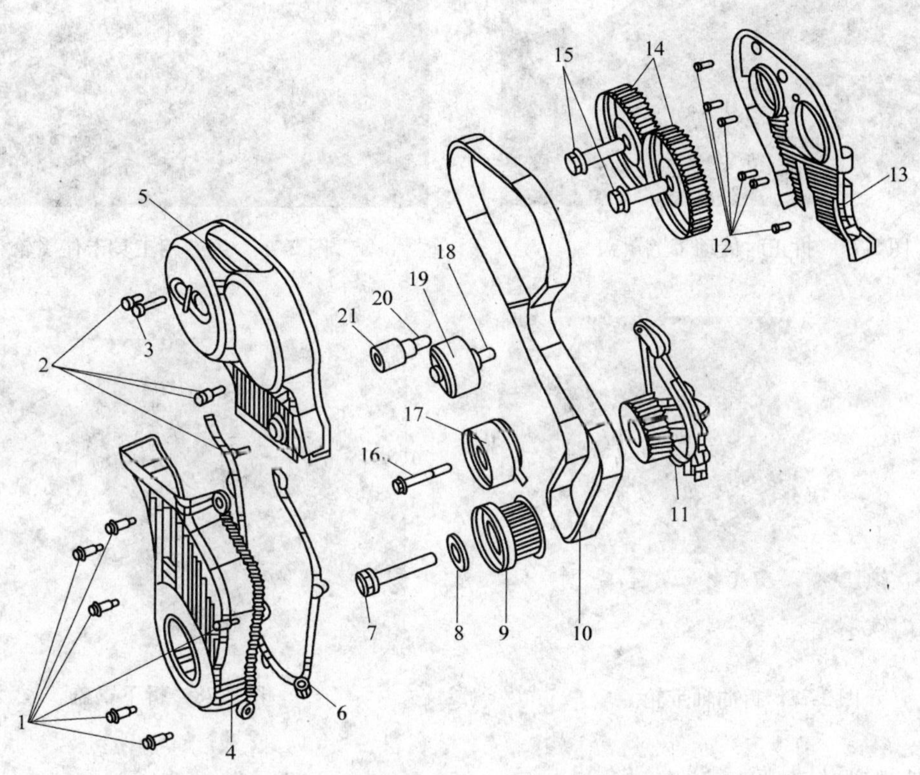

图2-74　发动机轮系布置图

1—正时前盖下体螺栓　2、3—正时前盖上体螺栓　4—正时前盖下体　5—正时前盖上体　6—正时前盖下体垫片　7—曲轴正时齿轮螺栓　8—曲轴正时齿轮垫片　9—曲轴正时齿轮　10—正时传动带　11—水泵　12—正时传动带后盖螺栓　13—正时齿轮后盖　14—凸轮轴正时齿轮　15—凸轮轴正时齿轮螺栓　16—正时张紧器螺栓　17—正时张紧器　18—正时惰轮螺栓　19—正时惰轮　20—接触惰轮螺栓　21—接触惰轮

一、发动机正时传动装置的拆卸

1. 正时传动带上、下罩盖更换（见图2-75）

所需工具和辅料：内六角扳手，10#、13#套筒，棘轮棘杆。

1）用内六角扳手松开上罩盖上的5个螺栓。

2）取下正时传动带上罩盖。

3）用专用工具（飞轮定位工具）卡住飞轮。如图2-76所示。

4）用13#套筒拆下曲轴带轮，如图2-77所示。

5）用棘轮棘杆及10#套筒拆下正时传动带下罩盖的5个螺栓。

6）取下下罩盖，如图2-78所示。

图 2-75　拆正时传动带上罩盖

图 2-76　用专用工具卡住飞轮

图 2-77　拆曲轴带轮

图 2-78　拆下罩盖

2. 拆正时传动带

松开正时传动带张紧轮中心螺栓，取下正时传动带，如图 2-79 所示。

3. 正时校对

1）拔掉高压分缸线，如图 2-80 所示。

图 2-79　拆张紧轮

图 2-80　拔掉高压分缸线

2）松开气门室罩盖螺栓，取下气门室罩盖，如图 2-81 所示。

3）转动凸轮轴，将专用工具（凸轮轴正时工具）装入凸轮轴后端的卡槽内，如图 2-82 所示。

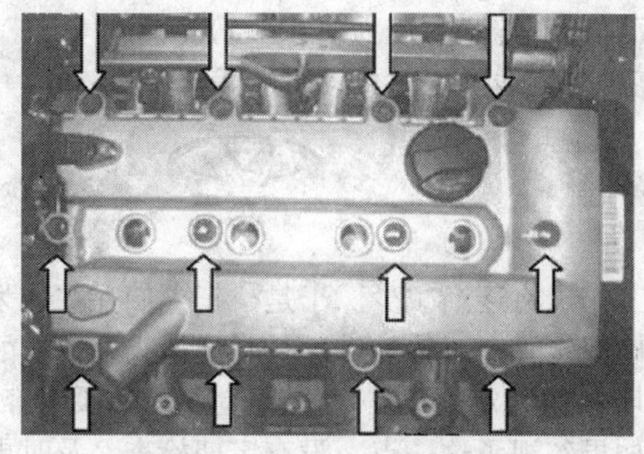
图 2-81　松开气门室罩盖螺栓

图 2-82　装入专用工具

4）用扭力扳手松开进、排气凸轮轴带轮螺栓，如图 2-83 所示。

5）边转动曲轴，边将专用工具旋入，直到曲轴正、反都不能转动为止，如图 2-84 所示。

图 2-83　松进、排气凸轮轴带轮螺栓

图 2-84　旋入专用工具

4. 安装正时带

1）装上正时传动带，用内六角扳手转动张紧轮使带张紧，使张紧器上指针位于 U 形槽豁口中间位置，拧紧张紧轮螺栓，如图 2-85 所示。

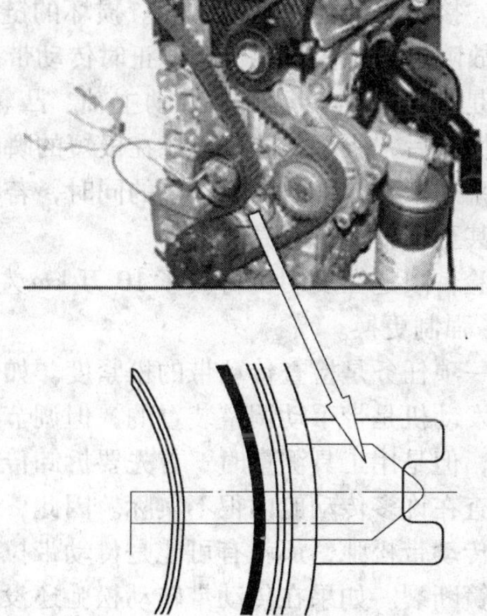
图 2-85　调整传动带张紧度

2）紧固进、排气凸轮轴带轮与凸轮轴的紧固螺栓，拧紧力矩为(120 ± 5)N · m。

3）取下正时专用工具，装上气门室罩盖，高压分缸线及正时传动带罩盖。

【知识与能力拓展】

发动机正时传动带内容介绍。

当今，随着汽车先进程度越来越高，维修的工作量将逐渐减少。于是，车主们往往认为他们的车辆基本不需要修理。而各汽车制造商明确规定了正时传动带进行常规检查及更换的周期，作为专业维修技师，维修站一般向车主讲明：作为定期维护、全面检查的一项内容，正时传动带的维护应该加在定期维护的程序中。如果忽视了这一点，没有定期检查、及时更换有故障的正时传动带，可能会导致严重的后果。

不同于附属装置的驱动带很容易被看到而且易于检查，正时传动带往往隐藏在一个盖子后面，要依据发动机及发动机舱的布置才能触及到。然而，在多数情况下，正时传动带上的盖子，至少盖子的上半部，是可以拆下或者移开的，便于仔细地检查及更换。检查时，如果看到的不是保养良好、张紧适度的传动带，就应及时把它更换掉。正时传动带破裂时，如果带被卡住，那么气门停在打开状态，发动机停止运转；破裂时如果发动机是空转，就意味着在行程顶部的活塞与张开的气门之间存有空隙。这两种情况下的破裂，损坏的只是正时传动带本身。但是，如果发动机是“过盈配合”设计，活塞和气门占据着相同空间，它们之间没有间隙，那么很快就会损坏其他部件，如气门被弯曲，活塞受冲压等。这些故障将使顾客破费更多，而且还面临长时间不能用车的麻烦。因此，应让顾客了解定期检查、及时更换正时传动带的重要性；同时，也应该让他们知道常规保养时更换正时传动带比日后拖进修理厂进行大修要便宜很多。

正时传动带没有破裂，并不意味着没有问题。随着带越用越旧，其拉伸的程度势必超过张紧装置能够补偿的范围，因而产生正时链轮打滑。而轮齿磨损、有润滑油附着等也会导致打滑。检查时，如果传动带有硬度降低、磨蚀、纤维断裂、裂纹或裂缝的现象，就表明传动带已破损，不可以继续使用。接下来，检查链轮故障。损坏的链轮能“烧毁”传动带材料，并加剧传动带齿磨损。链轮故障还可能使气门机构对正时传动带产生更大的阻力。

由于发动机的气缸工作是通过正时传动带来带动主轴、凸轮、分电器等机件的高速运行，当正时传动带失去正常性能后，所承载的负荷能在极短的瞬间将之扯断。当正时传动带断裂后，发动机内部将发生系列紊乱，气门无序下坠的同时，若碰到活塞上行，会被活塞顶弯，造成发动机气缸报废，甚至连杆击穿底壳。

根据各种车型的使用经验，限定在发动机行驶了 10 万 km 左右（进口发动机），5 万 ~ 8 万 km 之间（国产发动机）强制更换。

传动带检查过程中，第一项任务是检查传动带的松紧度。如今大多数发动机都带有传动带张紧自动调节机构；有些发动机是带手动调整装置的，但调节器本身是自动的。尽管为了测量准确，可以采用张力计，但是用工具测量时，首先要拆卸传动带外壳，再把张力计放在链轮之间进行测量，这种检查在许多传动舱内很不实际。因此，最好还是通过经验来判断传动带的松紧度。如果已查明传动带松弛，那就有可能是传动带拉伸过度，或者是自动张紧装置松弛或卡住，还有就是弹簧断裂。如果在传动带转动松弛还没有咬合传动带齿时，应该对张紧装置复位或者拧紧定位螺钉；如果传动带有跳动的现象，应及时更换。如果传动带相当紧，可以用粉笔或胶带纸在传动带背面做个记号，然后用手转动发动机，检查整个传动带。查看传动带齿是否有磨损或剪切，传动带侧壁有无裂纹（尤其是传动带齿边缘）、传动带背面是否有裂缝，以及有无任何油迹、油脂或冷却液浸湿的痕迹。如果出现上述任何一种现象，都应该更换传动带，而且还应查明产生上述问题的根本原因，并予以排除。当然，油迹、冷却液印迹等可能是人为的，而非渗漏所致。但是，传动带外壳有衬垫密封，它们会被渗漏的液体伤蚀，而传动带的外壳罩也有可能因卷曲而变形。

传动带齿受损，常常发生在传动带张力低（即使传动带没有明显地松弛）、链轮凹槽内有污物的时候，这时应再检查一下衬垫密封。但如果张紧装置提供的张力过大、或者提供的张力适度而张紧装置未校准，都有可能使传动带齿和传动带背面破裂，这种情况比较少见。张紧装置未校准将导致传动带齿不均匀磨损，并产生大量噪声，这虽不是正时传动带的典型故障，但它警示了张紧装置未校准这一问题。

【案例剖析】

案例： 正时传动带松动

故障现象： 一辆皮卡国Ⅲ商品车在高速行驶时，突然熄火，再也起动不了发动机。

故障分析与排除： 打开点火开关，发动机故障灯亮，说明电控系统有故障，用诊断仪读取故障码，显示："P0341. 错误的相位传感器信号"。

更换相位传感器，重新打开点火开关，故障灯仍亮，用诊断仪清除故障，又重新打开点火开关，故障灯还亮，诊断也是同一故障。又重新更换另外一个新的相位传感器，故障一样，再从一台能起动的商品车卸下一个相位传感器装上去再试，但故障依然存在。显然问题不在传感器本身。检查发动机线束，主要检查通往相位传感器线束，经详细检查线束没有问题。

考虑正时传动带松动问题。拆开正时前盖，发现正时传动带过于松动，重新拨动曲轴传动带轮进行标记对号，发现对不上正时记号，大约相差 5～6 个齿。根据维修的经验可知必须检查配气机构，从而拆开气门室罩，逐一检查气门间隙，发现推杆弯曲变形。检查气门挺柱、摇臂、气门均正常。

更换气门推杆，装配好气门室罩，然后重新根据正时记号对位。更换新的正时传动带，装配好前盖，继而用诊断仪清除故障，重新打开点火开关，故障灯熄灭，起动发动机，检查各项数据均正常，故障排除。

【课后思考】

1. 总结正时传动装置链条传动与带传动的优缺点。
2. 车辆高速行驶过程中，正时传动带突然断裂，会造成什么后果？

学习单元 5　气门拆装与气门间隙的检查调整

【学习目标】

1. 了解气门组、气门传动组的组成、功用。

2. 了解气门间隙的含义。
3. 掌握气门组、气门传动组的拆装工艺。
4. 掌握气门间隙的检查与调整工艺。

【任务载体】

气门间隙的检查，对于维护发动机的正常工况至关重要。汽车发动机在使用过程中，由于配气机构某些零件的磨损或松动，会导致原有气门间隙的变化，因此一般行驶 1 万 km 左右维护时，应检查和调整气门间隙，使之符合技术规范。

【相关知识】

一、气门组

1. 气门的功用

气门的功用是分别用来开关进、排气通道。气门分为进气门和排气门两种。

2. 气门的构造

气门由头部和杆部两部分组成，其结构如图 2-86 所示。

(1) 气门头部

1）气门顶部的形状。气门顶部的形状有平顶、球面顶（凸顶）和喇叭形顶（凹顶）3 种。

2）气门密封锥面。气门密封锥面是与杆身同心的圆锥面，用来与气门座接触，起到密封气道的作用。气门密封锥面与气门顶平面之间的夹角，称为气门锥角，气门锥角有 30°和 45°两种。一般排气门采用 45°，以保证受高温的排气门头部有足够的刚度；进气门可采用 30°或 45°，采用 30°时气门开启时通道断面较大，而采用 45°时维修方便。

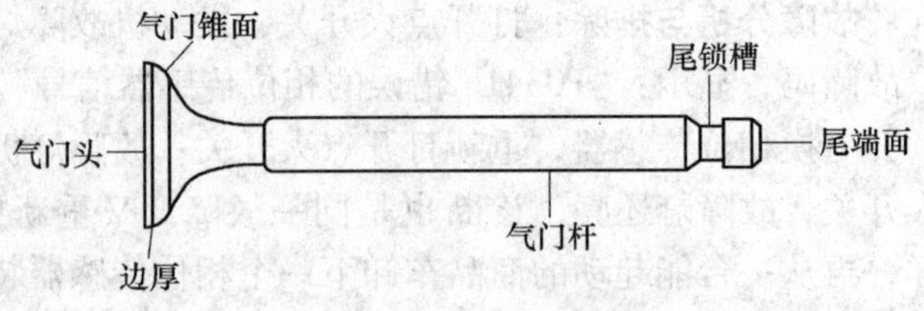

图 2-86　气门的结构

3）气门头部直径。通常进气门头部直径大于排气门头部直径。气门顶部边缘与气门密封锥面之间应有一定的厚度，一般为 1～3mm，以防止在工作中受冲击损坏或被高温气体烧坏。

(2) 气门杆部

1）气门杆的作用与结构。气门杆与气门导管配合，应有利于气门运动导向和传热。气门杆身为圆柱形，气门杆的尾部结构随气门弹簧座的固定方式不同而不同。

2）气门弹簧座的固定。气门杆的尾部用来固定气门弹簧座，其结构随气门弹簧座的固定方式不同而不同。常用的固定方式有锥形锁片式和锁销式两种。

3）气门润滑油防漏装置。适量的润滑油进入气门导管与气门杆之间的间隙，对于气门杆的润滑是必要的。但如果进入的润滑油过多，将会在气缸内造成积炭和在气门上产生沉积物，使润滑油消耗增加。需要指出的是，进气管中有一定的真空度，润滑油会被从气门杆与导管之间的间隙吸入进气管并进入气缸。因此，有的发动机在气门杆上设有润滑油防漏装置。常见的几种防漏装置结构形式如图 2-87 所示。

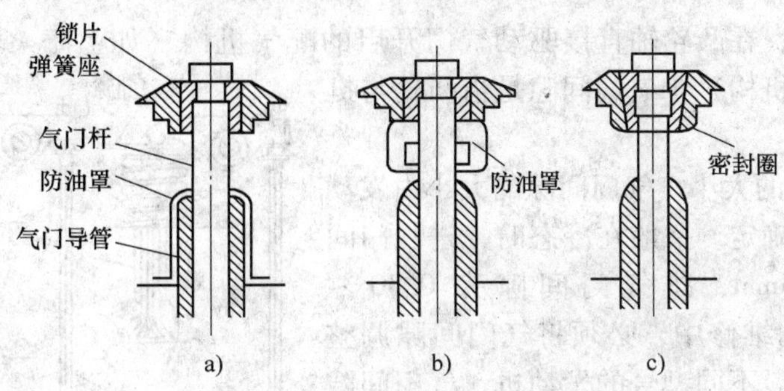

图2-87 气门防漏油装置

3. 气门座与气门座圈

进、排气道口与气门密封锥面直接贴合的部位称为气门座。

气门座与气门头部密封锥面配合对气缸起密封作用，同时气门头部的热量也经过气门座，起到对气门散热的作用。气门座可以在气缸盖或气缸体上直接镗出，也可以单独制成气门座圈，镶嵌在气缸盖或气缸体上。气门座圈用耐热钢或耐热铸铁制成。

4. 气门导管

(1) 气门导管的功用　气门导管的主要功用是为气门运动导向，以保证气门上下运动时不发生径向摆动而准确落座，同时起导热作用。

(2) 气门导管的结构　如图2-88所示，气门导管外圆与气缸盖承孔为过盈配合，内孔与气门杆相配合。为了防止气门导管在使用过程中松脱，有的发动机对气门导管用卡环定位。气门杆与气门导管孔的配合间隙必须适当，一般为0.05~0.12mm。间隙过大，导管导向不好，散热不良；而间隙过小，热状态下可能卡死气门杆。

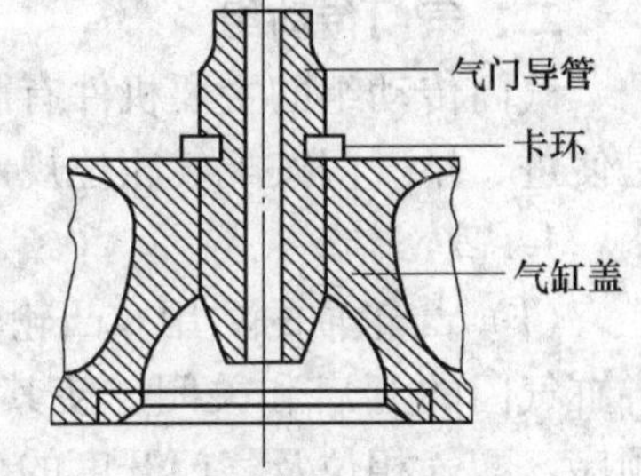

图2-88 气门导管

5. 气门弹簧

(1) 气门弹簧的功用　气门弹簧的功用是使气门与气门座紧密贴合，克服气门和气门驱动件所产生的惯性力的干扰，避免各零件彼此脱离而破坏配气机构的正常工作。

(2) 气门弹簧的结构　当气门弹簧的工作频率与其固有的振动频率相等或为整数倍时，气门弹簧就会发生共振。共振时，配气相位将遭到破坏，使气门发生反跳和冲击，甚至使弹簧折断。为防止共振的发生，常采取以下结构措施：

1) 采用双气门弹簧。

2) 采用变螺距气门弹簧。

3) 采用锥形气门弹簧。

4) 采用气门弹簧振动阻尼器。

6. 气门间隙

(1) 气门间隙的含义　通常在发动机冷态装配（气门完全关闭）时，在气门与其传动机构中留有适当的间隙，以补偿气门受热后的膨胀量，这一间隙通常称为气门间隙，如图2-89所示。在凸轮轴通过摇臂间接驱动气门开启的配气机构中，气门间隙是指摇臂与气门杆尾部之间的间隙；在凸轮轴直接驱动气门开启的配气机构（如上海桑塔纳轿车发动机装用普通挺柱的配气机构）中气门间隙是指凸轮与挺柱之间的间隙。

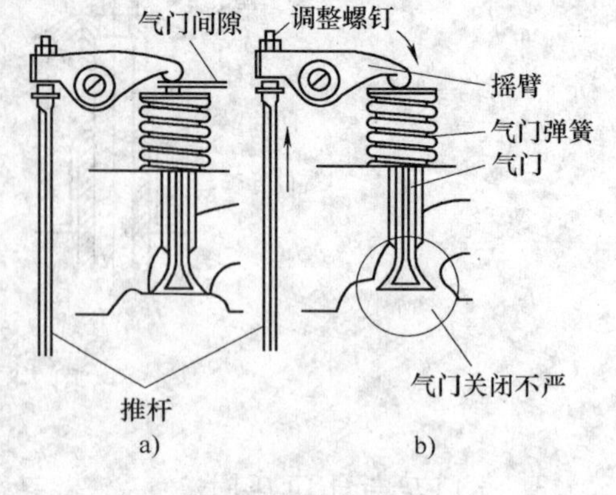

图 2-89　气门间隙

（2）气门间隙的大小　气门间隙的大小由发动机制造厂根据试验确定。一般在冷态时，进气门间隙为 0.25 ~ 0.35mm，排气门间隙为 0.30 ~ 0.35mm。在使用和维修中，必须将气门间隙调整到合乎标准值范围。不同型号的发动机，气门间隙的部位和大小不同。对采用液压挺柱的发动机，由于挺柱的长度能自动变化，以随时补偿气门的热膨胀量，故不需要预留气门间隙，也不需要调整气门间隙，如奥迪、上海别克、广州本田雅阁和桑塔纳等轿车的发动机。

（3）气门间隙过大、过小的危害　气门间隙的大小，对发动机的工作和性能影响很大。如果气门间隙过小，发动机在热态下可能因气门关闭不严而发生漏气，导致功率下降，甚至烧坏气门；如果气门间隙过大，则使传动零件之间以及气门和气门座之间产生撞击响声，并加速它们的磨损，同时也会使气门开启的持续时间减少，气缸的充气以及排气情况变坏。

二、气门传动组

气门传动组的主要机件有凸轮轴及其驱动装置、挺柱、推杆、摇臂及摇臂轴等。其功用是使进、排气门按配气相位规定的时刻开闭，且保证有足够的升程。

1. 凸轮轴

（1）凸轮轴的功用　凸轮轴是气门传动组中最主要的零件。其功用是用来驱动并控制各缸气门的开启和关闭，使其符合发动机的工作顺序、配气相位及气门开度的变化规律等要求。

图 2-90　凸轮轴的结构

（2）凸轮轴的结构　凸轮轴主要由凸轮和轴颈两部分组成，如图 2-90 所示。凸轮轴上还装有弧齿锥齿轮和偏心轮，用来驱动机油泵、分电器。凸轮轴的前端通过键联结装有凸轮轴正时齿轮或链轮及同步带轮。

凸轮是凸轮轴的主要工作部分。凸轮轴上各缸的进气凸轮（或者排气凸轮）称为同名凸轮。各同名凸轮的相对角位置与凸轮轴旋转方向、发动机气缸工作顺序及气缸数或做功间隔角有关。如果从发动机风扇端看凸轮轴逆时针方向旋转，则工作顺序为 1—3—4—2 的四缸发动机其做功间隔角为 720°/4 = 180°曲轴转角，相当于 90°凸轮轴转角，即各同名凸轮间的夹角为 90°，如图 2-91 所示。对于工作顺序为 1—5—3—6—2—4 的直列六缸发动机，其同名凸轮的相对角位置，见图 2-91。

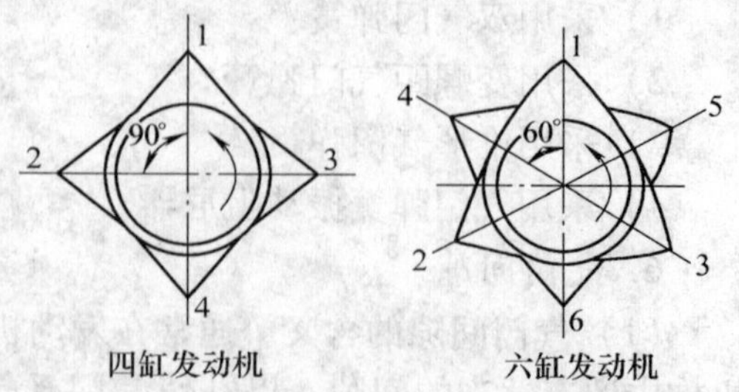

图 2-91　同名凸轮的相对角位置

凸轮轴上同一缸的进、排气凸轮称为异名凸轮。异名凸轮相对角位置决定于配气相位及凸轮轴旋转方向。凸轮轴轴颈用来支撑凸轮轴，凸轮轴有全支撑和非全支撑2种。全支撑凸轮轴每个气缸两端都有一个轴颈，而非全支撑凸轮轴则是每隔2个气缸设置一个轴颈。由于装配方式的不同，轴颈的直径有的相等，有的则从前向后依次减小，以便于安装。一般凸轮轴轴承做成衬套压入整体式的座孔中，与轴颈配合。其材料多与曲轴轴承相同，由低碳钢在背内浇注减摩合金制成，也有的用粉末冶金衬套或铜套。凸轮轴轴颈的润滑采用压力润滑，气缸体或气缸盖上钻有油道与轴承相通，凸轮与挺柱间采用飞溅润滑。

（3）凸轮轴的驱动 凸轮轴是由曲轴通过传动装置来驱动的。由于四冲程发动机每完成一个工作循环，曲轴转2圈，各缸进、排气1次，因而凸轮轴只需转1圈，所以曲轴与凸轮轴的传动比为2:1。凸轮轴的传动装置有齿轮式（已淘汰）、链条式和同步带式3种。

（4）凸轮轴的轴向定位 为了防止凸轮轴在工作中产生轴向窜动，凸轮轴都设有轴向定位装置。上置式凸轮轴利用某一道凸轮轴轴承的翻边或轴承盖的两侧实现轴向定位，如桑塔纳轿车AJR型发动机是利用凸轮轴第五道轴承盖的两侧来实现轴向定位的。

2. 挺柱

挺柱的功用是将凸轮轴旋转时产生的推力传给推杆或气门。挺柱常用合金钢或合金铸铁制成。挺柱有普通挺柱和液压挺柱2种。

（1）普通挺柱 普通挺柱主要有菌形、筒形和滚轮形3种，如图2-92所示。通常把挺柱底部工作面设计为球面，并且将凸轮制成锥形，使两者的接触点偏离挺柱轴线。工作中，当挺柱被凸轮顶起时，接触点间的摩擦力使挺柱绕自身轴线旋转，以实现均匀磨损。挺柱可直接安装在气缸体一侧的导向孔中，或安装在可拆卸的挺柱架中。

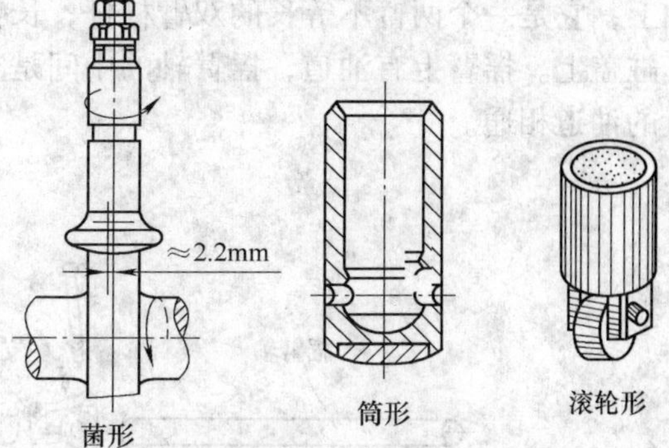

图2-92 普通挺柱

（2）液压挺柱 配气机构中留有气门间隙，工作时会产生撞击和噪声，所以现代轿车发动机多采用液压挺柱，如上海别克、广州本田雅阁、奥迪A6、上海帕萨特轿车和上海桑塔纳轿车。液压挺柱工作时，能自动补偿配气机构各传动件尺寸的变化，保证气门严密关闭，同时保持各零件始终接触，因此无需预留气门间隙，不存在调整气门间隙这项工作。

图2-93所示为顶置式凸轮直接驱动的配气机构所采用的液压挺柱。其工作原理是：气门关闭时，弹簧推起柱塞和外壳，消除间隙，保持与凸轮接触，同时润滑油由缸盖上供油孔进入B室（储油室）并通过单向阀（球阀）补充到A室（工作室）。当凸轮旋转要开启气门时，A室油压上升，关闭单向阀，此时凸轮经外壳、柱塞，利用液压作用经柱塞壳体推开气门。

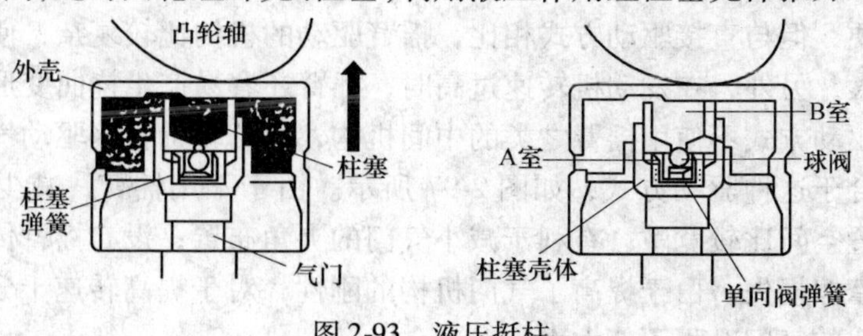

图2-93 液压挺柱

3. 推杆

推杆位于挺柱和摇臂之间，其功用是将挺柱传来的运动和作用力传给摇臂。主要应用于凸轮轴中置或下置式配气机构中。推杆的外形如图 2-94 所示。一般推杆用冷拔无缝钢管制成，两端焊上球头和球座。也可以用中碳钢制成实心推杆，这时两端的球头或球座与推杆锻成一个整体。对于机体和气缸盖都是用铝合金制造的发动机，宜采用锻铝或硬铝制造的推杆，并在其两端压入钢制球头和球座，其目的是当发动机温度变化时，不致因为材料热胀系数不同而引起气门间隙改变。推杆两端的球头或球座均需淬硬和磨光，以提高其耐磨性。

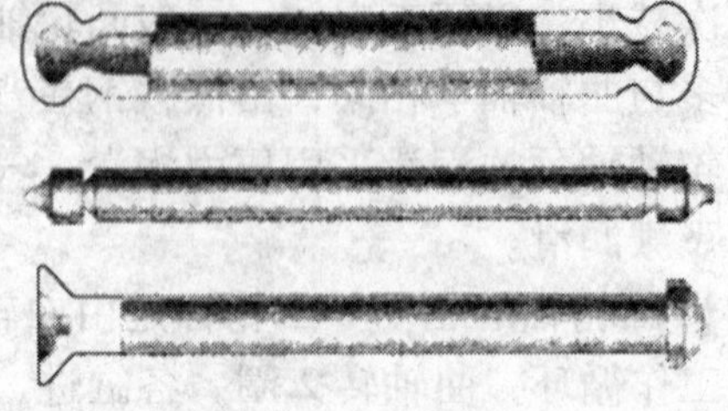

图 2-94　推杆

4. 摇臂组件

摇臂组件主要由摇臂、摇臂轴、摇臂轴支座、气门间隙调整螺钉等零件组成，如图 2-95 所示。摇臂的功用是将凸轮或推杆传来的力改变方向后传给气门，使其开启。摇臂装在摇臂轴上，它是一个两臂不等长的双臂杠杆，长臂一端用来推动气门。摇臂通过摇臂轴支座装在气缸盖上。摇臂上有油道，摇臂轴的中间是空的，兼起油道的作用，通过支座油道与气缸盖上的油道相通。

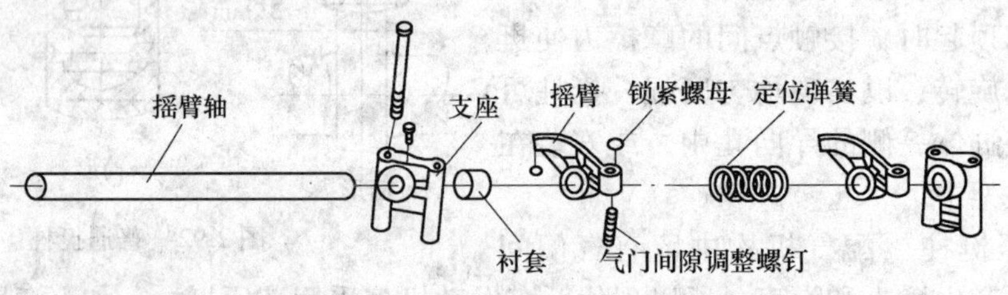

图 2-95　摇臂组件

5. 气门的驱动方式

气门驱动方式有两种：利用摇臂驱动和凸轮轴直接驱动。

摇臂驱动方式必须在凸轮与气门杆之间布置摇臂，通过选择摇臂两段的长度比来改变气门升程的大小。气门升程较大的发动机可以采用此种驱动方式，如图 2-96 所示。其优点是气门间隙调整方便，但与直接驱动方式相比，摇臂驱动的机构比较复杂，使气缸盖总成结构不紧凑，尺寸较大，另外，在发动机转速过高时，摇臂还容易产生挠曲变形。

凸轮轴直接驱动方式不使用摇臂之类的中间机构，由凸轮轴直接驱动气门，顶置双凸轮轴配气机构最适合于这种驱动方式，如图 2-97 所示。由于不用摇臂，减少了零件数量，而且气缸盖上的布置空间比较宽敞，有利于减小气门的夹角布置；没有摇臂传动，也减少了一部分气门机构的摩擦损失。由于提高了气门机构的刚性，对于提高转速十分有利，其不足之处是这种驱动方式的气门升程不能太大。

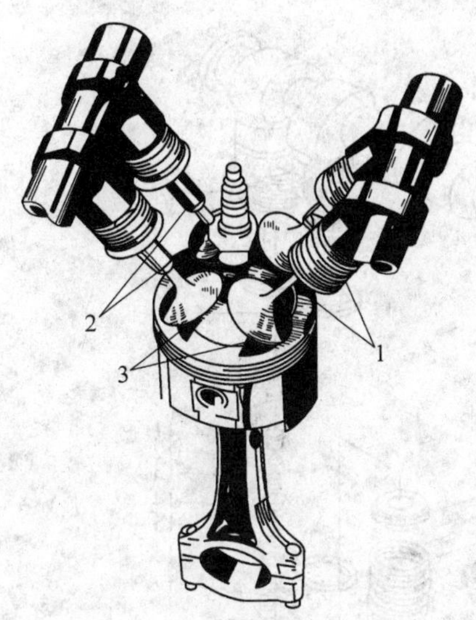

图2-96　摇臂驱动式配气机构

1—凸轮　2—摇臂　3—气门弹簧

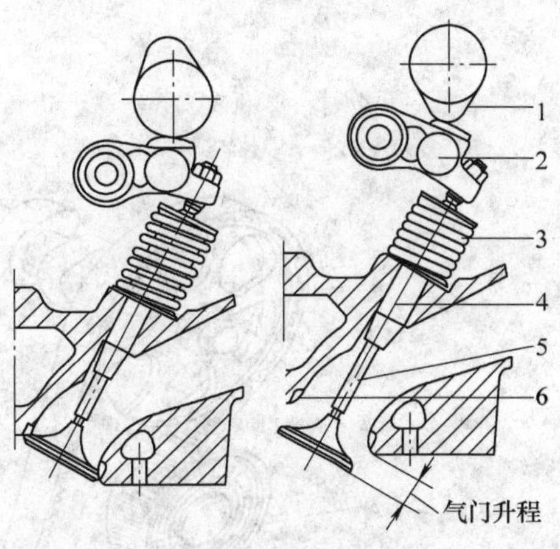

图2-97　直接驱动式配气机构

1—进气门　2—排气门　3—活塞顶上气门凹坑

4—气门导管　5—气门　6—气门座

【技能操作】

一、气门组拆装

拆卸完气缸盖后，取出液压挺柱，用气门弹簧拆装钳拆卸气门组，取出气门锁片、气门弹簧座、气门弹簧、气门油封及气门，各组件按顺序摆放好，不得错乱，如图2-98所示。

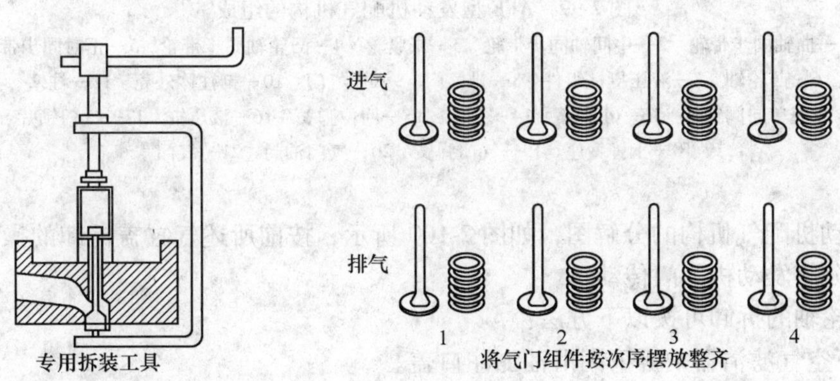

图2-98　气门的拆卸

安装时与拆卸顺序相反。

注意：装入气门组件时注意配对标记，不得装错。

二、气门传动组拆装

1. 气门传动组的拆卸（以桑塔纳2000GLi型轿车AFE型发动机为例）

AFE型发动机配气机构的组成如图2-99所示。配气机构主要包括气门、气门座、气门弹簧、气门导管、凸轮轴及液压挺柱等。

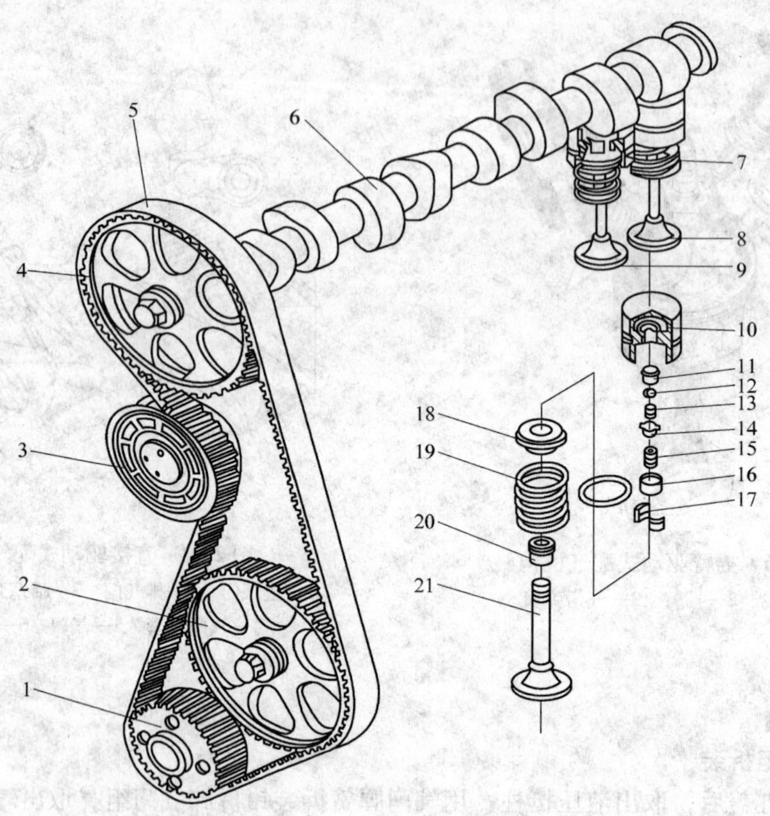

图 2-99　AFE 型发动机配气机构的组成

1—曲轴同步带轮　2—中间轴同步带轮　3—张紧轮　4—凸轮轴同步带轮　5—正时同步带　6—凸轮轴　7—液压挺柱组件　8—排气门　9—进气门　10—挺柱体外壳　11—柱塞　12—单向阀钢球　13—小弹簧　14—托架　15—回位弹簧　16—液压缸　17—气门锁片　18—上弹簧座　19—气门弹簧　20—气门油封　21—气门

AFE 发动机配气机构的分解图，如图 2-100 所示，按前所述气缸盖拆卸的操作工艺拆卸下气缸盖，分解发动机气门传动组。

就车凸轮轴的拆卸可按以下方法：

1）拆下空气滤清器，拆下润滑油加注口盖。

2）拆下气门罩盖，拧下气门罩盖的螺母，依次取下支架、压条、气门罩盖、气门罩盖衬垫和润滑油反射罩。

3）拆下同步带上护罩。

4）转动曲轴使凸轮轴同步带轮位于第一缸上止点标记。凸轮轴同步带轮上的标记必须对准同步带防护罩上的箭头。

5）转动曲轴到第一缸上止点，检查并做好正时记号。

6）松开半自动张紧轮，从凸轮轴同步带轮上拆下同步带。

7）先拆第 1、3、5 号轴承盖，然后对角交替松开第 2、4 号轴承盖。

8）拆下凸轮轴。

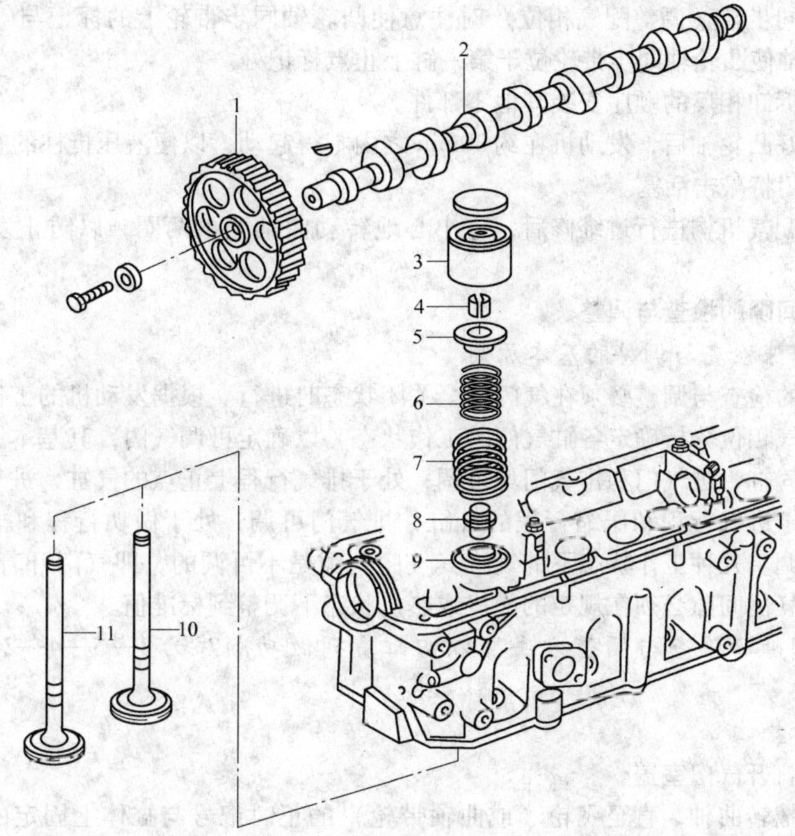

图2-100　AFE发动机凸轮轴与气门、液压挺柱分解图

1—凸轮轴同步带轮　2—凸轮轴　3—液压挺柱　4—气门锁夹　5—气门锁夹座　6—气门内弹簧　7—气门外弹簧　8—气门杆油封　9—弹簧座　10—进气门　11—排气门

2. 气门传动组的安装

1）气门传动组的安装，按拆卸时的相反顺序操作。

2）清洗、校验零部件。

3）按原位装入气门组件、液压挺柱、凸轮轴轴承盖等部件，不得装错。

4）安装凸轮轴前放上轴承盖，确定安装位置（注意孔的上下两半部要对准，如图2-101所示）。

5）安装凸轮轴时，第一缸凸轮必须朝上。凸轮轴转动时，曲轴不可置于上止点位置，否则会损坏气门和活塞顶部。

6）润滑凸轮轴轴承表面。

7）先安装2、4号轴承盖，对角交替拧紧第2、4号轴承盖螺栓，拧紧力矩为20N·m。

8）再安装1、3、5号轴承盖，对角交替拧紧第1、3、5号轴承盖，其螺栓拧紧力矩20N·m。

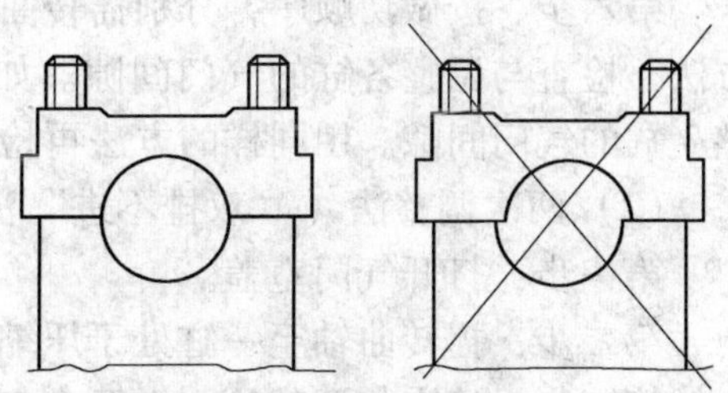

图2-101　凸轮轴轴承盖安装位置

9）装入凸轮轴同步带轮并紧固，拧紧力矩为80N·m。

10）安装同步带（调整配气相位）时注意使凸轮轴同步带轮上的标记与气门罩盖平面平齐，转动曲轴使凸轮轴同步带轮位于第一缸上止点标记处。

11）按与拆卸相反的顺序安装其他零部件。

12）安装好凸轮轴后，发动机在约30min之内不得起动，以便液压挺柱的补偿元件进入状态，否则气门将敲击活塞。

13）在对配气机构进行过维修后，应小心地转动曲轴至少两圈，以防止发动机起动时敲击气门。

三、气门间隙的检查与调整

1. 气门间隙检查与调整的基本原则

气门间隙的检查与调整必须在气门完全关闭状态时进行。根据发动机的工作循环和点火顺序，结合配气相位分析确定各缸气门的工作状态，以确定可调气门，其基本原则是：处于压缩上止点的气缸，进气门和排气门均可调；处于排气行程上止点的气缸，进气门和排气门均不可调；处于进气行程和压缩行程的气缸，排气门可调；处于做功行程和排气行程的气缸，进气门可调。几种工作状态下的气缸其气门间隙是不可调的，即气门开着、将要打开、刚关不久等。气门间隙必须在规定的冷机或热机状态下调整到标准值。

2. 气门间隙的检查与调整方法（以四缸直列做功顺序为1—3—4—2的发动机为例）

（1）逐缸法

第一步：打开气门室盖。

第二步：摇转曲轴，直至飞轮（或曲轴带轮）的正时记号与缸体上固定的正时记号对正，这时，第一缸和第四缸活塞均处于上止点位置。

第三步：判断第一缸是压缩上止点还是排气上止点。用手摇一缸的气门摇臂，如果进排气门的摇臂均可摇动，则表明此时一缸处于压缩上止点。如果进排气门的摇臂均摇不动，则表明此时一缸处于排气上止点，再转动曲轴一周，使一缸处于压缩上止点。或用其他方法使一缸处于压缩上止点。

第四步：气门间隙检查：用规定厚度的塞尺插入气门杆与摇臂之间，来回抽动塞尺，如果过紧或过松，都表明气门间隙不合适，需要进行调整。

第五步：调整气门间隙：松开锁紧螺母，旋出调整螺钉，在气门杆与摇臂之间插入厚度与气门间隙相等的塞尺，一边拧进调整螺钉，一边不停地来回抽动塞尺，直到抽动塞尺有阻力又能抽出时为止，锁紧螺母，在锁紧螺母时，不能让调整螺钉转动，最后再复查一遍。

第六步、按做功顺序，分别摇转曲轴180°，依次使下一缸处于压缩上止点，用同样的方法，检查与调整各缸的气门间隙。如做功顺序为1—3—4—2，则摇转曲轴180°，检查调整3缸的气门间隙。用同样的方法再检查调整4缸和2缸的气门间隙。

（2）两次调整法（“双排不进”法）

第一步：打开气门室盖。

第二步：摇转曲轴至一缸处于压缩上止点，方法可用多种。

第三步：检查与调整第一缸两个气门的间隙、第三缸的排气门间隙、第二缸的进气门间隙，方法与逐缸法相同。

调整时，如图2-102所示。先松开锁紧螺母1，用螺钉旋具旋动调整螺钉2，将规定厚度的塞尺插入气门杆端部与摇臂之间。当抽动塞尺时有阻力感，拧紧锁紧螺母，再复查一次，符合规定值即可。

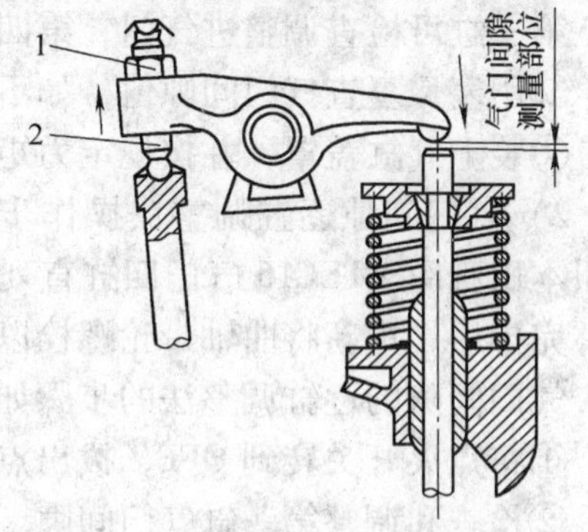

图2-102　气门间隙的检查与调整

1—固定螺母　2—调整螺钉

（3）操作实例

1）气门间隙两次调整法操作步骤（以462Q型四缸直列发动机为例）：

①将点火开关转到OFF，拔出点火开关锁匙。

②从气缸盖罩上拆下曲轴箱通风软管，拆下气缸盖罩。

③从离合器外壳上拆下点火正时检查窗橡胶塞。

④拆下分电器盖，顺时针方向转动曲轴（从发动机前端看），当分火头将要指向分电器盖第一缸高压线位置时，再慢转曲轴，使飞轮上的冲印标记"T"处的直线2与离合器外壳上的直线标记1对齐，如图2—5—3所示。此即第一缸压缩行程上止点位置。

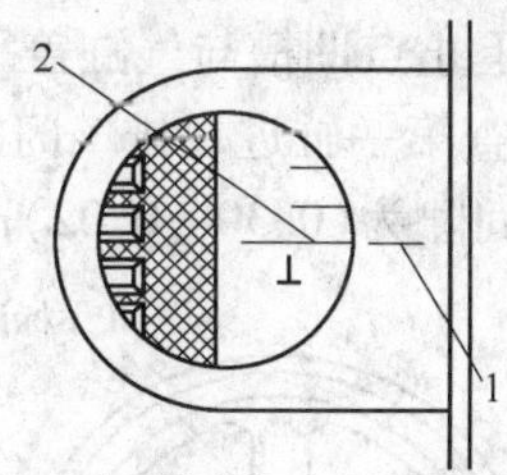

图2-103　对标记，使第一缸处在压缩行程上止点位置

1—离合器外壳上的直线标记

2—飞轮上的冲印"T"标记

⑤将气门编号。如若将气门按如图2-104所示的顺序编号，则此时可检查调整气门1、2、5和7的气门间隙。即第一缸进、排气门均可检查调整，第二缸可检查调整进气门，第三缸可检查调整排气门。

⑥检查气门间隙时可用塞尺塞入气门间隙中进行，如图2-105所示。

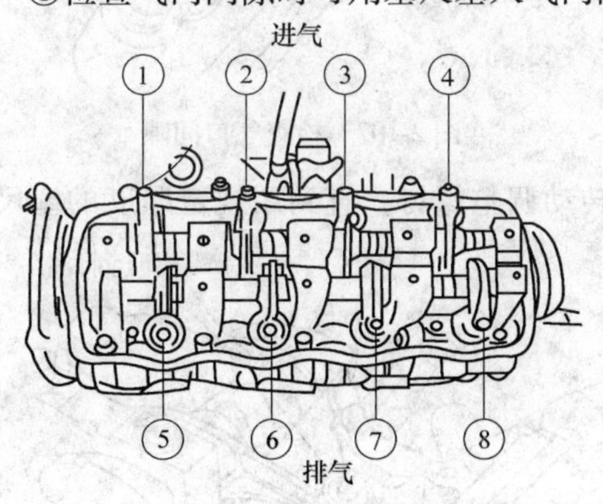

图2-104　气门编号

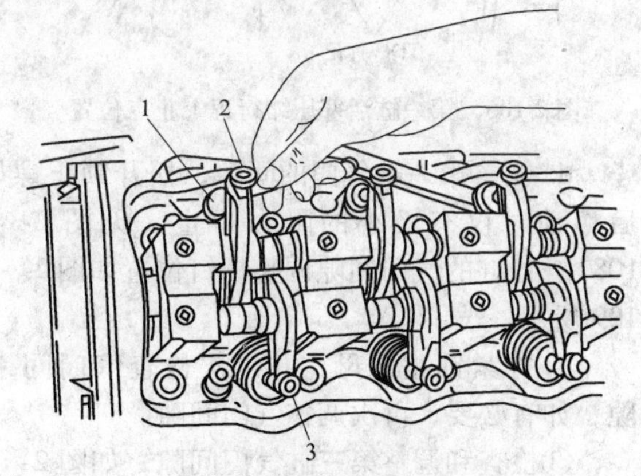

图2-105　检查气门间隙

1—塞尺　2—进气门　3—排气门

⑦经检查，如果气门间隙不符合规定，则应进行调整。调整时，应先用扳手松开锁紧螺母，再利用螺钉旋具调整螺钉。旋入调整螺钉时，气门间隙减小；反之，旋出调整螺钉时，气门间隙增大。气门间隙值调整至规定值后，应一面用螺钉旋具固定住调整螺钉，一面将锁紧螺母以15～19N·m的拧紧力矩拧紧。

⑧旋转曲轴 360°，未调整的气门 3、4、6 和 8 均可检查调整。第二缸可检查调整排气门，第三缸可检查调整进气门，第四缸进、排气门均可检查调整。

⑨用塞尺复查气门间隙值，如不合格，应重新进行调整。

⑩装上气缸盖罩，并按规定力矩拧紧其固定螺栓，再装上曲轴箱通风软管。

2）气门间隙逐缸调整法操作步骤（以广本雅阁 VTEC16 气门四缸直列发动机为例）：广州本田雅阁 VTEC16 气门四缸直列发动机仅在缸盖温度低于 38℃时才可对气门进行调整。调整完毕后，重新将曲轴带轮螺栓以 245N · m 力矩拧紧。

气门间隙的逐缸调整法的步骤如下：

①将点火开关转到 OFF，拔出点火开关锁匙。

②检查和调整第一缸气门间隙。

a. 拆下气门室盖。

b. 将第一缸活塞转至上止点（TDC）位置，即凸轮轴带轮上的“UP”标志应在顶部，带轮上的上止点凹槽与气缸盖平面对齐的位置（见图 2-106）。

c. 检查第一缸进、排气门的间隙，如图 2-107 所示。进气门的间隙为(0. 26 ± 0. 02) mm；排气门的间隙为(0. 30 ± 0. 02) mm。

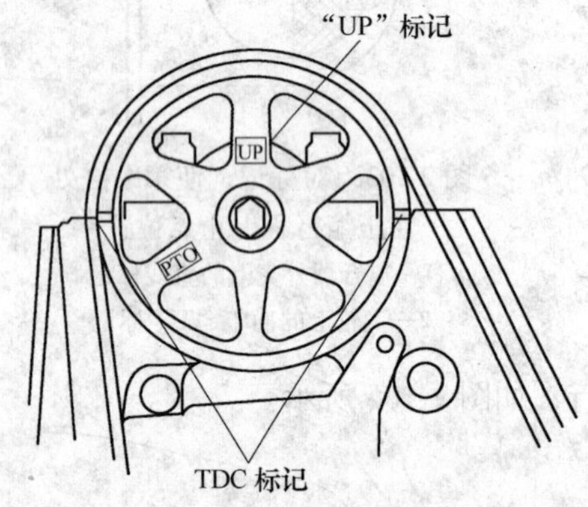

图 2-106　第一缸活塞压缩行程上止点位置

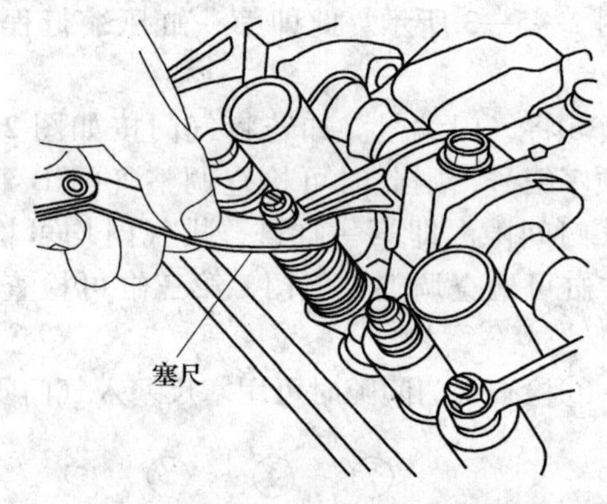

图 2-107　检查气口间隙

d. 调整第一缸气门的间隙，松开锁止螺母，转动调整螺钉，直到用规定厚度的塞尺前后移动时仅有极小的阻力为止（见图 2-108）。各缸的气门间隙调整螺钉位置如图 2-109 所示。

e. 拧紧锁止螺母，并再次检查气门间隙，如有必要，再次调整气门间隙。

③检查和调整第三缸气门间隙，如图 2-110 所示。按逆时针方向转动曲轴 180°（凸轮轴转动 90°），“UP”标记在排气侧时，检查和调整第三缸进、排气门间隙。

④检查和调整第四缸气门间隙，如图 2-111 所示。按逆时针方向再转动曲轴 180° “UP”标记在下方时，检查和调整第四缸

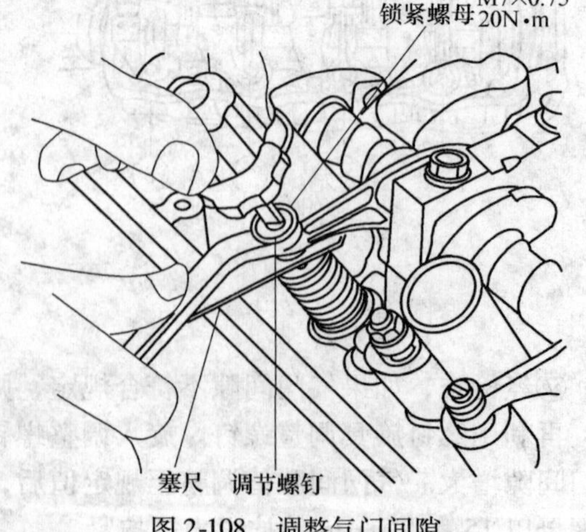

图 2-108　调整气门间隙

进、排气门间隙。

⑤检查和调整第二缸气门间隙，如图2-112所示。按逆时针方向再转动曲轴180°"UP"标记在进气侧时，检查和调整第二缸进、排气门间隙。

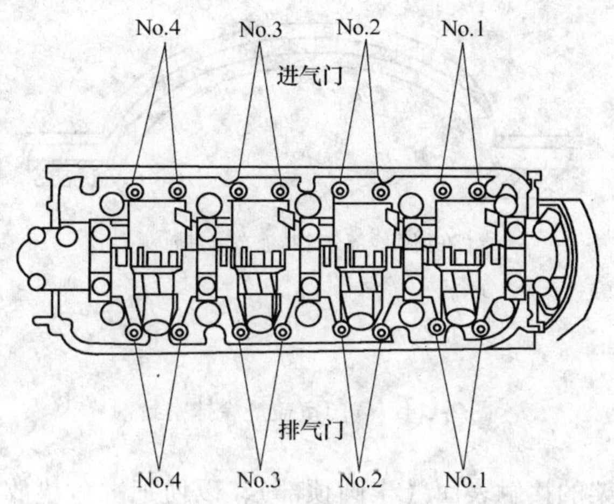

图2-109　各缸气门间隙调整螺钉的位置

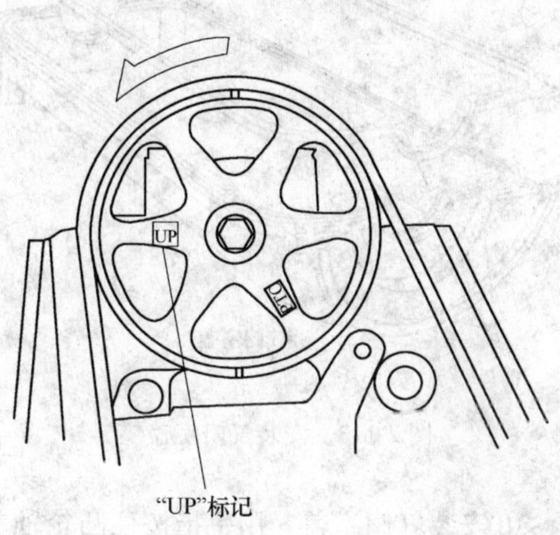

图2-110　第三缸活塞压缩行程上止点位置

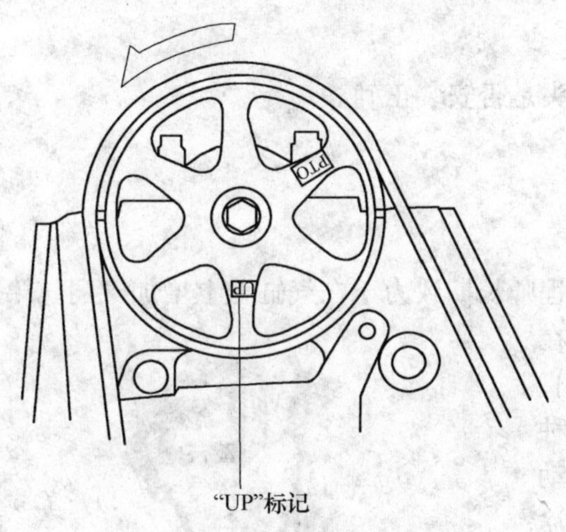

图2-111　第四缸活塞压缩行程上止点位置

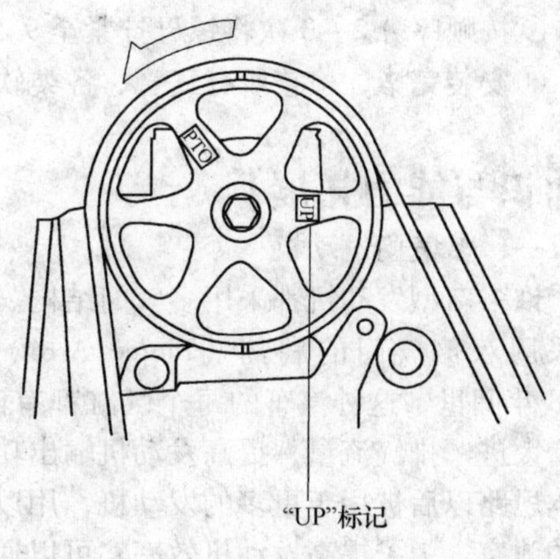

图2-112　第二缸活塞压缩行程上止点位置

⑥安装气门室盖垫，如图2-113所示。在安装气门室盖垫之前，应彻底清洁密封件和槽口，在安装时，确认缸盖密封垫紧密地贴合，与槽口之间无缝隙。

⑦在气门室盖垫凹槽的四角处涂上一层液体密封剂，如图2-114所示。在涂抹密封剂前，应检查配合表面是否清洁干燥；涂抹密封剂后，应在5min内安装，如果达到或超过了5min，则应清除密封剂后重新涂上密封剂；安装后应在30min以后再向发动机添加润滑油。

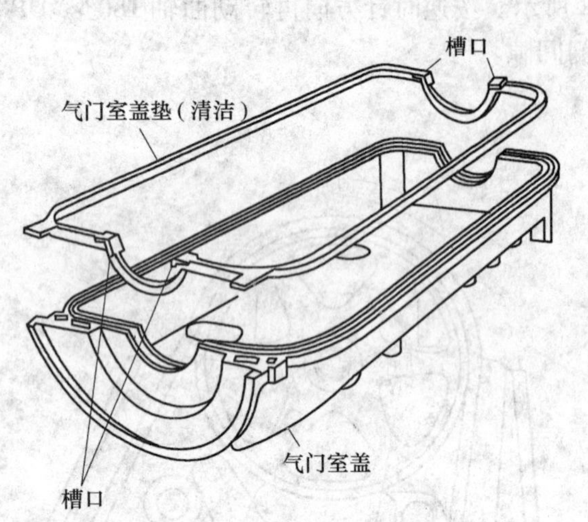

图 2-113 安装气门室盖垫

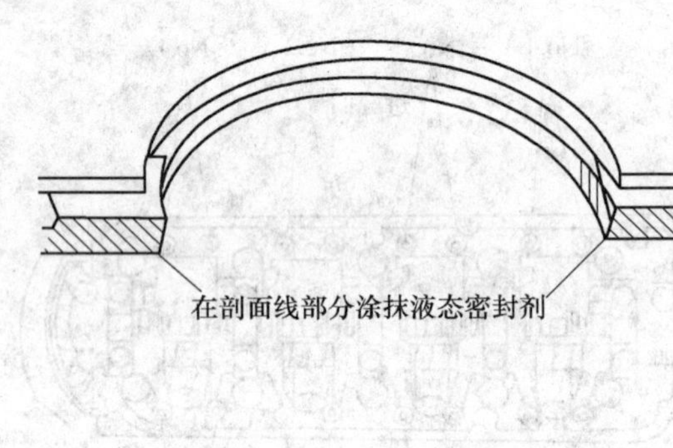

图 2-114 气门室盖垫涂抹密封剂

⑧安装气门室盖。用手指按住凸轮轴盖托架的接触表面（半圆顶部），以便把缸盖垫放入凹槽内。注意：安装气门室盖之前，应清洁缸盖接触表面；不要触摸涂抹了密封剂的零件表面。在安装气门室盖时，小心不要损坏火花塞密封件，如果火花塞密封件有损坏或老化，则应更换。

⑨按顺序分 2 ~ 3 次将螺母拧紧至 9.5N · m。

⑩安装完毕，检查所有气管、各类软管和插头是否安装正确。

【知识与能力拓展】

一、多气门发动机

许多新型发动机都采用多气门结构。汽车工程师长期致力于在气缸盖上增加气门，第一种采用双倍气门的利剑（Pierce Arrow）轿车在 1918 年问世，这种汽车的每个气缸都有四个气门，以增大进、排气流量，提高发动机输出功率。这种基本思路以后被用于更多的发动机，用以提高发动机的效率。为了提高发动机效率，可以通过几种途径改善进入和流出燃烧室的气流。过去，常用的方法是增大气门尺寸和改变气门正时，现在许多发动机采用多气门和可变凸轮正时来提高发动机效率。增大气门尺寸可以增大进气流量和排气流量，但是会增加气门质量，从而要求使用较强的弹簧来关闭气门。虽然较强的弹簧可以使气门关闭更为紧密，但也需要消耗较多的发动机功率来开启气门，几乎抵消了采用大尺寸气门所带来的好处。而且，在发动机低速运转时，气流通过大气门时的流速要低于

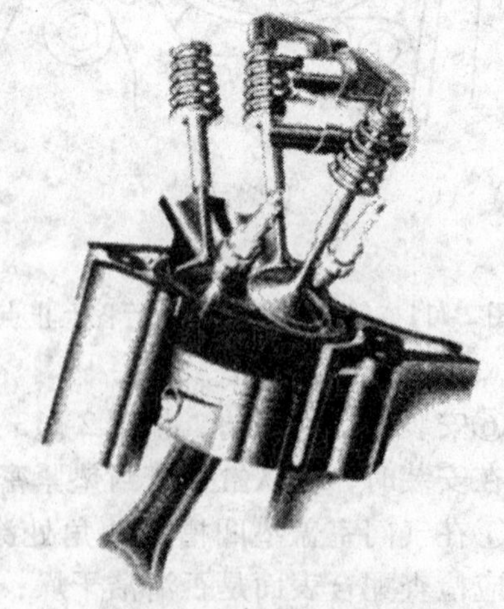

图 2-115 各缸具有两个火花塞、两个进气门和一个排气门的发动机

通过小气门时的流速，这又会降低发动机在低速时的转矩。

虽然两个小气门的质量与一个大气门的质量差不多，但每个小气门的质量轻了很多，每个弹簧的弹力也大为减小，因而使两个气门开启所需的功率不会抵消由其增大的功率，多气门会增大发动机的净功率，而且，发动机低速时的进、排气流速度要比采用大气门时更快。

现在，多气门发动机可以是每个气缸有3个（见图2-115）、4个（见图2-116）或者5个气门（见图2-117）。最常采用的是每个气缸有4个气门，两个进气门和两个排气门。由于各制造商优先采用的技术及其发动机其他特点不同，多气门的布置方式也不相同，但所有多气门发动机的气缸盖都采用横向气流结构。

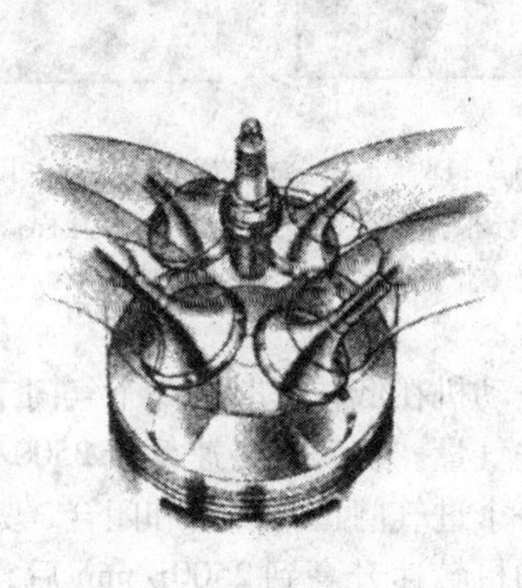

图2-116　每缸四气门的典型布置

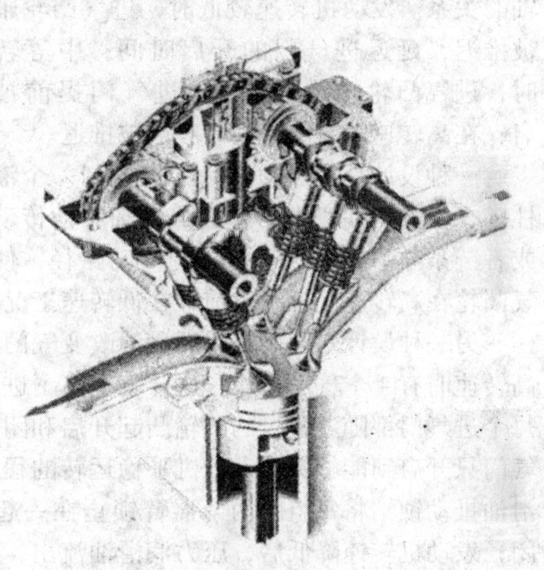

图2-117　三进两排的五气门发动机

使用两个进气门、一个或两个排气门，增大了进气口和排气口的流通截面，可以增加进入气缸内的混合气量，所以，多气门发动机的燃烧更加完全，也降低了失火和爆燃的几率，提高了燃料效率，降低了排放污染，提高了发动机输出功率。由于小而多的进气口的空气流速高于单个大气门的空气流速，而且多个小气门的质量也比大气门的轻，减小了机械惯性，气门出现漂浮现象时的发动机转速会更高，每秒钟内气缸的充气和排气时间会更长，发动机就可产生更大的功率。

因为多气门气缸盖的主要好处是增加了空气流速，所以多气门技术更适用于高转速发动机。不过，多气门带来的益处在一定程度上会被复杂的凸轮轴布置所抵消。驱动每缸4个气门最简单的方法是采用两根顶置凸轮轴，但这有时会带来难于润滑的问题。对于V形发动机，凸轮驱动机构更加复杂，许多V形发动机在每列气缸上采用一根顶置凸轮轴，并通过采用一定形式的杠杆机构驱动另一列气缸的气门。

二、可变气门正时

气门开启、关闭的时刻和开启程度随发动机转速和负荷不同而不同。通常，气门正时和气门升程由凸轮上的固定凸起进行控制，所设计的凸轮凸起要满足预期的发动机转速和负荷，并在这些运行工况下获得最好的燃油经济性和最低的排放水平，通常为了改善燃油经济性和排放水平，都要牺牲一定的动力性。为了改善行驶性能和降低燃油消耗和排放水平，制造商采用了多种方法来改变气门正时和气门升程，以满足发动机的需要。许多可变气门正时发动机只有进气凸轮轴正时是可变的，也有一些发动机的进气门和排气门正时都是可变的，只有少数发动机的所有气门的正时和升程都是可变的（见图 2-118）。很明显，对气门进行全面控制可以得到最好效果，但会使系统非常复杂，而且生产成本也很高。

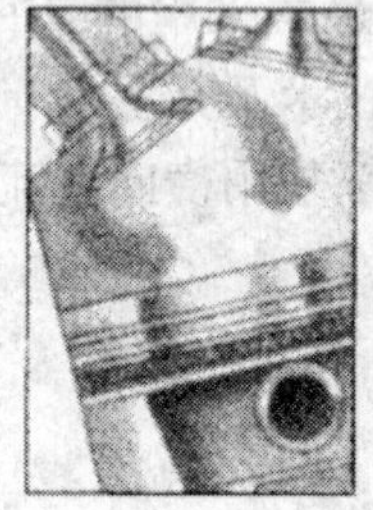

图 2-118　本田公司的 VTEC 系统可以根据需要改变气门正时和升程

要使气门正时可变，就要调节凸轮与凸轮轴的关系。发动机转速较低时，进气凸轮轴将被推迟，延迟进气门的开启时间；中等转速时，进气凸轮轴将被提前，进气门提前被开启；在高转速时，凸轮轴一般也被推迟。

一种设计是由发动机计算机控制一个液压柱塞，使液压柱塞推动进气凸轮轴驱动传动带或者链条导引装置，通过改变传动路径，使进气凸轮在高转速工况时提前，在低转速工况时恢复正常。

另一种设计是利用压力润滑油改变气门的开启，发动机在低转速时有 3 个气门工作，在高转速时有 4 个气门工作，这样就提高了进气流速和进气量。发动机转速低于 2500/min 时，每个进气门都随着各自的凸轮凸起开启和闭合，其中一个进气门正常开启和闭合，另一个进气门只开启到能够保持发动机平稳运转的程度；当发动机转速升高到 2500r/min 后，压力润滑油推动锁销将每组的两个摇臂锁止在一起，使两个进气门一同随着正常凸轮凸起进行开闭；发动机转速降低后，压力润滑油流出，锁销被释放，使两个摇臂分离。

还有一种设计是进气凸轮相位可以独立于排气凸轮而改变，仅改变进气正时。排气凸轮凸起加工在凸轮轴上，而进气凸轮通过齿套与内花键轴相配。安装在凸轮轴端部靠近驱动带轮的相位调整机构从 ECU（电子控制单元，俗称“电脑”）获得信号，根据发动机转速改变凸轮凸起。各种运转工况下，相位调整机构可以对凸轮凸起进行连续调整，从而提高燃油经济性和行驶性能。相位调整装置可以是电控的，也可以是液控的。在液控系统中，ECU 通过电子信号控制凸轮轴，该系统在凸轮轴上安装有一个执行器（见图 2-119），执行器包含一个由液压驱动的叶片组，由电磁阀控制叶片组内的液压，电磁阀受 ECU 输出的脉冲信号控制。叶片运动使凸轮轴在其驱动齿轮上转动，及时地提前或推迟气门正时，这种调节可以在发动机运转过程中连续地进行。

图 2-119　雷克萨斯 VVT-i 发动机进气凸轮轴上的执行器

有些系统中，通过电磁阀控制压力润滑油来调整相位器，当计算机关闭电磁阀时，腔内润滑油压力升高，推动活塞带动凸轮轴向提前气门正时方向调整，尽管气门的升程和叠开角没有发生改变，但发动机在高速运转时能够产生更大功率。少数发动机上，相位器与排气凸轮轴和进气凸轮轴都有联系（见图2-120），可以同时改变二者的正时。在改变进气门正时和排气门正时的同时，也改变了气门叠开角。采用传统凸轮轴的情况下，为了提高动力性，可以采用一个超高速阀泄放液压挺杆的液压，从而控制进气门和排气门的正时和气门驱动。ECU根据输入信号，改变挺杆内的液压，推迟气门开启并改变气门的持续开启时间，甚至使气门根本不开启，实现停缸控制，直到需要更大的功率时，再将气门开启。凸轮轴转动一周时间内，挺杆内的压力可以在千分之几秒内发生改变，以控制气门的升程和正时。电磁阀控制进入每个挺杆活塞的液压，有效地控制挺杆的高度。发动机转速较低时，通过释放挺杆内的压力，不将凸轮凸起的运动全部传给气门；当需要发动机输出更大功率时，将全部油压供入挺杆，将凸轮凸起的运动完全传给气门，使气门升程增大、气门开启时间延长，从而提高发动机的功率输出。

图2-120　表现进、排气凸轮轴相位机构的发动机剖视图

三、电控气门系统

电控气门是宝马汽车所使用的一种系统，不仅可以改变进气门和排气门的正时，还可以改变气门升程，控制进入气缸的空气量。采用该系统后，发动机就没有必要再使用节气门，这正是该系统的最大优点之一。节气门有降低发动机动力性的弊端，特别是在发动机转速较低时。

在传统的发动机上，节气门对进气流量进行调节，而进气门的升程和开启时间保持不变。低速时，节气门几乎是完全关闭，阻止大量空气进入气缸，这虽然可以维持低转速，但却增大了泵气损失。泵气损失用于描述在进气行程中活塞将空气吸入气缸的困难程度，它是传统汽车发动机在城市内运行时耗油量较高约主要原因。电控气门系统通过进气门直接控制进气量，从而解决了泵气损失问题。该系统采用了具有第二级偏心轴的传统凸轮轴、一系列杆件和由步进电动机驱动的滚轮随动机构（见图2-121）。计算机通过改变偏心轴相位改变气门运动。发动机高速运转时，系统使气门升程最大，使进入气缸的空气流量最大，保证燃烧室迅速充气（见图2-122）。发动机低速运转时，系统使气门升程最小（见图2-123），减少进入气缸的混合气量。

图2-121　电控气门系统的第二级偏心轴和步进电动机总成

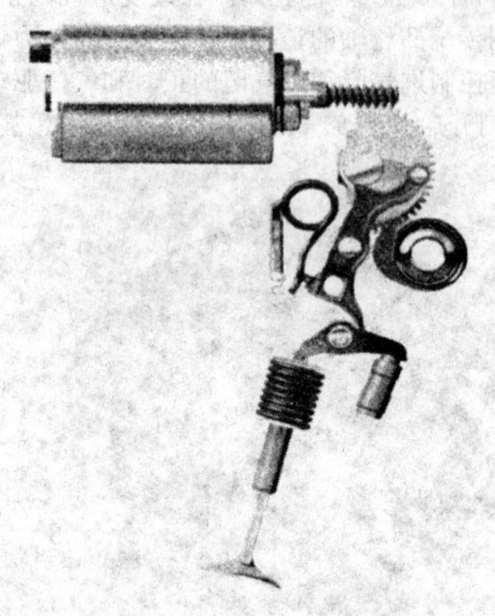

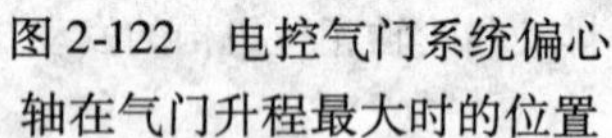

图 2-122　电控气门系统偏心轴在气门升程最大时的位置

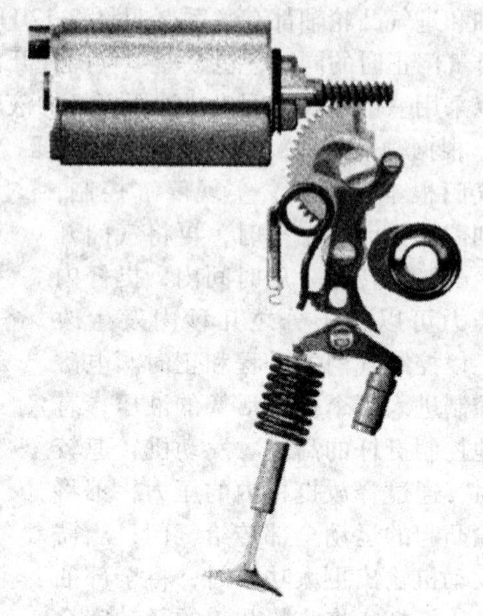

图 2-123　电控气门系统偏心轴在气门升程最小时的位置

【案例剖析】

案例：气门异响

故障现象：一辆奥迪 100 轿车，在使用过程中发生了“开锅”现象。由于对该现象的处理不合理，使得气门座及气门烧坏。修理人员更换了气门，并校修了气门座，接着又研磨了气门和气门座。但是，在发动机修理后汽车运行不到半个月，气门产生了异响。

故障分析与排除：气门出现响声的主要原因有 4 个：液压挺柱磨损严重，液压挺柱有故障，凸轮轴表面出现点状剥落，气门杆与气门导管的间隙过大。维修进行了逐项检验：首先，换了一组气门挺柱，但异响依旧；然后，在解体气缸盖后检测了液压挺柱与气缸盖上挺柱孔的配合间隙，该间隙为 0.02 ~ 0.03mm，符合标准（0.02 ~ 0.03mm）。（该间隙过大会导致润滑油泄漏，使气门挺柱失去自调气门间隙的作用，从而产生异响。）；接着，对凸轮轴进行了检查，凸轮轴表面无点状剥落现象；最后，检查了油底壳中的润滑油，发现润滑油中有铁屑。一般认为，只有气门与气门导管间磨损才会有铁屑，所以又将铁屑放入少量汽油中进行观察，这时观察到铁屑中混有气门砂粒，这说明气门与气门导管之间产生了磨料磨损。进一步的检查表明，气门杆有刮伤的痕迹，气门导管的圆度误差较大，气门杆与气门导管的最大间隙达 0.40mm，更换气门导管和气门后，气门异响消失，故障排除。

【课后思考】

1. 气门弹簧弹力过小时会出现什么问题？
2. 总结发动机气门间隙调整的原则和方法。

学习单元6　发动机机油泵的拆装与更换

【学习目标】

1. 了解润滑系统的功用、组成和分类。
2. 了解机油泵的结构与工作原理。
3. 掌握机油泵及其他润滑部件的拆装方法。
4. 了解润滑油的基本知识。

【任务载体】

随着汽车工业的发展，现代汽车发动机内部的高温化对润滑油的功能要求越来越高。汽车在使用一段时间后，润滑系统中会沉积大量的油泥，影响润滑系统的正常工作，甚至出现严重的机械故障，所以对润滑系统的维护工作就显得特别重要。

【相关知识】

一、润滑系统基本知识

1. 润滑系统的作用

（1）润滑作用　将清洁的、压力和温度适宜的润滑油不断地供给各需要部件的摩擦表面，形成润滑油膜，使发动机内部运动零件表面之间的干摩擦变为液体摩擦，减小零件的摩擦、磨损和功率消耗。

（2）冷却作用　运动零件的摩擦和混合气的燃烧，使某些零件产生较高的温度。而润滑油经过零件摩擦表面时，可带走摩擦副产生的6%～14%的热量，并将部分热量带回到油底壳散入大气中，从而起到冷却作用，维持零件的正常工作温度。

（3）清洁作用　发动机工作时，不可避免地要产生金属磨屑，空气所带入的尘埃及燃烧所产生的固体杂质等。这些颗粒若进入零件的工作表面，就会形成磨料，大大加剧零件的磨损。而润滑系统通过润滑油的流动将这些磨料从零件表面冲洗下来，带回到曲轴箱，大的颗粒沉到油底壳底部，小的颗粒被机油滤清器滤出，从而起到清洁作用。

（4）密封作用　利用润滑油的粘性，附在相互运动零件的表面上产生一层薄膜，这层薄膜作为保护性密封剂，可以提高间隙密封效果。如发动机气缸壁与活塞、活塞环与环槽间隙中的油膜，减少了气体的泄漏，保证了气缸的应有压力，起到了密封作用。若没有这层油膜，压缩气体将漏入曲轴箱。

（5）防腐防锈作用　由于润滑油粘附在零件表面上，避免了零件与水、空气、燃气等的直接接触，起到了防止或减轻零件锈蚀和化学腐蚀的作用。还起到减少零件振动，降低噪声的作用。

2. 润滑系统的组成

汽车发动机润滑系统的基本组成大体相同，主要由以下装置组成。

（1）油底壳　油底壳用来储存润滑油。大多发动机上的油底壳还起到为润滑油散热的作用。

(2) 机油泵　机油泵将润滑油从油底壳中抽出加压后，不断地送到各零件表面进行润滑，维持润滑油在润滑系统中的循环。机油泵大多装于曲轴箱内，也有些柴油机将机油泵装于曲轴箱外面。机油泵都采用齿轮驱动方式，通过凸轮轴、曲轴或正时齿轮来驱动。

(3) 油管及油道　将机油泵输出的压力润滑油送到各摩擦表面。油道在气缸体与气缸盖上直接铸出或加工在一些零件内部，可分为主油道和分油道。一般主油道是指铸造在气缸体侧壁内、沿发动机纵向布置的油道，其他油道均为分油道。

(4) 机油滤清器　机油滤清器用来过滤掉润滑油中的杂质、磨屑、油泥和水分等杂物，使送到各润滑部位的都是清洁的润滑油。由于过滤能力与流动阻力成正比，根据能够滤除杂质的直径不同可分为机油集滤器、机油粗滤器和机油细滤器三种，设于润滑系统的不同部位。

(5) 阀类　限压阀用来限制机油泵输出的润滑油压力；旁通阀在粗滤器发生堵塞时打开，机油泵输出的润滑油可直接进入主油道。机油细滤器进油限压阀用来限制进入细滤器的油量，防止因进入细滤器的油量过多而导致主油道压力降低而影响润滑。

(6) 检测报警装置　随时监测发动机润滑系统的工作情况。机油压力表、机油温度表和机油压力传感器用来检测并通过仪表显示润滑油压力和温度；机油量尺用来检测润滑油油量；液面高度报警器在油位超过允许值时报警。

(7) 机油散热器　某些热负荷较大的发动机，如柴油发动机还设有机油散热器，对润滑油进行散热冷却。

3. 发动机的润滑方式

发动机工作时，由于各运动零件的工作条件不同，因而所要求的润滑强度和方式也不同。发动机各零件表面的润滑强度和润滑方式取决于该零件的工作条件，以及相对运动速度和承受机械负荷、热负荷的大小。按其供油方式可将润滑方式分为压力润滑、飞溅润滑和定期润滑，目前的汽车发动机都采用压力润滑和飞溅润滑相结合的复合式润滑方式。

(1) 压力润滑　压力润滑就是将一定压力的润滑油源源不断地输送到零件的摩擦面间，形成具有一定厚度并能承受一定机械负荷的油膜，尽量将两摩擦面完全分开，实现可靠润滑。发动机上采用这种润滑方式的是负荷大、相对运动速度高的零件，如曲轴各主轴颈与主轴承、连杆轴颈与连杆轴承、凸轮轴轴颈与轴承等。采用压力润滑比较可靠，但必须设置专门的油道输送润滑油。

(2) 飞溅润滑　飞溅润滑是依靠运动零件飞溅起来的或从专门的油孔中喷出的润滑油滴或油雾，对摩擦表面进行润滑的方式。发动机上的一些外露部位、负荷较小的零件或相对运动速度较低的零件，一般采用飞溅润滑方式，如活塞与气缸壁、活塞销与衬套、凸轮表面和挺杆等。飞溅润滑可靠性较差，但结构简单，在活塞与气缸壁间采用飞溅润滑，还可以防止由于润滑油压力过高而进入燃烧室参与燃烧，导致润滑油消耗异常、燃烧室积炭加剧和发动机工作恶化等。

(3) 定期润滑　采用定期加注润滑脂，对摩擦表面进行润滑的润滑方式称为定期润滑。发动机上一些不太重要、比较分散的部位一般采用此种润滑方式，如水泵轴承等。定期润滑不属于润滑系的工作范畴。

4. 典型发动机润滑系统

桑塔纳2000型轿车AFE型发动机润滑系统采用复合润滑方式，即压力润滑与飞溅润滑。润滑系统示意图如图 2-124 所示。

AFE 型发动机润滑系统主要由机油泵、机油滤清器及压力开关等组成。一般机油泵采用齿轮式机油泵，由中间轴驱动，在其上有一个安全阀，当润滑油压力过高或流量过大时，润滑油由安全阀旁流回油底壳，不影响发动机的正常工作。AFE 型发动机采用粗滤和细滤集为一体的过滤器，机油滤清器堵塞后，润滑油能直接短路进入主油道。集滤器为固定淹没式，避免机油泵吸入表面泡沫，保证润滑系统工作可靠。机油滤清器盖上装一只拧紧力矩为 25N · m的压力开关，起动压力为 0. 18MPa。当发动机转速超过 2150r/min 时，如果润滑油压力达不到 0. 18MPa，油压开关触点断开，润滑油压力警告灯闪烁，同时报警蜂鸣器也同时鸣响报警。缸盖上凸轮轴总油道尾端，也是整个压力油润滑路线的终端，在此也装一只压力开关，即最低压力报警开关，动作压力为 0. 03MPa。打开点火开关，仪表板中的润滑油压力警告灯即闪烁。起动发动机，当润滑油压力大于 0. 03MPa 时，开关触点开启，该警告灯自动熄灭。当发动机低速运转时，若润滑油压力低于 0. 03MPa，则开关触点闭合，润滑油压力警告灯闪烁。

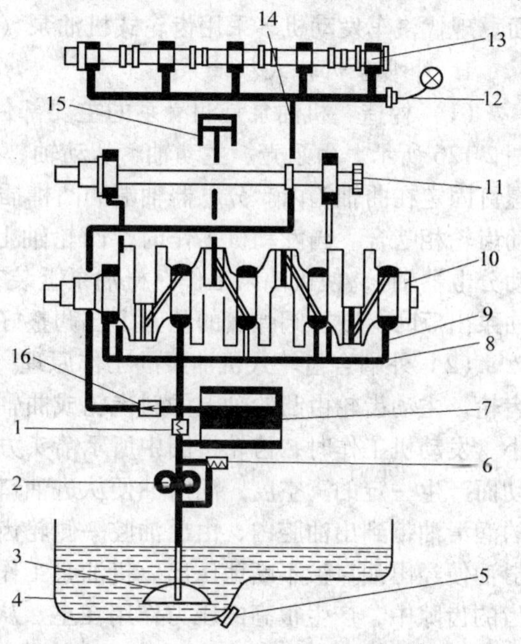

图 2-124　AFE 型发动机润滑系统示意图

1—旁通阀　2—齿轮式机油泵　3—机油集滤器　4—油底壳　5—放油螺塞　6—安全阀　7—机油滤清器　8—气缸体主油道　9—分油道　10—曲轴　11—中间轴　12—气缸盖主油道端压力开关　13—凸轮轴　14—第四挡气缸盖螺柱孔　15—活塞　16—机油滤清器上的单向阀

润滑油路如图 2-124 所示，当发动机工作时，机油从油底壳经机油集滤器，除去较大杂质后，被机油泵吸入，加压后经机油滤清器进一步过滤后大部分压力油进入发动机主油道，一小部分压力油直接到中间轴。进入主油道的润滑油又分成 7 路，5 条分油道分别将机油送到五道曲轴主轴承，经过曲轴内部油道进入连杆轴承，再经过连杆体中油孔进入连杆小头衬套，喷到活塞内腔后流回油底壳。主油道有一分油道将为凸轮轴的五个轴承供油，再进入配气机构，回到油底壳。主油道上还有一分油道，将压力油引到中间轴的后轴承，再进入油底壳。桑塔纳 2000 轿车 AFE 发动机润滑系油路简图，如图 2-125 所示。

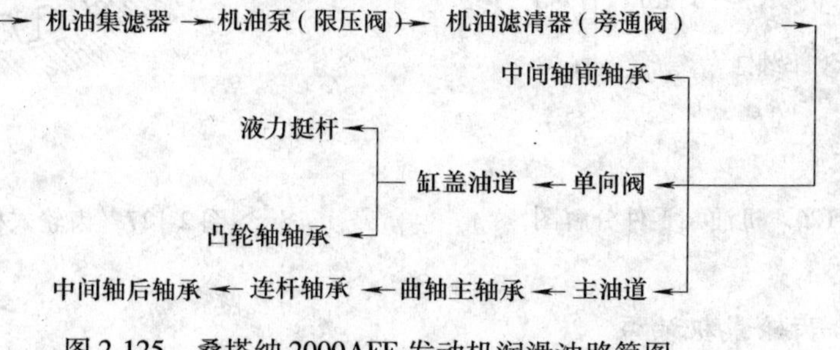

图 2-125　桑塔纳 2000AFE 发动机润滑油路简图

二、机油泵

机油泵的功用是把一定量的润滑油压力升高，强制性地将润滑油送到发动机各摩擦表面。现代汽车发动机多采用齿轮式机油泵（内啮合式与外啮合式 2 种）和转子式机油泵。

1. 外啮合齿轮式机油泵

（1）构造　机油泵是润滑系的主要部件。发动机安装常见的齿轮式机油泵，其结构如图 2-126 所示。由泵壳、主动轴、从动轴、主动齿轮、从动齿轮和油泵盖等组成，机油泵用螺钉固定在曲轴箱内。分电器轴端的凸榫插入槽中，而分电器轴上的斜齿轮与凸轮轴上的驱动齿轮相啮合。当发动机工作时，凸轮轴上的驱动齿轮即可驱动机油泵主动齿轮（同时驱动分电器轴），使机油泵工作。机油泵上装有限压阀，以防止发动机润滑油道油压过高。机油泵出厂时，限压阀弹簧的预紧力已调整好并锁死，使用中不需调整。

（2）外啮合齿轮式机油泵的工作原理　如图 2-127 所示。机油泵壳体内装有一对主从动齿轮，主动齿轮由凸轮轴上的斜齿轮或曲轴前端齿轮驱动，两齿轮与壳体内壁之间的间隙很小。发动机工作时，齿轮按图中所示箭头方向旋转，由于进油腔轮齿向脱离啮合方向高速运动而产生一定的真空度，润滑油便从进油口被吸入并充满进油腔。齿轮旋转时，把齿间所存的润滑油带到出油腔内，由出油腔一侧轮齿进入啮合，润滑油处于被压状态，油压升高，润滑油便经出油口被不断地压出。机油泵工作时，一部分润滑油将随齿轮的转动被封闭在啮合齿的齿隙中，产生很高的压力作用在主、从动轴上，这不仅增加了功率消耗，更主要的是加剧了轴和孔间的磨损。为此，在泵盖上对应啮合齿隙处铣削出一条卸压槽与出油腔相连，以降低润滑油压力。外啮合齿轮式机油泵由于结构简单、制造方便、工作可靠，应用广泛。

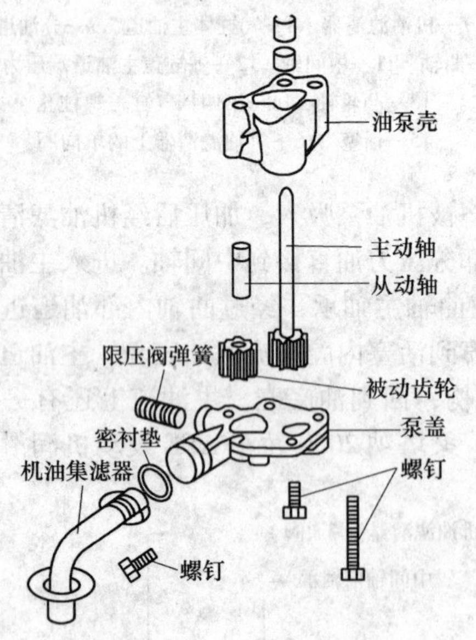

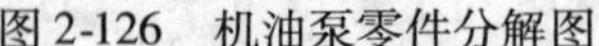
图 2-126　机油泵零件分解图

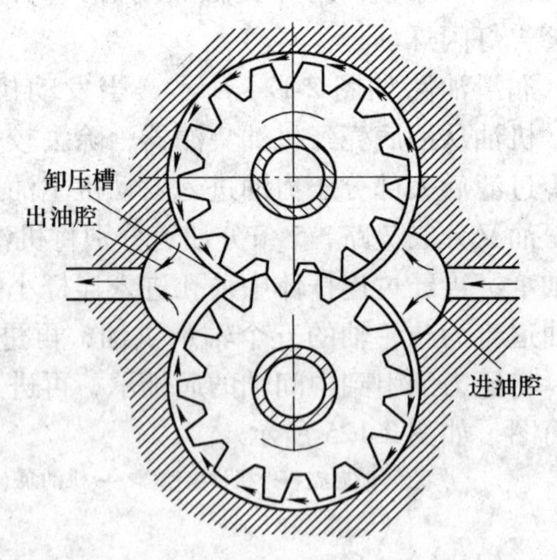

图 2-127　齿轮式机油泵工作原理

2. 内啮合齿轮式机油泵

（1）构造　内啮合齿轮泵主要由主动齿轮、从动齿轮、限压阀以及泵盖和泵壳等零件组成，如图2-128所示。主动齿轮为一较小的外齿轮，一般由曲轴直接驱动；从动齿轮为一较大的内齿圈。这种机油泵小齿轮的中心线与内齿圈的中心线不同心，啮合后留有一牙形空腔，在该空腔处设置有一个月牙形块，将内、外齿分开。

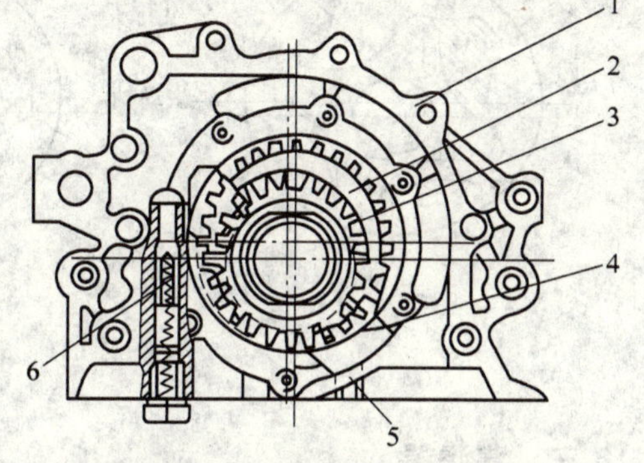

图2-128 内啮齿轮式机油泵
1—泵体 2—月牙形块 3—小齿轮
4—内齿圈 5—进油口 6—限压阀

（2）内啮合齿轮式机油泵的工作原理 工作时，小齿轮为主动齿轮，润滑油从进油口吸入两齿轮轮齿之间，小齿轮各齿之间带入的润滑油被推向出油口，并随着内、外齿间啮合间隙的逐渐减小，使润滑油加压流入油道。若出油口处机油压力超出正常范围，限压阀开启，部分机油经此阀门泄入油底壳以减小出油压力。

3. 转子式机油泵

(1) 构造 转子式机油泵由泵体、主动轴、内转子、外转子、泵盖、限压阀等组成，如图2-129所示。桑塔纳2000GSi轿车AJR发动机润滑系统机油泵采用转子式机油泵，它直接由曲轴前端的链轮通过链条驱动，如图2-130所示。

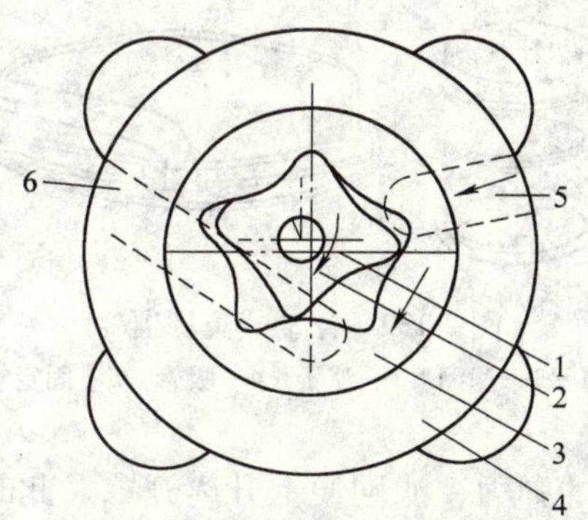

图2-129 转子式机油泵
1—主动轴 2—内转子 3—外转子
4—机油泵壳体 5—进油腔 6—出油腔

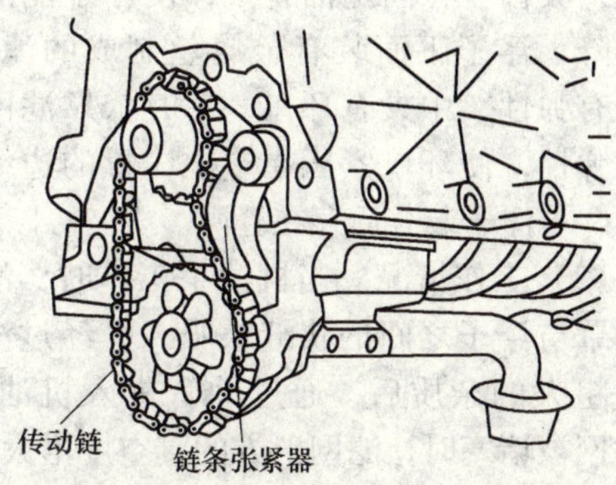

图2-130 AJR发动机机油泵（转子泵）

(2) 转子式机油泵的工作原理 如图2-131所示，发动机润滑系统转子式机油泵的内转子与泵壳偏心安装，由主动轴驱动。外转子与内转子的轮齿啮合，外转子在油泵壳体内可自由转动，由于内、外转子齿数不同、转速不等。桑塔纳2000GSi型轿车AJR型发动机转子式机油泵内转子为7个齿，外转子为6个齿，内、外转子传动比为7∶6。由于在结构设计上保证了内、外转子在任何位置各齿之间总有接触点，且内、外转子的转速不同和内转子的偏心，使内、外转子之间工作腔的容积大小总在发生变化，便产生了吸油和送油作用。当某一工作腔从进油腔转过时，容积增大，产生真空，机油便经进油孔被吸入。当该工作腔与出油腔相通时，腔内容积减小，油压升高，机油经出油孔压出去。与齿轮式机油泵相似，在转子式机油泵上也装有限压阀，以保证稳定的送油压力。转子式机油泵结构紧凑、体积小、重量轻、流量大，且供油均匀，故其应用日趋广泛。

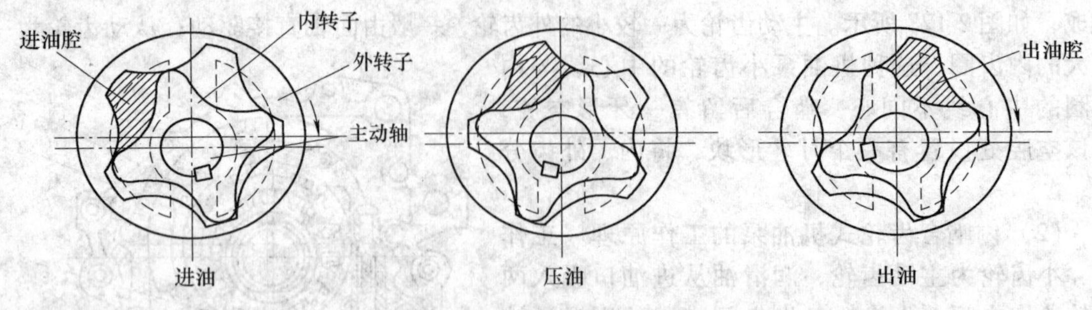

图 2-131　转子式机油泵工作原理

三、集滤器

集滤器的作用是防止较大的机械杂质进入机油泵，它装在机油泵的前面，有固定式和浮动式两种。

1. 浮动式集滤器

(1) 构造　浮动式集滤器的构造如图 2-132 所示，是由浮子、滤网、罩及焊在浮子上面的吸管等组成。浮子是空心的，浮在油面上；吸管套在固定油管中，使浮子能随油面升降，浮子下面装有金属丝制成的滤网；滤网有弹性，中央有环口，平时依靠滤网本身的弹性，使环口紧压在罩上，罩的边缘有缺口，与浮子装合后存在缝隙。

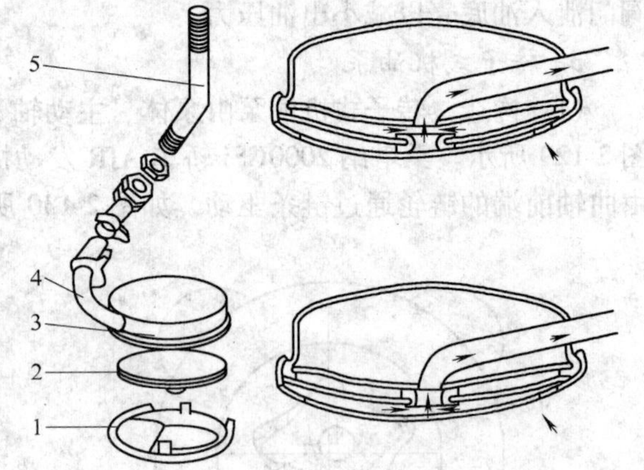

图 2-132　浮动式集滤器

1—罩　2—滤网　3—浮子　4—吸管　5—固定管

(2) 工作情况　当机油泵工作时，润滑油从罩与浮子之间的狭缝被吸入，经过滤网滤去粗大的杂质后，通过油管进入机油泵。当滤网被堵塞时，滤网上方的真空度增大，克服滤网的弹力，滤网便上升离开罩。此时润滑油不经滤网而直接进入吸油管内，到达机油泵。

(3) 特点　浮式集滤器飘浮于润滑油表面吸油，能吸入油面上较清洁的机油，但油面上的泡沫易被吸入，使机油压力降低，润滑欠可靠，目前应用不多。

2. 固定式集滤器

(1) 构造　固定式集滤器的构造如图 2-133 所示。固定式集滤器吸油管总成的上端有与机油泵进油孔连接的凸缘，下端与滤网支座中心固定连接。滤网夹装在支座与罩之间。滤网靠自身的弹力紧压在罩上，罩的边缘有 4 个缺口，形成进油通道。

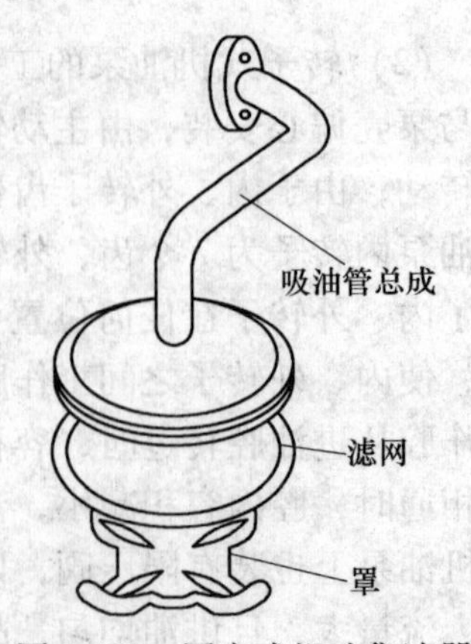

图 2-133　固定式机油集滤器

(2) 工作情况　当机油泵工作时，润滑油从罩的缺口处经滤网被吸入，粗大的杂质被滤网滤去，然后经吸油管进入机油泵。

(3) 特点　固定式集滤器淹没在油面之下，吸入的机油清洁度较差，但可防止泡沫吸入，润滑可靠，结构简单，现已逐步取代浮式集滤器。

【技能操作】

桑塔纳 2000AFE 发动机润滑系统的零件结构如图 2-134 所示。

一、机油泵的拆卸

1）拆卸油底壳：

①拧下油底壳放油螺栓，放尽油底壳的润滑油。

②拆下离合器防尘罩。

③以交叉对称的顺序拧下油底壳上的所有螺栓，拆下油底壳（必要时用橡胶锤轻轻敲出）。

2）旋松分电器轴向限位卡板的紧固螺栓，拆下卡板。

3）拔出分电器总成。

4）旋松并拆下机油泵体与机体连接的 2 个长紧固螺栓，将机油泵及吸油部件一起拆下。

5）拧松并拆下吸油管组紧固螺栓，拆下吸油管组，检查并清洗滤网。

6）旋松并取下机油泵盖短紧固螺栓，取下机油泵盖组，检查泵盖上的限压阀观察泵盖接合面的磨损情况。

7）分解主从动齿轮，再分解齿轮和齿轮轴。

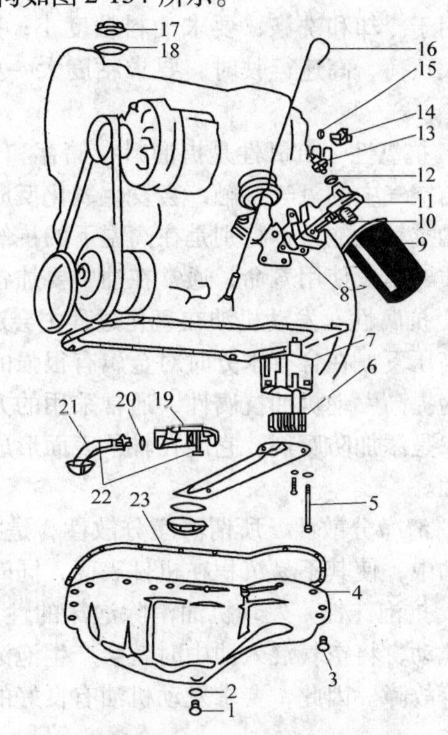

图 2-134 桑塔纳 2000 轿车 AFE 型发动机润滑系统零件分解图

1—放油螺塞（拧紧力矩 30N·m） 2、20—O 形密封圈 3—油底壳紧固螺栓（拧紧力矩 20N·m） 4—油底壳 5—机油泵盖长螺栓（拧紧力矩 20N·m） 6—机油泵齿轮 7—机油泵壳体 8—机油滤清器盖衬垫 9—机油滤清器体 10—机油滤清器盖紧固螺栓（拧紧力矩 25N·m） 11—机油滤清器盖 12、15—密封圈 13—0.18MPa 压力开关（拧紧力矩 25N·m） 14—0.031MPa 压力开关（拧紧力矩 25N·m） 16—机油尺 17—加油口盖 18—橡胶密封垫圈 19—带限压阀的机油泵盖 21—机油集滤器 22—机油泵盖短螺栓（拧紧力矩 10N·m） 23—油底壳密封垫

二、机油泵的安装

机油泵的安装顺序基本上与拆卸及分解顺序相反，但应注意以下两点：

1）更换所有的垫片。

2）按规定力矩拧紧螺栓。

【知识与能力拓展】

一、润滑油

发动机要按规定加入一定量的性能指标满足要求的发动机润滑油（俗称发动机油）。发动润滑油具有润滑、冷却、密封、清洁和防锈等作用。我国发动机润滑油按发动机的类型分为汽油发动机油和柴油发动机油两大类。

1. 发动机油的使用性能

（1）粘度 润滑油的粘度指润滑油在外力作用下流动时所表现出来的性质，润滑油流动时，润滑油分子间的内聚力阻碍分子间的相对运动，产生一种内摩擦力。它是评价润滑油品质的主要指标，对于同一种发动机油来说，粘度不是常数，温度降低，粘度增大；温度升高，粘度减小。发动机油因温度变化而粘度改变的性质称为粘温性能。粘温性能好的油料，温度升降引起的粘度变化小。根据发动机油在发动机中的作用不同，对于粘度的要求也各有不同。用于冷却和洗涤，要求油料粘度小；用于密封，则要求粘度大；起动时，要求粘度小；在大负荷、高速行驶时，要求粘度大一些。因此，在使用中必须全面考虑润滑油的粘度。

（2）抗氧性　抗氧性是指油料在储存和使用中抵抗氧化的能力。发动机油在储存和使用中，与空气中的氧气接触，会发生氧化反应，引起发动机油变质。因此，要求发动机油具有良好的抗氧化能力，特别是在高温下的抗氧化能力，又称热氧化稳定性。为减缓发动机油氧化变质，延长使用寿命，通常在油中要加各种性能良好的抗氧化剂。

（3）抗腐性　发动机油在氧化过程中会产生酸性物质（如各种有机酸等），这些物质在高温、高压下，在含有水分时对金属有很强的腐蚀性。因此，要求发动机油具有良好的抗腐性能。为提高发动机油抗腐性，通常采用的方法有：一是加深发动机油的精炼程度，以减少酸值；二是添加防腐剂，它能在轴承表面形成防腐保护膜，同时减少油中的氧化物，使轴承不受腐蚀。

（4）清净分散性　所谓清净分散性，是指能将发动机油生成的胶状物、积炭等不溶物悬浮在油中，使其不易沉积在机件表面，同时能将已沉积在机件上的胶状物洗下来的性能。

（5）抗泡沫性　发动机油消除泡沫的性质，叫做发动机油的抗泡沫性。当发动机油受到激烈搅动，将空气混入油中时就会产生泡沫。泡沫如果不及时消除，会产生气阻，造成供油不足等故障。因此，要求发动机油有良好的抗泡沫性，在出现泡沫后能及时消除，以保证正常工作。

2. 发动机油的分类

（1）国外发动机油的分类　目前，国际上许多国家发动机油采用 API 质量分类法和 SAE 粘度分类法。

1）API 质量分类法：根据发动机油的用途和使用性能的高低，分为汽油发动机油的 S 系列，具体有 SA、SB、SC、SD、SE、SF、SG、SH、SJ 共 9 个等级；柴油发动机油的 C 系列，具体有 CA、CB、CC、CD、CE、CF—4、CG—4 共 7 个等级。

2）SAE 粘度分类法：按机油粘度大小，将发动机油分为 0W、5W、10W、15W、20W、25W、20、30、40、50、60 共 11 个等级。

（2）我国发动机油的分类　我国发动机油按其使用性能分成若干质量等级，每个质量等级又按润滑油粘度大小分成若干粘度等级。

1）质量等级。参照美国 API（美国石油协会简称）质量分类法，国家标准 GB/T 7631.3—1995《内燃机油分类》规定，汽油发动机油分为 SC、SD、SE、SF、SG、SH 共 6 个等级；柴油发动机油分为 CC、CD、CD—11、CE、CF—4 共 5 个等级。质量等级越靠后，其使用性能越优良。除上述分类外，国家标准还规定了汽油发动机与柴油发动机上均可通用的润滑油质量等级，这类润滑油称为通用油。如 SD/CC 级，意思是指该级别润滑油的质量等级相当于汽油机润滑油的 SD 级和柴油机润滑油的 CC 级，其具体规格有 SD/CC、SE/CC、SF/CD 级等。

2）粘度等级。GB/T 14906—1994《内燃机油粘度分类》确定了发动机油的粘度等级，它是参照美国SAE（美国汽车工程师协会）粘度分类法制定的。我国发动机油分为0W、5W、10W、15W、20W、25W、20、30、40、50、60共11个粘度等级，等级越往后，适应的气温越高，其中带字母W的代表冬季用油，其余为夏季用油。此外，为增宽润滑油对季节和气温的适应范围，还规定了冬夏两季均可使用的多级油。我国目前该等级润滑油有5W/20、5W/30、5W/40、10W/40、15W/40、20W/40等。

3）牌号。发动机油的牌号由质量等级和粘度等级两部分组成。如SC30表示质量等级为SC级、粘度等级为30的汽油发动机油；SE/CC30表示汽油发动机和柴油发动机上通用的润滑油，质量等级符合SE级汽油发动机油、CC级柴油发动机油，粘度等级为30。

3. 发动机油的选用

发动机油的选用，首先根据车辆使用说明书或发动机的工作条件，确定发动机油的质量等级；其次，根据车辆使用地区的气温情况选择合适的发动机油粘度等级。

（1）质量等级的选用　发动机油质量等级的选用，必须严格按照汽车使用说明书的规定在无车辆使用说明书的情况下，可根据发动机工作条件的苛刻程度选用合适质量等级的润滑油，具体选用方法如下：

1）汽油发动机油质量等级的选用。汽油发动机工作条件的苛刻程度与发动机进、排气系统中有无附加装置及其类型有关由此，可按附加装置选用润滑油质量等级，如装有PCV（曲轴箱强制通风）装置的汽车可选用SD，装有EGR（废气再循环）装置的汽车可选用SE级润滑油，装有废气催化转换装置的汽车可选用SF级润滑油。采用电喷燃油系统的汽车要求使用SF级以上的润滑油，如桑塔纳2000型轿车等。

2）柴油发动机油质量等级的选用。柴油发动机工作条件的苛刻程度可用柴油发动机强化系数来表示。强化系数越高，表示润滑油工作条件越苛刻，要求选用的润滑油质量等级越高。强化系数小于50的柴油发动机应选用CC级，如黄河JNl171型柴油发动机等；强化系数大于50的柴油发动机应选用CD级以上的润滑油，如南京依维柯等。

（2）粘度等级的选用　粘度等级的选用是根据车辆使用地区和季节气温来选择的，我国发动机润滑油粘度等级与适用温度范围见表2-5。由于单级油不可能同时满足低温及高温的要求，因此只能根据当地季节气温适当选用；而多级油的优越性是它的粘温性能好、适用温度范围宽，特别是在严寒地区、短途运输、低温起动较多时，其优越性更为明显，故应尽量选用多级油。

（3）发动机油的选用实例　部分汽油车发动机要求选用的润滑油规格见表2-6。

（4）发动机油的使用注意事项

1）如果不是通用油，则汽油发动机油不能用于柴油发动机上。同样，柴油发动机油也不能用于汽油发动机上。不同牌号的润滑油不得混用。

2）质量等级较高的润滑油可替代质量等级较低的润滑油，反之则不能。

3）经常检查润滑油的液面高度。检查时应使发动机处于水平位置，发动机停转几分钟后再进行，机油尺上的油痕应在最大与最小之间。

4）注意车辆使用地区的气温变化，及时换用粘度等级适宜的润滑油，在满足使用要求的前提下，润滑油的粘度应尽可能选择小些。

5）适时（定期或按质）换油。可按车辆使用说明书或该车型规定的换油里程要求换油。

6）严防水分、杂质等污染润滑油。

表 2-5　发动机润滑油粘度等级与适用温度范围

SAE 粘度级别	适用气温/℃	SAE 粘度级别	适用气温/℃
5W/30	-30～30	20W/20	-15～20
10W/30	-25～30	30	-10～30
15W/30	-20～30	40	-5～40 以上
15W/40	-20～40 以上		

表 2-6　部分汽油车发动机要求选用的润滑油规格

发动机型号	润滑油规格	发动机型号	润滑油规格
AJR	VW 标准 50000 或 API SJ 级以上，润滑油粘度等级（SAE）标准根据环境温度选择	K20A7/K24A4/J30A4	API SG 级以上，润滑油粘度等级（SAE）标准根据环境温度选择
		GA488	SF10W/30
ANQ	VW 标准 50000 或 50101，润滑油粘度等级（SAE）标准根据环境温度选择	GA6102	SD30 或 SD10W/30
ATX/APS	API SF 级或 API SG 级，润滑油粘度等级（SAE）标准根据环境温度选择	JUZ-FE（LS400）	SG 或 SH，润滑油粘度等级（SAE）标准根据环境温度选择
L46W	API SJ 级以上，润滑油粘度等级（SAE）标准根据环境温度选择	MH7（BENZ560）	SG 或 SH，润滑油粘度等级（SAE）标准根据环境温度选择

二、润滑系统的维护

1. 日常维护

驾驶员在出车前、行车中和收车后，应坚持检查润滑油质量，视情况补充或更换。行车中注意观察指示油压。每次出车前应抽出机油尺检查润滑油油面的位置，必要时添加润滑油。润滑油油面位置检查的操作工艺如下：

1）将车停在水平路面上。

2）当发动机停机后，等候几分钟以使润滑油回流到油底壳。

3）拔出油位指示器（机油尺）。

4）将油位指示器擦干净，并将它完全插回到底。

5）拔出油位指示器，并查看上面显示的油位。润滑油油面位置应在机油尺上刻度线和下刻度线这两条刻度线之间。

6）获取读数后，将油位指示器完全插回到发动机中。

7）必要时添加润滑油，使润滑油液面保持在“min”（最低）线以上且处于标记为“Operating Range”（工作范围）的区域内。不要加注过量的发动机润滑油，否则可能会导致发动机损坏。添加润滑油时，一定要添加相同牌号的润滑油，以免引起润滑油变质。若无同一牌号的油，则应全部更换。

如果在发动机冷态时查看润滑油液面，不要先起动发动机（冷润滑油不会很快流回油底壳），以使您立即获得正确的润滑油液面读数。

2. 一级维护

根据润滑油质量变化适时地更换润滑油，汽车每行驶5000km时应更换滤芯或滤清器总成。汽车在完成走合里程后以及汽车每行驶5000km或3个月，应更换一次润滑油。

（1）更换滤芯或滤清器总成，操作工艺如下

1）润滑油滤清器的拆卸：

①应趁热放出发动机润滑油。

②用专用工具拆卸润滑油滤清器，如图2-135所示。更换时，注意清洗滤清器的安装表面。

2）机油滤清器的安装：

①安装新滤清器时，应在密封圈上涂上干净的润滑油，如图2-136所示。若不涂润滑油，安装时密封圈与接合面发生干摩擦，密封圈易翘曲和损坏，造成密封不良而漏油。

②用手轻轻拧进机油滤清器，直到感觉有阻力为止，再用专用工具重新拧紧机油滤清器3/4圈，如图2-137所示。

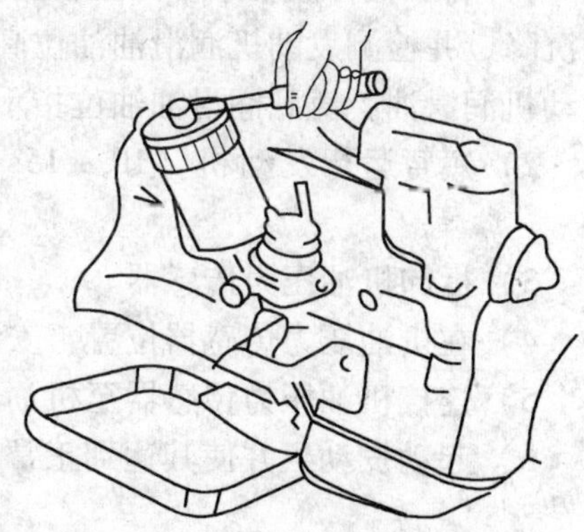

图2-135　拆卸机油滤清器

（2）更换润滑油　具体操作工艺如下

1）在发动机熄火的热机状态下，拧下油底壳底部的放油螺塞。

2）用专用的容器收集发动机内的旧润滑油（或直接用抽油机将旧润滑油抽出）。

3）按规定力矩装回并上紧放油螺塞。

4）拧开位于气缸盖罩上的加油盖，从加润滑油口加注新的润滑油，直到油面位置符合要求为止。

5）起动发动机，检查润滑油油面位置及滤清器和放油螺塞处有无漏油。

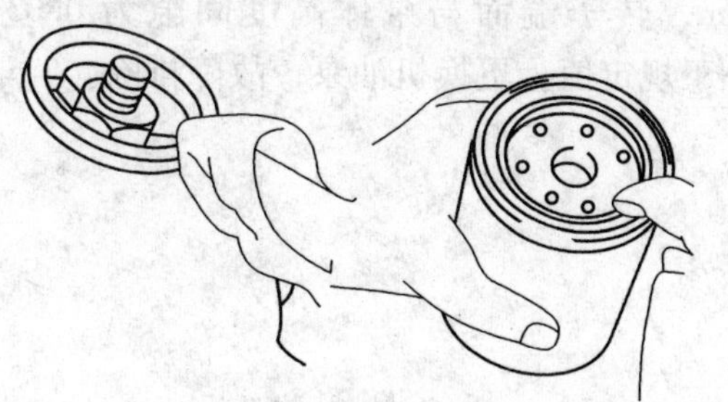

图2-136　在密封圈上涂润滑油

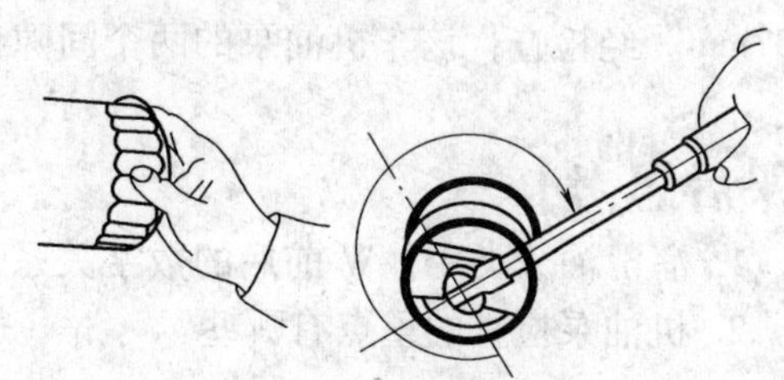

图2-137　安装机油滤清器

3. 二级维护

检查规定转速下的润滑油油压；检查机油报警器系统性能是否良好、可靠；拆检机油细滤器，恢复过滤能力；定期拆卸曲轴箱和机油集滤器；清洗机油散热器。

(1) 润滑油压力的检测方法

1) 在驾驶室仪表盘上有机油压力表的汽车，可由机油压力表直接读取主油道润滑油压力。

2) 在驾驶室仪表盘上装有机油压力报警灯的汽车，当汽车在正常行驶中，若报警灯点亮即表示润滑油压力过低。

3) 若进一步检测主油道的润滑油压力，则需要拧下安装在主油道上的机油压力传感器，利用其联接螺纹，安装一个机油压力表，由此检测发动机工作时主油道内的润滑油压力。

(2) 润滑油压力测试操作工艺

1) 将车辆停放在水平面上，运行几分钟后停机，等待足够的时间（2～3min），使润滑油沉降，并检测发动机润滑油油位高度。若油位高度达不到要求，则按要求添加规定级别的发动机润滑油，直到润滑油油位指示器检测符合要求。

2) 短暂运行发动机（10～15s），确认压力计测量的压力是否很低，或无润滑油压力。

3) 拆卸机油压力传感器。

4) 在机油压力传感器位置，安装机油压力表转换接头。

5) 连接机油压力传感器至机油压力表转换接头。

6) 起动发动机并使其达到正常工作温度。

【案例剖析】

案例： 机油泵故障

故障现象： 热车起动正常，怠速工作正常；而冷车起动困难、冷车怠速抖动且冷车时润滑油压力过高。

故障分析与排除： 冷车起动时发动机润滑油压力过高，表明发动机机油泵工作间隙过小，这是因为冷车时润滑油粘度高，使发动机润滑油压力过高，导致顶置凸轮轴的液压挺柱内油压过高，气门处于开启状态，缸内无法建立起正常的工作压力，导致冷起动困难。

正常的机油泵泵轴间隙为0.045～0.085mm，转子端面与泵体高度间隙为0.03～0.07mm。经检查，该车机油泵的两个间隙值均小于规定值。更换机油泵，故障排除。

【课后思考】

1. 润滑油分类中，W前后的数字关系是什么？
2. 机油泵检查的重点有哪些？

学习单元7　空气滤清器及汽油滤清器的更换

【学习目标】

1. 了解发动机进气系统、燃油供给系统的组成、结构及功用。
2. 掌握空气滤清器的更换方法。

3. 掌握汽油滤清器的更换方法。

【任务载体】

1）用户反映发动机运转不正常：难以起动、功率损失、油耗增加。建议检查进气系统。

2）用户反映发动机运转不稳定、功率下降，有时会熄火。建议检查燃油供给系统。

【相关知识】

图 2-138 所示为桑塔纳 2000GLi 轿车 AFE 发动机电控燃油喷射系统。

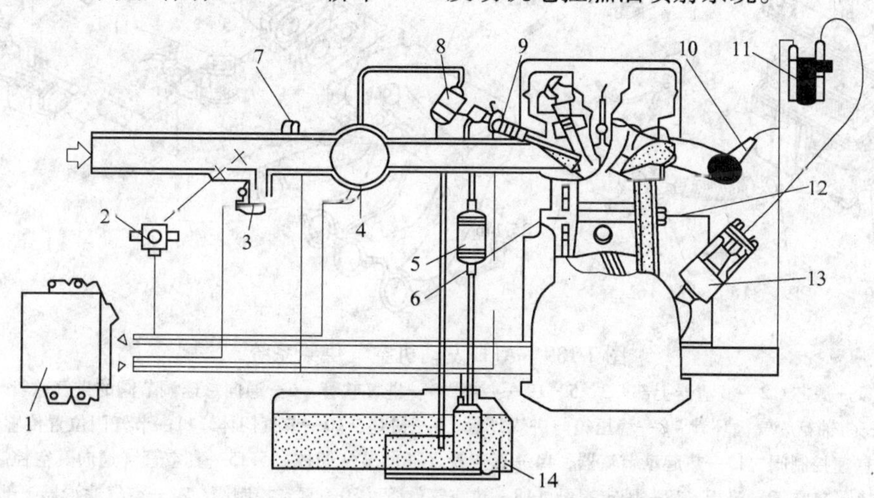

图 2-138 电子控制供油喷射系统示意图

1—ECU 2—节气门位置传感器 3—怠速旁通阀 4—进气压力传感器 5—汽油滤清器 6—爆燃传感器 7—进气温度传感器 8—油压调节器 9—喷油器 10—氧传感器 11—点火线圈 12—冷却液温度传感器 13—分电器 14—电动汽油泵

一、空气供给系统

空气供给系统的作用是提供并控制汽油燃烧所需的空气量。它主要包括空气滤清器、节气门体、进气压力传感器、稳压箱和附加空气阀等，如图 2-139 所示。由空气滤清器过滤后的空气，经进气软管、节气门体、稳压箱并分配给进气歧管，流入各缸进气道，在进气道内空气与喷油器喷出的汽油混合后形成可燃混合气后进入气缸。进气压力传感器与稳压箱相连，它的作用是把进气管内的压力变化转换成信号输给 ECU。ECU 根据进气压力和发动机转速推算出每一循环发动机所需的空气量，同时计算出汽油的喷射量。

1. 空气滤清器

空气滤清器的功用是清除进入发动机气缸的空气中所含的尘土、砂粒和杂质，以减少气缸、活塞和活塞环等零件的磨损。

2. 节气门体

节气门体位于空气滤清器和稳压箱之间，与加速踏板联动，用以控制进气通路截面积的变化，从而实现发动机转速和负荷的控制。为检测节气门位置的开度大小，在节气门轴的一端（下端）装有节气门位置传感器，用来向 ECU 传递节气门的开度信号。

3. 旋转滑阀式怠速空气控制阀（ISCV）

为自动控制怠速转速，在怠速通道中设置了可以改变通道截面积的旋转滑阀式怠速调整器。旋转滑阀式怠速控制阀，主要由旁通空气阀和电动机组成。旁通空气阀固定在电动机的电枢轴上，在电动机的驱动下，可以在限定的 90°转角范围内转动，通过改变旁通空气开启面积的大小来增减进气量。

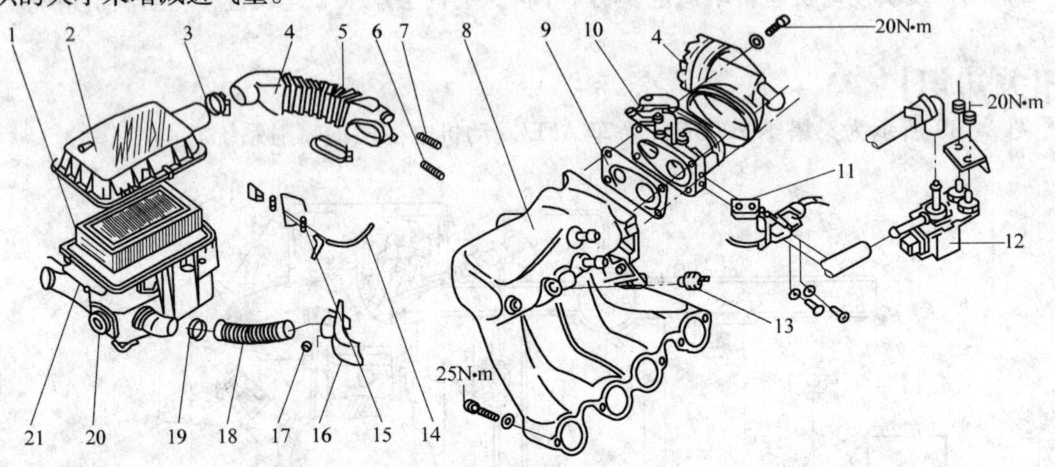

图 2-139　AFE 发动机空气供给系统

1—滤芯　2—滤清器上部　3、5、19—夹箍　4—进气软管　6—通向怠速调节阀的进气软管　7—曲轴箱废气循环管　8—稳压箱与进气歧管　9—衬垫　10—节气门体　11—节气门位置传感器　12—怠速控制阀　13—热起动节流器　14—真空管（通向节气门体）　15—真空管（通向真空控制阀）　16—热空气导流板　17—固定螺母　18—热空气软管　20—真空控制阀　21—空气滤清器下部

二、燃油供给系统

主要部件的结构和工作原理由汽油箱、电动汽油泵，汽油滤清器、油轨、汽油压力调节器、喷油器等组成，如图 2-140 所示。图 2-141 为主要部件的安装示意图。汽油压力调节器与喷油器相连接，控制供油系统的压力，使喷油器中的油压与进气管真空之差始终保持在 0.24MPa，这样可使喷油量只受通电时间长短的控制喷油器根据 ECU 指令将汽油以雾状喷入进气管电动汽油泵，将汽油从汽油箱中吸出，经汽油滤清器过滤后，送往油轨。油轨将汽油均匀分配到电子控制的喷油器中，喷油器再适时地将汽油喷入进气管中。油轨上有一个汽油压力调节器，使汽油压力与进气管压力之间的压力差保持不变，并经回油管将多余的汽油送回汽油箱。汽油供应系统不断受到汽油冲涤，故经常提供冷的汽油，以避免汽油形成泡沫，改善了高温起动特性。

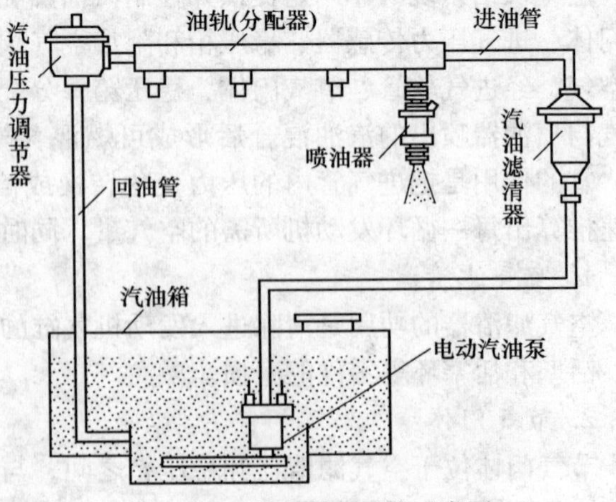

图 2-140　燃油供给系统示意图

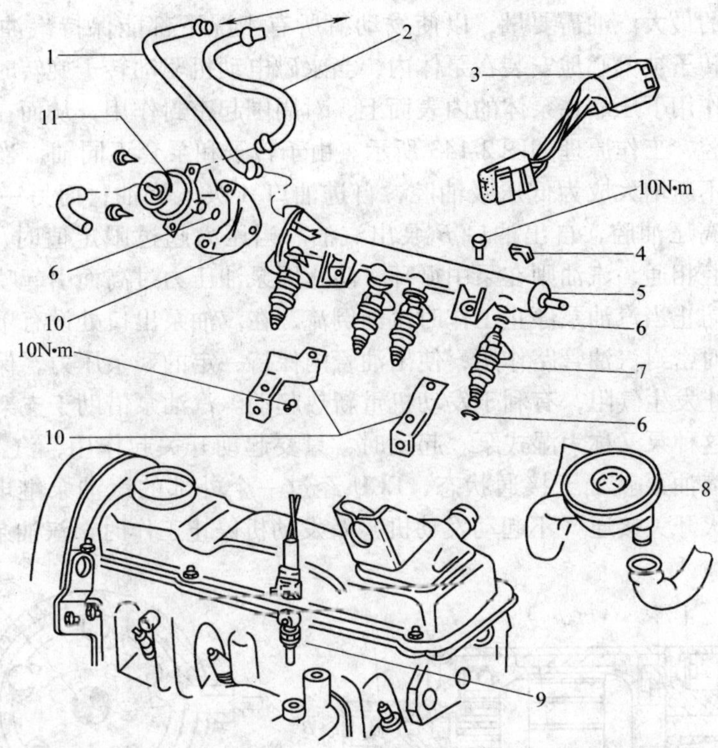

图2-141　AFE型发动机燃油喷射主要部件安装位置图

1—供油管（压力油）　2—回油管（无压力）　3—喷油器电阻器　4—卡夹　5—喷油器总供油管　6—密封圈　7—喷油器　8—PCV　9—冷却液温度传感器　10—安装支架　11—油压调节器

1. 汽油箱

汽油箱的作用是储存汽油。在一般车辆中汽油箱一般做成简单的方形或圆柱体形状，轿车汽油箱为了适应整车外观造型及车架的需要往往做成比较复杂的形状（见图2-142）。汽油箱体是用薄钢板冲压焊接而成，为了提高其强度，表面往往冲压成有加强肋的形式。汽油箱体上设有加油口和加油管，管内装有用金属网制成的滤网。为了防止汽车振动带来的燃油振荡，汽油箱内装有隔板。汽油油箱表面装有输油管及油位传感器。

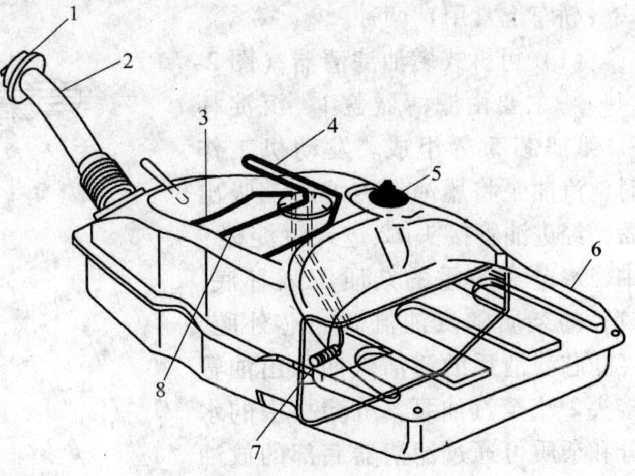

图2-142　汽油箱

1—加油盖　2—加油管　3—油管　4—输油管　5—油面传感器　6—油箱本体　7—吸入滤清器　8—回油管

2. 汽油泵

电动汽油泵的结构如图2-143所示。它是由永磁电动机驱动的带滚柱的转子泵，主要由驱动液压泵的直流电动机、滚柱式液压泵，保持汽油输送管压力不致过高的限压阀和保持剩余压力的单向阀组成。电动汽油泵安装在汽油箱中，并不断受到汽油冲涤，使电动机充分冷却。汽油泵的供油量大于发动机的最大汽油需要量，以使发动机所有工况下都能保持汽油供给系统中的油压。带有滚柱的转子被偏心地安装在泵体内，当永磁电动机驱动转子旋转时，位于凹槽内的滚柱在离心力的作用下压靠在泵体的内表面上，对周围起密封作用，从而在两个相邻的滚柱之间形成一个空腔，工作原理如图 2-143 所示。由于转子和泵套不同轴，当转子旋转时，一部分空腔的容积不断增大成为低压吸油腔，自进油口 *A* 吸入汽油；而另一部分空腔的容积则不断减小成为高压油腔，自出油口 *B* 泵出汽油。当压力超过限定值时，限压阀被顶开，使压油腔与吸油腔相通，汽油则在泵中循环，防止因泵油压力过高而引起喷射系统损坏和喷油器漏油。为了防止当汽油泵停止工作时汽油倒流，在汽油泵出口处设有单向阀，以起到在汽油泵停止工作时密封汽油管路作用，使出油管内保持一定的残余压力，保证下一次起动时能迅速泵油并防止发生气阻，有利于发动机重新热起动。汽油泵借助于支架安装在汽油箱中进行冷却，因此这种泵又称为湿式泵。起动时，只要起动开关起作用，汽油泵就一直工作。发动机一起动，汽油泵就处于接通状态，ECU 经过一个外部的汽油泵继电器控制汽油泵。为了安全，在点火开关接通（不起动发动机）及发动机停止工作时，汽油泵不泵油。

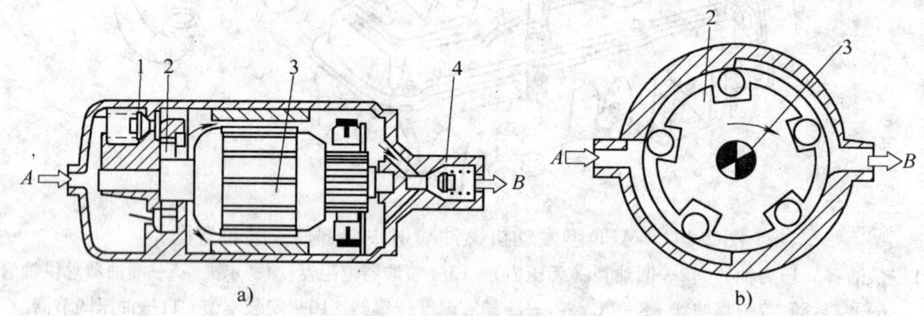

图 2-143　电动汽油泵的结构和工作原理

1—限压阀　2—滚柱式液压泵　3—电动机　4—单向阀　*A*—进油口　*B*—出油口

3. 汽油滤清器

燃油滤清器用以滤除汽油中的水分和杂质。有可拆式（货车和客车上常用）和不可拆式（轿车上常用）两种。

（1）可拆式燃油滤清器（图 2-144）　主要由滤清器盖 1、沉淀杯 9、纸滤芯 5 等组成。发动机工作时，汽油泵将燃油箱内的汽油吸出后，经进油管接头 12 进入沉淀杯 9 中，水分和较重的杂质沉入杯底，较轻的杂质随汽油流向滤芯外腔，经滤芯滤清后的清洁汽油从出油管接头 2 流至汽油泵。沉淀杯中的水分和杂质可通过滤清器底部的放油螺塞 10 放出，使用一定时间应清洗或更换滤芯。

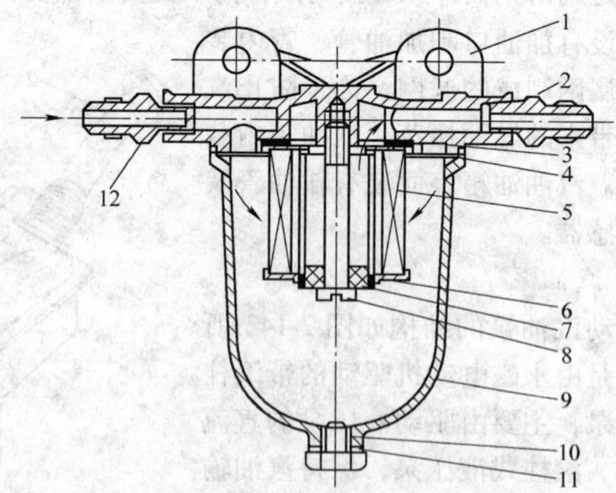

图 2-144　可拆式燃油滤清器

1—滤清器盖　2—出油管接头　3—密封圈　4—沉淀杯密封垫　5—纸滤芯　6—滤芯密封垫　7—平垫圈　8—滤芯螺栓　9—沉淀杯　10—放油螺塞　11—放油螺塞密封垫　12—进油管接头

（2）不可拆式燃油滤清器（见

图2-145) 主要由油塞1、纸质滤芯3、滤网4及滤清器壳体2组成。此类滤清器，在使用中不可拆卸，使用一定时间后应整体更换。

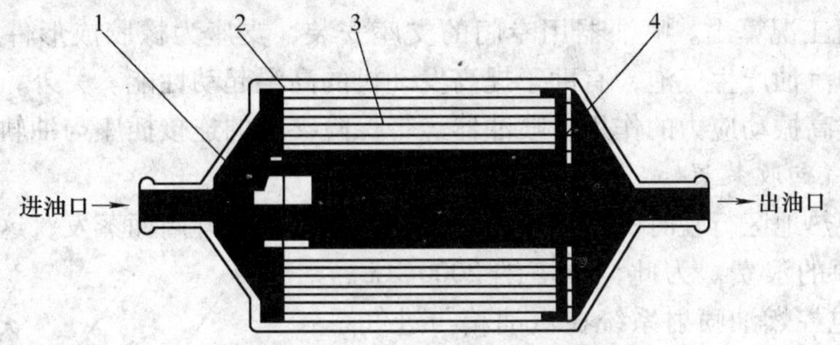

图2-145 不可拆式燃油滤清器

1—油塞 2—壳体 3—滤芯 4—滤网

4. 油轨

其任务是将汽油均匀地分配到所有喷油器中。油轨具有储油功能，为了克服压力波动，其容积比发动机每工作循环喷入的汽油量大得多，从而使接在油轨上的喷油器处于相同汽油压力之下。此外，油轨使喷油器便于拆装。

5. 汽油压力调节器

如图2-141所示，其任务是保持汽油压力与进气管压力之间的压力差不变，从而使喷油器喷出的汽油量仅取决于阀的开启时间。汽油压力调节器装在油轨上，它是一种膜片控制的溢流调节器，将汽油压力调节到约0.24MPa。它有一个金属外壳，一个卷进的膜片将此外壳分为两个腔室。其中一个是弹簧室，有一定预紧力的螺旋弹簧对膜片施加一个作用力；另一个是汽油室用于容纳汽油，汽油室直接与供油总管相通。当进入汽油室的汽油压力超过弹簧真空膜片的作用力时膜片移动，使由膜片控制的球阀打开回油管的通口，使多余的汽油流回汽油箱。汽油压力调节器的弹簧室经一根真空软管与节气门后部发动机进气总管接通。使汽油供给系统中的压力随进气管内的绝对压力而变，即在任意位置，喷油器的压差都相同。

6. 喷油器

喷油器由喷油器体、滤网、磁场绕组、针阀、阀体、螺旋弹簧、调整垫等组成，如图2-146所示。

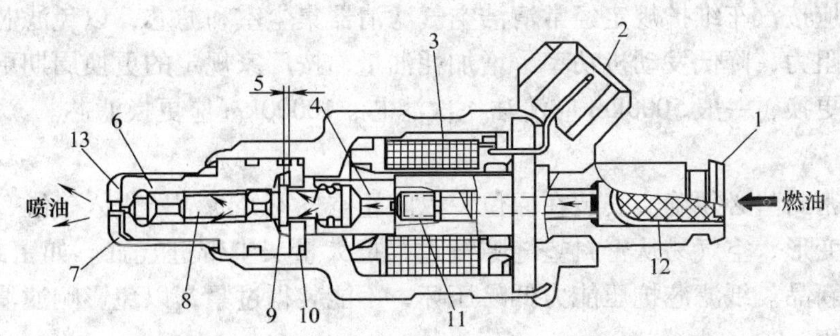

图2-146 喷油器

1—汽油接头 2—接线插头 3—电磁线圈 4—磁心 5—行程 6—阀体 7—壳体 8—针阀 9—凸缘部 10—调整垫 11—弹簧 12—滤网 13—喷口

喷油器为电磁式，由 ECU 的电脉冲控制其打开或关闭。将汽油喷到各进气歧管末端的气缸进气门前面。每循环喷入的汽油量基本上决定于喷油器的开启持续时间，此时间由 ECU 根据发动机工况算出。喷油器用专门的支座安装，支座为橡胶成形件。其隔热作用可防止喷油器中的汽油产生气泡，有助于提高发动机的高温起动性能。另外，橡胶成形件可保护喷油器不受过高振动应力的作用。喷油器经带保险夹头的连接插座与油轨连接。

7. 汽油蒸汽回收装置

在夏季或炎热地区行驶时，汽油箱内的汽油会随气温的升高而蒸发，这不仅污染了大气而且造成了能源的浪费。为此，桑塔纳 2000GLi 轿车 AFE 发动机电控燃油喷射系统在汽油箱与进气系统之间并联了一个汽油蒸汽回收罐，罐内装有定量的活性炭粒，所以又称活性炭罐，它用两条管路分别与汽油箱和进气管相通，形成一个汽油蒸汽回收和净化的管路系统，如图 2-147 所示。活性炭罐内的活性炭粒是一种极好的汽油蒸汽吸附剂，它有很大的表面积，有利于吸附汽油蒸汽，罐内装有单向阀，以防汽油蒸汽倒流。罐的底部有空气滤网，新鲜空气经滤网进入，从炭粒中带走汽油蒸汽分子，防止混合气过浓现象。当汽车停止运行时，在高温作用下，汽油箱内的汽油蒸发产生压力，使单向阀打开，汽油蒸汽进入活性炭罐，炭粒吸附汽油蒸汽并储存起来。发动机在热态工作时，活性炭罐电磁阀在 ECU 的控制下打开，通过新鲜空气带走汽油蒸汽，经管路吸入进气管，从而回收汽油蒸汽，防止汽油浪费和减小大气污染。

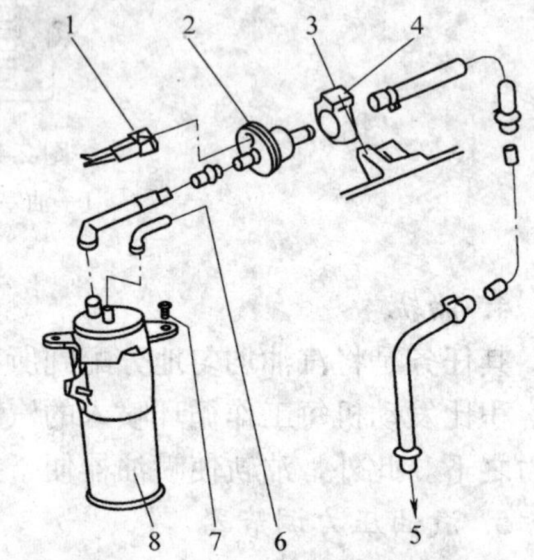

图 2-147 汽油蒸气回收装置

1—电源插头 2—活性炭罐电磁阀 3—支架
4—橡胶支架 5—通向发动机进气系统的管路
6—通气管（来自汽油箱的通气管）
7—螺栓（拧紧力矩 10N · m）
8—活性炭罐（安装在右前车轮罩内）

【技能操作】

一、空气滤清器的检查、保养与更换

1. 保养

在使用中应按汽车维护规定经常清洁空气滤清器集尘室和滤芯，以免滤芯上粘附灰尘过多而增大进气阻力，降低发动机功率，增加耗油量。按厂家规定的更换周期更换滤芯，如滤芯破损应及时更换，一般 5000km 应清洁一次滤芯，10000km 应更换滤芯。

2. 检查

滤芯上的密封垫必须确实安装在原位，以防止空气不经滤清器进入气缸，橡胶密封垫圈易脱落、老化变形，空气易从密封垫缝隙流过，把大量灰尘带进气缸。如密封垫老化变形、断裂，应更换新品。纸滤芯抗压能力低易压坏，不能装得过紧，以免影响滤清效果。

3. 更换

一般可从外包装和外观上识别优质与劣质滤芯，也可在安装后检验，如装上新滤芯后，汽车排放的一氧化碳超标，不装滤芯时排放的一氧化碳达标，表示该滤芯透气性差，是不合格的滤芯。

二、汽油滤清器的拆装

1. 可拆式燃油滤清器拆装（参见图2-144）

1）拧松燃油滤清器总成上的紧固螺母，同时扶住沉淀杯，将燃油滤清器总成从发动机上拆下。

2）取下燃油滤清器，拧松沉淀杯，取下沉淀杯。

3）拧下滤芯紧固螺栓，取下滤芯上的密封垫圈、滤芯、滤芯下的密封垫圈。

4）取下沉淀杯密封垫圈，拆下进、出油管接头。

5）检查滤芯和各种密封垫圈的完好状况，清洗滤芯和各油道，若损坏应及时更换。

6）装合燃油滤清器时，应按上述拆卸的相反顺序进行，特别注意密封垫圈的安装，以确保燃油滤清器的正常工作。

2. 不可拆式燃油滤清器拆装

现代轿车上一般都是使用不可拆式燃油滤清器，应整体更换，更换的步骤如下：

1）松开车辆底部燃油滤清器托架上的紧固螺栓，取下燃油滤清器托架。

2）松开夹箍，拔下燃油滤清器的油管。

3）取下燃油滤清器。

4）安装上新的燃油滤清器。

注意：

①在拔下燃油滤清器的油管时，应注意使用一块抹布防止剩余的燃油滴落。

②在安装新的燃油滤清器时，应注意其上箭头应该指向燃油的流向。

③更换燃油滤清器后一般应更换新的O形密封圈。

【知识与能力拓展】

一、燃油供给系电子控制主要部件的结构与工作原理

电子控制系统的作用是收集发动机的工况信息并确定最佳喷油量、最佳喷油时刻及最佳点火时刻，它由电控单元（ECU）、冷却液温度传感器、氧传感器、节气门位置传感器、进气温度传感器、进气压力传感器、爆燃传感器及霍尔传感器等组成。传感器是检测发动机实际工作状况、感知各种信号的主要部件，并将各种信号传送给ECU。ECU通过计算分析后，发出相应指令，使发动机在最佳的工作状态下工作。

1. 电控单元

电控单元的作用是根据其内存储的程序对传感器输入的各种信息进行运算、处理、判断，然后输出指令，控制执行器动作，以达到迅速、准确、自动地控制发动机工作的目的。桑塔纳2000GLi轿车AFE发动机的电子控制单元（又称Motronic控制器），安装在驾驶室仪表板前，它主要由输入回路、数

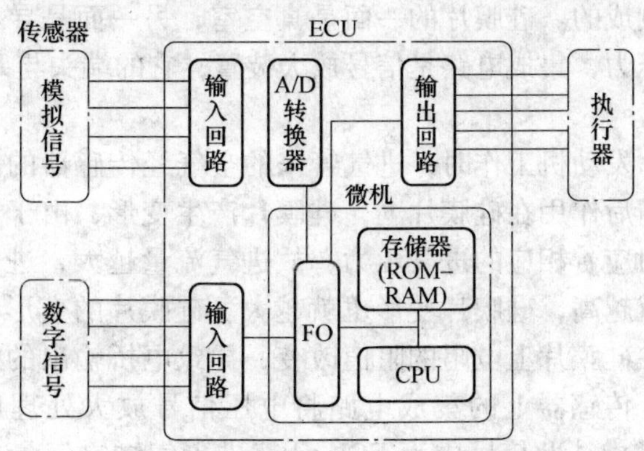

图2-148　电子控制单元

字式微型计算机、输出回路组成，如图 2-148 所示。

2. 传感器

传感器是检测发动机实际工况，感知各种信号的主要部件。桑塔纳 Motronic 喷射系统共有 6 个传感器，它们是节气门位置传感器、进气温度传感器、进气压力传感器、爆燃传感器、冷却液温度传感器和排气管内的氧传感器。这 6 个传感器组成一个闭环系统，随时检测发动机的工作状况。

(1) 节气门位置传感器（TPS） 安装在节气门转轴上，用来检测节气门的开度，它将节气门的开度信号转换成电压信号送到 ECU，以便控制节气门在不同开度时的喷油量。桑塔纳轿车电控系统采用的是开关量输出型节气门位置传感器，如图 2-149 所示。它由可移动的活动触点（TL）、固定怠速触点（IDL）和功率触点（PSW）（或称全负荷触点）组成。其中导向凸轮由节气门轴控制。

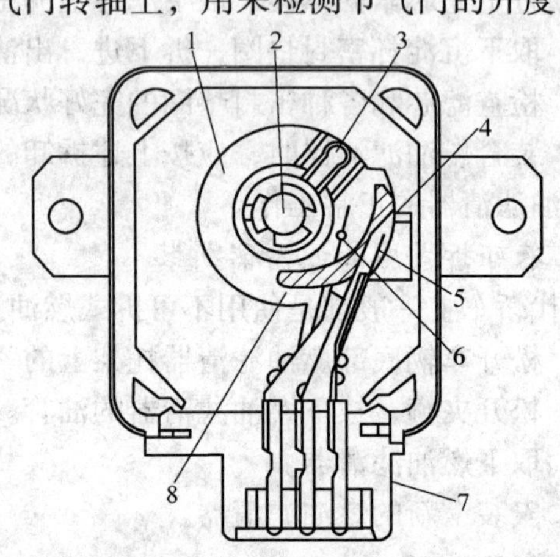

图 2-149　节气门位置传感器

1—导向凸轮　2—节气门轴　3—控制杆　4—活动触点　5—怠速触点　6—功率触点　7—连接装置　8—导向凸轮轴

当发动机怠速运转时，可动触点和怠速触点接触（TL 和 IDL 导通），从而检测出节气门的全闭状态。当发动机大负荷时（节气门开度超过 50°），活动触点与功率触点接触（TL 和 PSW 导通），从而检测出发动机大负荷状态。当节气门在中间位置时，活动触点和任何一个触点都不接触。节气门位置传感器将怠速和全负荷的工况信号送至 ECU，ECU 在这两种工况下使混合气加浓。

(2) 进气压力传感器（MAP） 与稳压箱相连，它将进气管内的压力信号转化成电信号输送到 ECU，作为决定基本喷油量的依据。桑塔纳轿车 Motronic 系统进气压力传感器采用的是压敏电阻式压力传感器。它由压力转换元件，信号放大装置（1C 片）、滤清器及外壳等组成，如图 2-150 所示。硅膜片是压力转换元件，它是利用半导体的压电效应制成的。硅膜片的一面是真空室，另一面是导入的进气压力，集成电路是信号放大装置，它的端头与 ECU 连接。

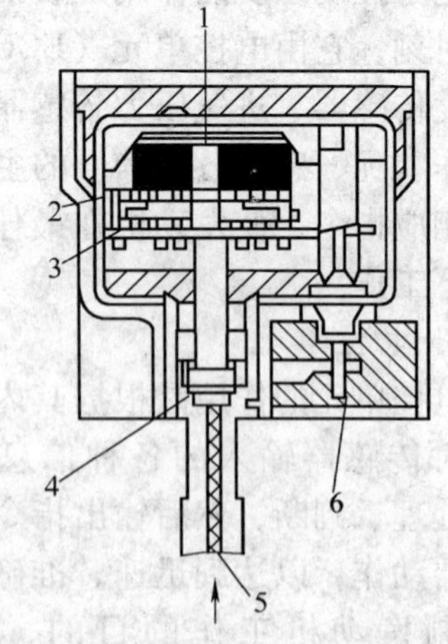

图 2-150　进气压力传感器

1—硅膜片　2—真空室　3—集成电路　4—滤清器　5—进气端　6—接线端

发动机工作时，进气管来的空气经传感器的滤清器滤清后作用在硅膜片上，硅膜片产生变形，由于进气流量对应着相应的进气压力，故进气流量越大，进气管压力就越高，硅膜片变形也就越大。硅膜片的变形，使扩散在硅膜片上电阻的阻值改变，导致电桥输出的电压变化，传感器上的集成电路将电压信号放大处理后送到 ECU 中，此信号成为 ECU 计算进入气缸空气量的主要依据。

（3）冷却液温度传感器（THW）　安装在发动机冷却水套上，用于检测发动机冷却液温度并将冷却液的温度信号输入 ECU，为修正喷油量及喷油时刻提供依据。如图 2-151 所示，冷却液温度传感器由 NTC（负温度系数）热敏电阻构成。冷却液温度的变化将引起电阻值的变化，该热敏电阻具有与导体电阻截然相反的特性，即冷却液温度越低、电阻值越大，冷却液温度越高、电阻值越小。

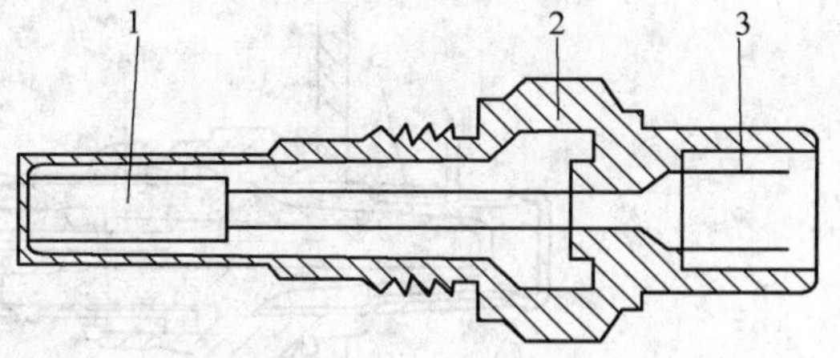

图 2-151　冷却液温度传感器

1—负温度系数热敏电阻　2—外壳　3—电气接头

（4）进气温度传感器（THA）　与进气压力传感器一起安装在节气门之后的进气管上，用以检测进气温度。测量进气温度的目的是为了确定进气的密度，它与进气压力传感器的联合使用，可以准确地反映进入气缸的进气量。它由与冷却液温度传感器具有相同特性的 NTC 热敏电阻构成。ECU 根据进气温度传感器检测到的进气温度修正喷油量，使发动机自动适应外部环境（寒冷、高温、高原、平原）的变化。

（5）爆燃传感器　安装在缸体上，它是利用压电晶体的压电效应原理工作的，其结构如图 2-152 所示。通过压电效应把由爆燃传到发动机缸体上的机械振动转换成电信号，用以判断爆燃的产生，并将该电信号输入 ECU，用以修正点火时刻。

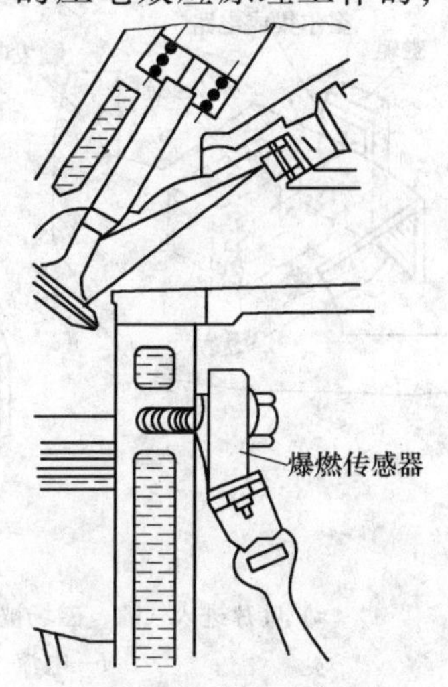

图 2-152　爆燃传感器

爆燃传感器是一种固有频率大于 25kHz 的宽带加速度传感器，控制元件由压电陶瓷制成。为了隔热，传感器用塑料套包起来，允许工作温度为 130℃。采用爆燃传感器可将点火时刻按标准情况设计，通过调节点火时间来消除发动机爆燃。

（6）氧传感器　它是闭环控制系统中一个重要传感器，用于检测发动机的燃烧状况。根据测定排气管中的氧浓度，随时向 ECU 发出反馈信号修正喷油量，使空燃比收敛于理论值($A=1$)。

桑塔纳轿车电喷系统的氧传感器采用的是氧化锆（ZrO_2）式氧传感器，其基本元件是专用陶瓷体，即氧化锆固体电解质。氧传感器装在发动机排气管中，伸入到废气流中，外电极端受废气拂过，内电极端与外界空气接通。氧传感器基本上由一专用陶瓷体构成，其表面装有可透气的铂电极，如图 2-153 所示。氧传感器起作用的原理是陶瓷材料为多孔的，允许空气中的氧扩散（固体电解质），而陶瓷在高温下是导电的。如果两电极端的含氧量不一样，则电极上产生一个电压，即测定出排气管中的含氧浓度，并随时向 ECU 反馈信号来修正喷油量，以保证空气和燃油混合气过量空气系数 $a=1.00$。

（7）霍尔传感器　安装在分电器内，用以检测发动机曲轴的转角和转速，为 ECU 控制点火时刻和喷油时刻提供电信号。霍尔传感器的结构和工作原理如图 2-154 所示。它主要由转子叶轮、永久磁铁及霍尔元件等组成。

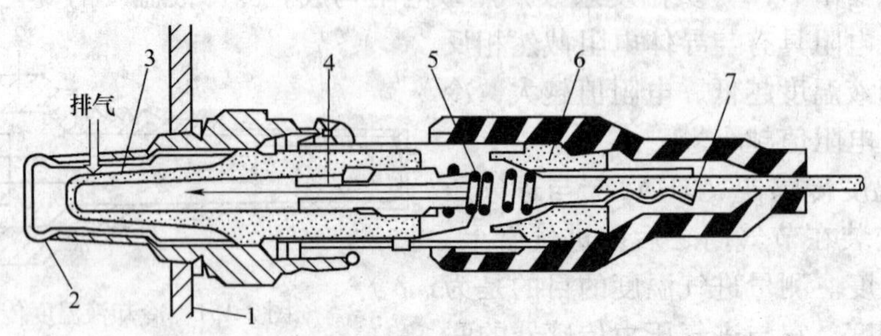

图 2-153　氧传感器

1—排气管　2—护套　3—锆管　4—电极　5—弹簧　6—绝缘体　7—导线

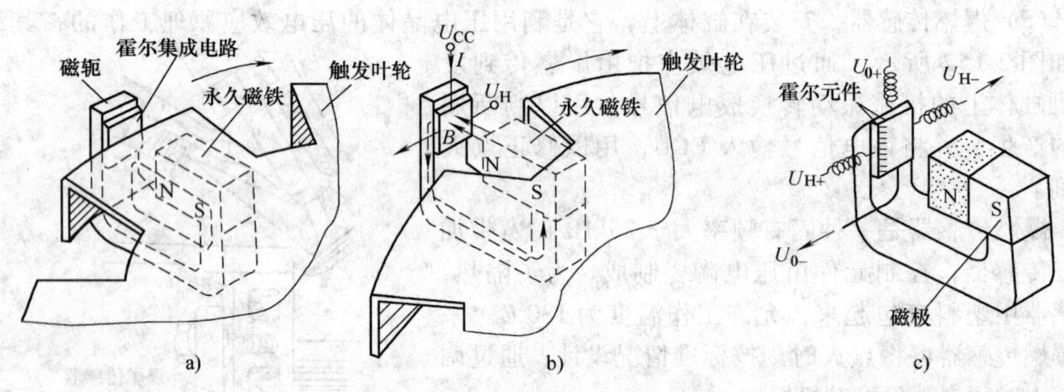

图 2-154　霍尔传感器

a）叶片进入气隙，磁场被旁路　b）叶片离开气隙，磁场饱和　c）霍尔元件电压情况

I—电流　B—磁场　U_H—霍尔电压　U_0—电源电压

3. 执行器（输出装置）

为最终完成电控系统各种功能的装置，桑塔纳轿车 Motronic 控制系统的执行器主要有：电磁式喷油器、点火控制器、怠速控制阀（步进电动机）、活性炭罐电磁阀、汽油泵继电器等。

【案例剖析】

案例 1：进气不畅

故障现象：发动机不易起动，冷却液温度降低，排气变黑，油耗明显增加。

故障分析与排除：进气不畅是现在所有汽车上最常见的故障之一。如果车主没有定期更换空气滤清器，脏的空气滤清器会在空气准备进入发动机时造成阻碍。以上现象为典型的症状。更换空气滤清器，故障即可排除。

案例2：汽油滤清器故障

故障现象：发动机运转不稳定，易熄火，似乎燃油不足。

故障分析与排除：检查以上症状最快速的方法就是检查汽油滤清器。通往喷油器的主油管内的汽油滤清器使用超过一段时间后，可能会被来自油箱的脏物堵塞。首先，进行燃油压力检测，发现压力过低，更换燃油滤清器，故障排除。

【课后思考】

1. 总结进气系统维护的注意事项。
2. 总结汽油滤清器的更换操作步骤。

学习单元8　发动机节温器与水泵的拆装与更换

【学习目标】

1. 了解冷却系统的组成、结构和功用。
2. 掌握水泵、节温器的结构和工作原理。
3. 掌握水泵、节温器的拆装方法。

【任务载体】

客户反映夏季发动机经常出现冷却液温度报警、冷却水“开锅”等现象，发动机专门有冷却系统用来控制发动机温度，因此要检查冷却系统主要部件是否工作正常。

【相关知识】

一、发动机冷却系统基本组成

汽车发动机的冷却系为强制循环水冷系，一般由水泵、散热器、百叶窗、冷却风扇、节温器、冷却液温度传感器、补偿水桶、发动机机体和气缸盖中的水套以及其他附属装置等组成。图2-155所示是桑塔纳2000GSi轿车AJR型发动机冷却系，冷却液由冷却液下橡胶软管13进入水泵5，经叶轮后径向直接进入气缸体水套6，然后流入气缸盖水套7，由气缸盖前端的出水口流出。此后，冷却液分两路：一路经冷却液上橡胶软管16流经散热器冷却后，进入节温器，由节温器进入冷却液泵进口；另一路为直接通过节温器后流入水泵进口，它又称为短路循环。节温器装在机体上的水泵进口处，节温器阀门在87℃时开始开启，在102℃时全开。短路循环在温度较低时是常开的，这样可使冷却系统的温度提高到一个较高的水平，改善发动机的热效率，同时可以确保冷却系统始终有冷却水在循环。

二、水泵

1. 水泵的功用

水泵的作用是对冷却液加压，强制冷却液在冷却系统中循环流动。

2. 离心式水泵组成

离心式水泵由壳体、叶轮、泵盖板、水泵轴、支撑轴承和水封等组成，如图2-156所示。

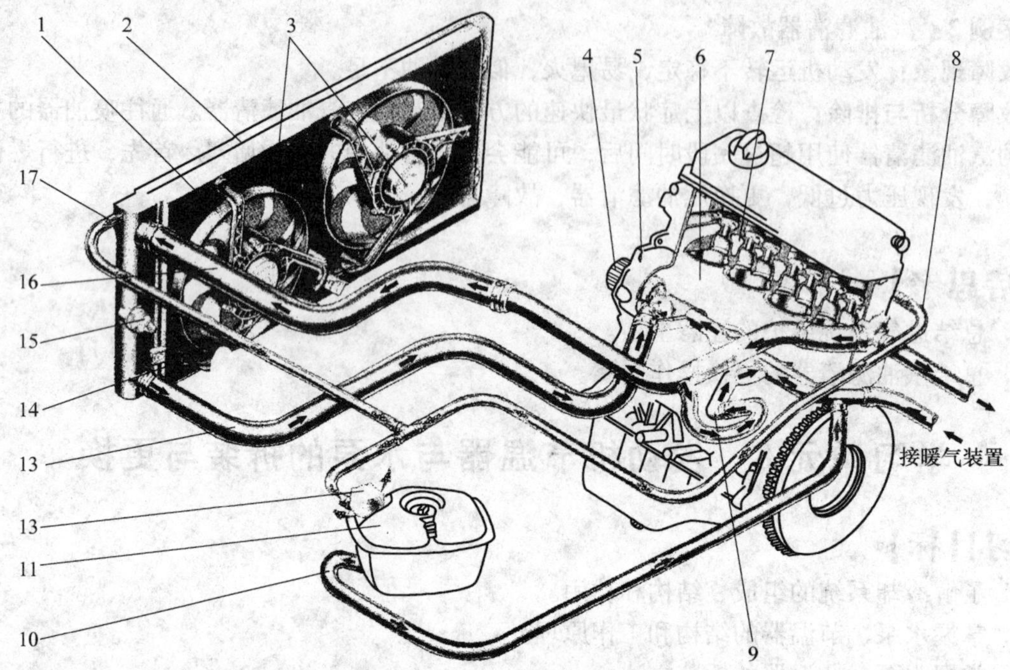

图 2-155　AJR 发动机冷却系统

1—护罩　2—散热器　3—电动风扇　4 – 同步带带轮　5—水泵　6—气缸体水套　7—气缸盖水套　8—水套排气管　9—节气门热水管　10—膨胀箱管　11—冷却液膨胀箱　12—膨胀箱盖　13—冷却液下橡胶软管　14—散热器排气管　15—电动风扇双速热敏开关　16—冷却液上橡胶软管　17—过热蒸汽

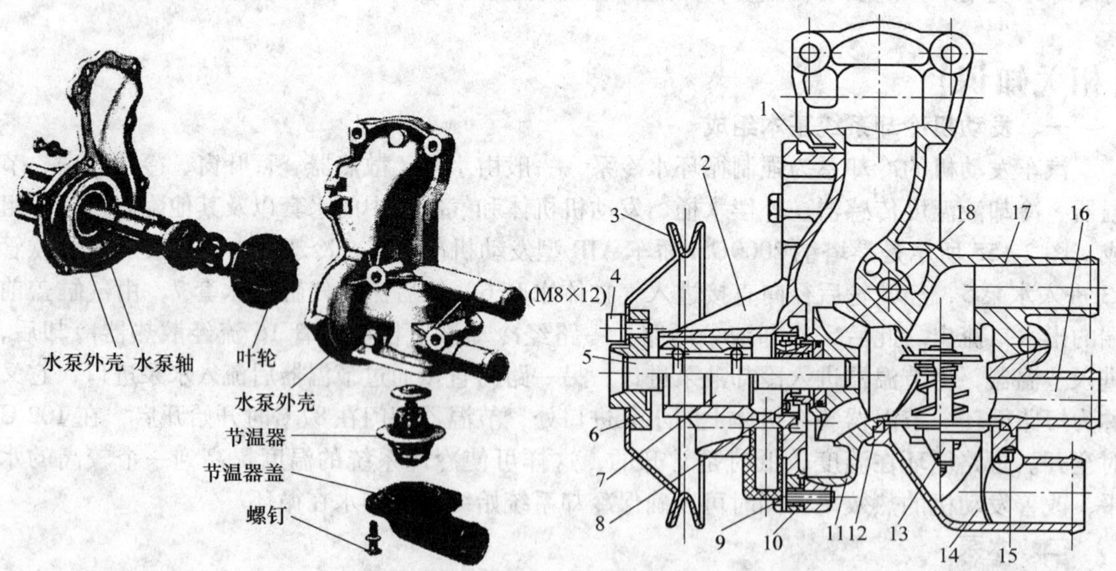

图 2-156　桑塔纳 2000 轿车 AFE 发动机水泵的纵剖面图

1、10—密封垫　2—前壳体　6—水泵轴凸缘　7—轴承桑塔纳 2000 轿车 AFE 型发动机水泵的纵剖面图
3—水泵 V 带轮　4—V 带轮紧固螺栓（拧紧力矩 20N · m）　5—水泵轴　6—水泵轴凸缘　7—轴承　8—水封　9—水泵联接螺栓　11—泵壳体　12—密封圈　13—节温器　14—主进水管　15—进水管紧固螺栓　16—暖风热交换器水泵口　17—小循环进液口　18—水泵叶轮

3. 离心式水泵的工作原理

目前使用的水泵大部分是离心式水泵，其工作原理如图2-157所示。由于离心式水泵具有尺寸小、出水量大、结构简单，并且当水泵损坏后，不妨碍水在冷却系统内的自然循环等特点，所以被广泛应用。

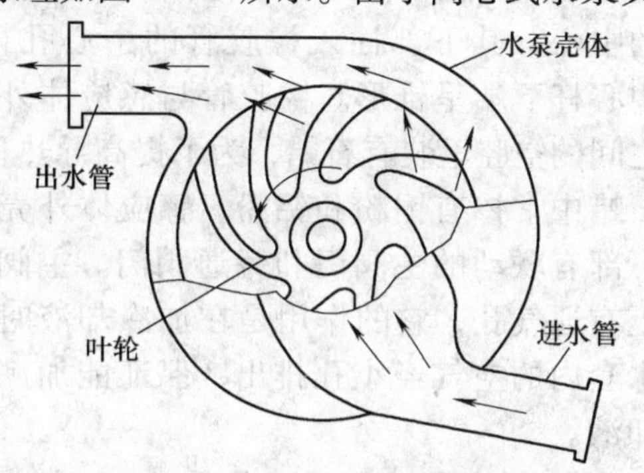

图2-157　离心式水泵工作原理

（1）压冷却液　当叶轮旋转时，水泵中的冷却液被叶轮带动一起旋转，由于离心力的作用，冷却液被甩向叶轮边缘，在蜗形壳体内将动能转变为压能，经外壳上与叶轮成切线方向的出水管被压送到发动机水套内。

（2）吸冷却液　离心式水泵压冷却液同时，叶轮中心处造成一定的真空，而将水从进水管吸入，如此连续地作用，使冷却液在液路中不断地循环。

三、节温器

要保证发动机在最适宜的温度下工作，不出现过热过冷现象，就必须能根据使用条件的变化自动调节发动机冷却强度。外界气温高，发动机在低速大负荷情况下工作，要求冷却强度要强，否则发动机易于过热。而当外界气温低，发动机负荷又不大时，其冷却强度应弱些，不然发动机就会过冷。过热过冷均不利于发动机工作。冷却强度的调整方法：一是改变流经散热器的空气流量和流速；二是改变冷却液的流量和循环路线，可利用节温器来控制发动机冷却液的大小循环路线。

1. 节温器的功用、类型

节温器安装在冷却液循环的通路中（一般安装在气缸盖的出水口或散热器出水口，如图2-158所示），其功用是根据发动机负荷的大小和冷却液温度的高低自动改变冷却液的循环流动路线，调节冷却系冷却强度，保证发动机在适宜的温度下工作，减少燃料消耗和机件的磨损。

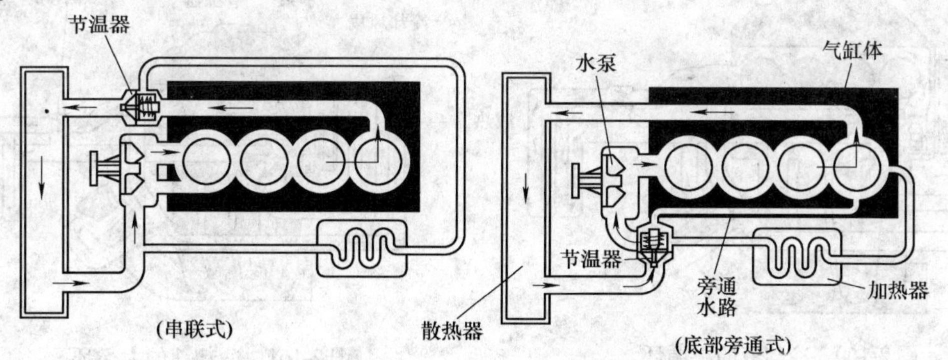

图2-158　节温器在冷却液循环通路中的安装位置

汽车发动机广泛采用蜡式节温器，它有单阀型与双阀型2种。

2. 蜡式节温器的结构与工作原理（以桑塔纳2000型轿车AFE型发动机为例）

蜡式节温器由上支架、下支架、主阀门、旁通阀、感应体、中心杆、橡胶管和弹簧等组

成，蜡式节温器的结构如图 2-159 所示，它是一种双阀节温器。节温器的上支架和下支架与阀座铆成一体。中心杆上端固定在上支架的中心，其下部插入橡胶管的中心孔内，中心杆下端呈锥形。橡胶管与感应体外壳之间的空腔里装有石蜡，为了提高导热性，石蜡中常掺有铜粉和铝粉。感应体外壳上下部有联动的主阀门和旁通阀门。主阀门上有通气孔，它的作用是在加冷却液时使水套内的空气经小孔排出，保证能加满冷却液。

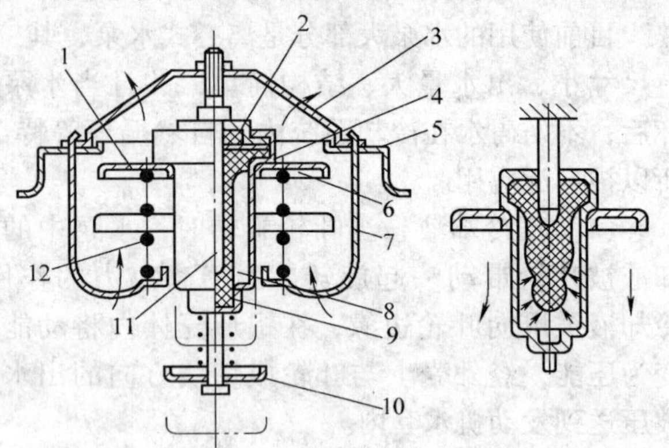

图 2-159　桑塔纳 2000 型轿车 AFE 发动机蜡式节温器
1—主阀门　2—盖和密封垫　3—上支架　4—橡胶管
5—阀座　6—通气孔　7—下支架　8—石蜡　9—感应体
10—旁通阀　11—中心杆　12—弹簧

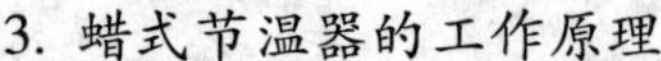

3. 蜡式节温器的工作原理

1）当冷却液温度低于 85℃时，主阀门完全关闭，旁通阀完全开启，由气缸盖出来的冷却液经旁通管直接进入水泵，称为小循环，如图 2-160 所示。由于冷却液只是在水泵和水套之间流动，不经过散热器，且流量小，所以冷却强度弱。

2）当冷却液温度在 85 ~ 102℃时，大小循环同时进行。当发动机冷却液温度达 85℃左右时，石蜡逐渐变成液态，体积随之增大，迫使橡胶管收缩，从而对中心杆，下部锥面产生向上的推力。由于杆的上端固定，故中心杆对橡胶管及感应体产生反推力，克服弹簧张力使主阀门逐渐打开，旁通阀开度逐渐减小。

3）当发动机内冷却液温度升高到 102℃时，主阀门完全开启，旁通阀完全关闭，冷却液全部流经散热器，称为大循环，如图 2-161 所示。此时冷却液流动路线长，流量大，冷却强度强。

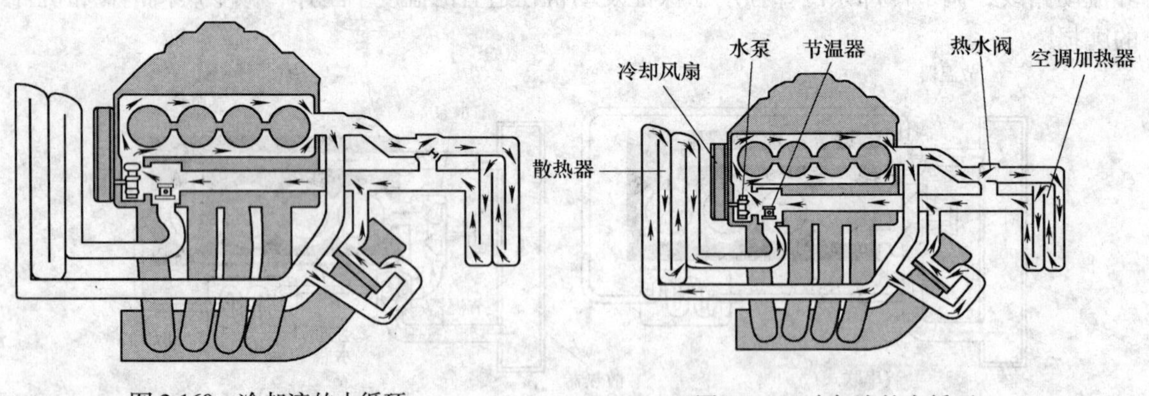

图 2-160　冷却液的小循环　　图 2-161　冷却液的大循环

【技能操作】

一、发动机冷却系统的拆卸

如图 2-162、图 2-163 所示为桑塔纳 2000 轿车 AFE 发动机冷却系统及其零件分解图。

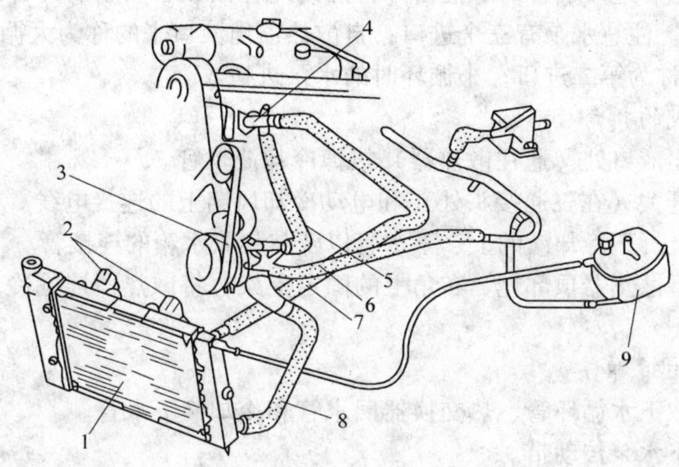

图2-162　AFE发动机冷却系统

1—散热器　2—风扇　3—水泵　4—气缸盖出水口　5—旁通（小循环）水管出水管
6—暖气回水进水泵冷却液管（进散热器）　7—气缸盖大循环时出液管　8—冷却液管　9—膨胀水箱

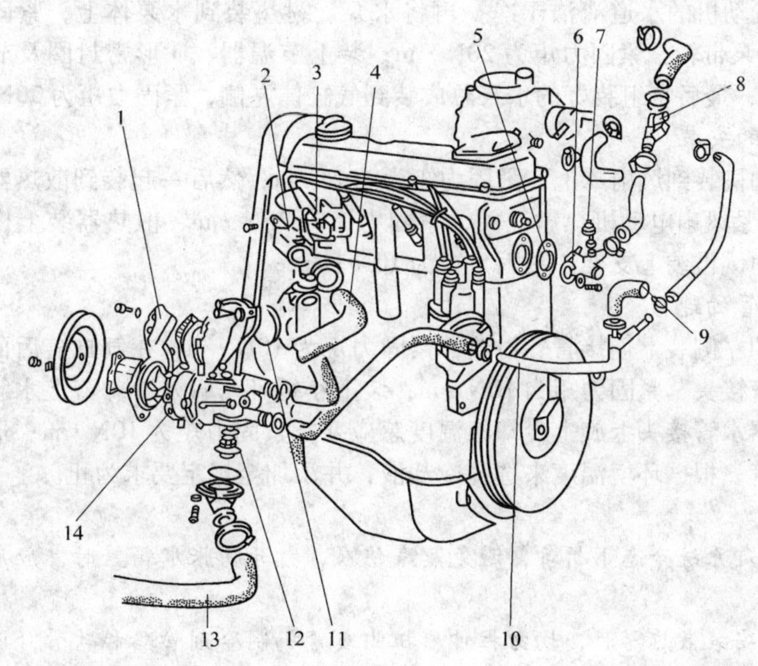

图2-163　冷却系统零件的分解图

1—水泵　2—气缸盖接管　3、5—密封垫　4—橡胶管　6—接管　7—冷却液温度传感器　8—热敏开关
9—通向暖风热交换的冷却液管　10—冷却液管　11—O形密封圈　12—节温器　13—下橡胶弯管　14—密封垫圈

1. 冷却液的排放

1）将空调暖风控制阀全开，暖风开关拨到“暖气”位置。

2）在发动机下放置一个收集盘，打开冷却液储液罐盖（必须在冷机时进行，热机时不能操作）。

3）将水泵大循环进口水管的卡箍松开，拉出冷却液软管，放出冷却液，并用容器收集好，以便以后使用。注意水泵有三个进口：自散热器出液口来的称为大循环进口；自暖风出液口来进入水泵的称为第二进口；小循环时的水泵进口。

2. 散热器总成的拆卸

1）从气缸盖出液口处（通往散热器）拔掉冷却液软管。

2）拆下热敏开关（在三通接头处）和电动冷却风扇上的连接电线。

3）从散热器上拆下冷却液的上、下水管以及与膨胀水箱的连接管。

4）放松并拆下散热器顶部左、右角上的固定支架，将散热器连同冷却风扇和护风罩整体一起取出。

3. 水泵总成的拆卸

1）从水泵上取下水循环管、热交换器回水管和冷却液下水管。

2）松开并取下水泵传动带。

3）拧下水泵的紧固螺栓，拆下水泵总成。把所有拆卸的总成、零件按顺序摆放好。

二、发动机冷却系统的安装

1. 水泵的安装

将水泵及发动机的水道清洁干净，再将水泵、衬垫装到水泵体上，紧固力矩为10N·m；然后装上水泵带轮，紧固力矩为20N·m；装上节温器、O形密封圈及节温器盖，紧固力矩为10N·m；最后将组装好的水泵总成装到气缸体左侧，紧固力矩为20N·m。

2. 散热器的安装

将风扇电动机装到风扇罩上，紧固力矩为10N·m；然后一起装到散热器上，紧固力矩为10N·m；旋紧风扇电动机热敏开关，紧固力矩为25N·m，散热器装上橡胶垫后，放入车身的安装孔中，再装上支架，紧固力矩为10N·m。

3. 冷却水管的连接

在气缸盖的左侧装上连接管、衬垫，紧固力矩为10N·m；在气缸盖后面装上衬垫、去热交换器的水管接头，紧固力矩为10N·m；装上小循环水管及冷却液上水管、冷却液下水管，在热交换器水管接头上旋上冷却液温度感应塞，紧固力矩为10N·m；最后安装膨胀水箱及其连接水管。根据环境温度来选择冷却液，并添加至规定要求为止。

注意：

1）应在冷却系统冷态下拆卸，避免蒸汽伤人，打开膨胀水箱盖时，应用抹布包住盖子慢慢开启。

2）拆卸和安装散热器时，切勿拉伸、扭曲或弯折制冷剂管路和软管，以免损坏这些管路及冷凝器。

3）冷却液有毒，放出时要小心。

4）零件要摆放好，不要乱放。

三、节温器拆装

1. 节温器拆卸（见图2-164）

1）拆下主进水管卡箍，从主进水管上拔下冷却液软管，排放冷却液。

2）从主进水管上拧下紧固螺栓，拆下主进水管。

3）取出节温器。

2. 节温器的安装

1）清洁主进水管O形密封圈的密封表面，将新的O形密封圈用冷却液浸润。

2）将节温器、O密封圈放入主进水管，顺时针拧1/4圈。

3）将带节温器的主进水管装入缸体。

4）旋入紧固螺栓，以15N·m的力矩拧紧。

5）装复冷却液软管，加注冷却液。

注意：

1）不同车型的蜡式节温器的开启时刻及阀门升程可能有所不同。

2）对节温器加液时要防止烫伤。

3）用电炉加热时要防止触电。

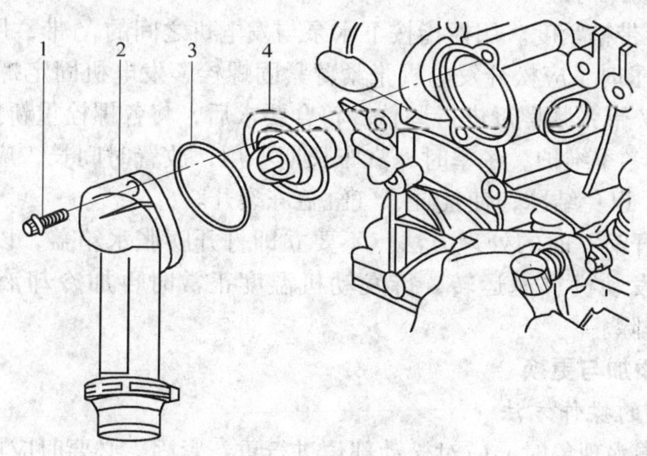

图2-164　节温器的拆卸

1—螺栓　2—节温器盖　3—O形密封圈　4—节温器

【知识与能力拓展】

一、冷却系统的维护与调整（以桑塔纳轿车为例）

车辆行驶7000km（或6个月）进行首次维护或每行驶15000km（或12个月）进行常规维护时，均应检查并调整V带的松紧度；检查发动机散热器及各管道有无漏水现象，散热器有无异物堵塞；检查膨胀水箱的液面高度是否符合要求，并进行必要的补充。常规维护时，还应检查冷却液的防冻能力，并对防冻液的成分进行必要的调整。冷却系统的一般检查：

1）起动发动机前，要检查冷却系统是否加足冷却液。

2）运转发动机，在发动机冷车、热车、怠速、中速和高速等状态下，以目视的方法检查。

①检查冷却系统各零件有无泄漏和损坏。要特别注意检查散热器盖、缸体上的水塞、车厢内的加热器芯处有无漏水。

②检查各软管有无裂缝或损坏。

③检查各接头夹箍有无松动。

3）拔出发动机的机油尺检查机油中有无冷却液，以确定冷却系统有无内部泄漏。

4）检查冷却液：

①检查冷却液膨胀水箱冷却液液面高度，应位于“max”与“min”标记之间，冷却液不足应加注到位。

②检查冷却液质量。在散热器盖、加水孔处，应无过量锈斑和水垢沉积物。如冷却液过脏，应清洗冷却系统并更换冷却液。按使用周期及时更换冷却液。

5）检查电动冷却风扇是否工作正常。发动机到达正常工作温度后，电动冷却风扇应运转，否则就是有故障，应及时排除。

6）检查散热器是否工作正常。检查散热器的散热片是否有倾倒过多的现象，如有，需扶正。检查散热器的水垢是否过多，如有，需清除。

7）按期润滑水泵轴承。

8）检查调整V带松紧度。用拇指按下水泵与发电机之间的V带，用100N力可按压10～15mm，不符合要求时，应松开发电机张紧臂紧固螺栓、发电机固定螺栓及V带张紧螺母的紧固螺钉，转动V带张紧螺母进行调整。符合要求后，将各螺栓重新拧紧。

9）冷却系统的冬季维护。冬季时，汽车长期不用，放置时间长，应将冷却液放尽或加凝点较低的冷却液，以免结冰，使气缸、气缸盖冻裂开。

10）发动机“开锅”时的处理方法。不要立即打开膨胀水箱盖，以免烫伤。为防止活塞锁死变形，应使发动机怠速运转，待发动机温度正常时再加冷却液，同时查明发动机“开锅”的原因并排除。

二、冷却液的添加与更换

1. 添加冷却液的操作方法

冷却系统存在漏水现象时，应对松动部位进行重新紧固，必要时应更换相应机件。散热器表面有异物堵塞时，应及时清除干净。冷却系统的液面应位于膨胀水箱液面max（最高）与min（最低）标记之间，低于“min（最低）”标记时，应及时添加冷却液，其具体操作方法如下：

1）将暖气开关拨至“Warm（热）”位置。

2）打开膨胀水箱盖，向内添加冷却液，直至液面达到“max（最高）”标记处。

3）拧紧膨胀水箱盖，起动发动机，使冷却液温度逐渐升高，温度升高到风扇开始转动时，关闭发动机。

4）再次检查液面高度，如有下降，再将其添加至与膨胀水箱上的“max（最高）”标记平齐。

2. 更换冷却液的操作方法

若发现冷却液的防冻能力明显下降，应更换冷却液，其操作步骤如下：

1）将暖气开关拨至“Warm（热）”位置，使暖气阀全开。

2）打开膨胀水箱盖。

3）松开水泵进液口软管的夹箍，放出全部冷却液，并予以收集。

4）接好水泵进液口软管。

5）将合适成分的冷却液自膨胀箱口加注到冷却系统中，以下操作工艺与添加冷却液相同，最终使液面应达到“max（最高）”标记处。

注意：

1）冷却液有毒，进行更换及添加时，必须防止其进入口中，特别要防止小孩与之接触。

2）根据使用地区温度按比例配制冷却液。

3. 冷却系统的清洗检查

散热器的水垢若过多，使发动机过热，可使用散热器清洗剂清洗，操作如下：

1）将散热器清洗剂直接倒入散热器中。

2）起动发动机运转10min，并适当提高转速。

3）将散热器中的清洗剂放掉，并加入清水运行10min后再放掉。

4）加入新的防冻液或冷却液。

【案例剖析】

案例：发动机过热

故障现象：一位用户反映发动机过热，且该故障出现得非常快。

故障分析与排除：如果发动机已经过热且该故障迅速出现，则节温器可能有问题。因为，如果节温器保持关闭，冷却液即无法穿过节温器流到散热器进行大循环。拆下节温器检查，果然有故障。更换节温器，故障排除。

【课后思考】

1. 如何检修发动机冷却水泵？
2. 怎样判断节温器的好坏？

学习单元9　发动机排气管更换

【学习目标】

1. 熟悉排气系统的组成、结构和功用。
2. 掌握拆排气管的更换方法。
3. 掌握排气系统的检查方法。
4. 了解涡轮增压装置的结构、工作原理。

【任务载体】

用户反映发动机动力有损失，发动机附近听到排气噪声，要求检查。

【相关知识】

了解排气系统的组成与功用。

典型的排气系统包括以下各种部件：排气歧管，排气管及密封垫，催化转化器，消声器，谐振器，尾管，隔热罩，卡箍、支架和悬吊，排气氧传感器。

排气系统的所有部件都被设计得与汽车的底部空间相适应，并与道路保持一定的安全距离。

注意： 检查和维修排气系统时，要谨记在发动机运转时排气系统的零部件温度都会变得很高，与其接触会严重烧伤，而且在汽车下方作业时一定要戴上安全眼镜或护目镜。

一、排气歧管

排气歧管（图 2-165）收集从气缸流出的燃烧废气并将其送入排气管中。大多数汽车的排气歧管都由铸铁或球墨铸铁制成，许多新型汽车采用冲压的厚钢板或不锈钢板装置。

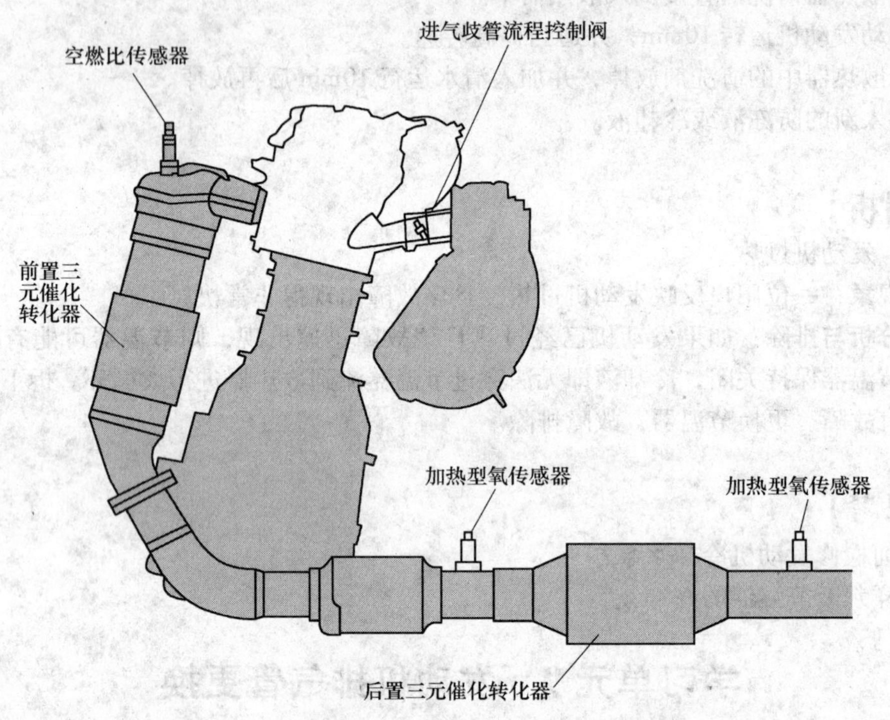

图 2-165　新型排气歧管和带有氧传感器及催化转化器排气管的基本布置

直列发动机有一个排气歧管，V 型发动机在发动机的每一侧各有一个排气歧管。根据发动机的类型，一个排气歧管可能有 3、4 或 6 个排气支管，这些支管在尾端汇集成单一通道，此后，废气将流过催化转化器、消声器和尾管，然后从汽车后部排出。

V 型发动机可能配用双排气管系统，这种系统在同一汽车上有两套几乎一样但彼此独立的排气系统。

排气系统还被设计作为特殊的发动机底盘燃烧器，排气系统的长度、管口尺寸和消声器尺寸使排气在排气系统内转折。排气歧管的适度转折实际上可以产生一定真空，从而有助于从气缸中吸出废气，独立的排气支管口（见图 2-166）可以避免各个气缸的排气相互干扰，从而提高了发动机的效率。

在排气歧管上可以安装空气喷射反应（AIR）管（见图 2-167），该管将冷空气从 AIR 系统引入排气气流中。有些排气歧管具有为 EGR 管预留的接口，可以从排气中取样，并将其供给 EGR 阀，排气歧管还设有安装氧传感器的安装孔。

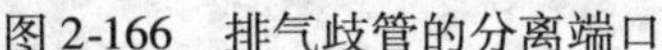

图2-166　排气歧管的分离端口

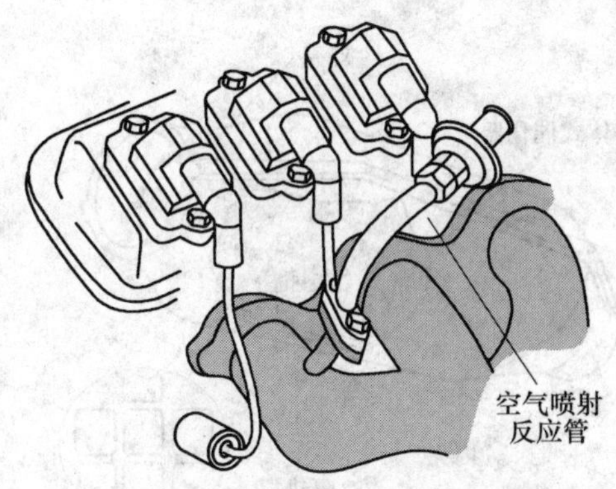

图2-167　排气歧管的分离端口

注意：排气歧管衬垫用于密封气缸盖与排气歧管的连接处，许多新型发动机组装时无需排气管衬垫，是因为新型排气歧管与气缸盖的结合面很平整，拧紧后不会发生泄漏。排气歧管会经历许多加热、冷却循环，从而使排气歧管产生应力和腐蚀，拆却后的排气歧管通常会有轻微变形，与气缸盖的结合面不再平整，不用衬垫就很难密封，所以在重新安装排气歧管时一般需要使用衬垫来消除泄漏。

二、排气管及衬垫

排气管是由渗铝钢或不锈钢或镀锌钢板制成的金属管件，安装在汽车下部排气歧管与催化转化器之间（见图2-168）。

三、催化转化器

1. 催化转化器的结构和工作原理

催化转化器（见图2-169）是排气系统的一部分，而且是排放控制系统非常重要的部分，其核心为其内一个涂覆有催化剂的陶瓷芯。由于催化转化器是两个系统的共用部分，所以其角色也是双重的，作为排放控制装置，其功用是将有害排气转化为无害气体，而作为排气系统的一部分，希望它能减小排气噪声。

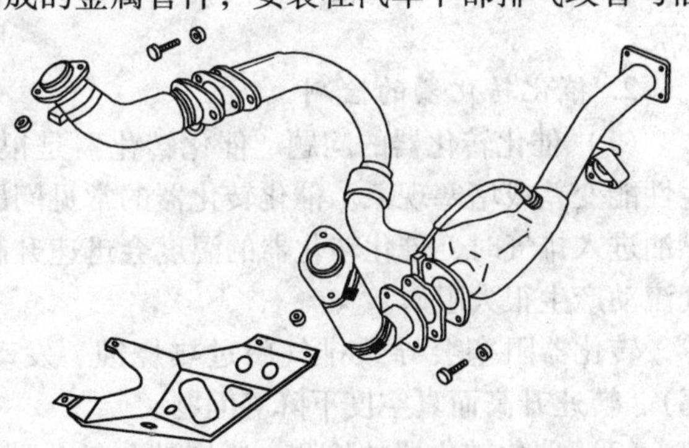

图2-168　V6发动机配用的前段排气管

催化转化器有颗粒式和整体式之分。颗粒式催化转化器有一个由数百个小球构成的床体，废气从床体上面流过；整体式催化转化器中，废气从蜂窝状陶瓷体中流过。颗粒床或陶瓷体的表面都涂覆有钵、铂、把和锗层，并被封装在不锈钢壳体中。大多数汽车都要配用微型催化转化器，微型催化转化器或者安置在排气歧管中，或者紧接在排气歧管后（见图2-170）。微型催化转化器用于在发动机暖机过程中清洁排气，因而也被称为暖机转化器。

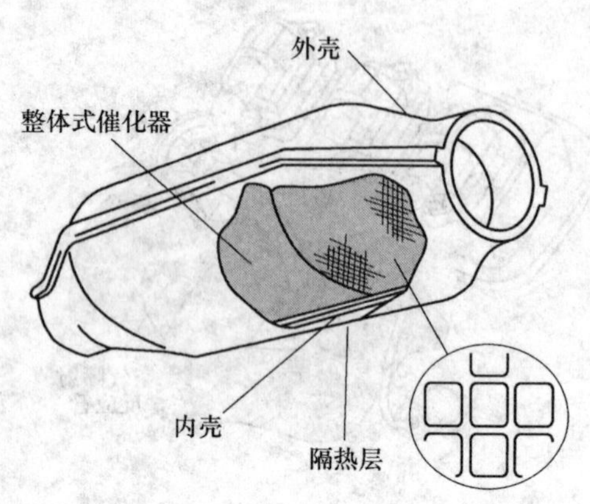

图 2-169　催化转化器

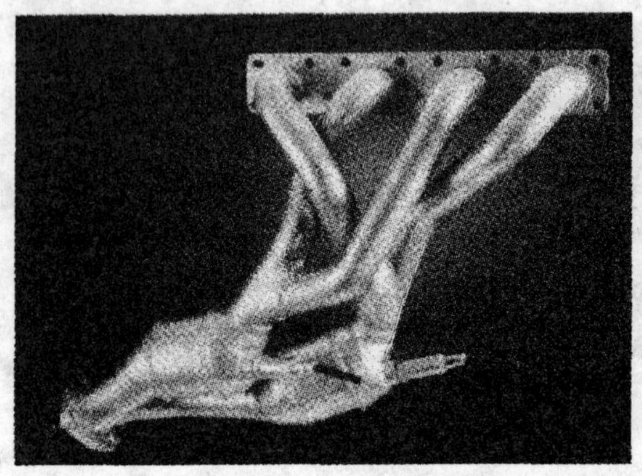

图 2-170　该排气歧管有两个独立的微型或暖机催化转化器

许多催化转化器有一根连接到 AIR 系统的空气管，以提供多余氧气使催化转化器进行氧化反应。

OBD—Ⅱ规范要求在汽车的催化转化器出现问题和发生失效时，要向驾车者提供相关信息，ECU 监测器将位于催化转化器前端和后端的氧传感器信号进行比较（见图 2-171），如果两个氧传感器的输出信号相同，表明催化转化器不能正常工作，就将仪表板上的 MIL 灯点亮。

2. 催化转化器的检测

（1）催化转化器的问题　催化转化器是很少发生故障的排气控制装置，但是可能会发生性能变差或堵塞现象。催化转化器的常见问题大多是由过热引起的，当发动机缺火使未燃燃油进入排气时，催化转化器的温度会迅速升高，高温会使转化器内的催化材料熔化，对排气流动产生很大阻碍。

转化器阻塞会导致排气门过热烧蚀、发动机高速时功率降低、起动后熄火（完全阻塞）、转速升高而真空度下降等问题。

（2）催化转化器的检测　判定催化转化器工作是否正常的最好方法是利用四气分析仪检测排气品质，如果转化器工作正常，检测结果会显示排放水平很低。

检测催化转化器的另一种方法是使用手持数字式高温计。将高温计探头与催化转化器前端和后端的排气管分别接触，排气通过催化转化器后温度至少应升高 37.7℃。如果催化转化器的出口温度与进口温度相同或比进口温度还低，表明在催化转化器内没有发生反应，意味着需要更换催化转化器。如果催化转化器的出口温度略高于进口温度，在判定转化器有问题之前，应先检查氧传感器的性能。因为，催化转化器的效率取决于混合气浓稀的正常转换，氧传感器的偏移将影响催化转化器的活性。如果氧传感器工作正常，应更换催化转化器。

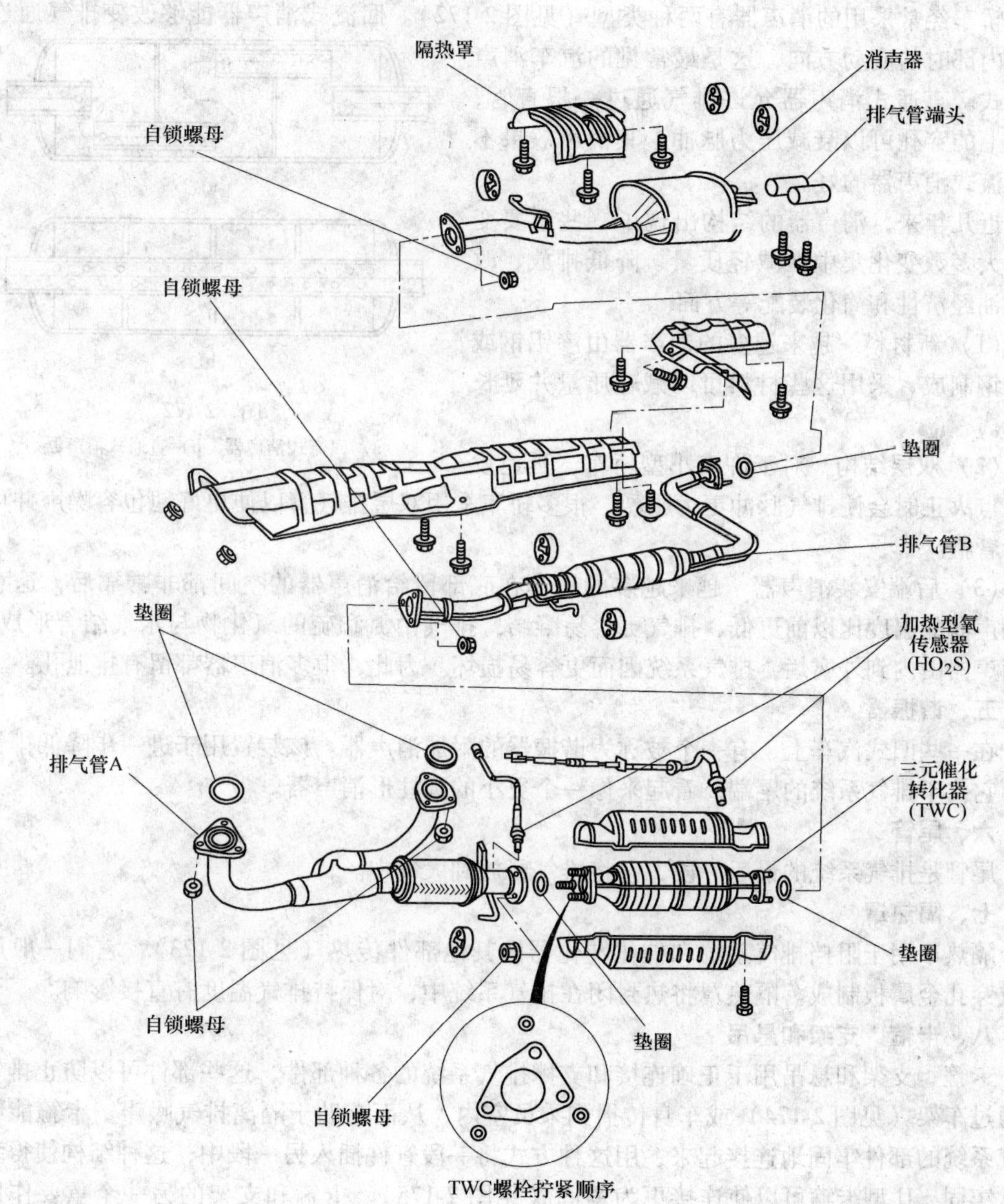

图2-171 具有OBD—Ⅱ系统的汽车排气系统

四、消声器

消声器是一个圆柱形或椭圆形部件，一般约有0.6m长，安装在排气系统的中间或靠近汽车的后部。消声器内部是一系列隔板、腔室、管道和孔口，以衰减、抵偿或抑制在排气门每次开启时出现的压力脉冲。

轿车经常采用的消声器有两种类型（见图2-172）。回流式消声器能够改变排气通过消声器内部时的流动方向，这是最常见的汽车消声器形式。直通式消声器允许排气通过一根直管，直管上的穿孔可以衰减压力脉冲，其消声效果不如回流式消声器的好。

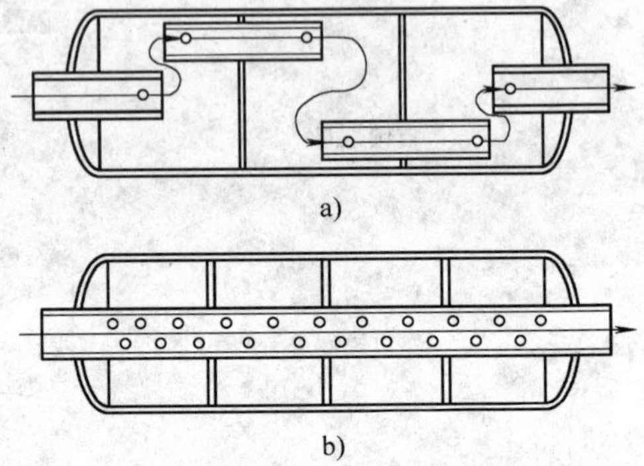

a)

b)

图 2-172

a）回流式消声器 b）直通式消声器

近几年来，消声器的结构出现了一些重要变化，大多数变化集中在减轻质量、降低排放、改善燃油经济性和简化装配等方面。

（1）新材料 越来越多的消声器由渗铝钢或不锈钢制成，采用这些材料可以减轻质量并延长寿命。

（2）双层结构 对于许多小型轿车，延迟发动机点火正时会使排气脉冲更为剧烈，很多轿车采用双层排气管以便更好地包容噪声并可以减少管箍。

（3）后端安装消声器 越来越多的轿车在底部留给消声器的空间都非常靠后，这意味着消声器的温度比以前更低，排气更容易凝结，排气中氮和硫的氧化物与水气结合形成酸，使消声器由内到外腐烂，排气系统因而更容易损坏。为此，很多消声器都留有排泄孔。

五、谐振器

在一些旧式汽车上，有一个被称为谐振器的附加消声器。该装置用于进一步降低排气噪声，它位于排气系统的尾端，看起来像一个更小的圆柱形消声器。

六、尾管

尾管是排气系统的最后一段，它将排气释放到大气中。

七、隔热罩

隔热罩用于阻挡排气系统和催化转化器向其他部件传热（见图2-173），它们一般用冲压或穿孔金属板制成。隔热罩将热封闭在排气系统中，对保持排气温度有直接影响。

八、卡箍、支架和悬吊

卡箍、支架和悬吊用于正确连接和支撑排气系统的各种部件，这些部件可以防止排气噪声通过车架（见图2-174）或车身传播到乘员室内，从而有助于隔离排气噪声。卡箍能够将排气系统的部件牢固地连接起来，用这种方式将一段管件插入另一段中，这种结构使得装配非常牢固，U型卡箍可以使连接更为紧固（见图2-175）。卡箍和支架的另一个重要作用是将排气管固定在汽车的底部。卡箍和支架必须能够允许排气系统振动，却又不会将振动传给汽车。有些排气系统是在工厂将各部件焊接在一起构成的整体装置，通过焊接取代卡箍装配可以免去连接交叠部分和卡箍的质量。

有多种不同的柔性悬吊装置被采用，以适用于特定的应用场合。有些排气系统在排气部件上和车架或车身上的吊钩之间用橡胶悬吊支撑，而有些在排气管和尾管连接之间用一个金属与强化纤维复合的悬吊进行支撑，橡胶悬吊和强化纤维支撑都允许排气系统振动，从而避免了直接与车架连接所引起的破坏。

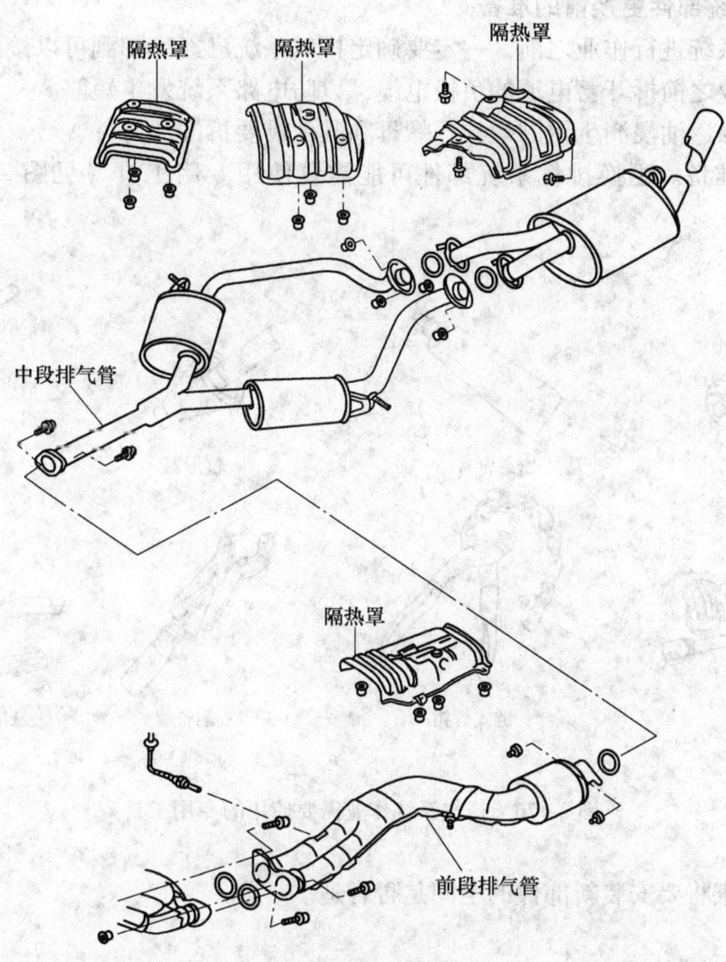

图 2-173　隔热罩在排气系统中的典型布置

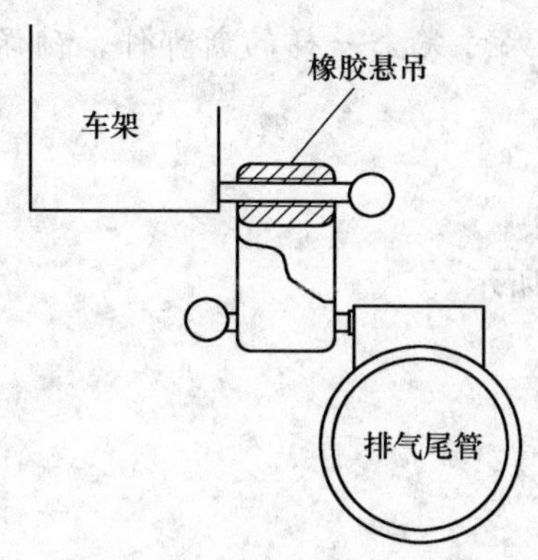

图 2-174　保持排气尾管位置使其不与车架接触的橡胶悬吊

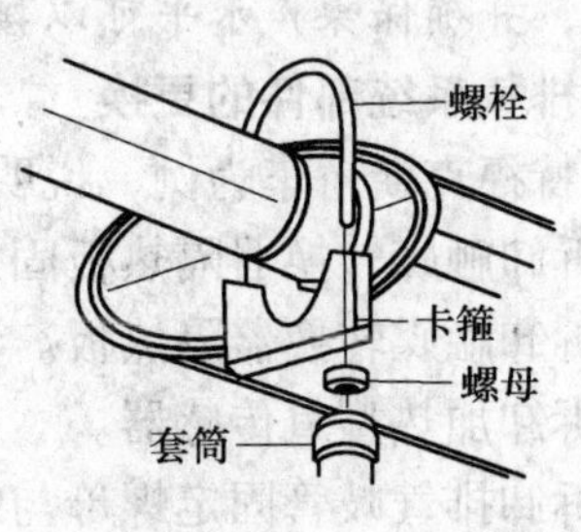

图 2-175　U 型卡箍工作位置

【技能操作】

一、排气系统部件更换前的准备

1）对排气系统进行作业之前，一定要确定排气系统已经冷却到可以接触的程度。

2）开始作业之前拆开蓄电池的负极电缆，以防电路系统发生短路。

3）用好的渗透油浸润生锈的螺栓、螺母和其他需要拆卸的部件。

4）工具的准备。更换排气系统部件可能需要使用专用工具（见图 2-176）和焊接设备。

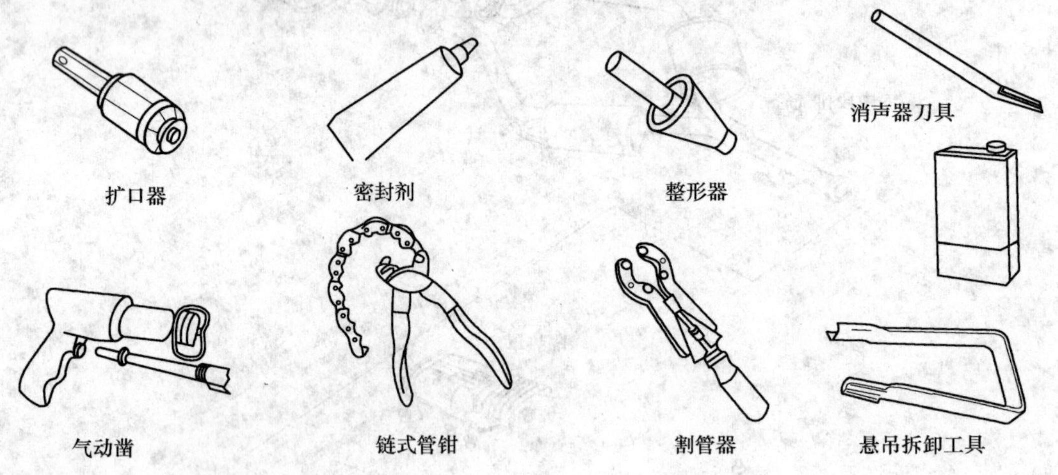

图 2-176　排气系统作业需要使用的专用工具

5）最后检查将要安装新部件的空间是否合适。

注意：

1）检查和维修排气系统时，要谨记在发动机运转时排气系统的零部件温度都会变得很高，与其接触会导致严重烧伤，而且在汽车下方作业时一定要戴上安全眼镜或护目镜。

2）更换排气系统部件时，一定要使用与原来部件尺寸完全一样的新部件，确保安装正确和对正，并确保噪声水平可以接受。

二、排气系统部件的更换

以福特福克斯轿车为例，说明排气系统的拆卸方法。

1）拆卸触媒转换器隔热板固定螺栓，如图 2-177 所示。

2）拆卸触媒转换器隔热板。

3）拆卸加热型氧传感器。

4）拆卸排气歧管固定螺母与螺栓。

5）拆卸触媒监视器传感器。

6）拆卸触媒转换器至后消声器凸缘的固定螺母。

7）拆卸排气管吊耳。

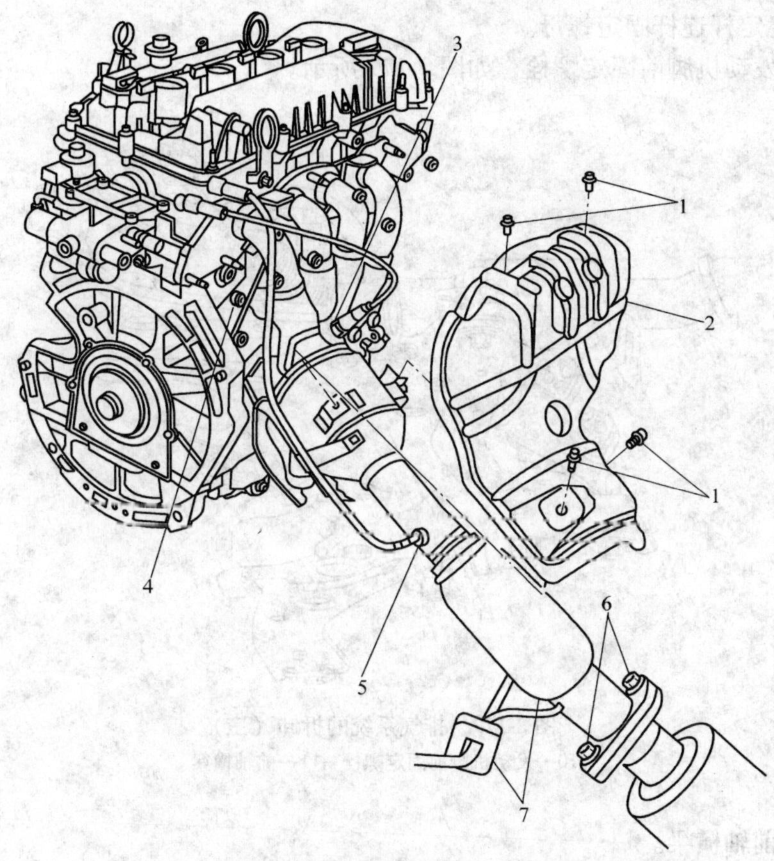

图 2-177　排气系统的拆卸（一）

1—触媒转换器隔热板固定螺栓　2—触媒转换器隔热板　3—加热型氧传感器　4—排气歧管固定螺母与螺栓　5—触媒监视器传感器　6—触媒转换器至后消声器凸缘的固定螺母　7—排气管吊耳

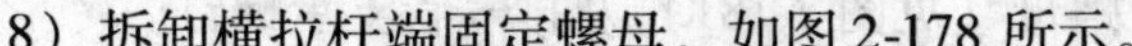

8）拆卸横拉杆端固定螺母，如图 2-178 所示。

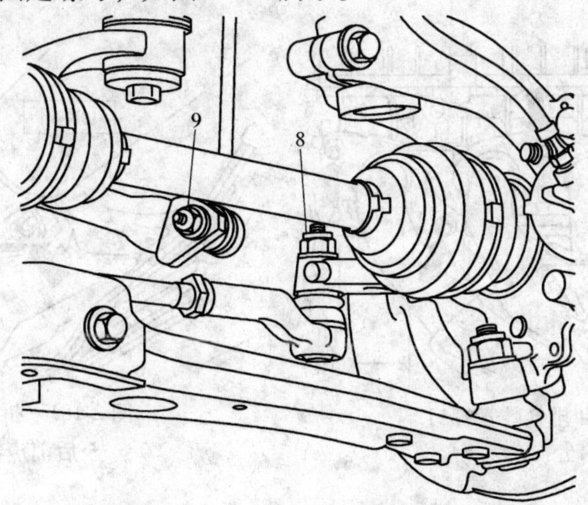

图 2-178　排气系统的拆卸（二）

8—横拉杆端固定螺母　9—稳定杆连杆固定螺母

9）拆卸稳定杆连杆固定螺母。

10）拆卸发动机脚前固定螺栓，如图 2-179 所示。

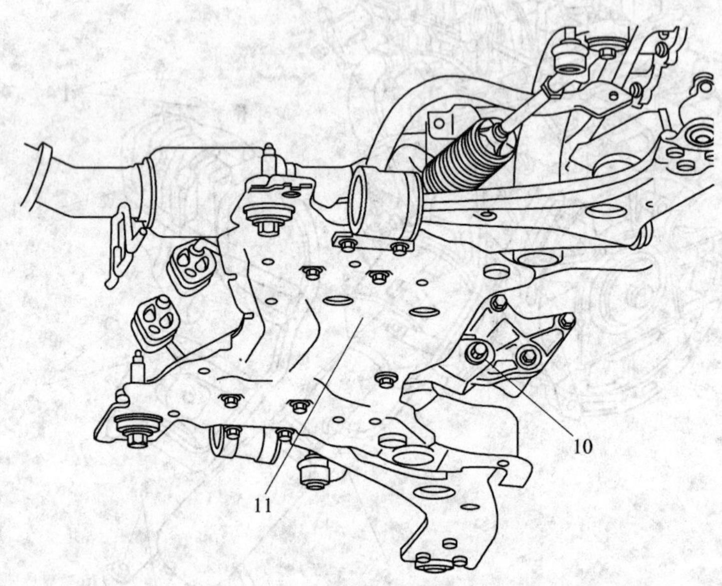

图 2-179　排气系统的拆卸（三）

10—发动机脚前固定螺栓　11—前轴横梁

11）拆卸前轴横梁。

12）拆卸排气歧管螺钉，如图 2-180 所示。

13）拆卸触媒转换器。

14）拆卸排气管衬垫。

15）拆卸触媒转换器至后消声器固定螺母（见图 2-181）及排气管支承螺钉。

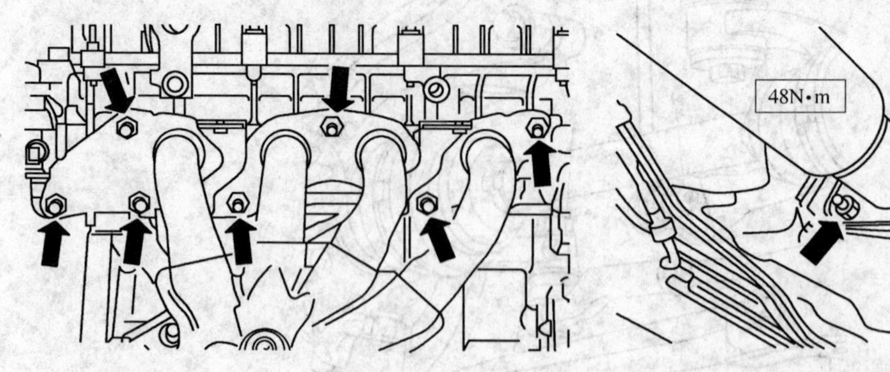

图 2-180　拆卸排气歧管螺钉

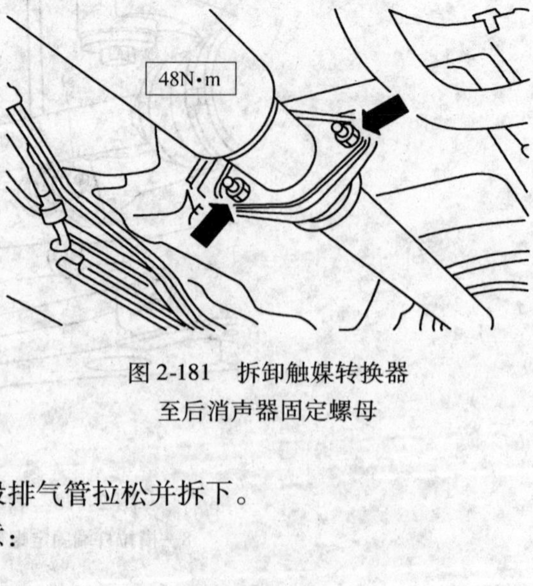

图 2-181　拆卸触媒转换器至后消声器固定螺母

16）将排气管从催化转化器上拆下，将前段排气管拉松并拆下。

更换时依照拆卸的相反程序安装。但应注意：

1）更换泄漏衬垫和密封垫。最可能发生泄漏的是位于排气歧管和排气管之间的衬垫和密封垫（见图2-182）。一旦将排气管与排气歧管分离，衬垫就失去了效用，必须更换新的。

2）安装排气衬垫时，要认真按照衬垫包装标签和说明书上的要求进行，开始安装之前要通读每一步安装说明，要重视原厂维修手册中关于会影响发动机密封的建议和要求。如果在排气歧管还很热时就进行拆卸很容易发生变形，金属受热膨胀后，将使固定螺栓很难拆卸，而且容易损坏。

3）为了更换排气歧管衬垫，应先按相反顺序拧松各个螺栓，再重复以上顺序拆卸螺栓，将部件发生变形的可能性降到最低。

4）在密封表面遗留旧衬垫残留物将增大泄漏的可能性，好的衬垫拆卸器能够快速除去旧衬垫残留物和附着物，用刮刀和钢丝刷去掉软化后的残留物。从铝制部件表面去掉衬垫材料时，一定要使用非金属刮刀。

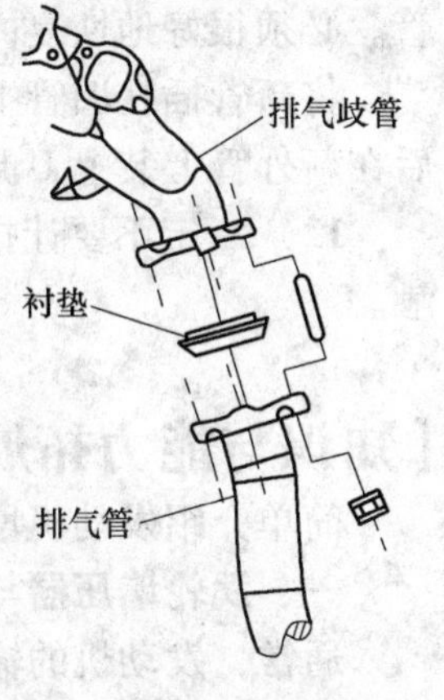

图2-182　排气歧管与排气管之间的衬垫和密封垫常会发生泄漏

5）检查排气歧管是否存在会引起泄漏的沟槽、刮伤或裂缝，如果存在裂缝或严重变形，应更换排气歧管。将排气歧管接合面上的不平整处锉平，保证密封良好。

6）由于经受高温作用，需要修整所有的螺纹孔、螺柱和紧固螺栓以保证拧紧，并能平衡作用在衬垫上的夹紧力。用抗高温防咬合剂润滑螺纹，用少量粘合剂将衬垫固定在安装位置，在粘合剂干透之前将衬垫对正，在安装排气歧管之前应使粘合剂干透。

7）用手装上螺栓，按照维修手册或衬垫说明书上规定的拧紧力矩分三步拧紧螺栓，第一步拧紧到规定力矩的一半，第二步拧紧到3/4，最后完全拧紧。拧紧顺序应从排气歧管中央开始，按照对角顺序向外逐个拧紧。

8）更换损坏的排气管时，先将催化转化器支撑好，以免掉落。如果有氧传感器，应小心地将其拆下。拆卸将排气管固定在车架上的所有悬吊或卡箍，再将排气管与排气歧管的固定螺栓拆下。

9）对于生锈的螺母，先进一步将其拧紧会比直接拧更容易使其松动，严重锈蚀的卡箍或悬吊很容易去掉。有时旧排气系统因为有大的部件而不会从车身上自行脱落，如后端或变速器支撑，用大签子、割管器、钢锯、消声切割器或链式截盘在合适部位切割旧排气系统，将排气系统分割成小件。

大多数排气系统采用凸缘或插接连接，并用卡箍将排气管与消声器固定，而很少采用焊接连接。如果汽车的排气系统是焊接连接，用钢锯或割管器将排气管在接合处割断，将新排气管焊接到消声器上，可以使用合适的接管将排气管和消声器连接起来，接管插入消声器的长度至少要达到50mm。

10）一定要戴上护眼罩以保护眼睛，戴上工作手套以防锈蚀部件割伤手。

11）更换排气系统的部件时，可能会遇到部件锈结在一起的情况，这在一段排气管插接到另一段排气管或消声器中时会经常遇到。如果想要再用部分旧管，用錾

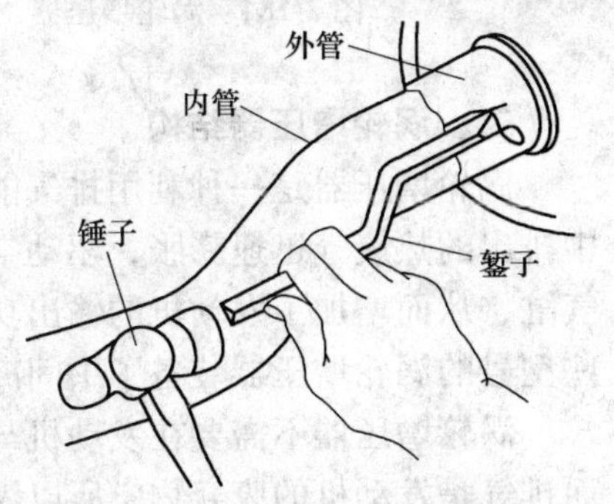

图2-183　拆卸锈死的消声器

子（见图 2-183）或切割工具处理锈结在一起的外管时就要特别谨慎，一不小心就会损坏内管。必须很好地恢复内管的圆度，使其能够与新管很好地密封。

将新管插在旧管上，使排气系统的其余部分就位，将新旧管件插入一定深度并对正，然后在新外管上装上 U 形卡箍，使其连接更加牢固可靠。

12）一定不要让排气系统的部件与车身、燃油管、燃油箱或制动管的任何部分直接接触。

【知识与能力拓展】

简单介绍发动机增压器。

一、涡轮增压器与机械增压器

通常，发动机的输出功率是由单位时间内燃烧的混合气来决定的，进气量增加，功率就增加。因而，为了增加发动机的输出功率，需要增加发动机的排量，或是提高发动机的转速。而如果发动机的排气量增加，其重量也会增加。此外，运动零件的摩擦损失、振动和噪声等因素也限制了发动机转速的提高。

增压器是在不改变发动机排气量的情况下，通过增加进气量解决了提高输出功率和使发动机轻量化、紧凑化之间的矛盾。

涡轮增压器和机械增压器是把空气压进气缸以产生高于大气压的压力，以提高发动机的功率输出的装置。

涡轮增压器和机械式增压器有两种被驱动方法：涡轮增压器是被排气所驱动（见图 2-184），机械增压器是被发动机所驱动（见图 2-185）。

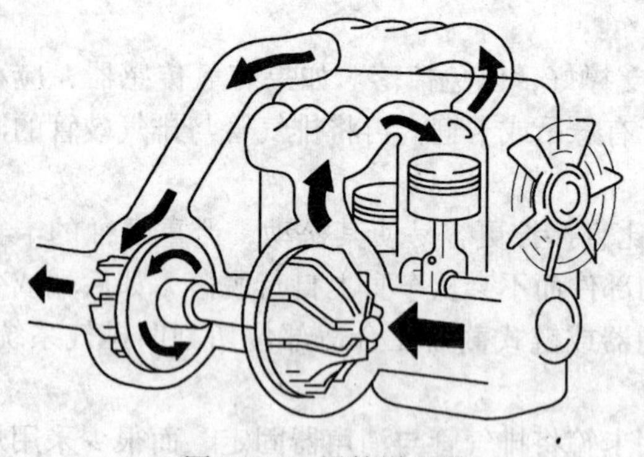

图 2-184　涡轮增压器

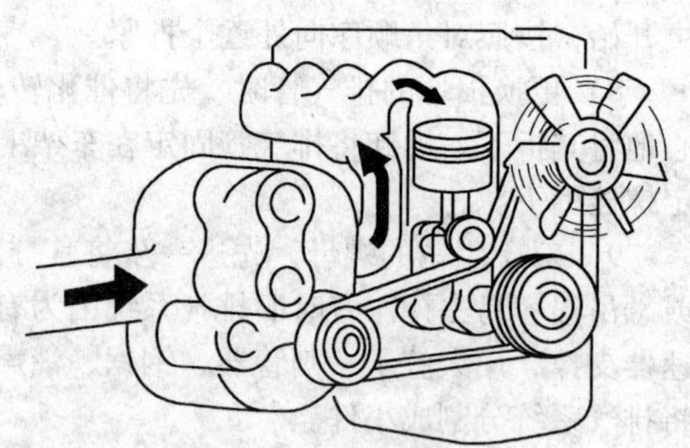

图 2-185　机械增压器

二、涡轮增压器结构

涡轮增压器是一种利用排气能量使涡轮高速旋转的装置。和涡轮同轴装着泵轮，从气缸中排出的热废气迅速膨胀，驱动空气泵的涡轮旋转，如图 2-186 所示。它旋转时把空气压进气缸，从而增加了发动机的输出功率。排气旁通阀和执行器用来防止增压压力升得太高。某些型号的涡轮增压器装备了中间冷却器，以降低进气温度，改善进气效率。

涡轮增压器不需要在发动机与压缩进气的压缩泵之间有机械联系，它们仅依赖于排气，而排气是发动机的废弃物，所以涡轮是通过增压器的废物利用所产生的能量的。

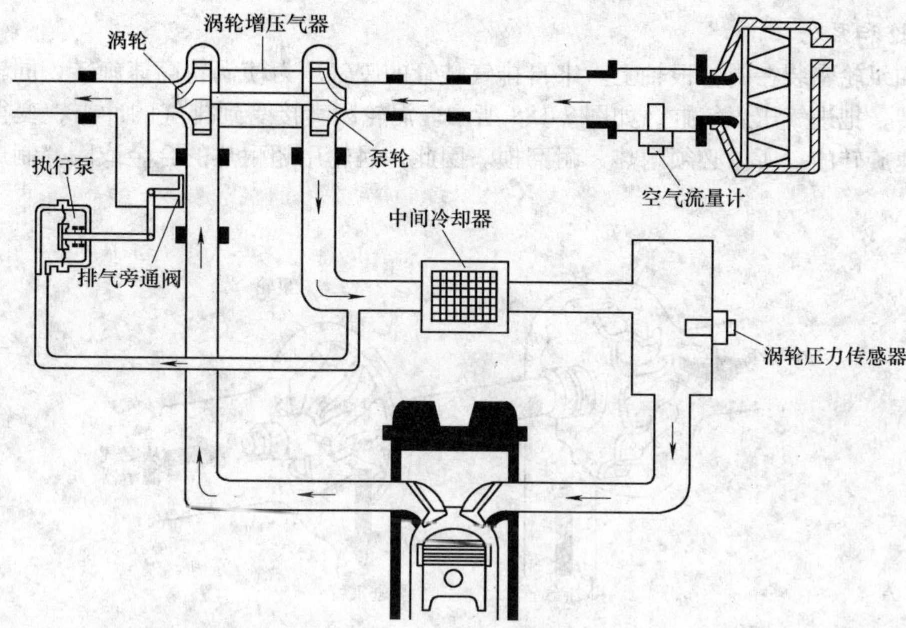

图2-186　涡轮增压器工作原理

涡轮增压器一般由涡轮壳体、压缩壳体、中间壳体、涡轮、泵轮、全浮式轴承、排气旁通阀和执行器等部件构成，如图2-187所示。

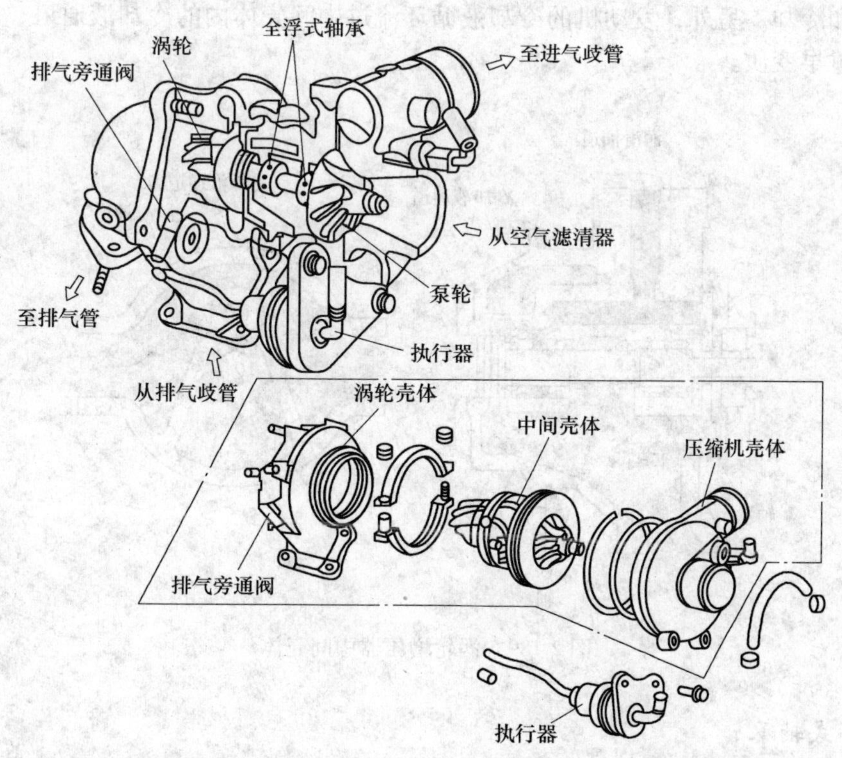

图2-187　涡轮增压器构成

1. 涡轮和泵轮

涡轮和泵轮安装在同一根轴上。来自排气歧管的废气压力使涡轮高速旋转，同轴上的泵轮跟着旋转，把进气压入气缸，如图 2-188 所示。涡轮因直接受到排气的冲击，变得特别热而且是高速旋转的，所以必须耐热、耐磨损。因此，涡轮用超耐热的合金或陶瓷制成。

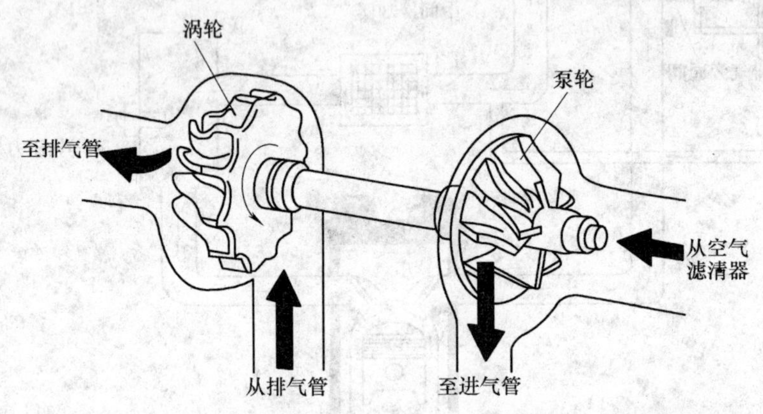

图 2-188　涡轮增压器涡轮和泵轮

2. 中间壳体

中间壳体通过轴支撑着涡轮和泵轮，如图 2-189 所示。中间壳体里有一个油道向轴和轴承提供润滑和冷却。另外，发动机的冷却液循环流过中间壳体内的冷却液通道，防止润滑油温度升高及过早变质。

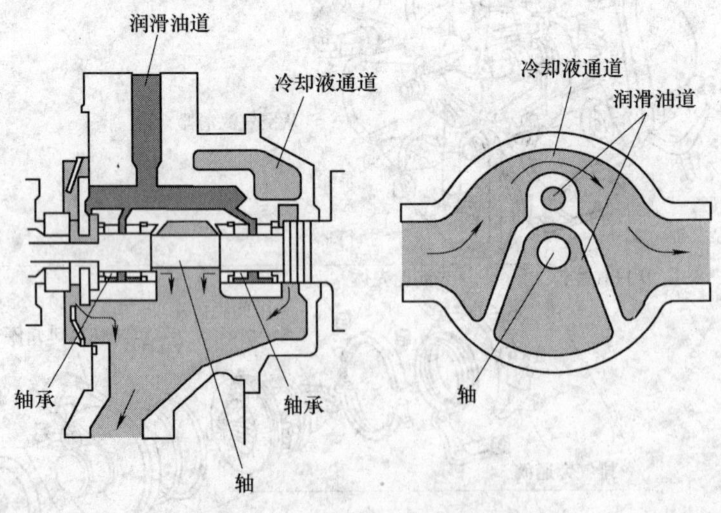

图 2-189　涡轮增压器中间壳体

3. 全浮式轴承

因为涡轮和泵轮的转速在 100000r/min 以上，所以采用全浮式轴承以吸收轴的振动，如

图 2-190 所示。全浮式轴承由润滑油冷却，以使轴承在轴和壳体之间自由旋转，减少了摩擦，因此轴可以高速旋转。

4. 排气旁通阀和执行器

排气旁通阀安装在涡轮壳体内部。如图 2-191。当增压压力超过标准值时，即大约在 70kPa（约 0.7kg/cm²）时，排气旁通阀开放，通过旁通通道将废气排入排气管，来达到调节增压的目的。排气旁通阀的开启和关闭受控于执行器。

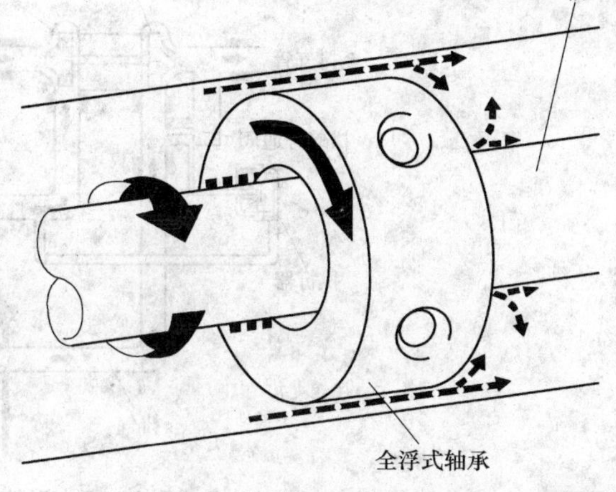

图 2-190　涡轮增压器全浮式轴承

涡轮增压器能够将进气压力提高到正常大气压力以上，例如，69kPa 的增压器可以向发动机供给压力达 170kPa 的空气（101kPa + 69kPa = 170kPa）。

有些发动机采用两个不同尺寸的涡轮增压器，尺寸较小的增压器转速非常快，可以减轻滞后现象，尺寸较大的增压器转速较低，仅在发动机高速运转时进行增压。在这种双级结构中，一个涡轮增压器在发动机低速和中速时提供增压，另一个涡轮增压器则用于保证发动机的高速功率。还有一些 V 形发动机也采用两个涡轮增压器，即每列气缸各有一个涡轮增压器。

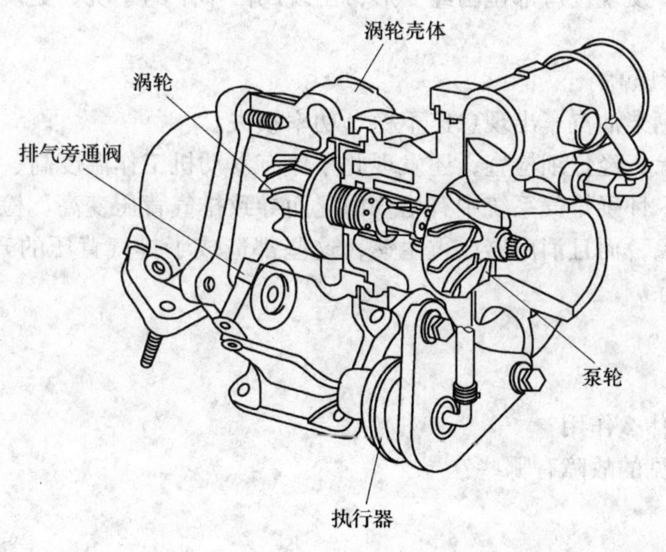

图 2-191　涡轮增压器排气旁通阀和执行器

三、增压器的控制

采用电子控制的发动机，是依据空气流量计检测的进气量和增压压力传感器检测的进气歧管压力，由发动机 ECU 去控制最大喷油量，控制原理如图 2-192 所示。在汽油发动机中，喷油量随进气量的增加而增加。

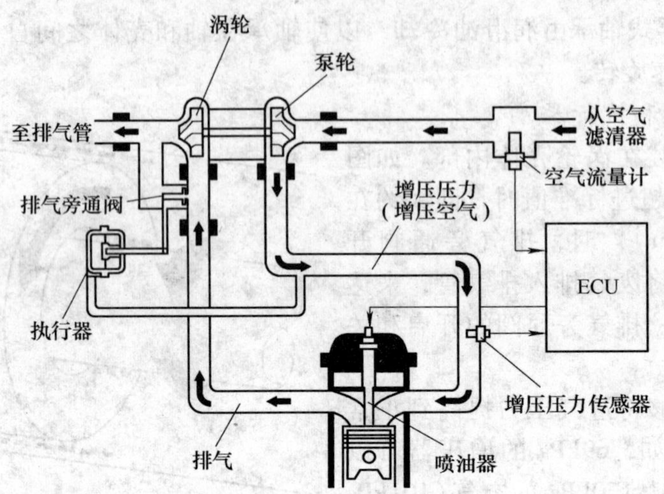

图 2-192　涡轮增压器的控制

【案例剖析】

案例 1：排气歧管故障

故障现象：一辆北京吉普排气异响，怀疑排气管漏气。

故障分析与排除：初步判断排气歧管接口垫处漏气，更换接口垫后，故障仍存在。拆卸排气歧管仔细检查，发现接口部位已经变形，出现凹凸不平的小坑。更换排气歧管、排气歧管垫，故障排除。

案例 2：排气背压高

故障现象：一辆柴油汽车出现怠速不稳、功率损失。

故障分析与排除：经仔细检查，还发现此车伴有发动机工作温度高、排气烟度变浓、润滑油被污染等症状，怀疑排气系统中有堵塞情况而导致排气背压变高。检查排气系统，分析排气尾管有堵塞现象，而且消声器严重生锈，这些都造成了排气背压的升高。更换消声器、排气尾管，故障消除。

【课后思考】

1. 排气背压有什么作用？
2. 排气歧管常见的故障有哪些？

学习情境3　底盘的拆装与调整

学习单元1　离合器调整与离合器片的更换

【学习目标】

1. 能通过与客户交流、查阅相关维修技术资料等方式获取车辆信息。
2. 通过查阅资料和观摩，掌握离合器的组成及其工作原理。
3. 熟悉离合器片的更换过程。
4. 能对操作结果进行测试，检查和评估修复质量。
5. 能根据环保要求，妥善处理辅料、废弃液体和损坏零部件。

【任务载体】

客户反映一辆行驶里程为100000km的车子出现了下面问题：汽车用低速挡起步时，放松离合器踏板后，汽车不能起步，或要将离合器踏板抬得很高时才能勉强起步；汽车加速行驶时，车速不能随发动机转速的提高而提高，感到行驶无力，严重时产生焦糊味或冒烟等现象。

离合器是传动系中重要的组成部分，安装在发动机与变速器之间，用来接通与切断动力。当离合器处于接合状态时，发动机动力不能完全传递到车轮，则会导致汽车起步和加速无力，离合器是靠摩擦力传递动力的，离合器发生打滑，是导致以上现象的主要原因。

【相关知识】

汽车底盘由传动系、行驶系、转向系和制动系四大系统组成，其功用为接受发动机的动力，使汽车运动并保证汽车能够按照驾驶员的操纵而正常行驶。

汽车传动系是指从发动机到驱动车轮之间所有动力传递装置的总称。其功用是将发动机的动力传给驱动车轮。不同的汽车，其底盘的组成稍有不同；如载货汽车及部分轿车的底盘一般是由离合器、手动变速器、万向传动装置（万向节和传动轴）、驱动桥（主减速器、差速器、半轴、桥壳）等组成，而前驱动的轿车，省去了传动轴，同时，主减速器和差速器与变速器安装在一起，使结构更为紧凑，如图3-1所示。而现在轿车中采用自动变速器的越来越多，其底盘包括自动变速器、万向传动装置、驱动桥等，即用自动变速器取代了离合器和手动变速器；如果是越野汽车（包括SUV，即运动型多功能车），还应包括分动器。

一、离合器的位置与作用

离合器装置在发动机与变速器之间，因发动机的布置方式不同其位置略有不同，图3-1所示为发动机前置前轮驱动方式的桑塔纳3000轿车离合器所处的位置。

离合器有如下3个方面的作用：

1）使发动机与传动系逐渐接合，保证汽车平稳起步。

2）暂时切断发动机的动力传动，保证变速器换挡平顺。

3）限制所传递的转矩，防止传动系过载。

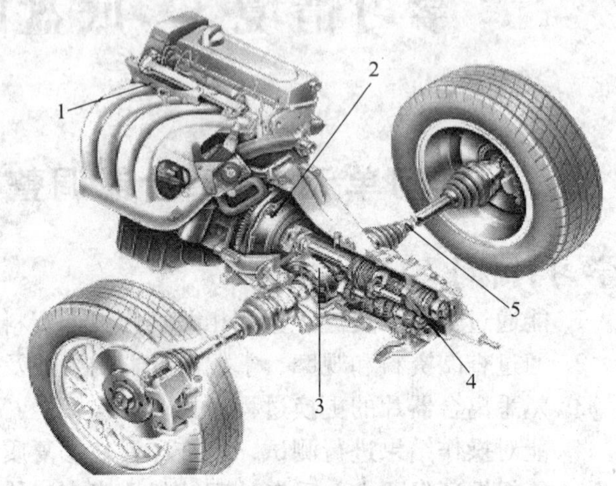

图 3-1　桑塔纳 3000 轿车离合器的安装位置

1—发动机　2—离合器　3—减速器　4—变速器　5—半轴

二、离合器的结构和工作原理

当前汽车所采用的摩擦离合器为干摩擦式离合器。它主要由主动部分、从动部分、压紧机构和操纵机构组成，如图 3-2 所示。

发动机飞轮是离合器的主动部分，作为从动部分的从动盘与花键毂铆合在一起，花键毂与从动轴（即变速器第一轴）借滑动花键相联。压紧机构的弹簧通过压盘将从动片压紧在飞轮的端面上，发动机的动力则由飞轮和压盘的端面通过摩擦作用传给离合器的从动部分，经从动轴传给汽车传动系，以产生驱动转矩使汽车前进。此时，离合器处于接合状态。

当踏下离合器踏板时，花键毂、从动盘克服压紧弹簧的预紧力而后移，使从动盘与飞轮脱离接触，切断了动力。此时，离合器处于分离状态。

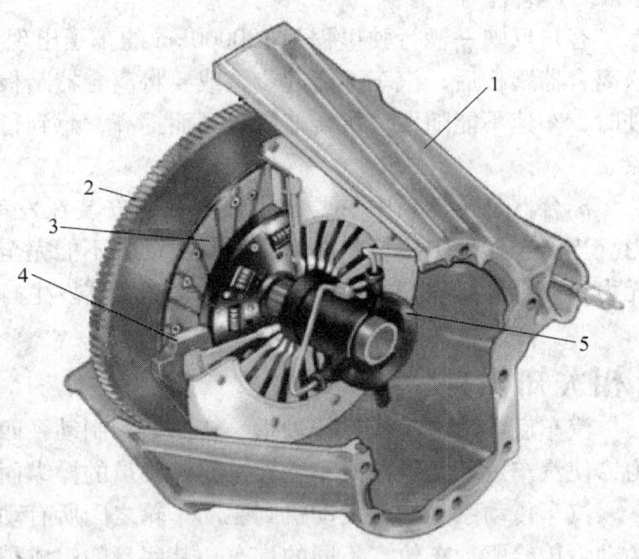

图 3-2　离合器构成

1—离合器壳体　2—飞轮　3—离合器从动盘

4—压盘　5—操纵机构

由于各种车辆所需传递的转矩的大小及其他条件的不同，其从动盘的数目也不同。只有一个从动盘的离合器，称为单片离合器；具有两个从动盘的离合器，称为双片离合器；从动盘在 3 个以上的离合器，则统称为多片离合器。

由于膜片弹簧离合器具有转矩容量大、操纵轻便、结构简单且较紧凑、高速时平衡性好、散热通风性能好、使用寿命长等特点，因此，目前世界各国生产的汽车，特别是轿车都全部采用了膜片弹簧离合器。

三、膜片弹簧离合器的结构形式

膜片弹簧离合器根据分离杠杆内端受推力还是受拉力，可分为推式膜片弹簧离合器和拉式膜片弹簧离合器。

拉式膜片弹簧离合器是一种新型的拉式膜片弹簧离合器，其特点是膜片弹簧反装（即接合状态下锥顶向前)。

膜片弹簧离合器主动部分由飞轮、离合器盖和压盘组成。膜片弹簧离合器的压紧装置由压盘、膜片弹簧、支承圈和铆钉、压盘分离钩和压盘传动片组成。图 3-3 为奥迪轿车推式膜片弹簧离合器总成分解图。

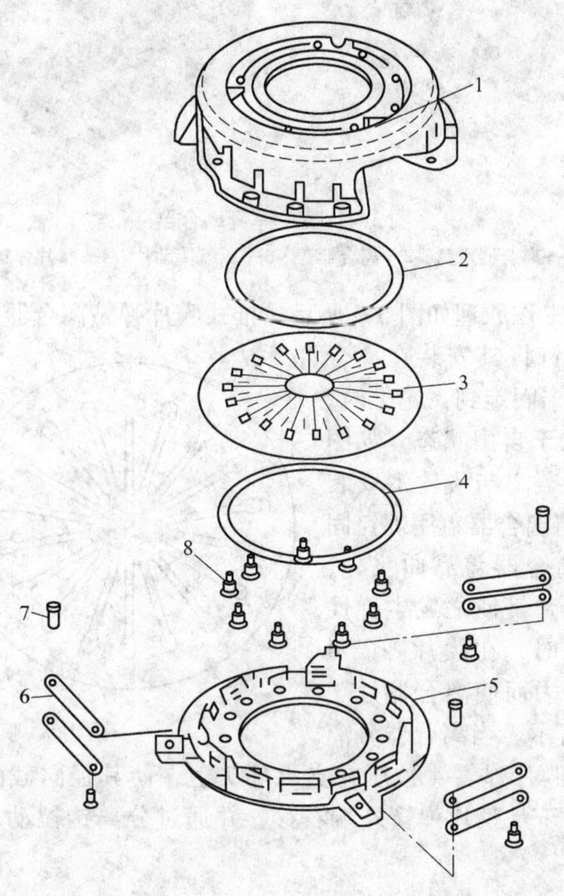

图 3-3　奥迪轿车膜片弹簧离合器总成分解图

1—离合器盖　2—后支承环　3—膜片弹簧　4—前支承环　5—压盘　6—传动片　7—铆钉　8—支承铆钉

1. 离合器盖和压盘

离合器盖通过螺栓固定在飞轮上，为了保持正确的安装位置，离合器盖通过定位销进行定位。压盘与离合器盖之间通过周向均布的 3 组或 4 组传动片来传递转矩。传动片用弹簧钢片制成，每组两片，一端用铆钉铆在离合器盖上，另一端用螺钉联接在压盘上，如图 3-4 所示。

2. 膜片弹簧

膜片弹簧离合器所用的压紧弹簧，是用薄弹簧钢板制成的带有锥度的膜片弹簧，膜片弹簧中心部分开有若干个径向切口，形成弹性杠杆，它既是压紧弹簧又是分离杠杆，具有双重作用，其结构如图 3-5 所示。

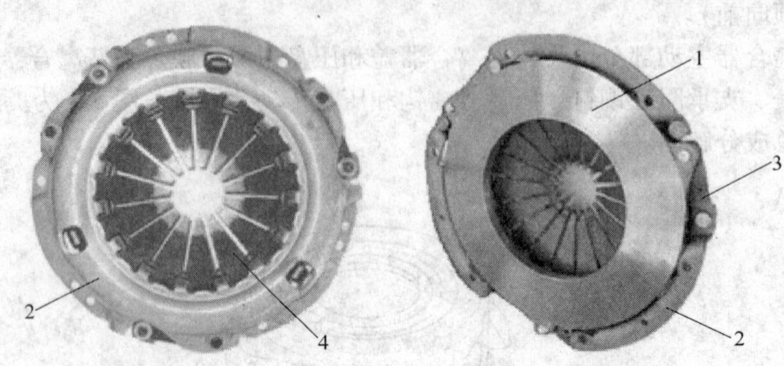

图 3-4　膜片弹簧离合器

1—离合器压盘　2—离合器盖　3—压盘传动片　4—膜片弹簧

膜片弹簧离合器的工作原理如图 3-6 所示。推式膜片弹簧离合器膜片弹簧两侧有钢丝支承环 5 和 7，由数个铆钉将其安装在离合器盖 2 上。在离合器盖未固定到飞轮上时，膜片弹簧 4 不受力，处于自由状态，如图 3-6a 所示。此时离合器盖 2 与飞轮 1 安装面有一定的距离 l。当将离合器盖用螺钉固定到飞轮上时，由于离合器盖靠向飞轮，钢丝支承环 5 推压膜片弹簧使之发生弹性变形（锥角变小）。同时，在膜片弹簧 4 外端对压盘 3 产生压紧力而使离合器处于接合状态，如图 3-6b 所示。当离合器分离时，分离轴承 8 左移，膜片弹簧 4 被压在支承环 7 上，使其径向截面以支承环为支点转动（膜片弹簧呈反锥形），于是膜片弹簧外端右移，并通过分离钩拉动压盘使离合器分离，如图 3-6c 所示。

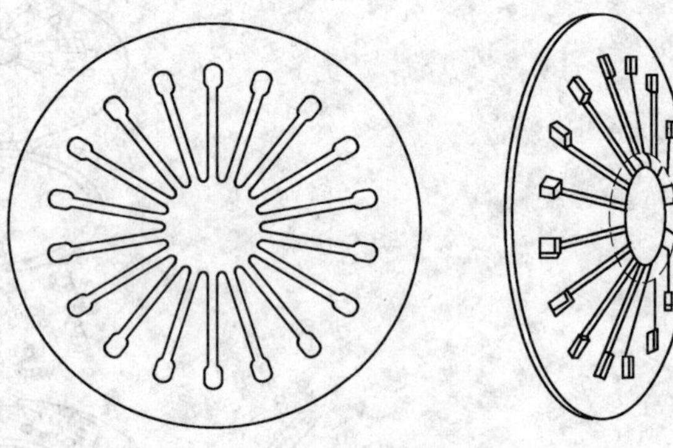

图 3-5　膜片弹簧

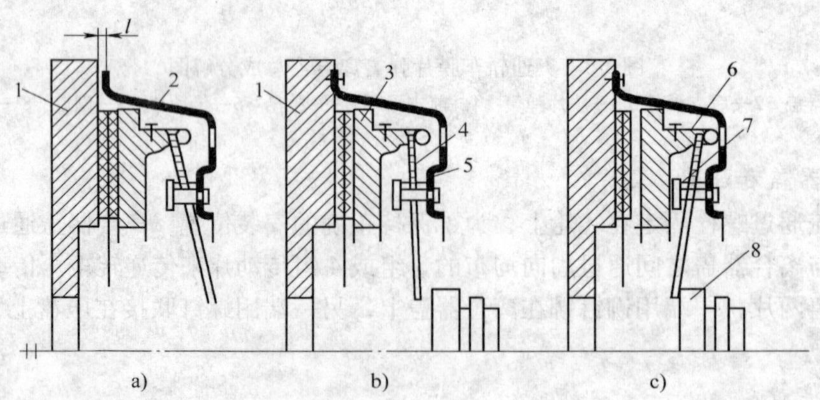

图 3-6　膜片弹簧离合器的工作原理

1—飞轮　2—离合器盖　3—压盘　4—膜片弹簧　5—后支承环　6—分离钩　7—前支承环　8—分离轴承

从动部分包括从动盘和从动轴，从动盘一般都带有扭转减振器。发动机传到传动系的转速和转矩是周期性变化的，使传动系产生扭转振动，这将使传动系的零部件受到冲击性交变载荷，使寿命下降、零件损坏。采用扭转减振器可以有效地防止传动系的扭转振动。

3. 从动盘的结构

从动盘有带扭转减振器的和不带扭转减振器的两种。不论从动盘是否带有扭转减振器，其主要部分都是由从动盘本体，摩擦片和从动盘毂三个基本部分组成，如图3-7所示。其不同之处在于，不带扭转减振器的从动盘中的从动片是直接铆在从动盘毂上，而带有扭转减振器的从动盘，其从动片和从动盘毂之间是通过减振器弹簧弹性地连接在一起。有时考虑到为不使润滑油料落到摩擦片工作面上而导致摩擦系数降低，还在从动盘本体上铆有挡油盘。

为了使离合器接合柔和，起步平稳，从动盘应具有轴向弹性。

整体式弹性从动盘在从动盘本体上被径向切槽分割形成的扇形部分沿周向翘曲成波浪形，两摩擦片分别与其波峰和波谷部分铆接（见图3-7），因而使得从动盘在轴向有一定弹性。在接合过程中，从动盘轴向压缩量与压紧力是逐渐增加的。

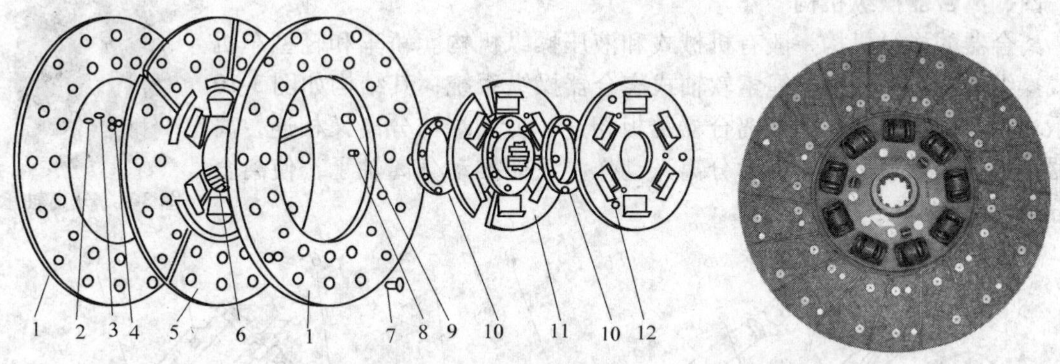

图3-7　东风EQ1090E汽车离合器从动盘

1—摩擦片　2—阻尼弹簧铆钉　3—从动盘铆钉　4—阻尼弹簧　5—从动盘本体
6—减振器弹簧　7—摩擦片铆钉　8—阻尼片铆钉　9—从动盘铆钉隔套（起减振器限位销的作用）
10—减振阻尼片　11—从动盘毂　12—减振器盘

4. 扭转减振器的构造和工作原理

从动盘不工作时的情况如图3-8a所示，从动盘工作时，两侧摩擦片所受摩擦力矩首先传到从动盘本体3和减振器盘上，再经减振弹簧传给从动盘毂。这时，减振器弹簧1即被压缩，如图3-8b所示。这样，一方面减振弹簧缓和了由发动机曲轴传来的扭转振动；一方面从动盘毂与从动盘本体、从动盘毂与减振器盘之间相对滑动，依靠两减振阻尼片与上述3者之间摩擦，把振动的能量吸收，转变为热能，散失于空气中，而使振动迅速衰减，传动系免受较大的交变应力。

同样，当传动系旋转角速度突然变化引起的惯性力矩，也经过减振器弹簧的缓和以及从动盘本体、从动盘毂、减振器盘与减振器阻尼片之间的滑磨，使其对发动机的牵连作用大为减轻，发动机飞轮由此产生的惯性力矩大大下降，传动系各部件的损坏程度也随之减轻。

5. 分离杠杆与分离轴承

分离杠杆是随离合器主动部分一起绕其中心转动的元件，而分离轴承则沿其轴线移动。

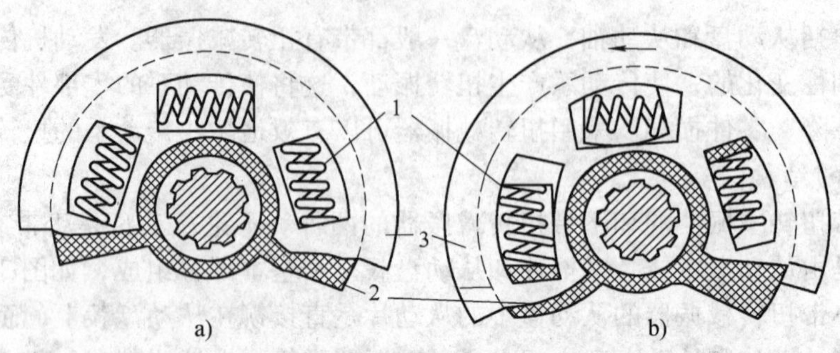

图 3-8　弹簧摩擦式减振器工作示意图

a）不工作时　b）工作时

1—减振器弹簧　2—从动盘毂　3—从动盘本体

分离轴承广泛采用轴向或径向推力轴承，其中多数的轴承在装配前一次加足润滑脂，分离轴承外形如图 3-9 所示。

图 3-9　分离轴承

四、离合器操纵机构

离合器的操纵机构一般有机械式和液压操纵机构。轿车和轻型车机械式操纵机构多使用钢丝绳索软轴式离合器操纵系统，其结构如图 3-10 所示。钢丝绳索软轴一端与离合器踏板相连，另一端与分离叉相连，离合器踏板的运动通过软轴带动分离叉动作，从而推动分离轴承，使离合器分离。

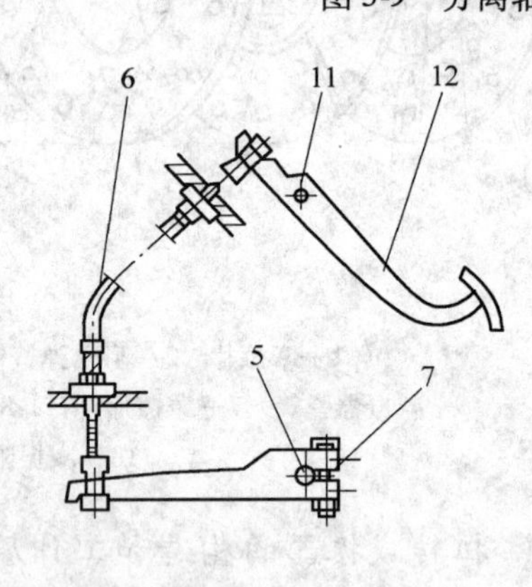

图 3-10　桑塔纳轿车离合器拉索式操纵机构

1—从动盘　2—压盘　3—分离轴承　4—分离套筒　5—分离叉轴　6—拉索组件　7—分离叉臂

8—回位弹簧　9—卡环　10—轴承衬套　11—踏板轴　12—踏板组件

液压操纵机构主要由主缸、工作缸及管路系统组成。液压操纵机构具有摩擦阻力小、质量小、布置方便、接合柔和等优点，并且不受车身、车架变形的影响，因此应用日益广泛。图 3-11 所示为桑塔纳 2000 型轿车使用的液压式操纵机构，它主要由离合器踏板 8、储液室 4、进油软管 5、主缸 10、工作油缸 3、油管总成 9、分离叉 2、分离轴承 11 等组成。踏板吊挂在支架上，主缸推杆与离合器踏板 8 通过推杆接头 7 相连。通过转动螺栓，可改变主缸推杆与主缸活塞之间的间隙，一般推杆与主缸的间隙为 0.5～1.0mm。踏板上固定有缓冲橡胶块，并以助力弹簧 6 的拉力使踏板保持在最高位置。踏板的自由行程为 30～40mm。

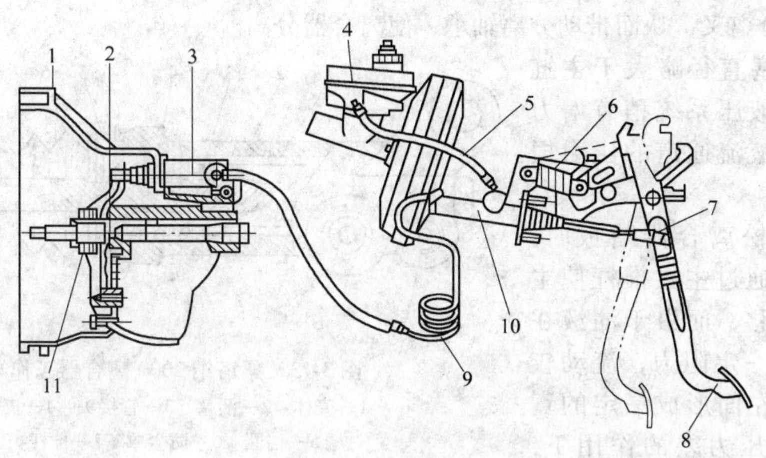

图 3-11　桑塔纳 2000 轿车离合器液压操纵机构

1—变速器壳体　2—分离叉　3—工作缸　4—储液室　5—进油软管　6—助力弹簧
7—推杆接头　8—离合器踏板　9—油管总成　10—主缸　11—分离轴承

储液罐有两个出油孔，分别把制动液供给制动主缸和离合器主缸。离合器主缸的结构如图 3-12 所示，主缸体借补偿孔 A、进油孔 B 通过进油软管与储液罐相通。主缸内装有活塞，活塞中部较细，且为十字形断面，使活塞右方的主缸内腔形成油室。活塞两端装有皮碗。活塞左端中部装有单向阀，经小孔与活塞右方主缸内腔的油室相通。当离合器踏板处于初始位置时，活塞左端皮碗位于补偿孔 A 与进油孔 B 之间，两孔均开放。

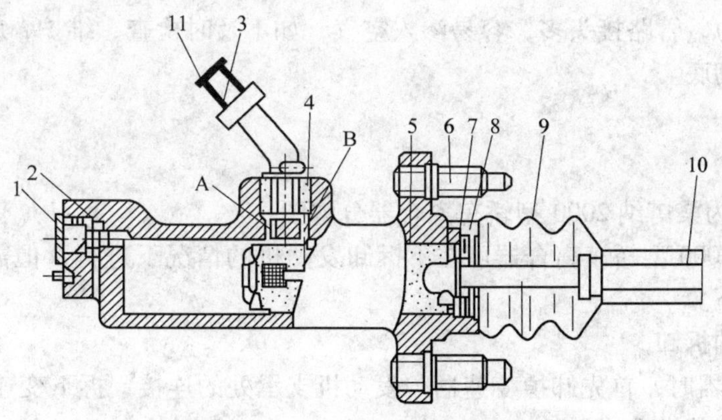

图 3-12　桑塔纳 2000 离合器主缸

1—保护管　2—壳体　3—管接头　4—皮碗　5—阀芯　6—固定螺栓
7—卡簧　8—挡圈　9—防尘罩　10—推杆　11—保护套
A—补偿孔　B—进油孔

离合器工作缸结构如图 3-13 所示，工作缸内装有活塞、皮碗、推杆等，缸体上还设有放气螺塞。当管路内有空气存在而影响操纵时，可拧出放气螺塞进行放气。

踩下离合器踏板时，通过主缸推杆使活塞向左移动，单向阀关闭。当皮碗将补偿孔 A

关闭后，管路中油液受压，压力升高。在油压作用下，工作缸活塞被推向左移，工作缸推杆顶头直接推动分离叉，从而带动分离轴承，使离合器分离。

工作缸活塞直径略大于主缸活塞直径，故液压系统稍有增力作用，以补偿液流通道的压力损失。

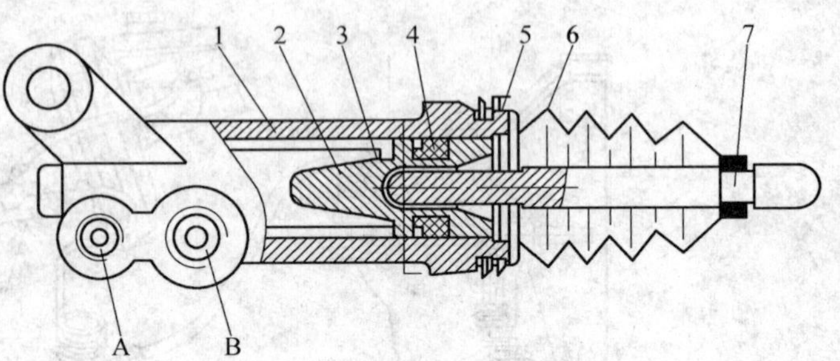

图 3-13　桑塔纳 2000 离合器工作缸

1—壳体　2—活塞　3—管接头　4—皮碗

5—挡圈　6—防尘罩　7—推杆

A—放气孔　B—进油孔

当迅速放松离合器踏板时，踏板回位弹簧通过主缸推杆使主缸活塞较快右移，而由于油液在管路中流动有一定阻力，流动较慢，可使活塞左面形成一定的真空度。在左右压力差的作用下，少量油液通过进油孔经过主缸活塞的单向阀流到活塞左面以弥补真空。当由主缸压到工作缸去的油液经单向阀流入时，左腔总油量过多。这些多余的油即从补偿孔 A 流回储液罐。当液压系统中因漏油或因温度变化引起油液的容积变化时，则借补偿孔 A 适时地使整个油路中油量得到适当的增减，以保证正常油压和液压系统工作的可靠性。

主缸左皮碗从初始位置至通过补偿孔这段距离，即为离合器液压操纵系统中的离合器踏板自由行程。

汽车离合器采用了液压操纵机构，可以通过提高杠杆比和主缸、工作油缸活塞的直径比，使驾驶员操纵更省力；另外，由于油液在管道内流动有一定的阻力，放松踏板后，管道内油压下降有一过程，这就避免了压紧力突然增加，使接合过程更为平稳。但是，由于液压传动存在管道阻力，管路接头多，容易渗入空气，如不及时检查、维护，就有可能影响离合器的分离迅速与彻底。

【技能操作】

图 3-14 所示为桑塔纳 2000 型轿车离合器分解图。

拆装桑塔纳 2000 型轿车离合器可在不拆卸发动机的情况下进行，但需借助一些专用工具。拆装步骤如下。

一、离合器的拆卸

1）拆卸离合器时，首先卸掉变速器与发动机支承处的连接，拆下变速器。

①拆下蓄电池的搭铁线。

②升起汽车。

③将传动轴（半轴）从变速器上拆下来并支撑好，如图 3-15 所示。

④拧松变速器操纵机构的内换挡杆螺栓，如图 3-16 所示。

⑤压出支撑杆球头，并将内换挡杆与离合块分离，如图 3-17 所示。

⑥卸下倒挡灯开关的接头。

⑦卸下车速里程表软轴，如图 3-18 所示。

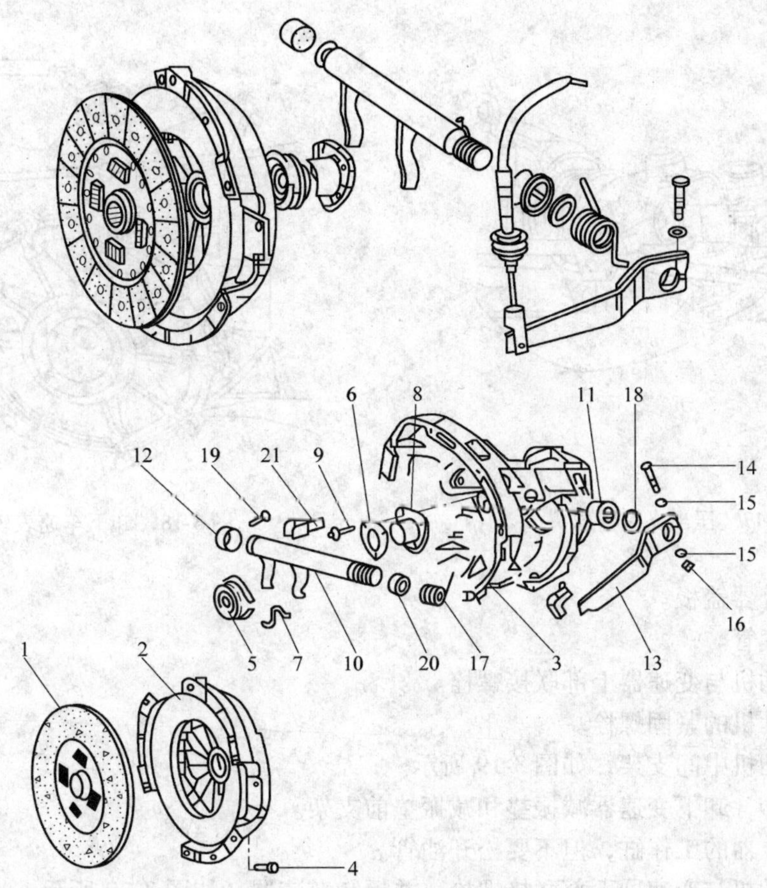

图3-14　桑塔纳离合器分解图

1—离合器从动盘总成　2—离合器压盘总成　3—离合器罩壳　4、9、14—螺栓　5—分离轴承　6、15—垫圈　7—弹簧　8—分离轴承导向套　10—分离叉轴　11—衬套座　12—分离叉轴衬套　13—离合器驱动臂　16—螺母　17—回位弹簧　18—卡簧　19—固定螺钉　20—橡胶防尘套　21—拉索

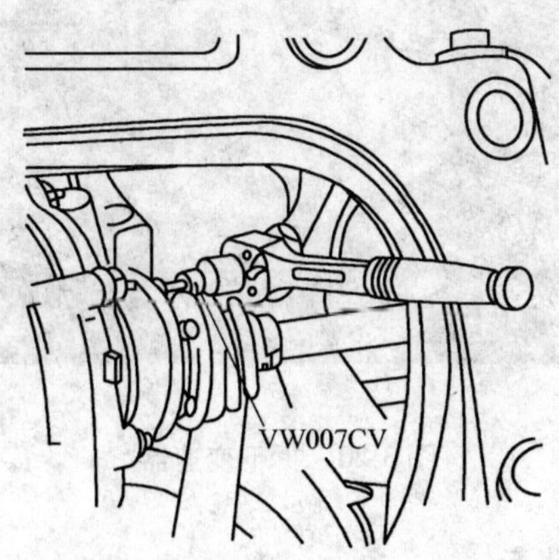

图3-15　拆卸传动轴

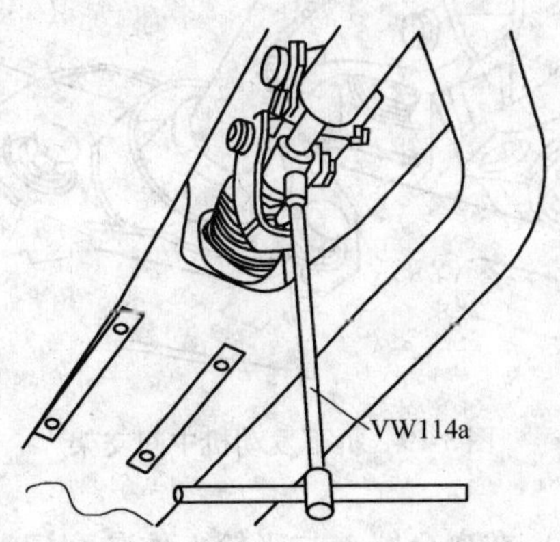

图3-16　松开内换挡杆螺栓

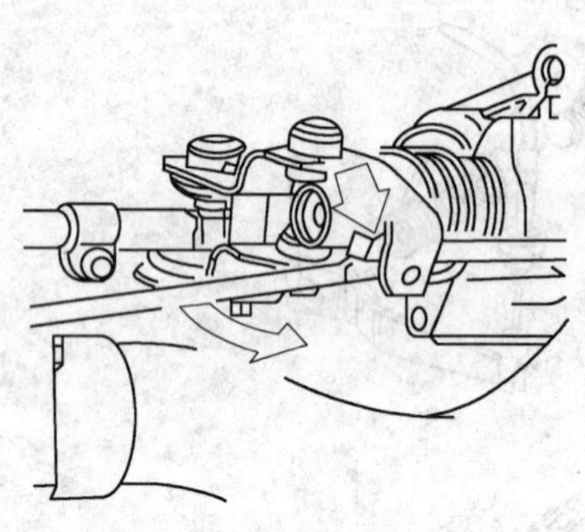

图 3-17　压出支撑杆球头

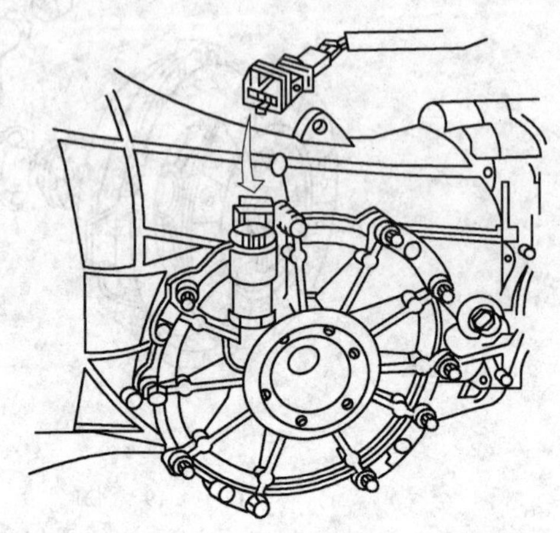

图 3-18　卸下车速表软轴

⑧卸下离合器盖板。
⑨卸下排气管。
⑩卸下发动机与变速器上部联接螺栓。
⑪卸下起动机的紧固螺栓。
⑫卸下发动机中间支架，如图 3-19 所示。
⑬拧下螺栓，卸下变速器减振垫和减振垫前支架。
⑭卸下离合器的工作缸，但不要松开油管。
⑮卸下发动机与变速器下部联接螺栓，并拆卸变速器，如图 3-20 所示。

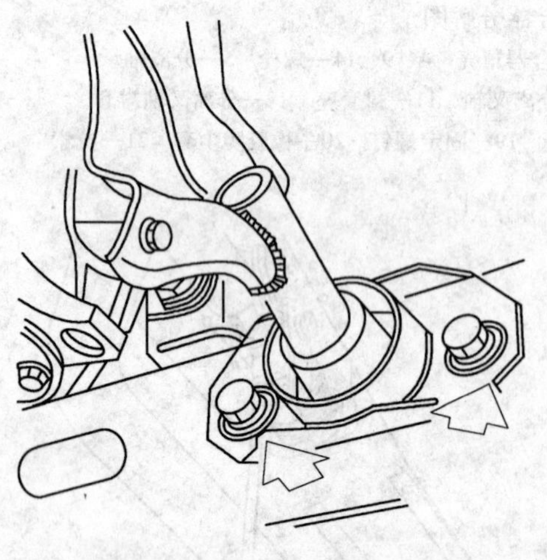

图 3-19　拆下发动机中间支架

图 3-20　拆下变速器

2）在离合器盖与飞轮上作装配记号，如图 3-21 所示。
3）用专用工具将飞轮固定，如图 3-22 所示。

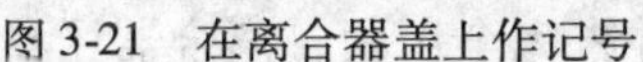
图 3-21　在离合器盖上作记号

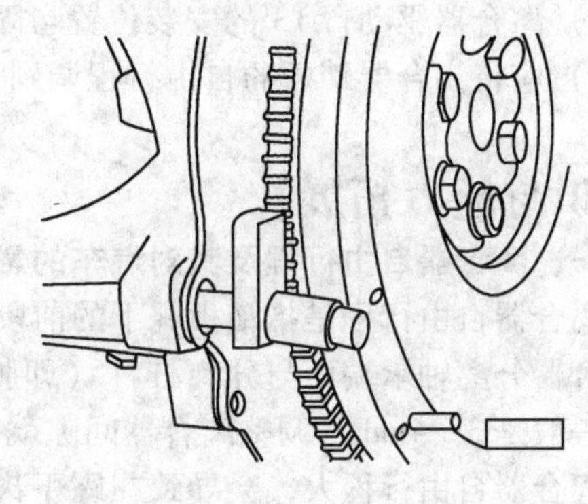

图 3-22　用专用工具将飞轮固定

4）以对角拧松并拆下压盘与飞轮的固定螺栓，取下压盘总成、离合器从动盘，如图 3-23 所示。

5）按一定顺序分解离合器各部件，如图 3-24 所示。

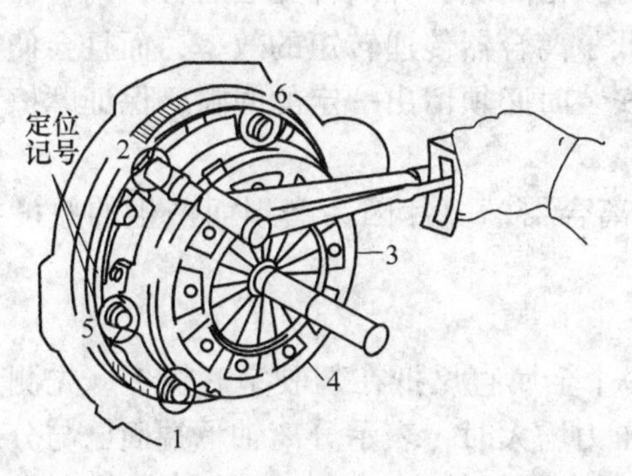

图 3-23　按顺序拧下压盘与飞轮的固定螺钉

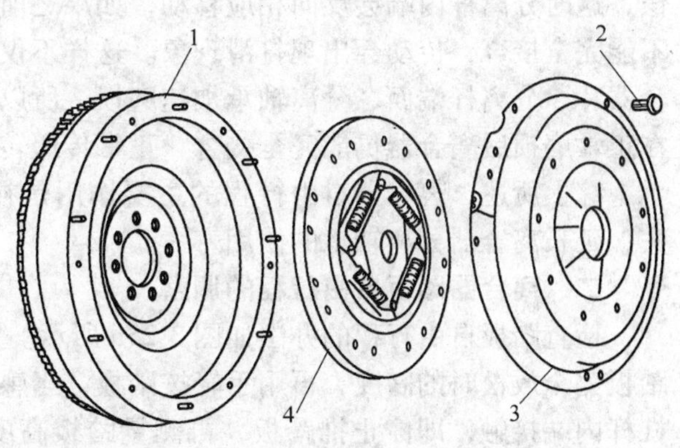

图 3-24　分解离合器

1—飞轮　2—六角头螺栓　3—压盘　4—从动盘

6）更换离合器片。

二、离合器的装配

离合器的装配应大致按拆卸的相反顺序进行，但同时还应注意以下几点：

1）离合器盖与飞轮上作装配记号要对齐。

2）各支点和轴承表面以及分离轴承（轴承和套都是钢制的）在组装时应涂以锂基润滑脂。

3）离合器从动盘有减振弹簧保持架的一面应朝向压盘方向安装。

4）安装离合器压盘总成时，需用导向定位器或变速器输入轴进行中心定位，使从动盘与压盘同心，便于安装输入轴。

5）压盘必须与飞轮接触，才可紧固螺栓。紧固时应按对角线方向逐次拧紧，紧固力矩为 25N · m。

6）分离叉轴10两端衬套必须同心。

7）离合器驱动臂13的安装位置与固定拉索螺母架距离：a = 200mm ± 5mm。

8）应将离合器踏板的自由行程调到15mm。

【知识与能力拓展】

一、离合器自由行程及其对汽车的影响

离合器自由行程是指踏板踩下的前段有一个空程，一般是30～40mm。实际上自由行程是离合器分离轴承端面与分离杠杆（即膜片弹簧）端面之间的间隙在踏板上的体现，这个间隙一般是3～4mm，调整离合器间隙就是指这个间隙。

离合器自由行程大，会导致在踩下离合器踏板后，离合器并未完全分离，即“分离不彻底”，不仅使换挡困难，有冲击，起步困难，而且影响离合器的使用寿命。

离合器自由行程小，在松开离合器踏板时，离合器并未完全压紧，离合器压盘处于半分离状态，动力不能完全传递，即“离合器打滑”，使汽车起步困难，加速无力，并使离合器从动盘迅速磨损失效。

离合器片在使用中会磨损变薄，在弹簧作用下压盘和从动盘就向飞轮移动一个距离来补偿，这时分离杆内端会反向相应移动，如果之前没有预留间隙，分离杆无法后移，离合器就不能完全接合，传动会出现打滑现象。这样不仅降低了离合器传递转矩的效率，而且会使离合器片、分离杆端面、分离轴承加速磨损。所以在安装时必须留出一定的间隙，保证摩擦片在正常磨损后离合器仍能完全接合，正常传递转矩。

综上所述，离合器自由行程的主要作用是补偿离合器摩擦片因为磨损而产生的厚度损失，延长离合器分离轴承的使用寿命。

二、离合器踏板自由行程的调整

检查踏板自由行程的办法如图3-25a所示。用一个金属直尺抵在驾驶室底板上，先测量踏板完全放松时的高度，再用手轻按踏板，当感到压力增大时，表示分离轴承端面已与分离杠杆内端接触，即停止推踏板，再测量踏板高度。两次测量的高度差，即为踏板的自由行程。

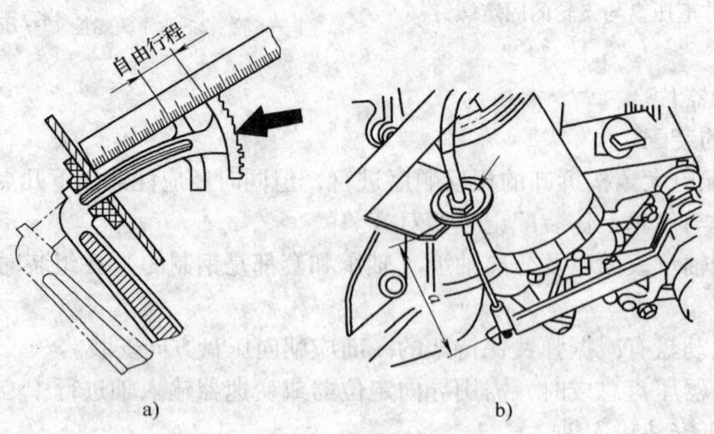

图3-25　离合器踏板总行程的调整

操纵机构的调整如图3-25b所示，调整的关键是保持离合器正常的总行程，确保离合器踏板的总行程不得少于150mm。调整时，应先拧松放松螺母，按需要再拧紧或拧松螺母，以便将行程调至规定值。螺母拧紧是增加踏板行程，拧松是减少行程，调好后应拧紧锁紧螺母。

根据结构的不同，踏板自由行程的调整方法可分为：

1）机械操纵式离合器踏板自由行程的调整，一般是通过分离叉拉杆调整螺母调整拉杆或钢索长度。如上海桑塔纳轿车离合器踏板的自由行程为15～25mm，总行程为150mm。

2）液压操纵式离合器踏板自由行程一般是主缸活塞与其推杆之间和分离杠杆内端与分离轴承之间两部分间隙之和在踏板上的反映。因此，踏板自由行程的调整实际上就是这两处间隙的调整。调整时先调整主缸活塞与推杆间隙，有的通过调整螺母调整推杆长度，有的通过踏板臂与推杆相连的偏心装置调整推杆伸出长度。其间隙量有的可直接测量，有的则测量此间隙在踏板上反映的自由行程量。

BJ2020型汽车就是通过偏心螺栓调整推杆伸出长度，使其与活塞间的间隙为0.5～1.0mm，反映到踏板上的自由行程应为3～6mm。再调整分离杠杆端部与分离轴承平面的间隙，该间隙的规定值为2.5mm。这一间隙由改变工作缸的分离叉推杆的长度来实现。调整时，旋松锁紧螺母，调整分离叉推杆的长度，旋入间隙变大，反之变小。调整完毕后，用锁紧螺母锁紧。离合器踏板自由行程应为32～40mm。

【案例剖析】

故障现象：有一辆一汽解放货车离合器踏板自由行程忽大忽小，造成在车辆行驶过程中换挡困难。

故障排除：经检查，初步认为是因分离杠杆不平、离合器弹簧过软造成的，但调整、更换分离杠杆和离合器弹簧之后，仍无明显变化。经进一步分析判断，最后认定是曲轴轴向间隙过大所致。经拆下油底壳检查，发现曲轴止推环磨损严重，轴向游动间隙过大，产生轴向窜动，致使离合器分离轴承与分离杠杆内端面的间隙忽大忽小，直接影响离合器踏板自由行程的大小。更换曲轴止推环后，故障排除。

故障检修：拆下离合器底盖，将变速器挂入空挡，将离合器踩到底。然后，用螺钉旋具拨动从动盘。如果能轻松拨转，说明离合器分离良好；如果拨不动，说明离合器分离不彻底。

1）检查离合器踏板自由行程是否过大，并调整。

2）检查分离杠杆高度是否一致、是否过低。在车下拨动分离拨叉，使分离轴承前端轻轻地靠在分离杠杆内端面上，转动离合器一周进行查看，如果分离杠杆的内端不能同时和分离轴承接触，说明分离杠杆的高度不一致，应进行调整。如果分离杠杆高度一致，仍然分离不彻底，就要检查杠杆高度。将各分离杠杆调到同样的高度，如果能彻底分离，说明原来调整不当或是磨损过甚。分离杠杆调整之后，必须重新调整离合器踏板的自由行程。

3）如果上述调整正常后，仍然分离不彻底，就要拆下离合器，检查从动盘是否装反、轴向移动是否困难、主从动盘有无翘曲、分离杠杆螺钉是否松动、浮动销是否脱落。

4）对于新铆摩擦片的离合器，要检查从动盘和摩擦片是否过厚。如果过厚，可在离合器盖和飞轮之间加垫片。

5）对于液压传动的离合器，除上述检查外，还应检查制动液是否缺少、管道是否渗漏，并排出液压系统内的空气。

【课后思考】

1. 为什么要调整离合器间隙?
2. 膜片弹簧离合器中的膜片弹簧工作过程中起什么作用?

学习单元 2 变速器操纵机构调整

【学习目标】

1. 能通过与客户交流、查阅相关维修技术资料等方式获取车辆信息。
2. 通过查阅资料和观摩，掌握变速器操纵机构的组成及其工作原理。
3. 熟悉变速器操纵机构的调整过程。
4. 能对操作结果进行测试，检查和评估修复质量。
5. 能根据环保要求，妥善处理辅料、废弃液体和损坏零部件。

【任务载体】

客户一辆桑塔纳 2000 轿车，行驶过程中出现从挡位上突然跳到空挡，特别是汽车行驶到坑洼不平处，容易出现此种状况，称为“跳挡”。汽车自动跳挡可能是变速器自锁装置失效，因此需要拆除变速器操纵机构中的自锁装置检查更换。

【相关知识】

一、变速器的作用

1. 实现变速、变矩

汽车上所应用的发动机具有转矩变化范围小、转速高的特点，这与汽车实际的行驶状况是不相适应的。如果没有变速器而直接将发动机与驱动桥连接在一起，首先由于发动机的转矩小，不能克服汽车的行驶阻力，使汽车根本无法起步；其次假使汽车行驶起来，也会由于车速太高而不实用，甚至无法驾控。所以必须改造发动机的转矩、转速特性，使发动机的转矩增大、转速下降以适应汽车实际行驶的要求。变速器是通过挂入不同的挡位来实现这一功用的。

2. 实现倒车

发动机的旋转方向从前往后看为顺时针方向，且不能改变，为了实现汽车的倒向行驶，变速器中设置了倒挡。

3. 实现中断动力传动

在发动机起动和怠速运转、变速器换挡、汽车滑行和暂时停车等情况下，都需要中断发动机的动力传动，因此变速器中设有空挡。

二、变速器操纵机构的功用及要求

变速器操纵机构的功用是进行挡位变换，为了保证变速器能够准确地挂入选定的挡位，并可靠工作，变速器操纵机构必须满足下列要求：

1）能够防止自动挂挡及自动脱挡，并保证各挡传动齿轮以全齿长啮合。挂挡时驾驶员对于是否挂入了挡位应具有“手感”，为此，在操纵机构中应设有自锁定位装置。

2）能够保证不会同时挂入两个挡，避免同时啮合的两挡齿轮因其传动比不同而互相卡住，造成运动干涉甚至造成零件损坏。为此，在操纵机构中必须设有互锁装置。

3）能够防止误挂倒挡，防止汽车在前进中因误挂倒挡而造成极大的冲击，使零件损坏，并防止在汽车起步时误挂倒挡而造成安全事故。为此，在操纵机构中应当设有倒挡锁。

三、变速器操纵机构的构造

变速器操纵机构通常由换挡拨叉机构和定位锁止装置两部分组成。

变速操纵机构根据其变速操纵杆（简称变速杆）与变速器的相互位置的不同，可分为直接操纵式和远距离操纵式两种类型。

1. 直接操纵式

变速杆及所有换挡操纵装置都设置在变速器盖上，变速器布置在驾驶员座位的近旁，变速杆由驾驶室底板伸出，驾驶员可直接操纵变速杆来拨动变速器盖内的换挡操纵装置进行换挡。这种操纵机构一般由变速杆、拨块、拨叉、拨叉轴及安全装置等组成。多集装于上盖或侧盖内，结构简单、操纵方便。大多数轿车和长头货车的变速器都采用这种操纵形式。

一种六挡变速器直接操纵式操纵机构如图3-26所示。变速杆的上部为驾驶员直接操纵的部分，伸到驾驶室内，其中间通过球节支承在变速器盖顶部的球座内，并用弹簧罩压紧以消除间隙。球节上开有竖槽，固定于变速器盖的销钉伸入该槽内与其滑动配合，从而使变速杆只能以球节为支点前后、左右摆动，而不能转动。变速杆的下端为一削扁了的球头。四根拨叉轴的两端均支承于变速器盖相应的座孔中，可在孔中轴向滑动，以便为拨叉的移动导向。所有拨叉和拨块都以弹性销固定于相应的拨叉轴上。三、四挡拨叉，一、二挡拨块，五、六挡拨块及倒挡拨块顶部制有凹槽。变速器处于空挡位置时，各凹槽在横向平面内对齐，叉形拨杆下端的球头即伸入这些凹槽中。选挡时可使变速杆绕其中部球形支点横向摆动，则其下端推动叉形拨杆绕换挡轴的轴线摆动，从而使叉形拨杆下端的球头对准与所选挡位对应的拨块凹槽，然后使变速杆纵向摆动，带动拨叉轴及拨叉向前或向后移动，即可实现挂挡。

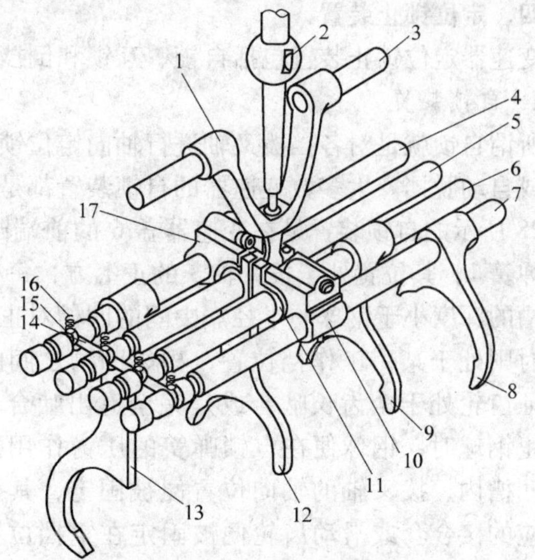

图3-26　变速器直接拨动式操纵机构示意图

1—叉形拨杆　2—变速杆　3—换挡轴　4—五、六挡拨叉轴　5—三、四挡拨叉轴　6—一、二挡拨叉轴　7—倒挡拨叉轴　8—倒挡拨叉　9—一、二挡拨叉　10—倒挡拨块　11—一、二挡拨块　12—三、四挡拨叉　13—五、六挡拨叉　14—互锁销　15—互锁钢球　16—互锁弹簧　17—五、六挡拨块

不同变速器的挡数和操纵机构的结构与布置都有所不同，相应于各变速杆上端手柄位置排列，即挡位排列也不相同。因此，各汽车驾驶室内的

变速杆上标有变速器挡位排列图。

2. 远距离操纵式

有些汽车，由于其总体布置的需要，变速器的安装位置离驾驶员座位较远，因而变速杆不能直接布置在变速器盖上，为此在变速杆与变速器之间加装了一套传动杆件，构成远距离操纵的形式。图 3-27 所示为一种较为简单的远距离操纵机构，变速杆 7 安装在驾驶员侧旁驾驶室底板上，中间通过外换挡杆 4 操纵变速器换挡。

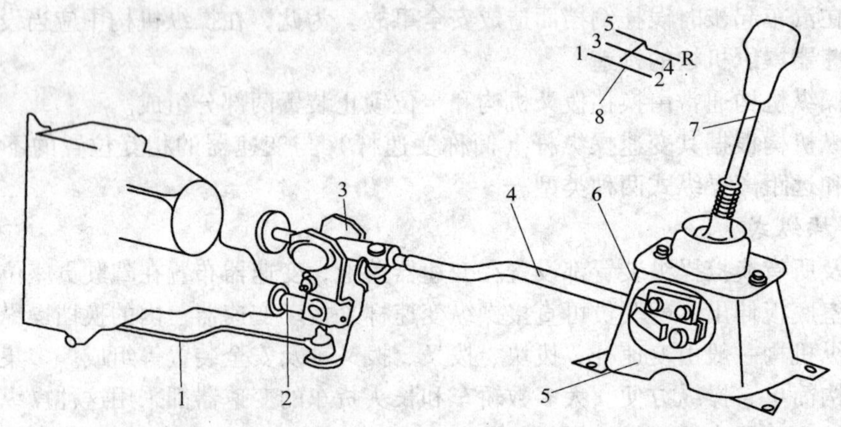

图 3-27 桑塔纳 2000 轿车五挡手动变速器的远距离操纵机构

1—支撑杆 2—内换挡杆 3—换挡杆接合器 4—外换挡杆 5—倒挡保险挡块 6—换挡手柄座 7—变速杆 8—换挡标记

四、定位锁止装置

变速器定位锁止装置包括自锁、互锁和倒挡锁，其结构和工作原理如下。

1. 自锁装置

所谓自锁就是对各挡拨叉轴进行轴向定位锁止，以防止其自动产生轴向移动而造成自动挂挡或自动脱挡。大多数变速器的自锁装置都是采用定位钢球对拨叉轴进行轴向定位锁止。图 3-28 所示的自锁装置是在变速器盖 6 的前端凸起部钻有深孔，在孔中装入自锁钢球 2 及自锁弹簧 1，其位置处于拨叉轴 3 的正上方，每根拨叉轴对着钢球的表面沿轴向设有 3 个凹槽，槽的深度小于钢球的半径。中间的凹槽对正钢球时为空挡位置，前边或后边的凹槽对正钢球时则处于某一工作挡位置，相邻凹槽之间的距离保证齿轮处于全齿长啮合或是完全退出啮合。凹槽对正钢球时，钢球便在自锁弹簧的压力作用下嵌入该凹槽内，拨叉轴的轴向位置便被固定，其拨叉及相应的接合套或滑动齿轮便被固定在空挡位置或某一工作挡位置，而不能自行挂挡或自行脱挡。当需要换挡时，驾驶员通过变速杆对拨叉轴施加一定的轴向力，克服弹簧的压力而将自锁钢球从拨叉轴凹槽中挤出并推回孔中，拨叉轴便可滑过钢球进行轴向移动，并带动拨叉及相应的接合套或滑动齿轮轴向移动，当拨叉轴移至其另一凹槽与钢球相对正

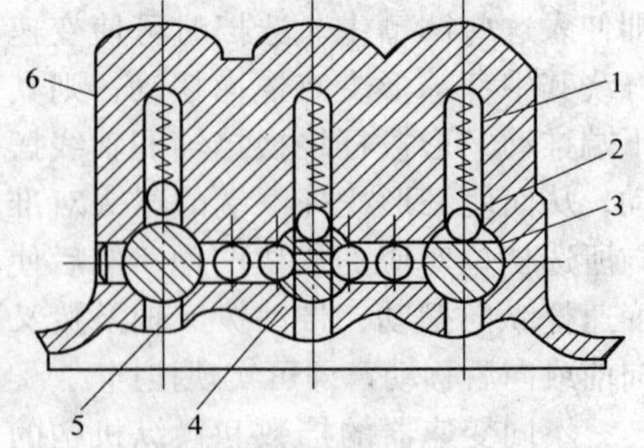

图 3-28 变速器自锁装置

1—自锁弹簧 2—自锁钢球 3—拨叉轴 4—顶销 5—互锁钢球 6—变速器盖

时，钢球又被压入凹槽，此时拨叉所带动的接合套或滑动齿轮便被拨入空挡或被拨入另一工作挡位。

2. 互锁装置

互锁装置的作用是阻止两根拨叉轴同时移动，即当拨动一根拨叉轴轴向移动时，其他拨叉轴都被锁止，从而防止同时挂入两个挡位。

互锁装置的结构形式很多，最常用的有锁球式和锁销式。图3-29所示为锁球式互锁装置，它由互锁钢球4和互锁顶销5组成。在变速器盖前三根拨叉轴孔的中心平面内，沿垂直于轴线的方向钻出与拨叉轴孔相通的横向孔道，在每两根拨叉轴之间的孔道中各装有两个互锁钢球，每根拨叉轴朝向互锁钢球的侧面上都制有一个深度相等的凹槽，中间拨叉轴的两侧都有凹槽，凹槽之间钻有通孔，互锁顶销5就装在此孔中。两个互锁钢球的直径之和正好等于相邻两拨叉轴圆柱表面之间的距离加上一个凹槽的深度，互锁顶销的长度则等于拨叉轴的直径减去一个凹槽的深度。

当变速器处于空挡位置时，所有拨叉轴侧面的凹槽同钢球都在一条直线上，此时拨叉轴和互锁钢球及顶销都处于自由状态，相互之间不卡紧，每一根拨叉轴都可以沿轴向拨动。但要挂挡移动某一根拨叉轴时（见图3-29a），图中为移动中间拨叉轴2，轴2两侧的钢球便从其侧面凹槽中被挤出，而两外侧钢球6和4则分别嵌入拨叉轴1和3侧面的凹槽中，因而将拨叉轴1和3刚性地锁止在空挡位置，不能轴向移动。如果要移动拨叉轴3，则必须先将拨叉轴2退回到空挡位置（见图3-29b），使拨叉轴及互锁钢球都回到自由状态，然后再拨动拨叉轴3，这时钢球4便从3的凹槽中被挤出，于是4个互锁钢球及互锁顶销将拨叉轴2和1都锁止在空挡位置；同理，当移动拨叉轴1时，拨叉轴2和3都锁止在空挡位置，因而可防止同时挂入两个挡位。

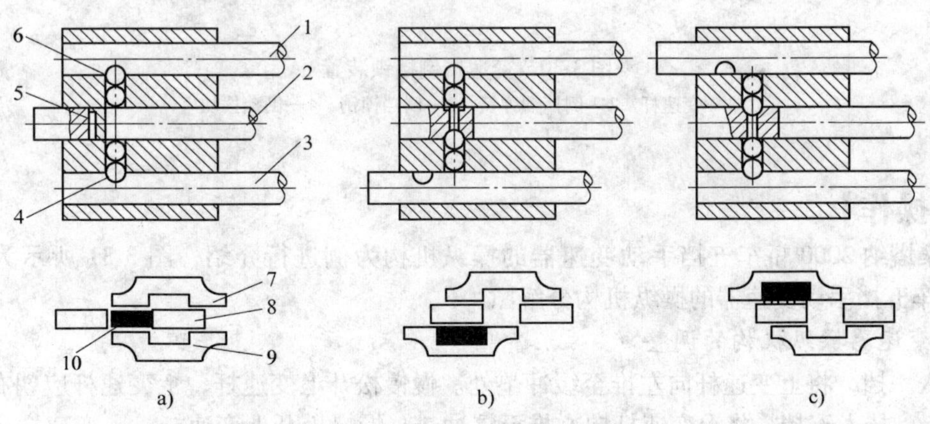

图3-29　互锁装置工作示意图

a）移动中间拨叉轴2位置　b）移动拨叉轴3位置　c）移动拨叉轴1位置

1、2、3—拨叉轴　4、6—互锁钢球　5—互锁顶销　7、8、9—拨叉　10—变速杆

3. 倒挡锁装置

倒挡锁装置要求驾驶员必须进行与挂前进挡不同的操纵方式或对变速杆施加更大的力，才能挂入倒挡，从而防止无意中误挂倒挡。

倒挡锁也有多种类型，最常用的是弹簧锁销式倒挡锁，如图 3-30 所示。倒挡锁销 3 及倒挡锁弹簧 2 安装在一、倒挡拨块 4 相应的孔中，锁销 3 内端与拨块 4 的侧面平齐，锁销 3 可以在变速杆下端球头的推压下，压缩弹簧 2 而轴向移动。当驾驶员要挂倒挡时，必须有意识地用较大的力向侧面摆动变速杆，使其下端球头右移，克服倒挡锁弹簧的张力将锁销推入孔中，这样才能使变速杆下端球头进入拨块 4 的凹槽内，以拨动一、倒挡拨叉轴进行挂挡。

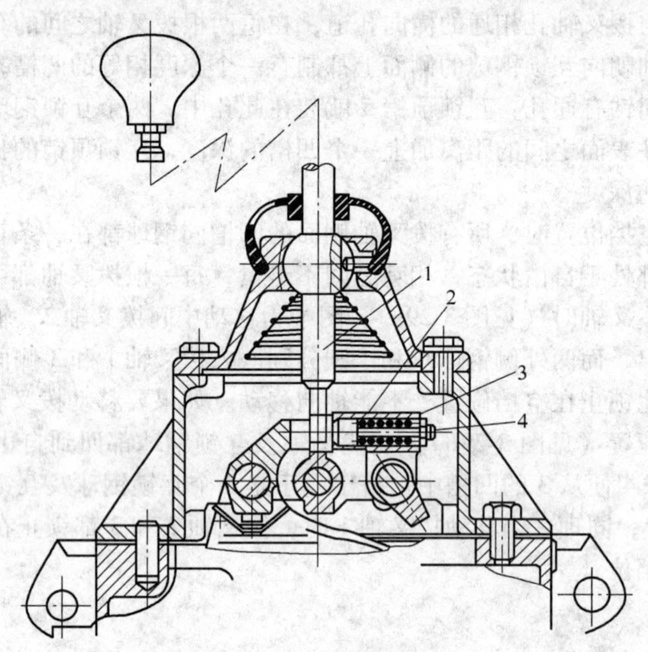

图 3-30　变速器倒挡锁装置

1—变速杆　2—倒挡锁弹簧　3—倒挡锁销　4—倒挡拨块

【技能操作】

以桑塔纳 2000 轿车五挡手动变速器的操纵机构为例进行介绍，图 3-31 所示为桑塔纳 2000 轿车五挡手动变速器的操纵机构分解图。

1. 变速器操纵机构的调整

挂入一挡，将上变速杆向左推至缓冲垫处。慢慢松开上变速杆，上变速杆应朝右返回约 5 ~ 10mm，挂入五挡。将上变速杆向右推至缓冲垫，慢慢松开上变速杆，上变速杆应朝左返回约 5 ~ 10mm。当上变速杆朝一挡和五挡压去时，上变速杆大致返回同样的距离；如有必要，可通过移动变速杆支架的椭圆形孔进行调整。检查各挡齿轮啮合是否平滑，如果啮合困难，要进行调整。将上变速杆置于极限位置上，旋松夹箍的螺母（见图 3-32），移动上变速杆，要求下变速杆在连接时自由滑动。

取下换挡手柄和防尘罩，将变速杆支架孔与变速杆罩壳的孔对准，并旋紧螺栓，如图 3-33 所示。

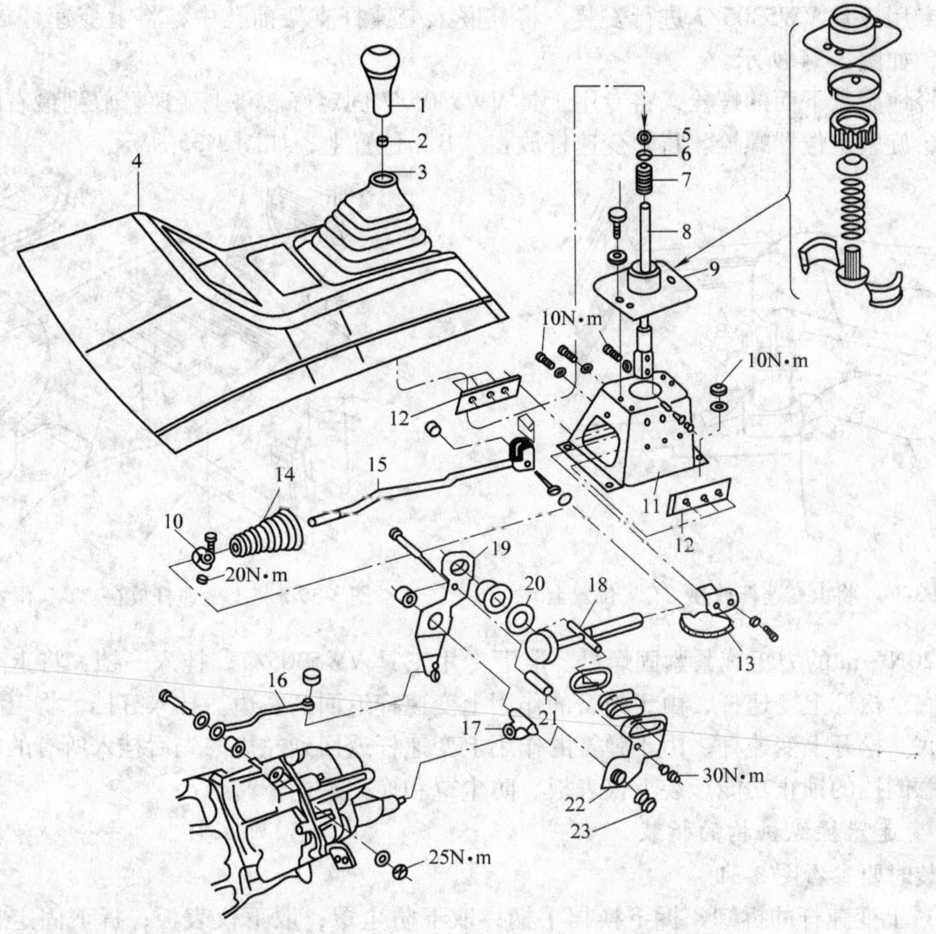

图3-31　桑塔纳2000轿车五挡手动变速器的操纵机构分解图

1—换挡手柄　2—防尘罩衬套　3—防尘罩　4—仪表板　5—锁圈　6—挡圈　7—弹簧　8—上变速杆　9—变速杆支架　10—夹箍　11—变速杆罩壳　12—缓冲垫　13—倒挡缓冲垫　14—密封罩　15—下变速杆　16—支撑杆　17—离合块　18—换挡连接套　19—轴承右侧压板　20—罩盖　21—支撑轴　22—轴承左侧压板　23—塑料衬套

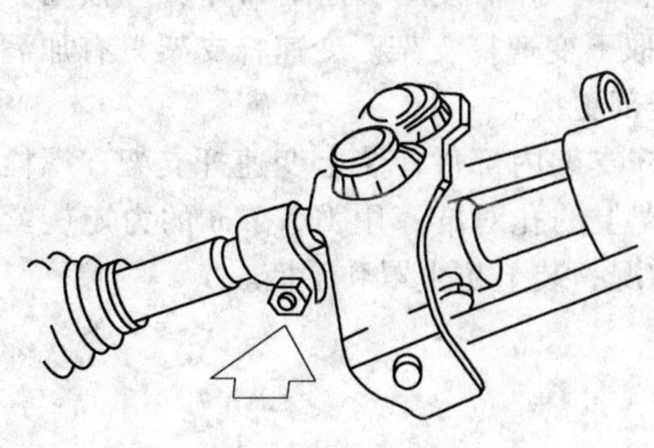

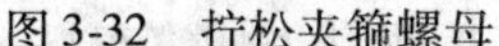
图3-32　拧松夹箍螺母

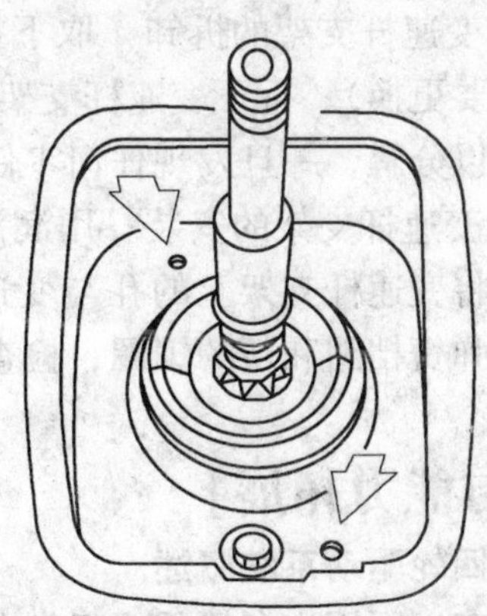
图3-33　对准变速杆支架孔与变速杆罩壳的孔

用专用工具 VW5305/7 进行安装，将其嵌入变速杆支架前孔中，将上变速杆放在“C”位置上，如图 3-34 所示。

轻轻地旋紧下面的螺栓，将专用工具 VW5305/7 固定好。将上变速杆放到最右面，直至缓冲垫，旋紧定位器螺栓。将上变速杆放在“B”位置上，如图 3-35 所示。

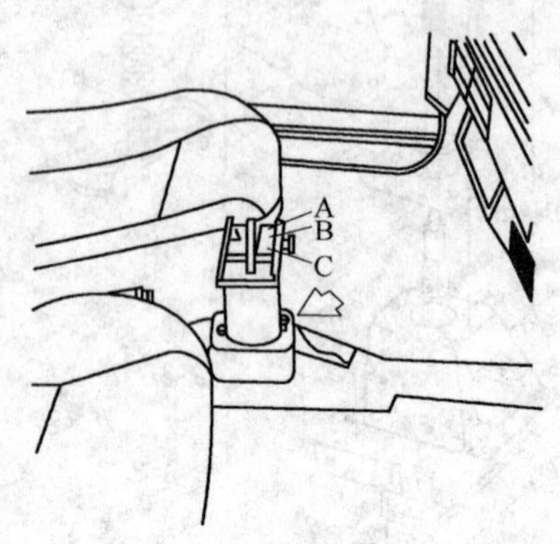

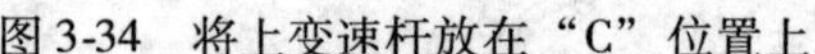
图 3-34　将上变速杆放在“C”位置上

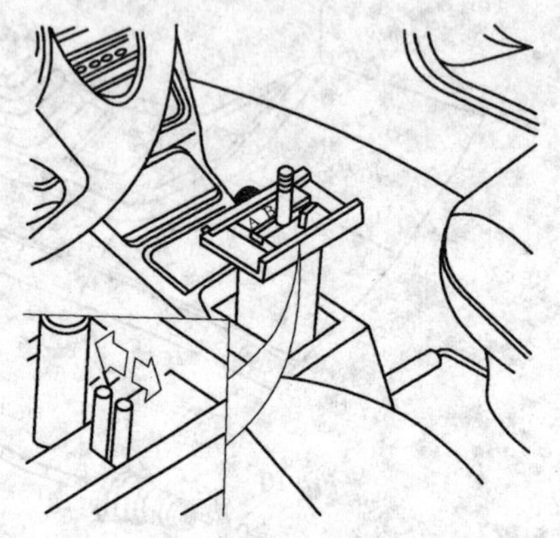
图 3-35　将上变速杆放在“B”位置上

用 20N · m 的力矩旋紧紧固螺母。取下专用工具 VW5305/7，挂入一挡，将上变速杆向左压到底。松开上变速杆，由于弹簧的作用上变速杆返回到右边。挂入五挡，将上变速杆向右压到底。松开上变速杆，由于弹簧的作用上变速杆返回到左边。先后挂入所有的挡位，特别要注意倒挡的锁止功能。装上仪表板、防尘罩和换挡手柄。

2. 变速器操纵机构的拆装

拆装时要参看图 3-31。

（1）上变速杆的拆卸　拆下换挡手柄；取下防尘罩；取下仪表板；拆下固定在上变速杆的弹簧锁圈（注意锁圈一经拆卸，就要更换）；取下挡圈和弹簧；拆下变速杆支架；拆下变速控制器罩壳，使上、下变速杆脱离。

（2）上变速杆的安装　上变速杆的安装按照与拆卸相反的顺序进行，但注意以下事项：检查所有零件的完好情况，更换已经损坏的零件；润滑衬套和挡圈；调整上变速杆；用快干胶固定换挡手柄。

（3）变速杆支架的拆卸　取下换挡手柄和防尘罩；拆下锁圈、挡圈和弹簧（锁圈一经拆卸，就要更换）；拆下变速杆支架的固定螺栓，取下变速杆支架。变速杆支架只有加润滑油后才可以分解，一旦发现任何零件损坏，就要全部更换。

（4）变速杆支架的安装　用润滑脂润滑变速杆支架内部件，装上变速杆支架，螺栓不用旋紧，将变速杆支架上的孔与变速操纵机构罩壳上的孔对准，用 10N · m 的力矩旋紧螺栓。装上弹簧挡圈和新的锁圈；检查各挡的啮合情况；装上防尘罩和手柄。

【知识与能力拓展】

一、四轮驱动系统概述

越野车、军用汽车等需要经常在条件恶劣的环境中行驶，因此需要增加汽车驱动轮的数目。这样，如果有一个驱动轮陷入沟中，则由其他驱动轮产生驱动力使汽车继续行驶。要使前后车轮都是驱动轮，就要在前后驱动轮之间增加一个分动器。

传统四轮驱动汽车的基本组成如图3-36所示，发动机的动力经过离合器传给变速器，然后利用分动器把动力分配给前后传动轴，再通过传动轴将动力传递给前后差速器以及4个半轴，使四轮车轮转动。

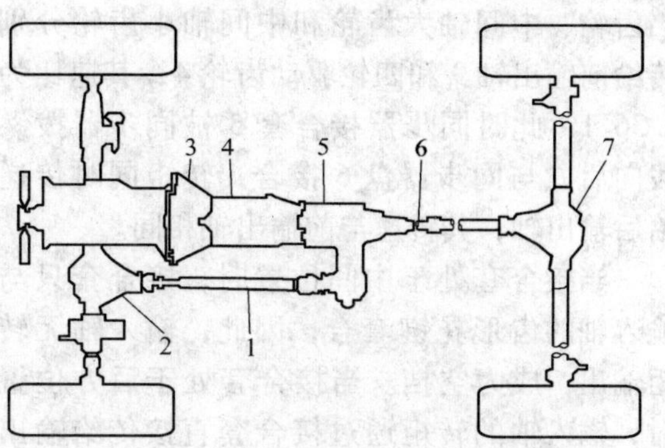

图3-36 传统四轮驱动汽车的基本组成
1—前万向传动装置 2—前驱动桥 3—离合器 4—变速器 5—分动器 6—后万向传动装置 7—后驱动桥

目前，四轮驱动分为三种形式。

1. 全时驱动（Full-time）

全时驱动车辆永远保持四轮驱动模式，正常行驶时发动机转矩按50%输出，50%设定在前后轮上。当轮胎打滑时自动分配前后转矩以确保在不同路面上极佳的车辆性能和驾驶条件，分配比例在30%：70%～70%：30%之间（前后驱动转矩在30%～70%之间连续无级可调），采用这种驱动模式的车辆具有极佳驾驶操控性和行驶循迹性。全时四驱科技含量高，车辆的行驶操控性能和舒适性也强，因此主要运用在奥迪A4 Quattro、新奥迪A6L、宝马X5等高档车型上。

2. 兼时驱动（Part-time）

兼时驱动模式一般用于越野车或四驱SUV上。驾驶员可根据路面情况，通过接通或断开分动器来变化两轮驱动或四轮驱动模式，其优点是可根据实际情况来选取驱动模式，比较经济，缺点是其机械结构比较复杂，需要驾驶者有很强驾驶经验。北京切诺基就是采用这种驱动模式。

3. 适时驱动（Real-time）

采用适时驱动的车辆，其选择何种驱动模式由电脑控制，正常路面一般采用两轮驱动，如果路面不良或驱动轮打滑，电脑会自动检测出来并立即将发动机输出转矩分配给其他两轮，切换到四轮驱动状态，免除了驾驶人的判断和手动操作，应用更加简单。选用这种驱动模式的代表车型有东风本田CR-V和北京现代途胜等。

二、分动器的典型结构和工作原理

以传统的兼时驱动的北京切诺基为例介绍其主要部件的结构、原理和检修。

分动器的功用是把变速器传来的动力分配给前后驱动桥。在大多数的分动器上设有变速机构。在进行两轮或四轮驱动切换的同时，也改变整车的传动比。在普通路面上使用高速挡，在恶劣路面上使用低速挡。

北京切诺基主要采用87A—K型分动器，其构造与原理与普通齿轮变速器类似。

1. 结构、组成

87A—K型分动器的结构简图如图3-37所示。其壳体是中间剖分式的，在壳体内设有两根串联的输入轴1和后输出轴7、中间轴8及前输出轴9。

分动器的高、低速挡及空挡是由牙嵌式离合器接合套3的位置决定的。接合套内孔制有齿形花键和输入轴后端的齿形花键滑套着。当接合套处于前后不同位置时，可以分别和低速挡齿轮2或后输出轴7的齿形花键接合，也可以处于中间位置与输入轴接合。当接合套处于前端位置时，其花键孔同时套着输入轴低速挡齿轮和后端的齿形花键，输入轴1的转矩就通过后端的齿形花键传给接合套继而通过低速挡齿轮、中间轴大齿轮和中间轴小齿轮分别传给前输出轴9和四轮驱动齿轮4，其速比为2.36:1，此时同步器接合套5被同步器拨叉拨向后方与同步器盘6接合，转矩同时传递给后输出轴，其转速与前输出轴相同。

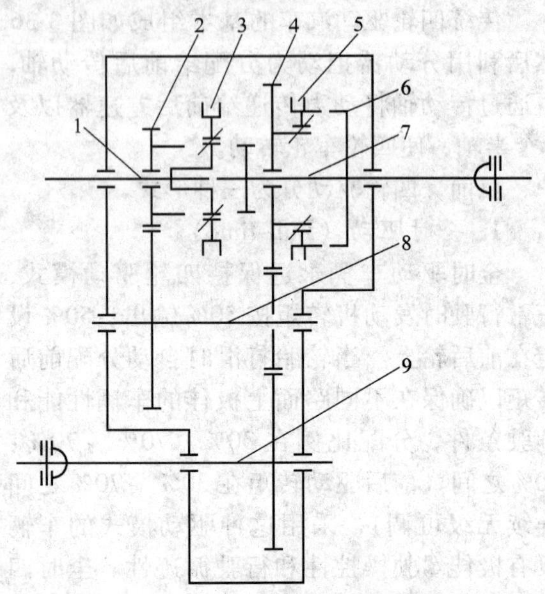

图3-37 87A—K型分动器的结构简图

1—输入轴 2—低挡齿轮 3—离合器接合套 4—四轮驱动齿轮 5—同步器接合套 6—同步器盘 7—后输出轴 8—中间轴 9—前输出轴

当接合套处于中间位置时，接合套只与输入轴的齿形花键套合，因此，输入轴无转矩输出，成为空挡。当接合套处于后方位置时，输入轴的转矩通过接合套直接传给输出轴，二者转速相同，为高挡传动。

分动器的四轮或两轮驱动取决于同步器接合套的位置。当同步器处于前方时同步器和同步盘分离，此时后输出轴的动力不传给前轴，仅后轮驱动；同步器接合套处于后方位置时，后输出轴不仅驱动后轴还通过四轮驱动齿轮驱动前轴，实现四轮驱动。由于离合器接合套3和同步器接合套5的位置分别由换挡盘和两个拨叉来控制，即排除了低速两轮驱动工况，防止转矩传递过大而损坏传动系机件。

惯性同步器仅用于高速挡时后轮驱动的接合，低速挡时同步器断开，后轮由高、低速挡接合套传递动力。因此允许车辆行驶中实施高速两轮或高速四轮驱动工况的变换。由于高、低速挡是采用接合套变换，因此必须在车辆完全静止时进行。否则，会产生强烈离合器冲击及噪声，甚至损坏有关零件，换挡困难。

2. 转矩传递路线

分动器两轮或四轮驱动时转矩的传递路线如下。

1）四轮低速时：输入轴→接合套→低速挡齿轮→中间齿轮组→前输出轴
　　　　　　　　　　　　　　　└→四轮驱动齿轮→惯性式同步器→后输出轴。

2）四轮高速时：输出轴→接合套→后输出轴→惯性式同步器→四轮驱动齿轮→中间轴齿轮→前输出轴。

3）两轮驱动（只有高速挡）：输入轴→接合套→后输出轴。

【案例剖析】

故障现象：一辆捷达王轿车，在行驶了14万km后突然产生变速器（手动五挡变速器）无倒挡（挂不上倒挡）的故障（前进挡正常）。该车曾于一个月前被更换了车速里程表传动软轴（下称传动软轴），此后在变速器内曾出现过异响。

故障分析及排除：试车表明：根本挂不上变速器的倒挡，但其前进挡换挡正常。根据试车结果初步认为：在变速器内有异物，它使变速操纵机构卡住而挂不上倒挡；而且该异物是从安装槽内掉出的，是用于吸附变速器零件磨损产物的磁铁。因此，决定对变速器作解体检查。

在把变速器从车上拆下后，发现变速器的倒挡挂挡正常了。在分析后认为，这可能是在拆卸过程中对变速器轴的正反向转动使异物改变了位置的结果，证明了在变速器内确有异物。在解体变速器后发现异物乃是传动软轴上的传动齿轮。由此可以肯定，该异物是在一个月前更换传动软轴时由于修理工违规操作而产生的。在解体变速器时还发现，在变速器中的齿轮油油量极少，只有正常量的一半。在取出异物，重新检查及装复变速器和更换齿轮油（加足量）后，变速器无倒挡故障被排除。

【思考题】

1. 变速器自锁装置不起作用会引起什么结果？
2. 变速器中为什么要设置互锁装置？

学习单元 3　变速器同步器的更换

【学习目标】

1. 掌握变速器同步器的结构及其工作原理。
2. 熟悉变速器同步器更换的工作过程。
3. 能根据具体车型，制订同步器的更换方案。
4. 具备对两轴变速器传动总成进行拆装的技能。

【任务载体】

一辆行驶里程为 150 000km 的桑塔纳 2000 轿车出现了下面问题：变速器挂挡困难，其故障现象是起步前挂挡，尽管离合器踏板已踏到底，但仍不容易挂上挡。产生此类故障，有可能是离合器分离不彻底故障，但也可能是变速器故障，如何分辨和判断究竟是哪里的故障就必须明白手动变速器的原理与结构。

【相关知识】

一、普通齿轮变速器的工作原理

普通齿轮变速器由若干可变换传动比的齿轮副和外壳组成，从而实现变速、变矩和变向。

1. 变速原理

如图 3-38a 所示，若小齿轮为主动轮，其转速经大齿轮传出时就降低了，即 $n_1 > n_2$，称为减速传动，此时传动比 $i > 1$；如图 3-38b 所示，若大齿轮为主动轮，其转速经小齿轮传出时就升高了，即 $n_1 < n_2$，称为增速传动，此时传动比 $i < 1$。这就是齿轮传动的变速原理，汽车变速器就是根据这一原理利用若干大小不同的齿轮副传动来实现变速的。

一对齿轮传动只能得到一个固定的传动比，构成一个挡位。为了扩大变速器输出转速的变化范围，通常都采用多组大小不同的齿轮啮合传动，构成不同的挡位，从而可得到不同的输出转速。一般轿车和轻、中型客货车的变速器通常有 3 ~6 个前进挡和一个倒挡。

所谓变速器挡数就是指其前进挡数。传动比值 $i>1$ 的挡位称为降速挡，其输出轴转速低于发动机转速，而且传动比越大则输出转速越低；$i=1$ 的挡位称为直接挡，其输出轴转速与发动机转速相等；$i<1$ 的挡位称为超速挡，其输出轴转速超过发动机转速。

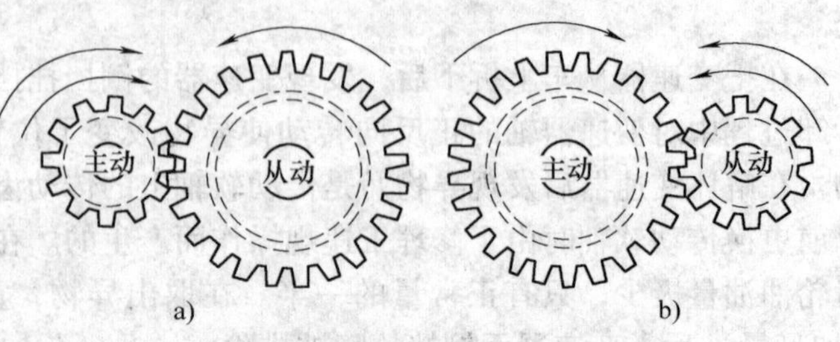

图 3-38 齿轮传动的基本原理

a）减速传动 b）增速传动

齿轮式变速器在改变转速的同时也改变了输出转矩，降速则增矩，增速则降矩。汽车变速器就是利用这一原理，通过改变传动比来改变输出转速，从而改变其输出转矩，以适应汽车行驶阻力的变化。

2. 变向原理

外啮合的一对齿轮旋向相反，每经一传动副，其轴便改变一次转向，所以，二轴式变速器的倒挡是在输入轴与输出轴之间加装了一根倒挡轴和倒挡齿轮（此为惰轮），使其输出轴与前进挡时的旋向相反，从而可以使汽车倒向行驶。

二、两轴式变速器

两轴式齿轮变速器主要应用于发动机前置、前轮驱动（FF 方式）和发动机后置、后轮驱动（RR 方式）的中、轻型轿车上，以便于汽车的总体布置。目前，轿车上采用发动机前置、前轮驱动的布置形式越来越广泛，其中前置发动机又有纵向布置和横向布置两种形式，与其配用的两轴式变速器也有两种不同的结构形式。图 3-39 所示的桑塔纳轿车变速器是一种典型的与纵向布置发动机配合使用的两轴变速器。

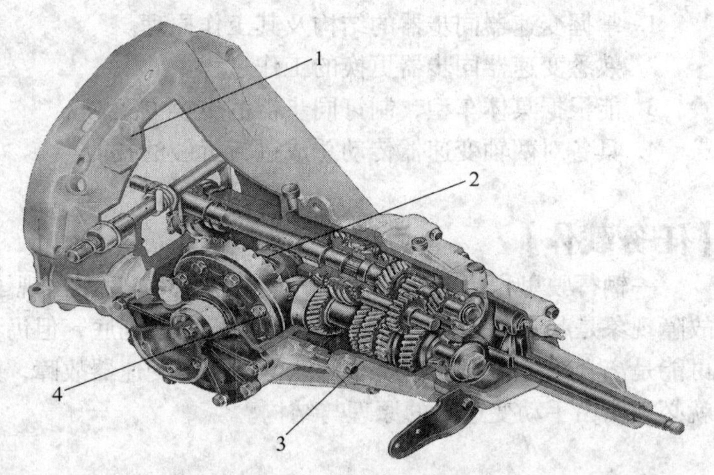

图 3-39 桑塔纳轿车变速器

1—变速器壳体 2—输入轴总成 3—输出轴总成 4—主减速器总成

1. 基本构造

该变速器变速传动机构包括输入轴总成和输出轴总成。它共有四个前进挡和一个倒挡。输入轴与输出轴各挡齿轮均为常啮合齿轮，所有挡位均用锁环式惯性同步器进行换挡。

输入轴也叫主动轴或第一轴，第一轴前端与离合器从动盘通过花键联接，中间及后端通过轴承支承在变速器壳体上。第一轴上共有五个齿轮，其中一挡齿轮、二挡齿轮和倒挡齿轮与第一轴固定，三、四挡齿轮分别用滚针轴承空套在第一轴上。位于三、四挡齿轮中间的同步器通过花键毂与轴联接。

输出轴也叫从动轴或第二轴，与主减速器主动锥齿轮制成一体，通过前后两端的轴承支承在变速器壳体上。第二轴上一、二挡齿轮用滚针轴承空套在轴上，三、四挡齿轮与轴固定。同步器位于一、二挡齿轮之间，倒挡齿轮与该同步器接合套连成一体。图3-40所示为桑塔纳2000轿车五挡手动变速器结构。

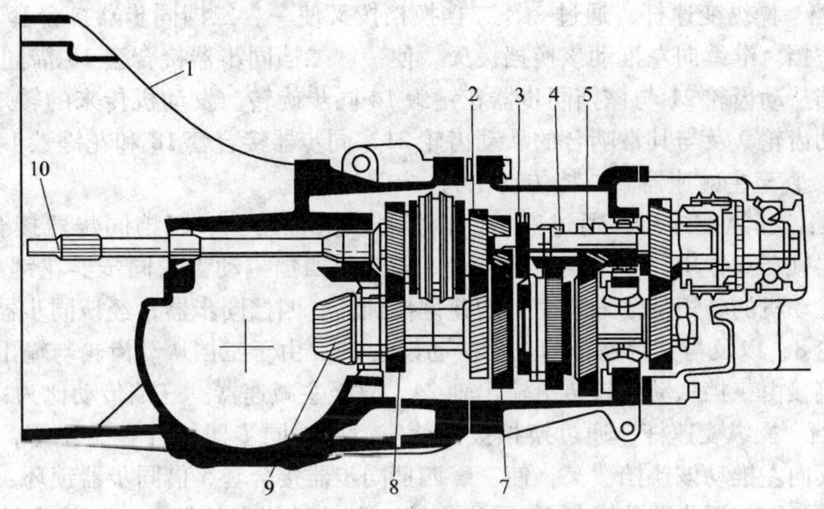

图3-40　桑塔纳2000轿车五挡手动变速器结构

1—变速器壳体　2—输入轴三挡齿轮　3—倒挡齿轮　4—倒挡轴　5—输入轴一挡齿轮　6—输入轴五挡齿轮　7—输出轴二挡齿轮　8—输出轴四挡齿轮　9—输出轴　10—输入轴

2. 各挡的动力传递过程

离合器从动盘将动力传给变速器输入轴，驾驶员可通过变速器操纵机构挂上所需挡位。

(1) 空挡　图3-41所示为变速器的空挡位置。当输入轴1旋转时，一、二挡及倒挡的主动齿轮与之同步旋转。三、四挡主动齿轮（8、2）则处于自由状态。一、二挡的从动齿轮（15、21）随输入轴1的旋转而在输出轴24上空转，输出轴24不被驱动，汽车处于静止或空挡滑行状态。

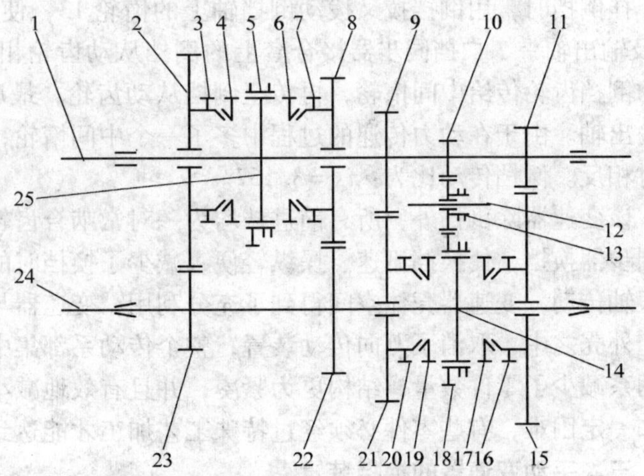

图3-41　桑塔纳轿车变速器传动机构示意图

1—输入轴　2—四挡主动齿轮　3、7、16、20—接合齿圈　4、6、17、19—同步器锁环　5—三、四挡同步器接合套　8—三挡主动齿轮　9—二挡主动齿轮　10—倒挡主动齿轮　11—一挡主动齿轮　12—倒挡齿轮轴　13—倒挡中间齿轮　14—一、二挡同步器花键毂　15—一挡从动齿轮　18—一、二挡同步器接合套　21—二挡从动齿轮　22—三挡从动齿轮　23—四挡从动齿轮　24—输出轴　25—三、四挡同步器花键毂

(2) 一挡　操纵变速杆，通过一、二挡换挡拨叉使一、二挡同步器接合套18右移，经一挡同步器锁环17作用，使一挡从动齿轮15与一、二挡同步器在接合套18的作用下同步旋转。这样，从离合器传来的发动机转矩，经输入轴1上的一挡主动齿轮11及与其常啮合的从动齿轮

15、同步器接合套 18 和花键毂 14，经花键传到输出轴 24，直至主减速器。一挡传动比为：$i_1=3.455$。

（3）二挡　操纵变速杆，通过一、二挡换挡拨叉使一、二挡同步器接合套 18 左移，退出一挡进入空挡。继续向左推动该换挡拨叉，使一、二挡同步器接合套 18 借同步器锁环 19 作用，使二挡从动齿轮 21 与该挡同步器花键毂 14 同步旋转。发动机传来的转矩经输入轴 1 上的二挡主动齿轮 9 及与其常啮合的从动齿轮 21、同步器接合套 18 和花键毂 14，经花键传到输出轴 24，直至主减速器。二挡传动比为：$i_2=1.944$。

（4）三挡　操纵变速杆，通过三、四挡换挡拨叉推动三、四挡同步器接合套 5 右移，经三挡同步器锁环 6 作用，使三挡主动齿轮 8 与三、四挡主动齿轮同步器花键毂 25 同步旋转。则来自发动机的转矩从输入轴 1 上的花键传到三、四挡同步器，经该同步器接合套 5 到三挡主动齿轮 8，以及与其常啮合的三挡从动齿轮 22，由于三挡从动齿轮与输出轴固定，所以此时动力直接由三挡从动齿轮传给输出轴 24，直至主减速器。三挡传动比为：$i_3=1.286$。

（5）四挡　操纵变速杆，通过换挡拨叉使三、四挡同步器接合套 5 左移，退出三挡进入空挡。继续向左推动该换挡拨叉，使三、四挡同步器接合套 5 借同步器锁环 4 作用，使四挡主动齿轮 2 与该挡同步器花键毂 25 同步旋转。发动机传来的转矩，从输入轴 1 上的花键经三、四挡同步器花键毂 25，经该同步器接合套 5 传到四挡主动齿轮 2，传给与之常啮合的四挡从动齿轮 23，传到输出轴 24，直至主减速器。四挡传动比为：$i_4=0.909$。

（6）倒挡　要使汽车能倒向行驶，在输入轴 1 与输出轴 24 之间增设一个倒挡齿轮轴 12 和一个倒挡中间齿轮（惰轮）13，倒挡轴是固定式轴，倒挡中间齿轮空套在倒挡轴上，可以在倒挡拨叉的作用下左右移动。

挂倒挡时，用倒挡拨叉拨动倒挡轴上的惰轮 13，使其同时与输入轴上的倒挡主动齿轮 10 及输出轴一、二挡同步器接合套上的倒挡从动齿轮相啮合。发动机传来的转矩经输入轴上的倒挡齿轮传给中间惰轮，再传至倒挡从动齿轮，最后由一、二挡同步器的花键毂 14 传给输出轴。由于在动力传递的过程中多了一个中间惰轮，所以输出轴的旋转方向与各前进挡位时相反。倒挡传动比为：$i_R=3.167$。

该变速器除倒挡外，所有前进挡均为一对常啮合齿轮，故传动效率比较高。由于采用了全同步器换挡，使换挡迅速、操纵轻便，减少了换挡时的冲击和噪声。因为只有输入、输出两根轴传动，变速器壳体空间得到了充分利用，变速器与主减速器和差速器三者共同安装于一个外壳之中，取消了万向传动装置，整个传动系都集中在汽车的前部。这种布置方式使得传动系减少了零件数量，结构更为紧凑，并且有效地减小了体积和重量，但给加工制造方面带来一定困难，有些零件必须经过特殊工艺加工才能达到要求。

三、手动变速器的换挡装置

变速器换挡装置主要作用是保证顺利的挂挡和退挡，同时，还有保证汽车在行驶过程中不会自动脱挡。

手动变速器的换挡装置常见的有直接滑动齿轮式、接合套式和同步器式，目前普遍使用的是同步器式。

同步器式换挡装置是在接合套换挡装置的基础上发展起来的，其功用是使接合套与待接合的齿圈二者之间迅速达到同步，并阻止二者在同步前进入啮合，从而可消除换挡时的冲击，缩短换挡时间，简化换挡过程。

同步器由同步装置（包括推动件和摩擦件）、锁止装置和接合装置三部分组成，目前所有的同步器几乎都是采用摩擦式同步装置，但其锁止装置不同，因此工作原理亦有所不同。按工作原理同步器可分为常压式和惯性式两大类。目前应用最广泛的是各种类型的惯性同步器，而轿车上应用最普遍的是锁环式惯性同步器。

1. 基本结构

如图3-42a所示，锁环式惯性同步器主要由花键毂10、接合套5、锁环（也称同步环）4和6组成。花键毂10以其内花键套装在第二轴的外花键上，并用垫圈和卡环轴向固定，花键毂的外花键与接合套5的内花键相啮合。两端与齿轮2和8之间各有一个青铜制的锁环。锁环上有短花键齿圈，其花键齿的尺寸和齿数，与花键毂、齿轮2和8的外花键齿均相同。两个齿轮和锁环上的花键齿，在对着接合套的一端，都有倒角（称为锁止角），且都与接合套齿端的倒角相同。锁环具有内锥面，其锥角与齿轮2和8齿圈上的外锥面相同，两者之间通过锥面相接触。在锁环内锥面上车制有细密的螺纹槽，使两锥面接触后能够破坏锥面间的油膜，提高摩擦系数，以便增加锥面之间的摩擦力，锁环的另一端有三个缺口。锁环内锥面摩擦副是摩擦件，外沿带倒角的齿圈是锁止件。三个滑块分别安装在花键毂的三个均布的轴向槽中，并可沿槽轴向移动。两个弹簧圈用来靠其径向力将滑块压向接合套，使滑块中部的凸起部位压嵌在接合套中部的环槽中。滑块与弹簧形成了推动件。滑块两端伸入锁环的

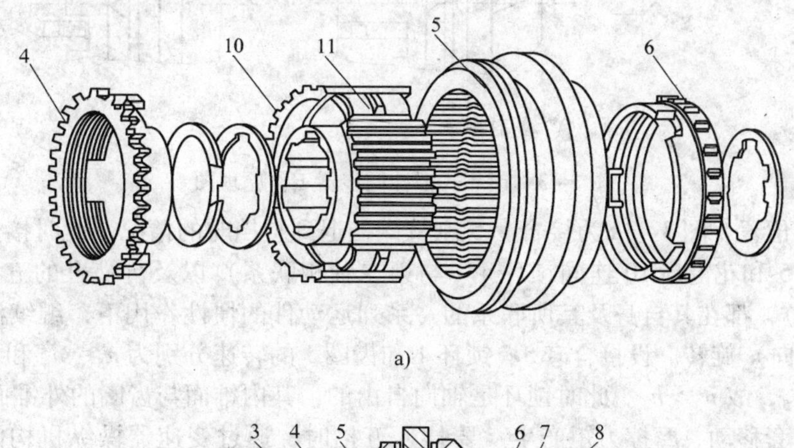

a)

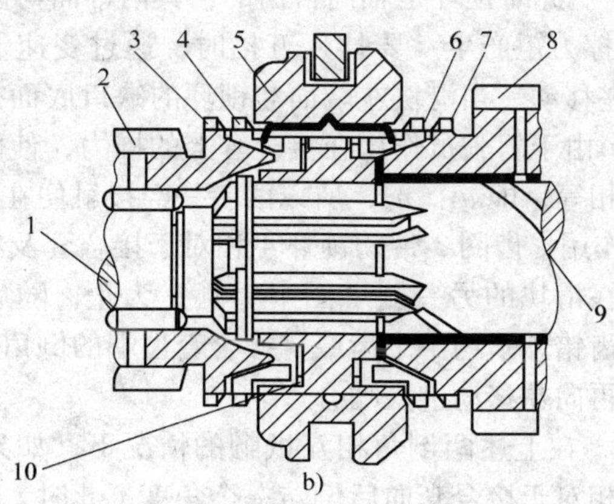

b)

图3-42　销环式惯性同步器的结构图

1—第一轴　2—五挡齿轮　3—五挡接合齿圈　4、6—锁环（同步环）　5—接合套　7—四挡接合齿圈　8—第二轴四挡齿轮　9—第二轴　10—花键毂　11—滑块

缺口中，但滑块的宽度较缺口宽度为小，二者之差等于锁环上的花键齿宽，而且缺口与花键齿有恰当的周向位置，使锁环相对于花键毂左右只能转动半个齿，而且只有当滑块位于锁环缺口的中央位置时，接合套与锁环才能进入啮合。

2. 工作原理

现在以该变速器由四挡换入五挡过程为例，说明锁环式惯性同步器的工作原理，如图3-43所示。

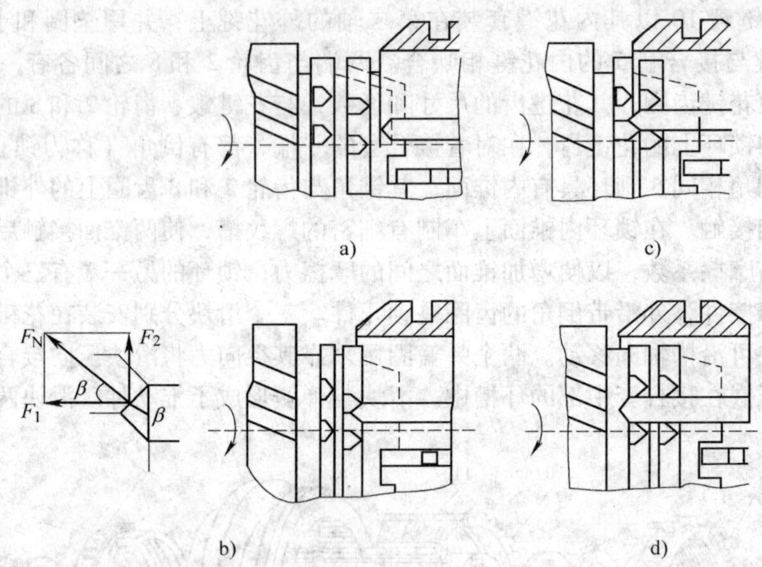

图 3-43　锁环式惯性同步器工作原理图

(1) 空挡位置　图3-43a为接合套5刚从四挡退到空挡时的情况。此时接合套处于中间位置，接合套5和花键毂10连同锁环4（与第二轴相联系）以及待啮合的五挡齿圈3（与第一轴相联接），都在其自身及其所联系的一系列运动件的惯性作用下，继续沿原方向（图中箭头所示方向）旋转。设接合套5、锁环4和齿圈3的转速分别为n_5、n_4和n_3，显然此时$n_4 = n_5$，$n_3 > n_5$，故$n_3 > n_4$。此时锁环是轴向自由的，其内锥面与齿圈的外锥面并不接触。

(2) 接合套移动，摩擦力矩产生　要挂入五挡时，通过变速器操纵机构向左推动接合套5，并带动滑块一起向左移动。当滑块左端面与锁环的缺口底面接触时，便推动锁环移向齿圈3，使两锥面相接触。由于驾驶员作用在接合套上的推力，使两锥面间产生正压力，同时齿圈3与锁环4转速不相等，即$n_3 > n_4$，所以两者一经接触便在其锥面之间产生摩擦力矩M_1。通过摩擦力矩M_1的作用，齿圈3带动锁环4相对于接合套及花键毂5快转（顺转）一个角度，直到锁环缺口靠在滑块的另一侧（图中上侧）为止，随后锁环即与接合套同步转动。此时接合套锁环上的齿错开了约半个齿厚，接合套齿端的倒角与锁环齿端的倒角恰好互相抵住，因而接合套不能再向左移动进入啮合。

(3) 锁止作用的产生　在上述两倒角相互抵触的情况下，如果要使接合套与锁环齿圈进入啮合，则必须使锁环相对于接合套向后倒转一个角度。此时，驾驶员作用在接合套并通过接合套合套作用在锁环齿端倒角面上的轴向力F_1可以分解成倒角斜面上的法向正压力F_N及其切向分力F_2。切向力F_2便形成一个力图拨动锁环相对于接合套向后倒转的力矩M_2，称为拨环力矩。轴向力F_1则使锁环4与齿圈3的锥面进一步压紧，产生更大的摩擦力矩

M_1，迫使待啮合的齿圈3相对于锁环4迅速减速而趋向与锁环同步。由于齿圈3的减速旋转，根据惯性原理，便产生一个与其旋转方向相同的惯性力矩，此惯性力矩通过摩擦锥面以摩擦力矩的形式传递到锁环上，阻止锁环相对于接合套向后倒转。在待接合齿圈3与锁环4未达到同步之前，摩擦锥面的摩擦力矩在数值上就等于此惯性力矩。

这就是说，在待啮合齿圈与锁环及接合套之间未达到同步之前，在锁环上作用着方向相反的两个力矩：一个是齿端倒角面上力图拨动锁环相对于接合套向后倒转的拨环力矩 M_2；另一个是摩擦锥面上阻止锁环向后倒转的惯性力矩（即摩擦力矩）M_1。如果 $M_2 > M_1$，锁环即可相对于接合套向后倒转一个角度，以便接合套进入啮合；如果 $M_1 > M_2$，锁环则不能够倒转，而通过其齿端锁止角阻止接合套进入啮合，这就是锁环的锁止作用。由于锁环的锁止作用是依靠待啮合的齿圈3及与其相联系的零件的惯性力矩而形成的，因此称为惯性式同步器。

对于一定的轴向推力 F_1，拨环力矩 M_2 的大小取决于锁环及接合套齿端倒角（即锁止角）的大小，而惯性力矩 M_1 的大小则取决于摩擦锥面的锥角大小。实际上同步器在设计时，都经过适当地选择齿端倒角和摩擦锥面锥角，保证在达到同步之前始终保持 $M_1 > M_2$，而且，不论驾驶员施加的轴向力 F_1 有多大，锁环都能够有效地阻止接合套进入啮合，从而使同步器可起到锁止作用，防止在同步前挂上挡。

（4）同步啮合　随着驾驶员对接合套施加推力不断加大，摩擦锥面之间的摩擦力矩不断增加，使齿圈3的转速迅速降低，直至齿圈3与锁环4及接合套达到同步，相对角速度为零。此时惯性力矩消失，于是在拨环力矩 M_2 的作用下，锁环4连同齿圈3一起相对于接合套向后倒转一个角度，使滑块处于锁环缺口的中央，接合套7与锁环的花键齿不再相抵触，锁环的锁止作用消除，接合套压下弹簧圈继续向左移动，而与锁环的花键齿圈进入啮合。

接合套与锁环进入啮合后，轴向力不再作用于锁环上，因此锁环与齿圈锥面间的摩擦力矩也就消失。此时驾驶员还要继续向前拨动接合套，使接合套最终与待啮合的五挡接合齿圈3进入啮合。如果此时接合套的花键齿恰好与齿圈3的花键齿发生抵触，则作用于接合套上的轴向力在齿圈3的倒角面上也将会产生一个切向分力，靠此切向分力便可拨动齿圈3及与其相联系的零件相对于接合套转过一个角度，从而使接合套5与齿圈3进入啮合（见图3-27d），最终完成换入五挡的过程。

反之，如果由高速挡换入低速挡，上述过程也适用，但此时齿圈7和齿轮8是被加速到与锁环6（亦即接合套5）同步，从而使接合套先后与锁环及齿圈7进入啮合而完成换挡过程。

【操作技能】

一、变速器总成的拆解

1）把变速器固定在修理架上，如图3-44所示。放出变速器油。

2）将变速器后盖拆下，取出调整垫片和密封圈。

3）如图3-45所示，小心的将后壳体1上的第三、四挡拨叉轴3向后拉出一点，直至小自锁销能够取出。取出小自锁销，再将变速杆重新推至空挡位置（注意：拨叉轴不能拉出太远，否则同步器内的挡块会弹出来，拨叉轴不能回到空挡位置）。此时已无自锁作用。

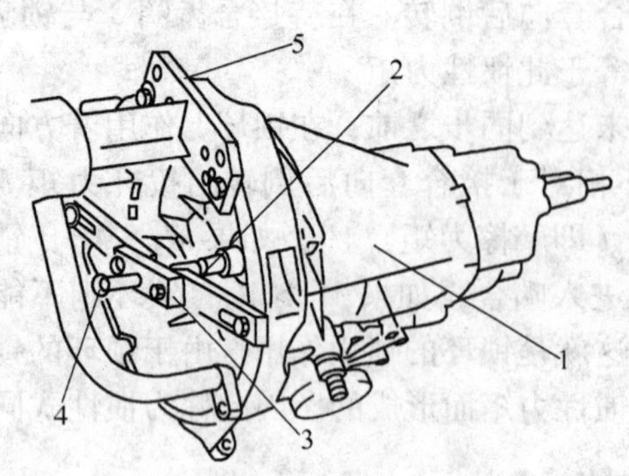

图 3-44 变速器壳体的修理架

1—变速器 2—输入轴 3—输入轴压出工具 4—螺栓 5—修理架

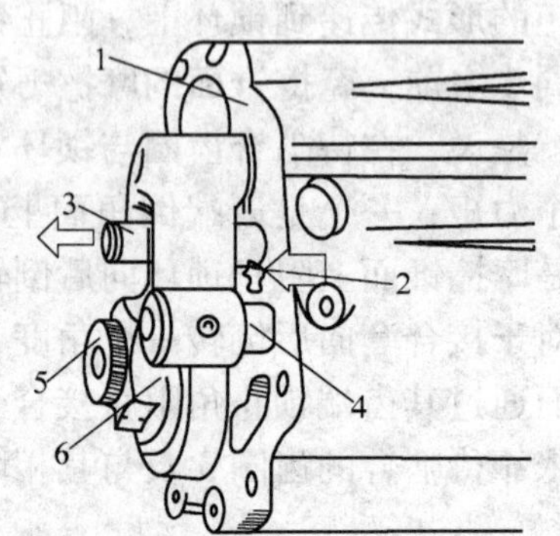

图 3-45 输出轴后螺母拆卸

1—后壳体 2—小自锁销 3—三、四挡拨叉轴 4—一、二挡拨叉轴 5—输出轴 6—输出轴后螺母

4）同时将一、二挡拨叉轴和倒挡拨叉轴同时向后拉，使倒挡和一挡齿轮同时啮合，锁住输出轴 5，旋下输出轴后螺母 6。

5）用工具顶住输入轴的中心，取下输入轴的挡圈和垫片。用拉器拉出输入轴的向心轴承。若没有专用工具，先旋出壳体和后盖的联接螺栓，用塑料锤（或木锤）敲击输入轴的前端和后壳体，直至后盖和后壳体结合处出现松动，取下后壳体。此时变速器的输入轴和输出轴都在后壳体上。

6）变速器壳体固定在台虎钳上，钳口应有较软的金属保持垫片，以防夹坏机件。

7）取出第三、四挡拨叉后端的弹性销，将第三、四拨叉轴往回拉，直至可以将三、四挡拨叉取出为止。

8）将换挡拨叉重新放在空挡位置，取出输入轴。

9）压出倒挡齿轮轴，并取出倒挡齿轮。用小冲头冲出一、二挡拨块上的弹性销，并取出弹性夹片。用工具拉出输出轴总成（注意：在拉出输出轴总成的同时，应注意一、二挡拨叉轴的间隙，以防卡住）。

二、变速器输入轴总成的分解与组装

1）输入轴总成分解时，拆下挡圈，取下四挡齿轮、同步环和滚针轴承。拆下同步器锁环，用压床压出三、四挡同步器齿毂。按图 3-46 顺序分解输入轴。

2）输入轴总成组装时，将组装好的三挡齿轮和轴承，压入三、四挡齿毂齿套，齿毂内花键的倒角朝向三挡齿轮的方向。

压入一、二挡齿毂齿套，齿毂和齿套安装时，槽应对着一挡齿轮；安装滑块弹簧时，其开口错开 120°，弹簧弯曲端必须固定在滑块内。

三、变速器输出轴总成的分解和组装

1）输出轴总成分解时，先压出一挡齿轮和轴承，压出二挡齿轮和同步器总成，压出三挡齿轮和四挡齿轮（注意：压出前应拆下各轴向挡圈）。按图 3-47 顺序拆卸输出轴上零件。

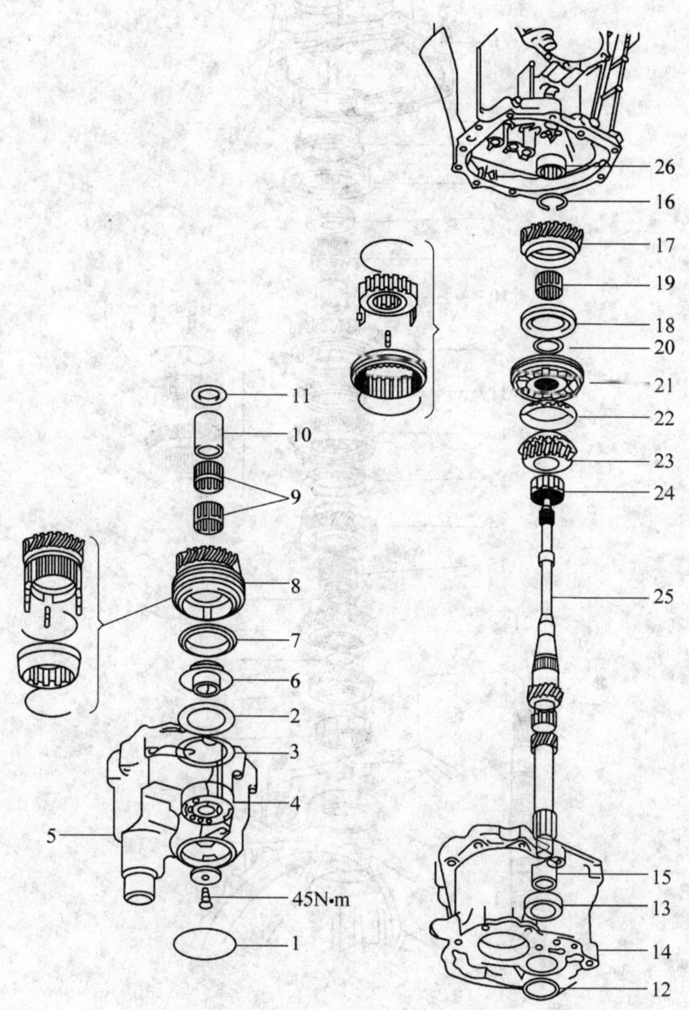

图3-46　输入轴分解图

1—后轴承的罩盖　2—挡油圈　3—锁环　4—输入轴后轴承　5—变速器后盖
6—五挡同步器套管　7—五挡同步环　8—五挡同步器和齿轮　9—五挡齿轮滚针轴承
10—五挡齿轮滚针轴承内圈　11—固定垫圈　12—锁环　13—中间轴承
14—轴承支座　15—中间轴承内圈　16—有齿的锁环　17—四挡齿轮
18—四挡同步环　19—四挡齿轮滚针轴承　20—锁环　21—三挡和四挡同步器
22—三挡同步环　23—三挡齿轮　24—三挡齿轮滚针轴承　25—输入轴
26—输入轴滚针轴承

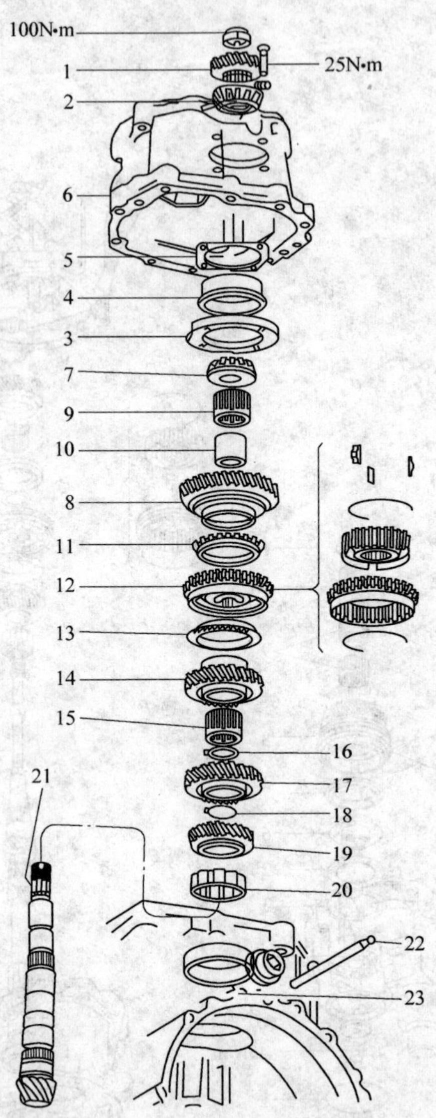

图 3-47　输出轴分解图

1—五挡齿轮　2—输出轴外后轴承　3—轴承保持架　4—后轴承外圈　5—调整垫片　6—轴承支座
7—输出轴内后轴承　8—一挡齿轮　9—一挡齿轮滚针轴承　10—一挡齿轮滚针轴承内圈
11—一挡同步环　12—一挡和二挡同步器　13—二挡同步环　14—二挡齿轮　15—二挡齿轮滚针轴承
16—挡环（厚度应用测量薄板用的样板测定，可使用的厚度为 1.5mm 和 1.6mm）
17—三挡齿轮（凸缘应转向四挡齿轮）　18—挡环　19—四挡齿轮（凸缘应转向主动锥齿轮）
20—输出轴前轴承　21—输出轴　22—圆柱销　23—输出轴前轴承外圈

2）输入轴的安装：

①检查主减速器主动锥齿轮的情况。如果已经损坏，同主减速器从动锥齿轮一起更换，并计算从动锥齿轮和主动锥齿轮调整垫片厚度。

②检查所有齿轮和轴承的损坏情况。如需要更换，除更换所损坏的外，还需将其他轴上的相应齿轮更换。

③用钢丝刷清洗同步环的内锥面，如图3-48所示。

④在更换一挡齿轮滚针轴承的内圈或输出轴的后轴承时，计算输出轴的调整垫片厚度。

⑤将同步环压在各自齿轮的锥面上，检查间隙A值，如图3-49所示。将同步环贴在极其平滑的表面上（平板、玻璃等）对其扭曲情况进行分析。用轻度的压力将同步环装在各自齿轮的锥面上，移动齿轮的锥环，对过度的侧面间隙（成椭圆形）进行分析。如果出现上述任何一种不正常现象，就应更换同步环。

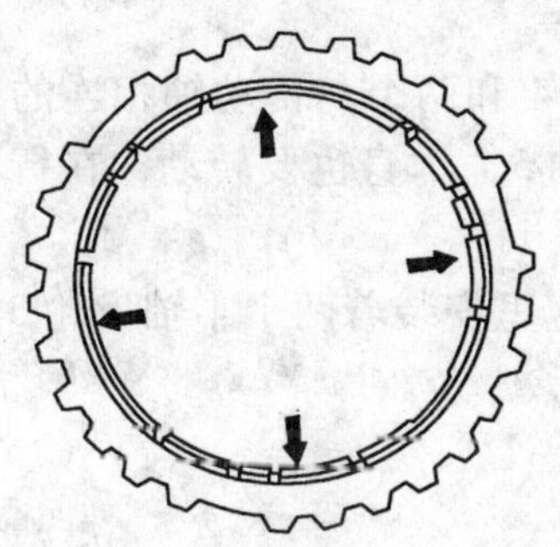

图3-48　清洗同步环内锥面

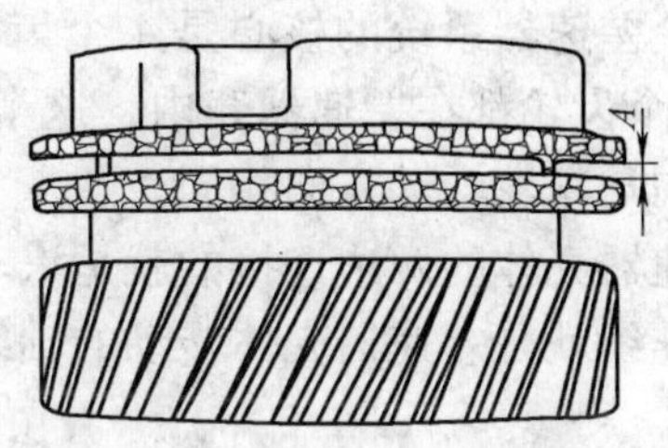

图3-49　检查间隙

⑥按图3-47顺序安装输出轴。

四、变速器的装配

1. 变速器变速传动机构的组装（组装时按分解的逆顺序进行）

1）压入输出轴总成。压入输出轴总成时，要将变速杆与一、二挡换挡拨叉和输出轴总成一起装入后壳体，然后再压入后轴承。压入时，注意一、二挡换挡滑杆的活动间隙，必要时，轻轻敲击以免卡住。

2）安装一、二挡拨块，压入弹性销，安装倒挡齿轮，压入轴。安装输入轴时，要拉回二、四挡拨叉，直至能够装入滑动齿套为止，同时变速杆应位于空挡位置，并用弹性销固定好拨叉。放好新的密封环，将输入轴和输出轴及后壳体一起与壳体用M8×45的螺栓来联接，紧固力矩为25N·m。使用支撑桥将输入轴支撑住，压入输入轴的向心轴承或组合式轴承。向心轴承保持架密封面对着后壳体，而组合式轴承的滚子对着后壳体。安装三、四挡拨叉轴上的小止动块，拧紧输出轴螺母（力矩为100N·m）。将换挡叉轴置于空挡位置（变速器不能拉出太远，否则同步器内的止动块可能弹出来，变速滑杆可能不能再压回到空挡位置。出现这种情况，必须重新拆卸变速器，将3个锁块压到同步器齿套内并推入滑动套筒），最后安装差速器。

2. 变速器后盖的安装

由于输出轴本身是主减速器的主动齿轮，因此后盖上的垫片要合理选择。安装壳体后盖，将所选用的垫片放入后盖。将异型弹簧放到内选挡杆上，将异型弹簧压紧后与内选挡杆一起向内推，直到弹簧的另一端弯头支撑在后盖和调整垫片上为止。再按顺时针方向旋转内选挡杆，直至异型弹簧滑进正确位置为止。以25N·m的力矩拧紧螺钉。

装配时，严格按拆装程序进行，并注意操作安全，注意各零件、部件的清洗和润滑。分解变速器时不能用手锤直接敲击零件，必须采用铜棒或硬木垫进行冲击，以免损伤部件。

【知识和能力拓展】

汽车在直线行驶时左右两个驱动轮的转速是相同的，但在转弯时两边车轮行驶的距离不是等长的，因此车轮的转速肯定也会不同。差速器的作用就在于允许左右两边的驱动轮以不同的转速运行。

差速器的位置处于传动轴与左右半轴的交汇点，从变速器输出的动力在这里被分配到左右两个半轴。

一、差速器的构造（见图 3-50）

整个差速器系统的核心是 4 个齿轮：两个行星齿轮 4 和两个与传动轴相连的半轴齿轮 3。这 4 个齿轮都在差速器壳内，这个壳体连接着传动轴 5，本身也要转动，在行驶时它的转动方向与车轮转动方向相同。

差速器壳体的两边连接的就是汽车的左右半轴 5。这里安装着两个半轴齿轮 3，两齿轮中心的连线就是差速器壳体转动的轴线。

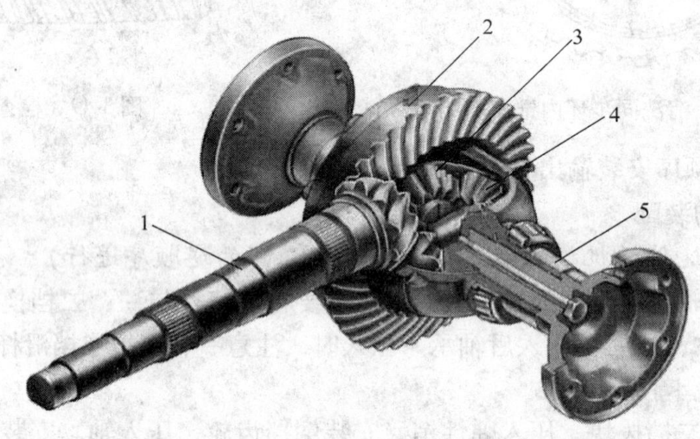

图 3-50　差速器结构

1—变速器从动轴　2—主减速器从动齿轮　3—半轴齿轮　4—行星齿轮　5—半轴（传动轴）

除了两个半轴齿轮外还有两个行星齿轮 4。两个齿轮是对向安装并且与半轴齿轮垂直。这两个齿轮经常要朝相反方向转动，从而实现差速作用。壳体在自转过程中会带着两个齿轮做公转。

这 4 个齿轮虽然安装在壳体内部但都是可以独立于差速器壳体转动的，只因相互啮合在一起，每个半轴齿轮都啮合着两个行星齿轮，每个行星齿轮都啮合着两个半轴齿轮，只要其中一个齿轮转动都会牵扯到其他三个齿轮一起转动，而且其中一个齿轮朝某个方向转动，与它相对的另一边齿轮必定朝反方向转动。

二、差速器的工作原理

直线行驶时的特点是左右两边驱动轮的阻力大致相同。从发动机输出的动力首先传递到差速器壳体上使差速器壳体开始转动。接下来要把动力从壳体传递到左右半轴上，由于两边车轮阻力相同，因此两边达到平衡，差速器壳体内的行星齿轮跟着壳体公转同时不会产生自转，两个行星齿轮啮合着两个半轴齿轮以相同的速度转动，这样汽车就可以直线行驶了，运转图如图 3-51 所示。

假设车辆现在向左转，左侧驱动轮行驶的距离短，相对来说会产生更大的阻力。差速器壳体通过齿轮和输出轴相连，在传动轴转速不变的情况下，差速器壳体的转速也不变，因此左侧半轴齿轮会比差速器壳体转得慢，这就相当于行星齿轮带动左侧半轴会更费力，这时行星齿轮就会产生自转，把更多的转矩传递到右侧半轴齿轮上。由于行星齿轮的公转外加自身的自转，导致右侧半轴齿轮会在差速器壳体转速的基础上增速，这样，右车轮就比左车轮转得快，从而使车辆实现顺滑的转弯，运转图如图 3-52 所示。

图 3-51　车辆直行时差速器状态

图 3-52　一侧车轮遇到阻力时，差速器状态

三、防滑差速器

现在很多高性能车都装备防滑差速器。防滑差速器的作用是当左右半轴的转速差过大时，防滑差速器会锁止普通差速器，让动力能够在左右两侧半轴合理分配。而一些专业的越野车装备四驱装置和差速锁，在地面摩擦力不足的情况下通过手动控制或者电子设备会自动把差速器锁止，此时差速器就不起作用了，动力被平均分配到四个车轮上帮助车辆摆脱困境。

【案例剖析】

故障现象：车辆在行驶中，当负荷突然增大或车辆剧烈振动时，操纵杆由所挂的挡位自动跳回空挡位置。

故障分析：

1）齿轮或接合套的接合齿磨损过甚，沿齿长方向磨成锥形，使其在啮合传动过程中产生轴向力，而此轴向力使齿轮和接合套作轴向移动而跳挡。

2）自锁装置的弹簧过软或折断以及自锁销和拨叉轴上的凹槽等磨损，使自锁装置产生的锁止力小于上述轴向力，此时齿轮或接合套作轴向移动而跳挡。

3）拨叉弯曲或磨损过度，操纵杆和变速机件因磨损而前后过于松旷，使挂挡后齿轮或接合齿的啮合长度减短。

故障排除：

1）检查自锁装置是否失效，检查自锁销和拨叉轴上的凹槽是否严重磨损、弹簧是否过软或折断。如磨损严重和弹簧过软，一般应换用新品；如拨叉轴无新品可换，可拆下修复使用；如弹簧无新品可换，可垫以适当厚度的垫片，以增强弹力。

2）如自锁装置作用良好，则将变速杆或操纵杆移入该挡，然后查看拨叉轴凹槽是否对正自锁销导孔。如未对正，表明齿轮或接合齿未完全啮合，应检查操纵机件各连接销和销孔，以及拨杆球头和球窝等是否松旷。如松旷，应换新品或堆焊修复。

3）如拨叉轴凹槽能对正自锁销导孔，则在变速杆仍处于该挡的情况下，拆开变速器盖查看齿轮或接合齿的啮合情况。如啮合不完全，应检查拨叉是否弯曲变形、磨损是否过甚。

如变形，应予以校正；如磨损过多，应更换。

4）如齿轮或接合套能完全啮合，但仍产生跳挡故障时，表明齿轮或接合套的接合齿严重磨损，应分解检修或更换。

【课后思考】

1. 变速器同步器是如何工作的？
2. 变速器的倒挡是如何获得的？

学习单元4　悬架减振器的更换

【学习目标】

1. 掌握悬架系统的结构及其工作原理。
2. 熟悉悬架减振器的更换过程。
3. 掌握弹簧、减振器、导向机构的类型及结构特点。
4. 能根据相关技术规定，制定悬架减振器的更换方案（重点）。
5. 能对前、后悬架进行拆装。

【任务载体】

客户的捷达 GiX，已经行驶 7.3 万 km，客户反映汽车在转向时车身前部发出“嘎吱”异响，并感觉异常振动；用手下压汽车四角，发现右前车头下压费力，放手明显缺少阻尼弹性。拆卸右悬架后，检查右前减振器，发现其损坏，更换减振器，故障排除。

减振器是汽车悬架的重要组成部分，在悬架中主要起减振作用，减振器损坏不仅影响汽车的舒适性，而且影响到汽车行驶及操控性，汽车经长期使用或长期在恶劣路况下行驶，会导致减振器损坏，是汽车底盘中较常见的故障。因此，应掌握汽车悬架减振器的更换方法。

【相关知识】

一、悬架的作用与组成

悬架的主要作用是把路面作用于车轮上的垂直反力（支承力）、纵向反力（驱动力和制动力）和侧向反力以及这些反力所形成的力矩传递到车架（或承载式车身）上，以保证汽车的正常行驶。

如图 3-53 所示，悬架主要由弹性元件、导向装置和减振器等三部分组成。

弹性元件使车架与车桥之间作弹性联接，承受和传递垂直载荷，缓和不平路面所引起的冲击；导向装置用来传递纵向力、侧向力及其力矩，并保证车轮相对于车架或车身具有一定的运动规律；减振器用以加快振动的衰减，限制车身和车轮的振动。由此可见，上述三个组成部分分别起缓冲、导向和减振作用，三者共同实现传力的作用。为防止车身在不平路面行驶或转向时发生过大的横向倾斜，部分汽车还装有辅助弹性元件——横向稳定器平衡杆。

需要指出的是：任何悬架只需具备上述功用，在结构上并非必须有以上全套装置。如汽车上广泛采用的多片钢板弹簧悬架，它既有缓冲、减振的功能，又有传力和导向的作用，因此，安装有此悬架的汽车不需要再安装导向机构，甚至不要减振器（如后悬架）。

二、悬架的分类

根据汽车两侧车轮运动是否相互关联，汽车悬架可分为非独立悬架和独立悬架两种。

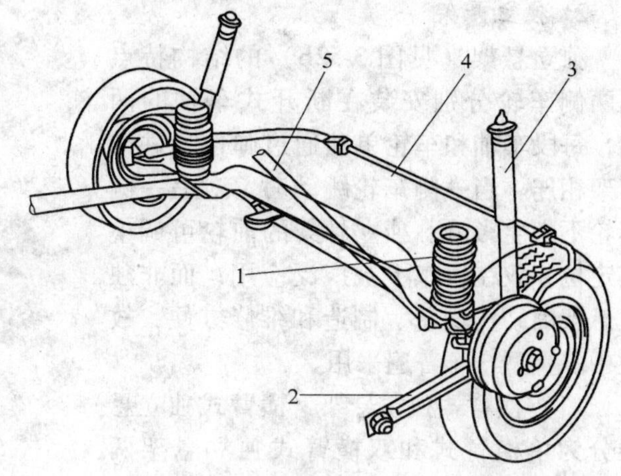

图3-53　悬架组成示意图
1—弹性元件　2、5—导向装置　3—减振器　4—横向稳定器

1. 非独立悬架

非独立悬架（见图3-54a）的结构特点是汽车两侧车轮分别安装在一根整体式的车轴两端，车轴则通过弹性元件与车架相连接。当一侧车轮因道路不平而跳动时，必然影响另一侧车轮的工作。非独立悬架又称为相关悬架。

非独立悬架结构简单，广泛应用于货车和客车上，用在轿车上时只作为后悬架。

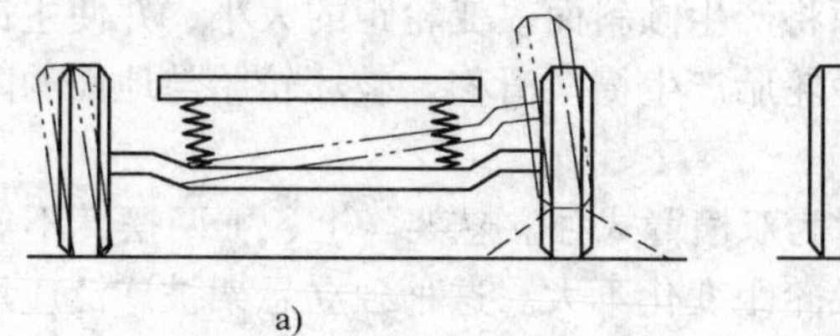

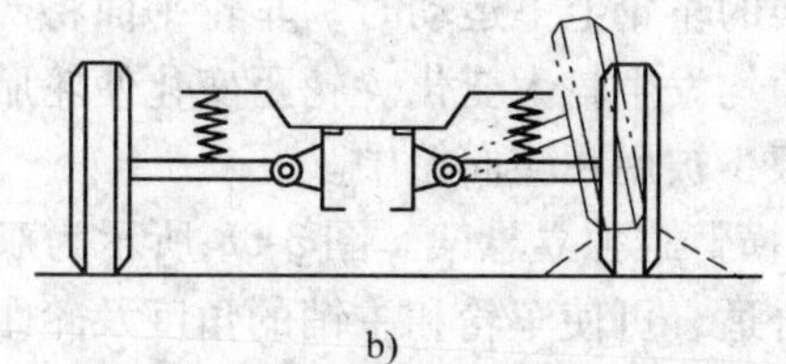

图3-54　非独立悬架与独立悬架示意图
a）非独立悬架　b）独立悬架

（1）钢板弹簧式非独立悬架　钢板弹簧被用作非独立悬架的弹性元件，由于它兼起导向机构的作用，使得悬架系统大为简化。如图3-55所示，悬架中部用U形螺栓将钢板弹簧固定在车桥上。悬架前端为固定铰链，俗称“死吊耳”，它由钢板弹簧销钉将钢板弹簧前端卷耳部与钢板弹簧前支架连接在一起。为减小磨损，前端卷耳孔中装有衬套。后端卷耳通过后钢板弹簧吊耳销与后端吊耳和吊耳架相连，后端可以自由摆动，形成“活动吊耳”。当车架受到冲击，弹簧变形时，两卷耳之间的距离是变化的。

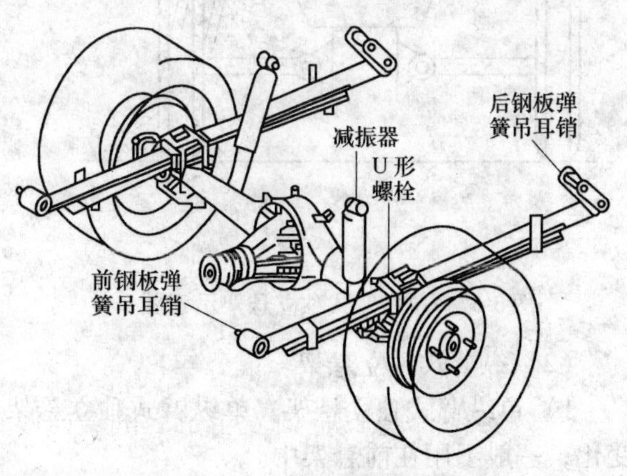

图3-55　钢板弹簧式非独立悬架

（2）螺旋弹簧非独立悬架（拖拽臂式非独立悬架）　因为用螺旋弹簧作为弹性元件，只能承受垂直载荷，所以其悬架系统要加设导向机构和减振器。螺旋弹簧非独立悬架一般只用作轿车的后悬架，如桑塔纳、捷达、红旗轿车等。如图3-56所示，

两个后轮用一根整体后桥 2 相连，纵摆臂 1 的一端和车轴固定，另一端通过橡胶衬套的孔和车身相连。橡胶衬套可在各个方向产生较小的变形来防止运动干涉。

2. 独立悬架

独立悬架（见图 3-52b）的结构特点是两侧车轮分别安装在断开式车轴的两端，每段车轴和车轮单独通过弹性元件与车架相连。当一侧车轮跳动时，对另一侧车轮不产生影响。独立悬架的前轮可调整其定位，故在轿车上被广泛应用；而非独立悬架因结构简单、制造和维修方便，故被中、重型汽车普遍采用。

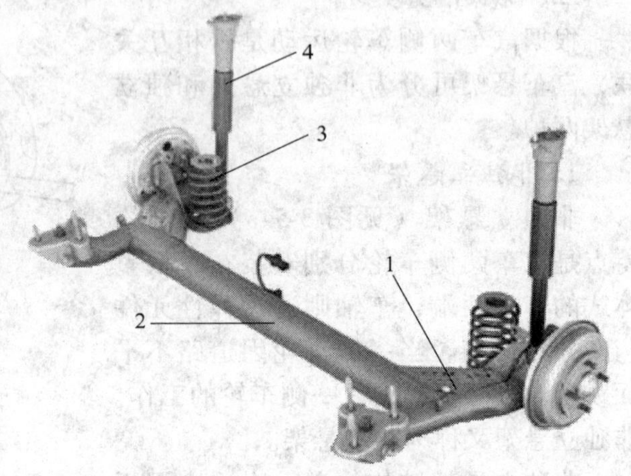

图 3-56　螺旋弹簧非独立悬架

1—纵摆臂　2—后桥　3—减振弹簧　4—减振器

（1）横臂式独立悬架　横臂式独立悬架分为单横臂式和双横臂式独立悬架两种。

1）单横臂式独立悬架。图 3-57 所示为单横臂式独立悬架示意图。采用单横臂式独立悬架的车轮上下运动时，车轮平面将产生倾斜而改变轮距的大小，并使主销内倾角及车轮外倾角均发生较大变化。轮距变化使轮胎产生横向滑移，破坏轮胎与地面的附着，因此这种悬架很少被用在转向轮中。

2）双横臂式独立悬架。图 3-58 所示为双横臂式独立悬架。上、下两摆臂不等长，选择长度比例合适，可使车轮和主销的角度及轮距变化不大。这种独立悬架被广泛应用在轿车前轮上。双横臂的臂被做成 A 字形或 V 字形。V 形臂的上、下 2 个 V 形摆臂以一定的距离分别安装在车轮上，另一端安装在车架上。

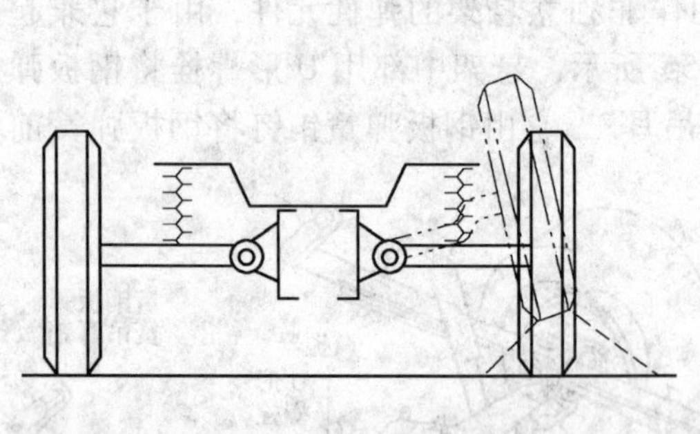
图 3-57　单横臂式独立悬架示意图

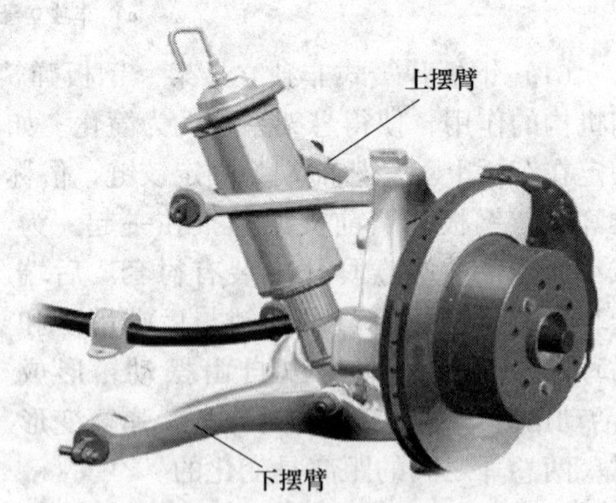

图 3-58　双横臂式独立悬架

（2）纵臂式独立悬架

1）单纵臂式独立悬架。单纵臂式独立悬架在车轮上下跳动时，主销后倾角会产生很大变化，一般不用在前悬架中。

2）双纵臂式独立悬架。如图 3-59 所示，悬架的两个纵臂长度一般制成相等，形成平行四连杆机构。这样可使车轮上下跳动时，主销后倾角不变，因而这种形式的悬架适用于转向轮。

（3）多连杆式独立悬架　多连杆悬架系统分为5连杆后悬架和4连杆前悬架系统。5连杆后悬架系统包含5条连杆，分别为控制臂、后置定位臂、上臂、下臂和前置定位臂，其中控制臂可以调整后轮前束，如图3-60所示。5连杆后悬架的优点是构造简单、质量小，可减少悬架系统占用的空间。5连杆后悬架能实现主销后倾角的最佳位置，大幅度减少来自路面的前后方向力，从而改善加速和制动时的平顺性和舒适性，同时也保证了直线行驶的稳定性。因为由螺旋弹簧拉伸或压缩导致的车轮横向偏移量很小，不易造成非直线行驶。

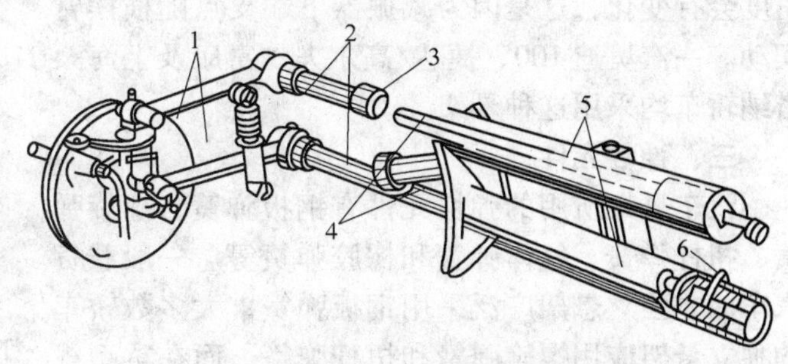

图3-59　双纵臂扭杆弹簧式前独立悬架

1—纵臂　2—摆臂轴　3—衬套　4—扭杆弹簧　5—横梁　6—螺钉

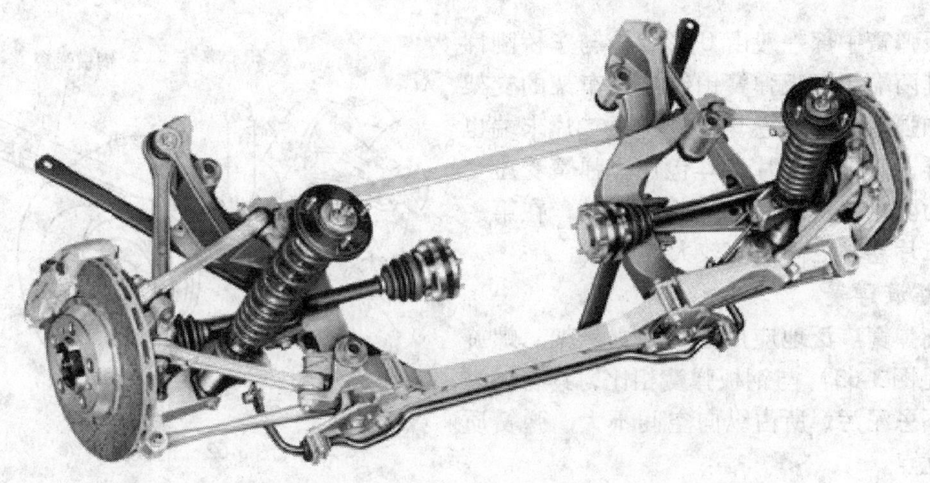

图3-60　典型的多连杆独立悬架结构图

多连杆独立后悬架能提供给车辆比普通悬架更好的操控性和舒适性。

（4）车轮沿主销移动的悬架　车轮沿主销移动的悬架包括两种型式：一种是车轮沿固定不动的主销轴线移动的烛式独立悬架；另一种是车轮沿摆动的主销轴线移动的麦弗逊式独立悬架。

1）烛式独立悬架。烛式独立悬架的车轮沿固定不动的主销轴线移动。主销刚性地固定在车架上，转向轮、转向节则装在套筒上。这种悬架的主销定位角不变化，使汽车转向操纵及行驶稳定性较好，但侧向力全部由套在主销上的套筒和主销承受，套筒与主销之间的摩擦阻力大，磨损严重。

2）麦弗逊式独立悬架。这种悬架的车轮沿摆动的主销轴线移动。目前，麦弗逊式独立悬架在轿车中采用很多，如图3-61所示。麦弗逊式独立悬架将减振器作为引导车轮跳动的滑柱，螺旋弹簧与其装于一体。这种悬架将双横臂上臂去掉并以橡胶做支承，允许滑柱上端作少许角位移；内侧空间大，有利于发动机布置，并降低汽车的重心。车轮上下运动时，主销轴线的角度会有变化，这是因为减振器下端支点随横摆臂摆动。一汽奥迪100、捷达/高尔夫、富康及上海桑塔纳轿车均采用这种悬架。

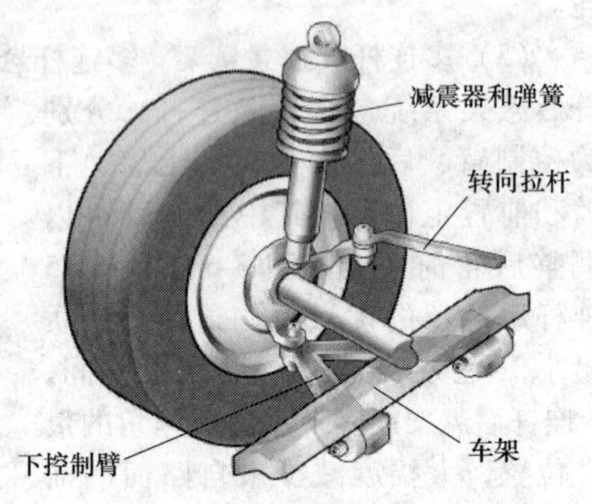

图 3-61　麦弗逊式独立悬架

三、弹性元件

汽车悬架所用的弹性元件有钢板弹簧、螺旋弹簧、扭杆弹簧、气体弹簧和橡胶弹簧等。一般载货汽车的非独立悬架广泛采用钢板弹簧，大多数轿车的独立悬架应用螺旋弹簧和扭杆弹簧，而在重型载货汽车上广泛地使用气体弹簧。

1. 钢板弹簧

钢板弹簧是汽车悬架中应用最广泛的一种弹性元件。它是由若干片长度不等、曲率半径不同、厚度相等或不等的弹簧钢片叠合在一起组成的一根近似等强度的弹性梁（见图 3-62）。

钢板弹簧中部一般由 U 形螺栓与车桥刚性固定，其两端用钢板弹簧销铰接在车架的支架上。为加强第一片的卷耳，常将第二片末端也弯成卷耳，并把第一片卷耳包住。弹簧受压变形时，为防止它们之间产生相对滑动，在第一片与第二片卷耳之间留有较大的空隙。

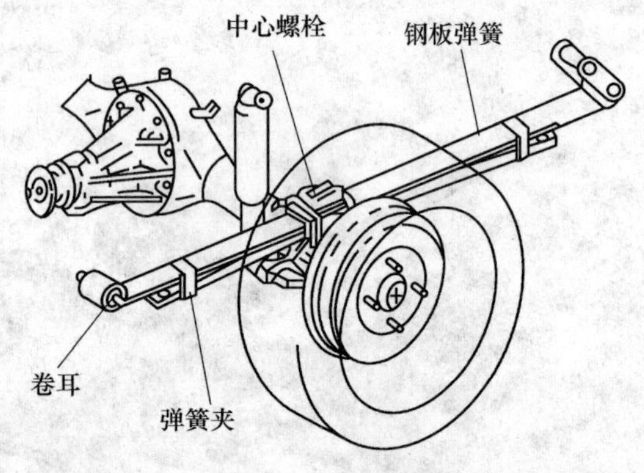

图 3-62　钢板弹簧

2. 螺旋弹簧

螺旋弹簧广泛地应用于前独立悬架。螺旋弹簧（见图 3-63）与钢板弹簧相比，具有无需润滑、不忌泥污、所占纵向空间不大、弹簧质量小等优点。

螺旋弹簧本身没有减振作用，因此在螺旋弹簧悬架中必须另装减振器。此外，螺旋弹簧只能承受垂直载荷，故必须装设导向机构以传递垂直力以外的各种力和力矩。螺旋弹簧通常用弹簧钢棒料卷制而成，可做成等螺距或变螺距的，前者刚度不变，后者刚度是可变的。

3. 扭杆弹簧

扭杆弹簧是一根具有扭转弹性的直线金属杆件（见图 3-64）。其断面一般为圆形，少数为矩形或管形。它的两端可以制成花键、方形、六角形或带平面的圆柱形等，以便将一端固定在车架上，另一端通过摆臂固定在车轮上。当车轮跳动时，摆臂便绕着扭杆轴线摆动，使扭杆产生扭转弹性变形，借以保证车轮与车架的弹性联系。有的扭杆由一些矩形断面的薄扭片组合而成，这样弹簧更为柔软。

扭杆本身的扭转刚度虽然是常数，但采用扭杆的悬架刚度却是可变的。若将扭杆的固定端转过一个角度，则摆臂的初始位置将改变，可借其调节车架与车轮间的距离，即调节车身高度。扭杆弹簧与钢板弹簧相比较，具有质量小、不需润滑的特点。

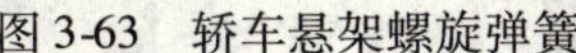

图3-63　轿车悬架螺旋弹簧

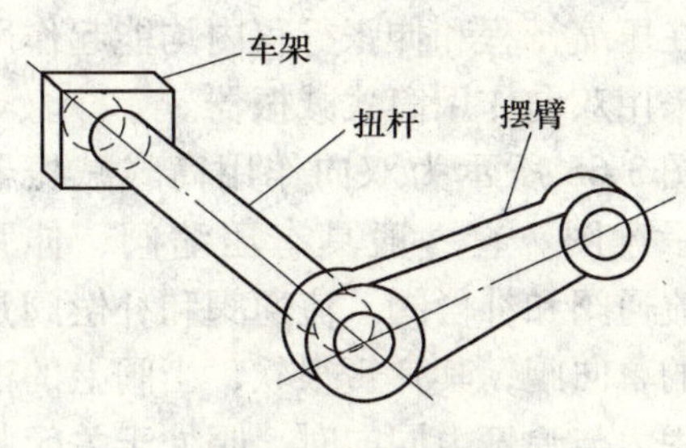

图3-64　扭杆弹簧

4. 气体弹簧

气体弹簧是在一个密封的容器中充入压缩气体，利用气体的可压缩性实现其弹簧作用的。这种弹簧的刚度是可变的，因为作用在弹簧上的载荷增加时，容器内的定量气体气压升高，弹簧的刚度增大；反之，当载荷减小时，弹簧内的气压下降，刚度减小，故它具有较理想的弹性特性。气体弹簧可以通过专门的高度控制阀自动调节气室中的初始充气压力，以调节车身与地面的高度。

5. 橡胶弹簧

橡胶弹簧是利用橡胶本身的弹性来缓和冲击、减小振动的。它可以承受压缩载荷与扭转载荷。橡胶弹簧的优点是：单位质量的储能量较金属弹簧多，隔声性能好，多用在悬架的副簧和缓冲块上。

四、减振器

减振器的作用是吸收弹簧起落时车辆的振动，使其迅速恢复平稳的状态，以改善汽车行驶的平稳性。减振器和弹性元件是并联安装的，如图3-65所示。

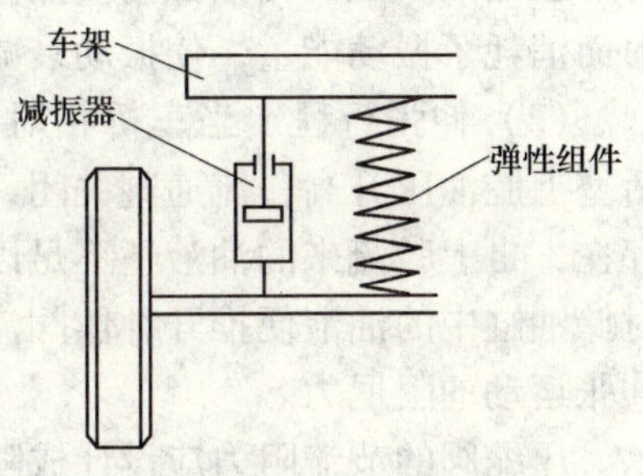

图3-65　减振器和弹性组件的安装示意图

汽车悬架系统中广泛采用液力减振器。其工作原理是利用液体流动的阻力来消耗振动的能量。当车架与车桥相对运动时，活塞在缸筒内上下移动，减振器壳体内的油液便反复地从一个内腔通过一些窄小的孔隙流入另一个内腔。此时，孔壁与油液间的摩擦及液体分子内摩擦便形成对振动的阻尼，使车身和车架的振动能量转化为热能而被油液和减振器壳体吸收，最后散到大气中去。减振器的阻尼力大小随车架与车桥的相对运动速度的增减而增减，并且与油液的粘度有关。

减振器的阻尼力越大，振动衰减得越快，但却使得并联的弹性组件的作用不能充分发挥。另外，过大的阻尼力可能会导致减振器连接件及车架损坏。为解决弹性组件与减振器之间的这一矛盾，对减振器提出以下要求：

1）在悬架压缩行程（车桥与车架相对移近的行程）内，减振器阻尼力应较小，以便充分利用弹性组件的弹性，以缓和冲击。

2）在悬架伸张行程（车桥与车架相对远离的行程）内，减振器阻尼力应较大，以求迅速减振。

3）当车桥（或车轮）与车架的相对速度过大时，减振器应当能自动加大液流通道面积，使阻尼力始终保持在一定限度之内，以避免承受过大的冲击载荷。

在压缩行程和伸张行程内均能起作用的减振器，称为双向作用式减振器。目前，汽车上广泛采用双向作用筒式减振器。

图 3-66 所示为双向作用筒式减振器结构示意图。它一般具有压缩阀、伸张阀、流通阀和补偿阀。流通阀和补偿阀是一般的单向阀，其弹簧很软，当阀上的油压作用力与弹簧力同向时，阀处于关闭状态，完全不通液流；而当油压作用力与弹簧力反向时，只要有很小的油压，阀便能开启。压缩阀和伸张阀是卸压阀，其弹簧较强，预紧力较大，只有当油压增高到一定程度时，阀才能开启；而当油压减低到一定程度时，阀即自行关闭。

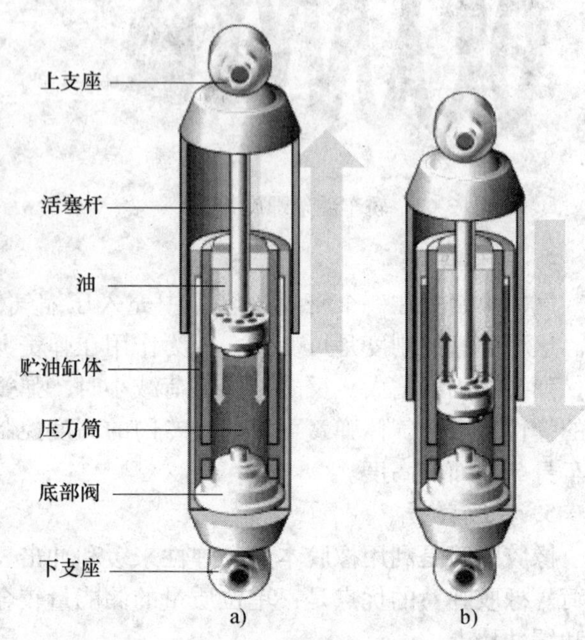

图 3-66　双向作用筒式减振器结构示意图
a）拉伸行程　b）压缩行程

（1）压缩行程　当车桥移近车架（或车身）时，减振器受压缩，减振器活塞下移，活塞下面的腔室容积小，油压升高，油液经流通阀流到活塞上面的腔室。由于活塞杆占去上腔室的部分容积，使上腔室增加的容积小于下腔室减少的容积，因此还有一部油液不能进入上腔室而只能打开压缩阀，流回储油缸筒。油液流经上述阀孔时，受到一定的节流阻力，而为克服这种阻力而消耗了振动能量，使振动衰减。

（2）伸张行程　当车桥相对车架移开时，减振器受拉伸。此时减振器活塞向上移动，活塞上腔油压升高，流通阀关闭，上腔的油液便推开伸张阀流入下腔。同样，由于活塞杆的存在，自上腔流来的油液还不足以充满下腔所增加的容积，下腔内会产生一定的真空度，这时储油缸中的油液便推开补偿阀流入下腔进行补充。这时，这些阀的节流作用即造成对悬架伸张运动的阻尼力。

压缩阀的节流阻力应设计成随活塞运动速度而变化。例如，当车架或车身振动缓慢时，油压不足以克服压缩阀弹簧的预紧力而推开阀门，此时多余部分的油液便经一些常通的缝隙流回储油腔。当车身振动剧烈（即活塞向下运动的速度高）时，则活塞下腔油压骤增，达到能克服压缩阀弹簧的预紧力时，便推开压缩阀，使油液在很短的时间内通过较大的通道流回储油腔。这样油压和阻尼力都不会超过一定限度，以保证压缩行程中弹性组件的缓冲作用得到充分发挥。

同理，伸张行程中减振器的阻尼力也应设计成随活塞运动速度而变化。当车轮向下运动速度不大时，油液经伸张阀的常通孔隙流入下腔，由于通道截面积很小，便产生较大的阻尼力，从而消耗了振动能量，使振动迅速衰减。当车身振动剧烈时，活塞上移速度增大到使油压足以克服伸张阀弹簧的预紧力时，伸张阀开启，通道截面积增大，使油压和阻尼力保持在一定限度以内。这样，可使减振器及悬架系统的某些零件不会因超载而损坏。

【操作技能】

1. 前悬架的拆装

（1）前悬架的拆卸（参见图3-67）

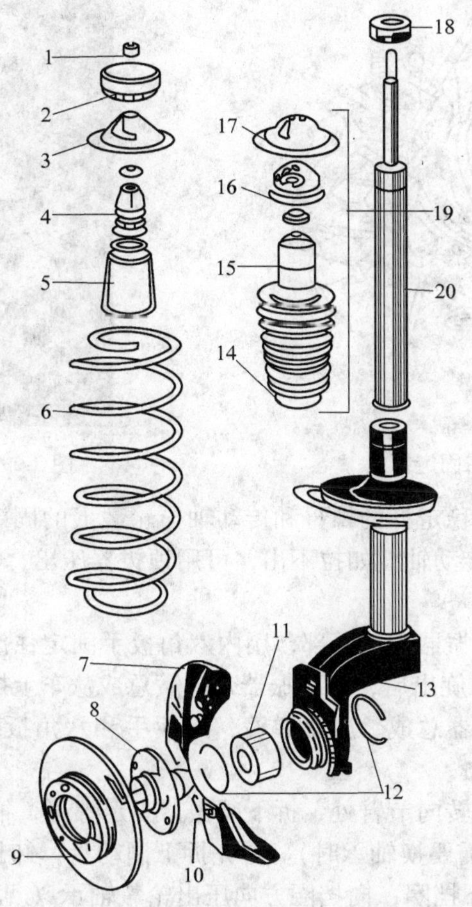

图3-67　桑塔纳轿车前悬架分解图

1—开槽螺母　2—前悬架支承轴轴承　3—弹簧护圈　4—限位缓冲器　5—护套　6—螺旋弹簧　7—挡泥板　8—轮毂　9—制动盘　10—紧固螺栓　11—车轮轴承　12—卡簧　13—车轮轴承壳　14—辅助橡胶弹簧　15—限位缓冲器　16—波纹管盖　17—弹簧护圈（带通气孔）　18—螺母盖　19—崎岖路面选择件　20—减振器

1）拆下车轮装饰外罩。

2）拔下轮速传感器接头并将线固定在不影响减振器拆卸的地方。车轮着地时使用扭力扳手或随车扳手卸下轮胎紧固螺母，卸下轮胎。

3）拆下制动钳固定螺栓（见图3-68），取下制动盘，把带制动软管的制动钳总成挂在车身上。

4）拆掉减振器支柱外壳与轮毂的紧固螺栓。

5）用顶拔器从减振器支柱外壳上压出横拉杆接头，见图 3-69 所示位置。

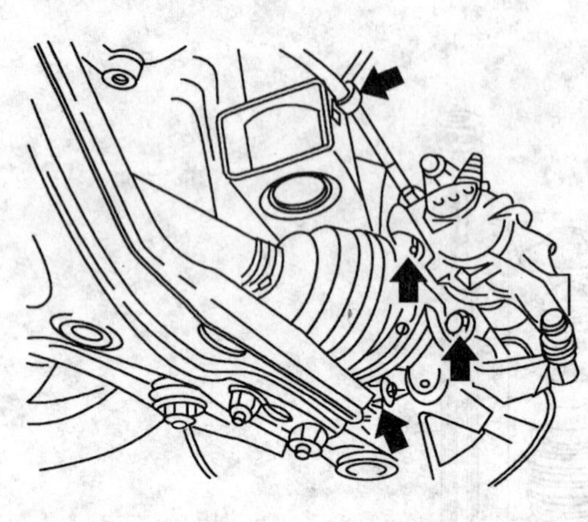

图 3-68　拆下制动钳固定螺栓

图 3-69　压出横拉杆接头

6）从下摆臂下方拆下稳定杆的螺母和传动轴与轮毂上的固定螺母，向下撤压前悬架摆臂，从车轮轴承壳内拉出传动轴。如拉不出，可用顶拔器压出，但不可加热轮毂，否则轮毂轴承会损坏。

7）取下盖子，顶住减振器支柱下部，用内六角扳手固定住滑柱，拆下减振器活塞杆上的螺母（见图 3-70）。螺母旋出后，将减振器带弹簧总成从车上拆下。

8）分解带弹簧的减振器总成，压紧弹簧，用扳手和六角扳手旋松开槽螺母和螺母盖，然后放松并取下弹簧。

9）用台虎钳轻轻夹住转向节臂处，拆下减振器固定螺母，抽出前减振器。

10）压出轮毂轴承（需要换轴承时）。首先拆下制动盘，卸掉挡泥板，用专用工具压轮毂；然后从支柱外壳中取下挡圈，向挡圈方向压出轮毂轴承（见图 3-71）；最后，用顶拔器拉出轴承内座圈。

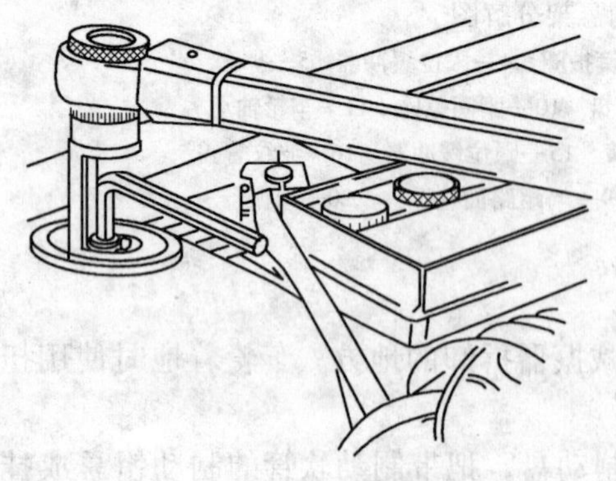

图 3-70　拆下固定螺母

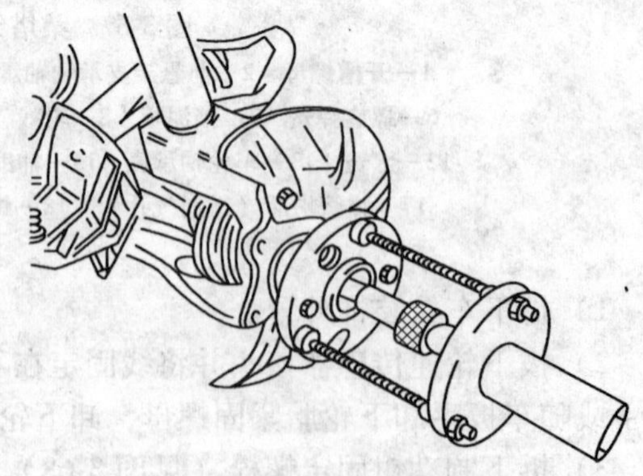

图 3-71　压出轮毂轴承

（2）前悬架的装配注意事项：

1）所有螺母均应换成新件。

2）螺栓、螺母的紧固力矩应符合规定值，不应过紧或过松。

3）不合格的零件均应更换。

4）传动轴与轮毂花键齿面的油污及密封剂应擦掉。

5）对有液压转向的汽车，要在传动轴花键处涂5mm宽的密封胶，装好后经60min才可行驶。

2. 后桥及后悬架的拆装

（1）后桥及后悬架的整体拆装（参见图3-72）

1）把驻车制动拉索从支架中吊出，必要时脱开制动蹄。

2）分开桥架上的制动管和制动软管。

3）松开车身的支承座，仅留一个螺母。

4）拆下排气管吊环。

5）用专用工具撑住后桥U形横梁。

6）取下车厢内减振器盖板。

7）从车身上旋下螺旋弹簧支柱。

8）拆下车身上整个支承座。

9）慢慢升起车辆，将驻车制动拉索从排气管上拉出。

10）将后桥和后悬架从车身底下拆出。

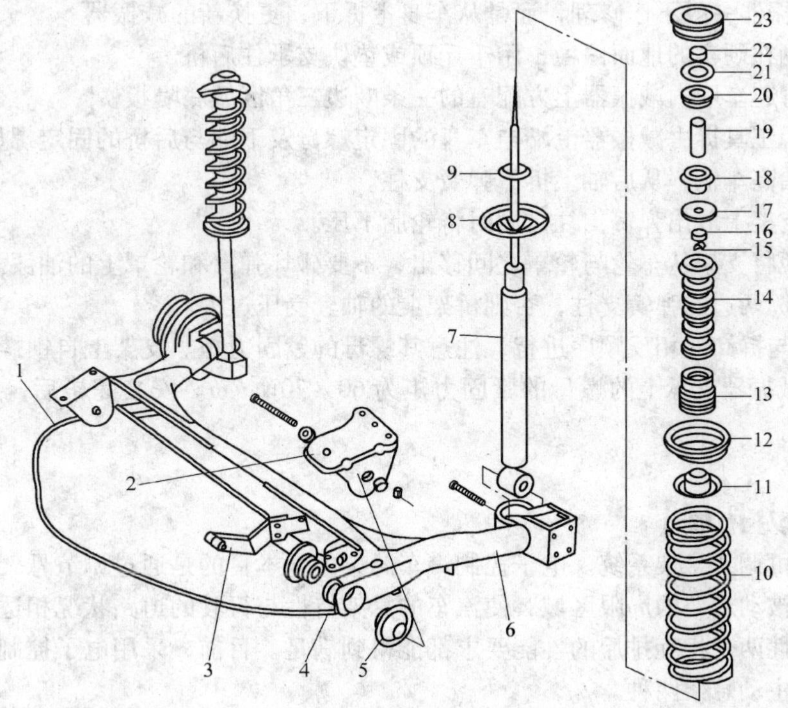

图3-72　后桥的分解

1—驻车制动钢丝　2—轴承支架　3—调节弹簧支架　4—驻车制动钢丝绳支架　5—衬套　6—后悬架　7—减振器　8—下弹簧座圈　9、17—垫圈　10—圆柱弹簧　11—护盖　12—上弹簧座　13—波纹橡胶管　14—缓冲块　15—卡簧　16—隔圈　18—下轴承环　19—隔套　20—上轴承环　21—衬盘（隔圈）　22—自锁螺母　23—塞盖

安装时按与拆卸相反的顺序进行，并应注意以下事项：

1）把驻车制动拉索装在排气管上方。

2）把后桥装到车身上。

3）把减振器和弹簧支座装入车身的支座中，并加以固定，将联接螺栓按 45N · m 的力矩拧紧。

4）轴梁必须平放，车身与轴梁的夹角应为 17°±2°。

（2）后桥与后悬架的分体拆装

1）拆下车轮，将制动鼓与制动底板从后桥架上拆下。

2）将桥架上的制动管和制动软管分开。

3）放松车身上松开的橡胶金属支承座，仅留一个螺母支承或拧松桥架上的固定螺栓。

4）从桥架上拆下减振器。

5）完全松开桥架与车身的联接螺栓，抬高车体后取出后桥。

后桥的安装按与拆卸相反的顺序进行，安装时要注意以下事项：

1）橡胶金属支承座与后桥架成 18°±1°。

2）各部件间紧固力矩要符合规定。减振器与车身固定的自锁螺母紧固力矩为 35N · m。支承座与车身固定的螺母紧固力矩为 45N · m，橡胶金属支承安装螺栓的紧固力矩为 70N · m。

3）自锁螺母须更换新件。

3. 减振器和弹簧的拆装

损坏的减振器一般不作修理，而是从车身上拆下，更换新的减振器。

1）将车辆在硬实的地面停稳，用千斤顶或垫块支承住后桥。

2）向上弯起车厢内减振器上方配有的一条断边三角区域底隔板。

3）用专用工具拆去减振器上端与车身的固定螺母及下端与后桥的固定螺母。

4）慢慢抬高车辆，从后轴上拆下弹簧支柱。

5）从下支架上取出弹簧支柱，同时将轮胎下压。

6）小心地将支架从车轮与轮罩之间移出，不要碰坏弹簧和轮罩上的油漆。

不要同时拆两边的弹簧支柱，否则桥架上的轴套受压过大。

安装时按与拆卸的相反顺序进行，注意其螺母的紧固力矩。支架上自锁螺母的紧固力矩为 34N · m，减振器支承上的螺母的紧固力矩为 60～70N · m。安装完毕后，应将后隔板两边用胶带封住。

【知识与能力拓展】

介绍电控可调式悬架系统。电子控制汽车悬架的基本目的是通过调节悬架的刚度和减振器阻尼，突破被动悬架的局限区域；使汽车的悬架特性与行驶的道路状况相适应，保证平顺性和操纵稳定性两个相互排斥的性能要求都能得到满足。目前，采用电子控制的悬架主要有主动悬架和半主动悬架两种。

由于被动悬架设计的出发点是在汽车平顺性和操纵稳定性之间求平衡，所以，对于不同的使用要求，只能是在满足主要性能要求的基础上牺牲次要性能，而无法适应广泛的性能需求和道路条件。尽管被动悬架在设计上以不断改进被动元件而实现了低成本、高可靠性的目标，但始终无法彻底解决同时满足平顺性和操纵稳定性之间相矛盾的要求。为此，自20世纪60年代起产生了主动悬架的概念，并且随着现代控制理论和电子技术的发展及其在汽车上的广泛应用，从根本上解决平顺性和操纵稳定性之间相矛盾的要求出现了新的途径。

可调式悬架就是根据车辆不同的需求状态来对悬架的高度和软硬进行调整，从而使车辆处在最佳的形式状态。目前汽车的可调式悬架按控制类型可分为三大类。

1. 空气式可调悬架

空气式可调悬架是指利用空气压缩机形成压缩空气，并通过压缩空气来调节汽车底盘的离地间隙一种悬架方式。

一般装备空气式可调悬架的车型在前轮和后轮的附近都设有离地距离传感器，按离地距离传感器的输出信号，ECU判断出车身高度的变化，再控制空气压缩机和排气阀门，使弹簧自动压缩或伸长，从而起到减振的效果。空气式可调悬架中的空气弹簧的软硬能根据需要自动调节。当汽车高速行驶时，空气悬架可以自动变硬来提高车身的稳定性，而长时间在低速不平的路面行驶时，ECU则会使悬架变软来提高车辆的舒适性。采用空气式可调悬架汽车的代表车型有奥迪A8、奔驰S350、保时捷卡宴。空气式悬架如图3-73所示。

图3-73　空气式悬架

2. 液压式可调悬架

液压式可调悬架是指根据车速和路况，通过增减液压油的方式调整汽车底盘的离地间隙来实现车身高度变化的一种悬架方式。

内置式电子液压集成模块是液压式可调悬架的核心。根据车速、减振器伸缩频率和伸缩程度的数据信息，在汽车重心附近安装有纵向、横向加速度和横摆陀螺仪传感器，用来采集车身振动、车轮跳动、车身高度和倾斜状态等信号，这些信号被传送给ECU，ECU在根据输入信号和预先设定的程序操纵前、后4个执行油缸工作。通过增减液压油的方式实现车身高度的升或降，也就是根据车速和路况自动调整离地间隙，从而提高汽车的平顺性和操纵稳定性。采用液压式可调悬架汽车的代表车型为宝马 7 系。

3. 电磁式可调悬架

电磁式可调悬架是指利用电磁反应来实现汽车底盘的高度变化的一种悬架方式。它可以针对路面情况在 1ms 时间内作出反应，抑制振动，保持车身稳定，特别是在车速很高又突遇障碍时更能显出它的优势。它的反应速度比传统的悬架快 5 倍，即使是在特别颠簸的路面，也能保证车辆平稳行驶。

电磁式悬架系统由 ECU、车轮位移传感器、电磁液压杆和直筒减振器组成。在每个车轮和车身连接处都有一个车轮位移传感器，传感器与 ECU 相连，ECU 又与电磁液压杆和直筒减振器相连。直筒减振器与传统的液压减振器不同，没有细小的阀门结构，不是通过液体的流动阻力达到减振的目的。电磁减振器中也有减振液，但是，那是一种被称为电磁液的特殊液体，是由合成的碳氢化合物和微小的铁粒组成。平时，磁性金属粒子杂乱无章地分布在液体里，不起什么作用。如果有磁场作用，它们就会排列成一定结构，减振液就会变成近似塑料的状态。减振液的密度可以通过控制电流流量来精确控制，并且是适时连续地控制。

电磁式可调悬架的工作过程是：当路面不平引起车轮跳动时，传感器迅速将信号传至控制系统，控制系统发出指令，将电信号发送到各个减振器的电子线圈，电流的运动产生磁场，在磁场的作用下，减振器中的电磁液的密度改变，控制车身，达到减振的目的。如此变化可以 1 秒中进行 1 000 次。电磁式悬架系统可以快速有效地弥补轮胎的跳动，并扩大悬架的活动范围、降低噪声、提高车辆的操控准确性和乘坐舒适性。采用电磁式可调悬架汽车的代表车型为凯迪拉克 SLS 赛威。其悬架系统如图 3-74 所示。

图 3-74　凯迪拉克 SLS 赛威的电磁悬架系统

【案例剖析】

故障现象：上海通用别克 GL8 已行驶 33 000km，左侧底盘有异响。在起步/制动/转向/

挂挡/不平路面的情况下会从左前底盘处传出异响，在车辆架空时异响依然存在。

故障分析及排除：维修站开始认为可能是减振器损坏，于是更换传动轴/避振器总成，但故障仍然存在。既然减振器没有问题，那就可能是连接松旷造成的，但紧固底盘螺栓后仍无法解决。

重新检查各处连接，最后发现左侧的车身斜支撑杆连接避振器塔台和散热器横梁的一个固定螺栓滑牙，重新加固后故障排除。

【课后思考】

1. 各种汽车悬架各有何特点？
2. 如何检查减振器的好坏？

学习单元5　汽车车轮与轮胎的拆装

【学习目标】

1. 能通过与客户交流、查阅相关维修技术资料等方式获取车辆信息。
2. 能通过查阅资料了解汽车轮胎结构和类型。
3. 了解汽车轮胎表面标示字母、数字的具体含义。
4. 能正确使用轮胎拆装机拆装轮胎。

【任务载体】

客户一辆桑塔纳2000轿车，行驶时加速无力、油耗增加。观察轮胎表面，轮胎宽度方向两侧磨损较为严重；检查轮胎气压，压力低于标准值，因此问题是汽车车轮轮胎气压过低造成的。充足气后不久，又出现类似情况。进一步检查发现一处被细钢丝扎入。

汽车行驶过程中被刺破轮胎是每辆车都会遇到的，在维修过程中要求能够熟练地拆卸车轮和轮胎。这项工作是汽车维修人员的基本操作。

【相关知识】

汽车行驶性能的好坏与车轮和轮胎有密切的关系。车轮与轮胎是汽车行驶系统中的主要部件，汽车通过车轮由轮胎直接与地面接触在道路上行驶。其主要功用是：承载汽车总质量；吸收与缓和汽车行驶时所受到的路面冲击和振动；保证轮胎与路面的良好附着性能，以提高汽车的动力性、制动性和通过性；产生平衡汽车转向行驶时离心力的侧抗力，在保证汽车正常转向行驶的同时，通过轮胎产生的自动回正力矩，使汽车保持直线行驶。

一、车轮

车轮不但是安装轮胎的骨架，也是将轮胎和车轴连接起来的旋转部件。车轮由轮毂、轮辋及其连接元件轮辐组成。轮毂通过圆锥滚子轴承套装在车桥或转向节轴颈上。轮辋俗称钢圈，用以安装轮胎，与轮胎共同承受作用在车轮上的负荷，并散发掉高速行驶时轮胎上产生的热量及保证车轮具有合适的断面宽度和横向刚度。轮辐将轮辋与轮毂连接起来。轮辋与轮幅可以是整体的（不可拆式），也可以是可拆式的。

1. 车轮的类型

按轮辐的构造的不同，车轮可分为辐板式和辐条式两种。目前，普通级轿车和轻、中型载货汽车多采用辐板式车轮，而高级轿车、赛车及重型载货汽车多采用辐条式车轮。

（1）辐板式车轮　如图 3-75 所示，辐板式车轮由挡圈、轮辋、辐板组成。辐板为钢质圆板，它与轮毂和轮辋连接为一体，大多数是冲压制成的，少数是与轮毂制成一体。辐板与轮辋是铆接或焊接在一起的。焊接在一起的称为整体式车轮。对于使用无内胎轮胎的车轮，为提高轮辋的密闭性，一般采用整体式车轮。

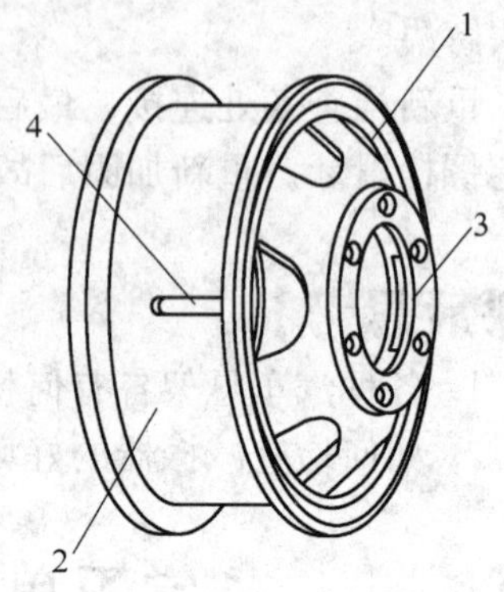

图 3-75　幅板式车轮

1—挡圈　2—轮辋　3—幅板　4—气门嘴出口

轿车车轮的辐板所用材料较薄，常冲压成各种形状，以提高刚度。辐板上开有若干个孔，用以减小质量，同时有利于制动器散热，安装时也可作为把手。

（2）辐条式车轮　用于重型载货汽车的辐条式车轮多采用铸造辐条，如图 3-76 所示。其特点是辐条与轮毂铸成一体，与轮辋用衬块及螺栓固定在一起。配合锥面用来保证轮辋与辐条对中。也有采用类似于自行车的钢丝作辐条的车轮，这种车轮质量小，但价格高、维修及安装不方便，故常用于某些高级轿车及赛车。

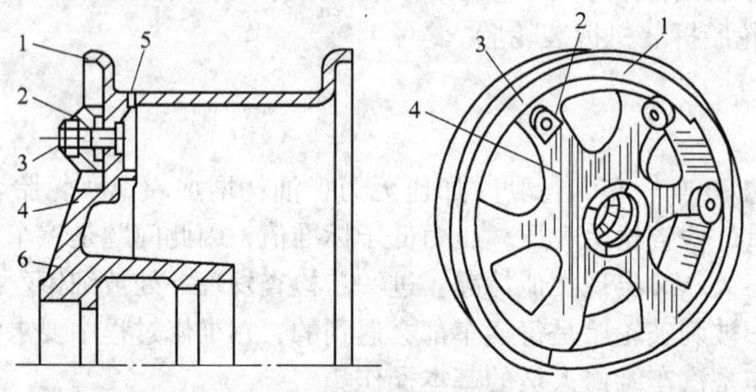

图 3-76　辐条式车轮

1—轮辋　2—衬块　3—螺栓　4—辐条　5—配合锥面　6—轮毂

2. 轮辋的类型

按照轮辋结构特点的不同，轮辋可分为深槽式、平底式和对开式（可拆式）三种型式。

如图 3-77a 所示，深槽轮辋是一种整体轮辋。其结构特点是断面中部有一深凹槽，可使轮胎拆装方便；两侧有带肩的凸缘用来固定轮胎，并与胎圈接触；肩部一般以 5° ± 1°的倾斜度向中央倾斜。这种轮辋结构简单、刚度大、质量小，对于尺寸小而弹性大的轮胎最适宜，故适用于轿车或轻型、微型汽车的车轮，如红旗 CA7560、天津夏利 TJ7100 型轿车及北京 BJ2020N 型越野汽车均装用这种类型的轮辋。由于载货汽车多采用较大较硬的外胎，为使其拆装方便，一般多采用平底轮辋，解放 CA1091 和东风 EQ1090E 型载货汽车采用这种轮辋，如图 3-77b 所示。一些越野车采用对开式轮辋，如图 3-77c 所示。

轮辋是轮胎的装配基础，原则上每种轮胎只配用一种标准轮辋，必要时也可用与标准轮辋相接近的容许轮辋。如果轮辋与轮胎配合不当，会造成轮胎早期损坏，特别是使用在过窄的轮辋上的轮胎。

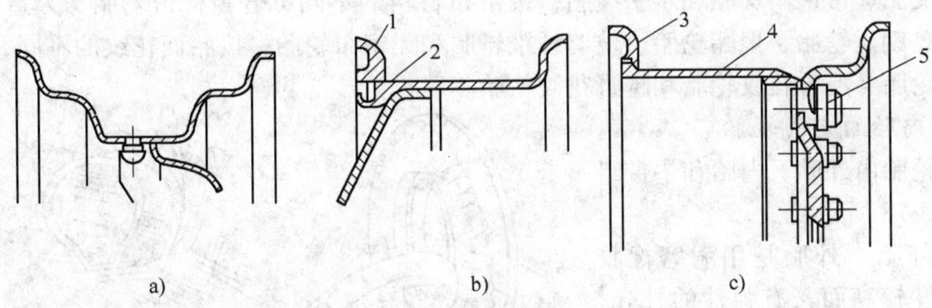

图3-77　轮辋断面形式

a）深槽轮辋　b）平底轮辋　c）对开式轮辋

1—轮辐　2—挡圈　3—锁圈　4—轮辋　5—螺栓

3. 国产轮辋规格的表示方法

轮辋规格用轮辋名义宽度代号、轮缘高度代号、轮辋结构形式代号、轮辋名义直径代号和轮辋轮廓类型代号来表示，其表示方法为：

数值③	字母⑤	×或 -②	数值①	（字母）④	GB/T 2933
轮辋名义宽度代号	轮缘高度代号	轮辋结构形式代号	轮辋名义直径代号	轮辋轮廓类型代号	国标号

1）轮辋名义宽度和轮辋名义直径一般以英寸表示（取两位小数）。与新型的轮胎一起使用的新型轮辋用mm表示。

2）轮缘高度用一个或几个拉丁字母表示。有些类似的轮辋（平底宽轮辋），其名义宽度代号也代表了轮缘高度，不再用字母表示。

3）轮辋形式根据其主要由几个零件组成分为：一件式轮辋、两件式轮辋、三件式轮辋、四件式轮辋和五件式轮辋。符号“×”表示一件式轮辋，符号“-”表示多件式轮辋。

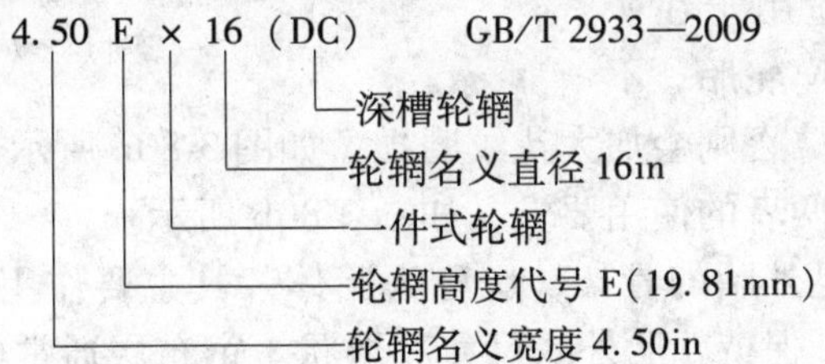

二、轮胎

轮胎安装在轮辋上，直接与路面接触，其作用是：支承汽车的总质量，与汽车悬架共同吸收和缓和汽车行驶时所受到的冲击和振动，以保证汽车具有良好的乘坐舒适性和行驶平顺性；保证车轮与路面的良好附着而不致打滑，使汽车行驶平稳。

汽车轮胎按胎体结构的不同可分为充气轮胎和实心轮胎。现代汽车绝大多数采用充气轮胎；而实心轮胎目前仅应用在沥青混凝土路面的干线道路上行驶的低速汽车或重型挂车上。

充气轮胎按组成结构的不同，可分为有内胎轮胎和无内胎轮胎两种；按胎内的工作压力大小的不同，可分为高压胎、低压胎和超低压胎三种；按胎体中帘线排列方向的不同，可分为普通斜交胎、带束斜交胎和子午线胎；按帘布材料的不同可分为棉帘轮胎、人造丝轮胎、尼龙轮胎、钢丝轮胎、聚酯轮胎、玻璃纤维轮胎和无帘布轮胎；按胎面花纹的不同，可分为普通花纹轮胎、混合花纹轮胎和越野花纹轮胎。

1. 有内胎的充气轮胎

这种轮胎由外胎、内胎和垫带组成，如图 3-78 所示。

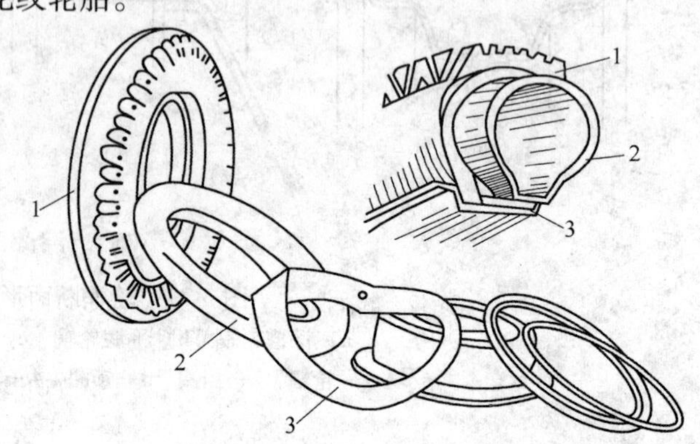

图 3-78　有内胎的充气轮胎组成

1—外胎　2—内胎　3—垫带

（1）外胎　外胎是用耐磨橡胶制成的强度较高而又有弹性的外壳，直接与地面接触，保护内胎使其不受损伤。它由胎圈、缓冲层、胎面和帘布层等组成，如图 3-79 所示。

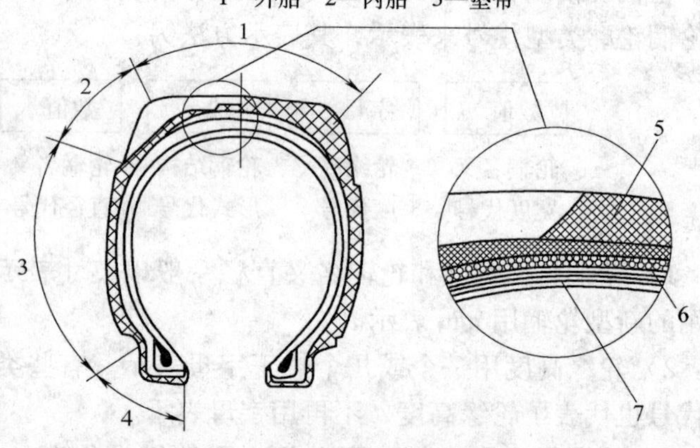

图 3-79　外胎的构造

1—胎冠　2—胎肩　3—胎侧　4—胎圈　5—胎面　6—缓冲层　7—帘布层

1）胎面。胎面是外胎的外表面，包括胎冠、胎肩和胎侧三部分。胎冠也称为行驶面，它与路面直接接触，承受冲击和磨损，并保护胎体不受机械损伤。为了增加轮胎与路面间的附着力，防止纵横向滑移，在胎冠上制有各种形式的花纹（见图 3-80）。如图 3-80a 所示，普通花纹适用于较好的路面。这种花纹细而浅，花纹接地面积大，耐磨性和附着性都较好，适用于比较好的硬路面。其中的纵向花纹，轿车、货车都可选用，而横向花纹仅用于货车。越野花纹的凹部深而且粗，在软路面上的地面附着性好，越野能力强，适用于在矿山、建筑工地使用的越野车轮胎，不宜在平坦的硬路面上使用，否则会加大花纹磨损，如图 3-80c 所示。混合花纹介于普通花纹和越野花纹之间，兼顾了两者的使用要求，如图 3-80b 所示。

2）帘布层。帘布层是外胎的骨架，也称为胎体，其主要作用是承受负荷（汽车重力、路面冲击力和内部气压），保持轮胎外缘尺寸和形状。帘布层通常由多层胶化的棉线或其他纤维编织物所叠成，并按一定的角度交叉排列。为使其负荷均匀分布，帘布层数多采用偶数。帘布层数的多少要根据轮胎承受的负荷、内压以及轮胎的类别和用途来确定，一般在外胎表面上注有帘布层数。

3）缓冲层。缓冲层位于胎面和帘布层之间，质软而弹性大。其作用是加强胎面与帘布层的结合，以缓和汽车在行驶时所受到的不平路面的冲击，防止汽车在紧急制动时胎面与帘布层脱离。

4）胎圈。胎圈是帘布层的根基，靠胎圈固装在轮辋上。胎圈由钢丝圈、帘布层和胎圈包布组成。

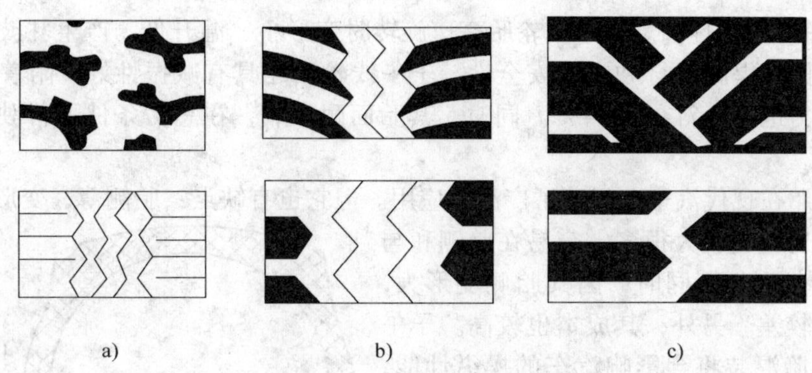

图3-80　轮胎的花纹
a）普通花纹　b）混合花纹　c）越野花纹

（2）内胎　内胎是一个环形的橡胶管，上面装有气门嘴，以便充入或排出空气。内胎里充满了一定压力的压缩空气。一般气压在0.5～0.7MPa的轮胎称为高压胎，气压在0.15～0.45MPa的轮胎称为低压胎，气压在0.15MPa以下的轮胎称为超低压胎。目前，轿车、货车几乎全都采用低压胎，因为低压胎弹性好、断面宽、与道路接触面大、壁薄而散热性好，所以提高了汽车的行驶平顺性、转向操纵的稳定性；同时，道路和轮胎本身的使用寿命也得以延长。但由于橡胶性能的改善，轮胎负荷能力已大为提高，虽然轮胎气压已在高压胎范围，但轮胎的缓冲性能仍保持原来同规格的低压胎性能。这类轮胎在国内外仍将其归于低压胎之列。

（3）垫带　垫带是一个环形的橡胶带，它垫在内胎与轮辋之间，保护内胎不被轮辋胎圈磨坏，并防止尘土及水汽浸入胎内。

（4）子午线轮胎　如图3-81所示，子午线轮胎的帘布层的帘线与轮胎子午断面接近一致（即与胎面中心线成90°或接近90°排列），以带束层箍紧胎体。其特点是帘线的这种排列能使其强度被充分利用，故它的帘布层数比普通轮胎可减少将近一半（最少的只有一层），且没有偶数限制，所以胎体柔软，帘线在圆周方向上只靠橡胶来联系。为了承受汽车行驶时产生的较大切向力，子午线轮胎具有若干层帘线与子午断面呈大角度（交角70°～75°）、高强度、不易拉伸的周向环形的类似缓冲层的带束层。同时，其带束层采用强度高、伸缩率小的帘线材料制成，故带束层像一条刚性环带似的箍在胎体上，极大地提高了胎面的刚度和强度。子午线轮胎与普通斜交胎相比，具有许多优越性。

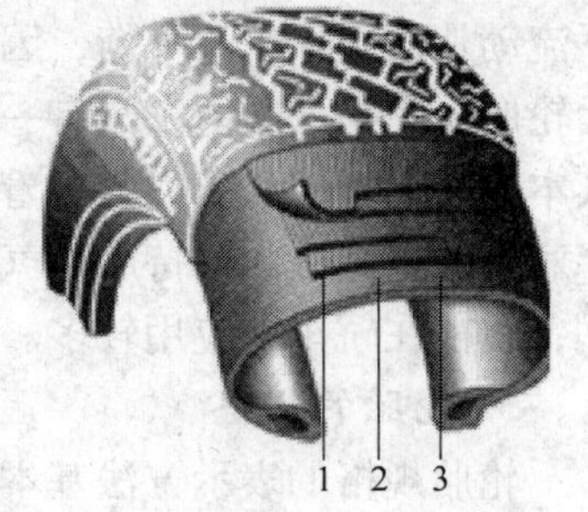

图3-81　子午线轮胎
1—外胎面　2—帘布层　3—带束层

1）滚动阻力小，节约燃料。子午线胎外胎面刚性大，受力后滚动变形小，因此它的滚动阻力小，节约燃料。其滚动阻力比斜交胎低25%～30%，油耗降低6%～8%。

2）耐磨性好，寿命长。轮胎滚动时胎面会变形并产生滑移，从而加剧轮胎磨损，而子午线轮胎的胎冠刚度大、胎面宽，触地面积大，单位压力小，因而减小了磨损，延长了使用寿命。

3）性能好，安全性高。子午线轮胎高速旋转时变形小、温升低，产生驻波的临界速度比斜交胎高，因而提高了行驶中的安全性。子午线轮胎还具有减振性好、附着性能高的特点，其承载能力也高于斜交胎 14%。同时，其胎面耐穿刺，在恶劣条件下行驶时，轮胎不易爆破。

子午线轮胎在现代汽车上得到了广泛的应用。但它也有缺点：胎侧薄，变形大，胎侧与胎圈受力比普通斜交胎大很多，容易在胎侧和与轮辋接触处产生裂纹。同时，因其胎侧变形大，其侧面稳定性较差。另外，其成本也较高。子午线轮胎与斜交胎混装将会影响汽车的操纵性能，故两种轮胎不能混装于同一辆汽车上。

2. 无内胎轮胎

如图 3-82 所示，无内胎轮胎在外观和结构上与有内胎轮胎相似，所不同的是它没有内胎和垫带，空气被直接压入外胎中。其密封性是由外胎和轮辋来保证的。无内胎轮胎的内壁上附加了一层厚约 2 ~ 3mm 的专门用来封气的橡胶密封层，有的还在该层下面贴着一层特殊混合物制成的自粘层。当轮胎穿孔时，自粘层能自行将刺穿的孔粘合，故这种轮胎也称为有自粘层的无内胎轮胎。在胎圈外侧有一层胎圈橡胶密封层，用以增加胎圈与轮辋结合的气密性。轮辋底部是倾斜的，并涂有均匀的漆层。气门嘴直接固定在轮辋的一侧，其间垫以密封用的橡胶密封垫，并用螺母旋紧密封。铆接轮辋和辐板的铆钉自内侧塞入，其上面涂有一层橡胶。

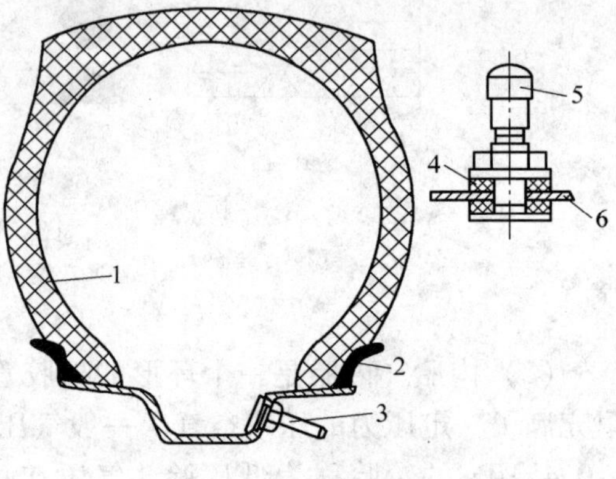

图 3-82　无内胎轮胎

1—橡胶密封层　2—胎面橡胶密封层　3—气门嘴　4—橡胶密封垫　5—气门嘴帽　6—轮辋

无内胎轮胎的优点是：只有在爆破时才会失效，而穿孔时漏气缓慢，胎压不会急剧下降仍能继续行驶；同时因无内胎，故摩擦生热少、散热快，适于高速行驶。此外，自粘层只有在穿孔尺寸不大时方能粘合。天气炎热时自粘层可能软化而向下流动从而破坏车轮平衡，因此，一般多采用无自粘层的无内胎轮胎。它的外胎内壁只有一层密封层，当轮胎穿孔后，由于其本身处于压缩状态而紧裹着穿刺物，故能长期不漏气，即使穿刺物拔出，也能保持胎内气压。无内胎轮胎一般配用深式轮辋，目前在轿车上应用较多。

3. 轮胎的规格

轮胎规格的表示方法基本上有公制和英制两大系统，目前大多数国家（包括我国在内）均采用英制表示法。充气轮胎的尺寸标注如图 3-83 所示，其单位用英寸（in）。

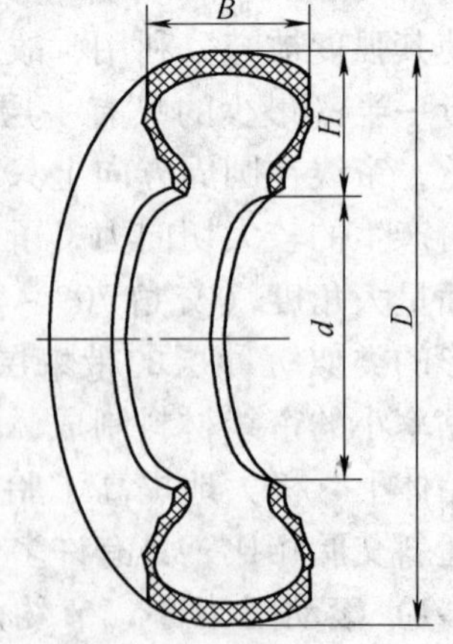

图 3-83　充气轮胎的尺寸标注

D—外径　d—内径（即轮辋直径）

B—断面宽度　H—断面高度

按国家标准的规定，在外胎的两侧要标出生产编号、制造厂商标、尺寸规格、层级、最大负荷和相应气压、胎体帘布汉语拼音代号、安装要求及行驶方向记号等。

胎体帘布材料以汉语拼音表示，如 M 表示棉布帘，R 表示人造丝帘布，N 表示尼龙帘布，G 表示钢丝帘布，ZG 表示钢丝子午线胎。

“Δ”、“－”、“□”等符号或“W”、“D”等文字表示轮胎最轻的部位。安装内胎时，应将气门嘴对准符号安装，以使轮胎周圈的重量平均，保持轮胎高速转动时平稳。如有箭头“→”，则表示有方向性的轮胎，应使箭头指的方向与旋转方向一致进行安装。高压胎用 $D \times B$ 表示，D 为轮胎名义直径，B 为轮胎的断面宽度，单位为英寸（in），“×”表示高压胎。低压胎用 $B—d$ 表示，B 为轮胎断面宽度，d 为轮辋直径，“－”表示低压胎。由于断面宽度 B 约等于断面高度 H，所装轮辋尺寸 d 可按 $d = D - 2B$ 计算。

轮胎断面宽度和高度比（扁平比）是描述轮胎尺寸的重要指标。轮胎断面宽度是指轮胎按规定充气后，两外侧之间的最大距离，一般以 5mm 为一单位进行划分。断面高度是指轮胎充气后，外直径与轮辋名义直径之差的一半。轮胎高度比（H/B）是轮胎断面宽度 H 与断面宽度 B 的比率，经圆整后用其小数表示，一般是 5 的倍数，如轿车子午线轮胎有 60、65、70、75、80 等几个系列。

一般普通断面货车轮胎和轿车斜交轮胎使用轮胎规格标志。它主要由以下几部分组成：

1）轮胎名义断面宽度，单位为英寸（in）。

2）轮胎结构标志。

3）轮辋名义直径，单位为英寸（in）。

4）层级。

层级是指轮胎承受最大负荷的特定强度标志，它不一定代表帘布层的实际层数。例如 9.00 规格 12 层级轮胎，可有几种实际层数，但最大负荷为 2 050kg。举例如下：

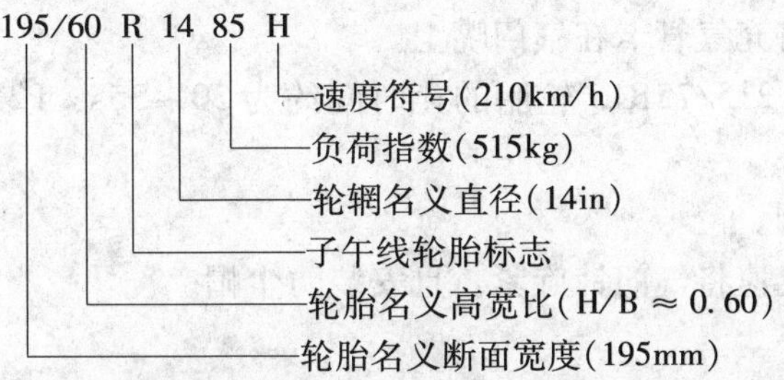

国产红旗轿车装用 185/80R1490S 型子午线无内胎轮胎；富康轿车装用 165/20R14 或 165/70R13 子午线轮胎；切诺基装用 P205（或 215、225）/75R15 轮胎。这里 P 表示为乘用车辆，205 为断面宽度（mm），75 为扁平比，R 表示为子午线轮胎，15 为轮辋直径（in）。

【技能操作】

1. 拆下车轮装饰外罩

2. 车轮着地时旋下轮毂传动轴紧固螺母

3. 用千斤顶（或举升机）顶（或举）起汽车相应部位

4. 取下车轮

5. 轮胎的拆解

1）放气。用钥匙将气门针旋开。

2）将轮胎放置在轮胎拆装机的旁侧手柄操纵处。轻踩爪盘操纵踏板（右数第一个），使其轮辋与外胎分离，正背双面均一次。

3）将轮胎放置且固定在爪盘上（同装配步骤2），撬杠通过摘装头将外胎正面翘起，踩爪盘操纵踏板（左边第一个）使其正转，轻抬轮胎，同时撬杠再次通过摘装头将外胎背侧翘起，重复上个步骤，使轮辋与外胎分离。

6. 轮胎的装配

1）检查轮胎拆装机各个部件的灵活度。

2）检查轮辋表面有无划伤、变形、麻点等。

3）将轮辋放置在爪盘上，踩爪盘操纵板（右数第二个），将其固定，同时安装气门嘴，调整导引头位置。

4）将外胎红点朝上、白点对准气门嘴放置在轮辋上，同时将导引头压上。

5）踩爪盘操纵踏板（左数第一个）正转，使得外胎背侧安装到位。同时，将轮胎正面压入摘装头下，使得正面也安装到位。

6）校正气门嘴与白点间的距离。踩爪盘操纵踏板（左数第二个）使其倒转。

7）移去导引头，踩爪盘操纵踏板（右数第二个）松开轮胎后，将其气门嘴顶置放好。

注意：

1. 注意自身安全，预防装配过程中手被夹伤。
2. 注意轮辋表面被爪盘或摘装头划伤。
3. 请勿将气门嘴夹扁。
4. 在拆卸轮胎时排除暴力，请将外胎向上轻抬。

7. 轮胎充气

1）旋开气门针，将充气管卡在气门嘴上。

2）调整充气时间。215/75R15 轮胎的充时间约为 30 ~ 35s，P235/75R15 轮胎的充气时间约为 35 ~ 40s。

3）打开充气感应阀。

4）充气完毕后，迅速将气门针旋紧，且安装防尘帽。

注意：

1. 气压为（280 ± 20）Pa。
2. 要让轮辋与外胎充分接合。可以一边充气一边让轮胎上下跳动；也可将轮胎气门嘴处背侧先接合而后再轻按正侧。

8. 按照拆装车轮相反的顺序将车轮装上车

【知识与能力拓展】

车轮定位要素主要包括车轮外倾角、主销后倾角、转向轴线内倾角（转向主销内倾角）、车轮摆动角（前束）等。

一、车轮主要定位参数及其作用

1. 外倾角

前轮安装在车桥上时，其旋转平面向外倾，这种现象称为车轮外倾。车轮旋转平面与纵向垂直平面之间的夹角称为车轮外倾角，如图 3-84 所示。

车轮外倾角的作用是提高车轮工作的安全性与转向操纵的轻便性。由于主销与衬套之间、轮毂与轴承等处都存在着装配间隙，空载时车轮的安装正好垂直于路面，而满载时上述间隙将发生变化。车桥内倾将使路面对车轮垂直反作用的轴向分力压向轮毂外端的小轴承，使该轴承及其锁紧螺母损坏而使车轮脱出，为此，安装车轮时要预先留有一定的外倾角，以防止上述不良影响。

2. 主销后倾角

主销装在前轴上，其上端向后倾斜，这种现象称为主销后倾。在纵向垂直平面内，垂线与主销轴线之间的夹角称为主销后倾角，如图3-85所示。

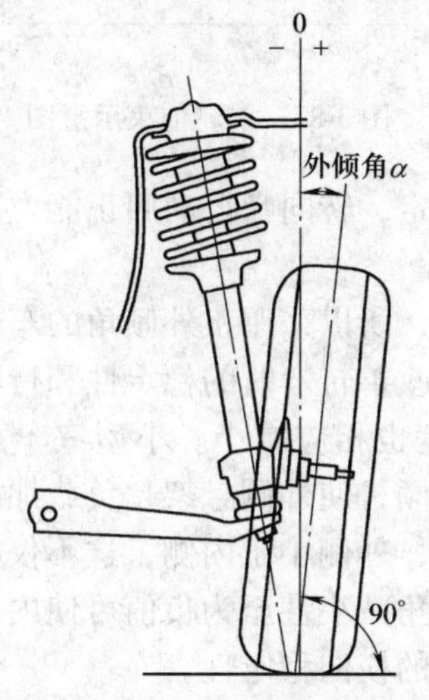

图3-84 车轮外倾示意图

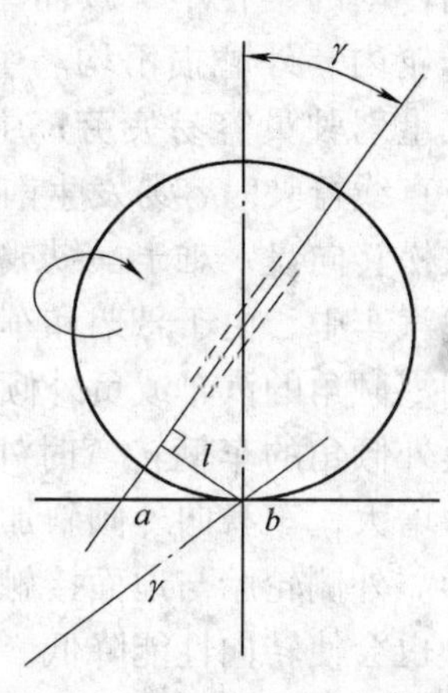

图3-85 主销后倾示意图

主销后倾的作用是保持汽车行驶的稳定性，并使汽车转向后转向轮有自动回正功能。

当车轮向左转动时，由于主销后倾角的作用使左侧转向节向下压，由于转向节与车轮接地距离不变，实际上左侧车身略向上提升；在车身自重的作用下，迫使转向节向上提升，回到原来的向前方行驶的位置，使车轮复位及提高直线行驶的稳定性。

如果后倾角是正的，当前轮转向时，车辆内侧会向下降，使底盘升高，会增加负荷至转向节，如果两轮的后倾角相同，车辆转向后会回到正前方。增加正的后倾角角度则可增加转向盘的稳定性，但是转向时力量会变大；减少正的后倾角角度则转向盘的稳定性降低，但是转向时力量会变轻。

3. 主销内倾角

从汽车的前方看转向轴线与地面铅垂线所形成的角度称为主销内倾角，如图3-86所示。

主销内倾角的作用是减少转向操纵力，也就是将轮胎转动所需力矩减到最少，同时减少回跳和跑偏现象。转向轴线的内倾角同转向轴线的后倾角一样，可使车辆完成转向时具有“自动回正”的功能，用以改善车辆直线行驶的稳定性。

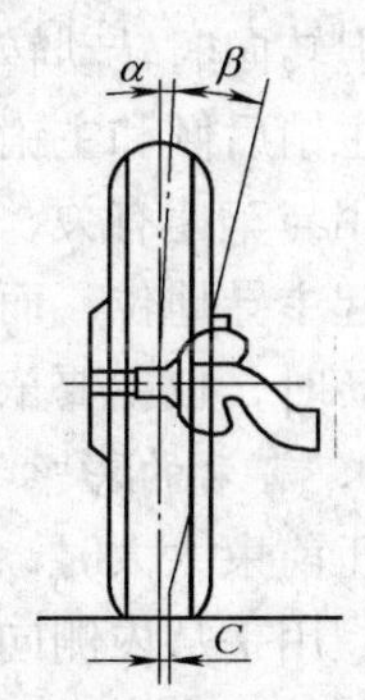

图3-86 主销内倾示意图

4. 车轮前束

车轮前束是从车辆的前方看，在两轮轴高度相同的情况下，左、右轮胎中心线的前端和后端距离的差值，如图3-87所示。

前束的作用是消除由于外倾角所产生的轮胎侧滑。采用正外倾角的前轮会使车轮顶部朝外倾斜，当车辆向前行驶时车轮要朝外侧滚动，从而产生侧滑会造成轮胎磨损，采用前束可消除由于外倾角所产生的轮胎侧滑。

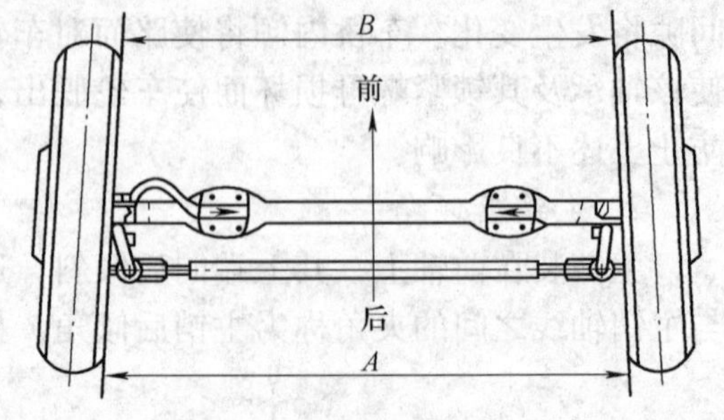

图 3-87 前轮前束示意图

二、车轮定位不准确对汽车行驶性能的影响

1. 车轮外倾的影响

不管采用正外倾角还是负外倾角，由于车轮内侧和外侧转动的半径不一致而车轮转速相同必然会造成车轮内、外磨损不均。主销后倾角过大时，转向沉重驾驶员容易疲劳；主销后倾角过小时，在汽车直线行驶时容易发生前轮摆振，转向盘摇摆不定，转向盘自动回正能力变弱，驾驶员不敢放松转向盘，难于操纵或极易引起驾驶员疲劳等。

在现代汽车中，由于悬架和车桥比较坚固且路面平坦，所以采用正外倾角的车辆越来越少，而采用零倾角的汽车或负外倾角的汽车越来越多，以改善转弯时的稳定性和行驶时的平顺性。在负外倾角的车辆转弯时外侧角减小，车辆倾斜度也相应减小。小型汽车高速转向时，离心力增大，车身向外倾斜加大，产生了更大的正外倾，使外侧悬架超负载加剧了外侧轮胎的变形。外侧轮胎与地面接触处的内外滚动半径不同，外侧小于内侧，这不仅加剧了轮胎的磨损，也会使转向性能降低。所以现代轿车车轮外倾角减小甚至为负值可使内外侧滚动半径近似相等，使轮胎的内外侧磨损均匀，还提高了车身的横向稳定性。

2. 主销后倾的影响

后倾角越大，车速越高，前轮的稳定性越好，但后倾角过大会造成转向盘沉重。现代高速轿车由于轮胎气压低、弹性较大，行驶时由于轮胎与地面的接触面中心向后移动引起稳定力矩增加，故后倾角可以减小到接近于零，甚至为负值（即主销前倾）。

后倾角的角度不会影响轮胎磨损，它是用来稳定行车方向并使车轮转向时能自动回正。如果车辆配备传统的手动转向盘，则后倾角角度很小甚至于趋向负的后倾角可使转向容易。如果车辆配备动力转向盘，则后倾角通常设定为较大的正后倾角，使驾驶员转向较有感觉；增加正后倾角的角度会增加转向力量，但可增加车辆直行的稳定性。

3. 主销内倾的影响

主销内倾角越大或前轮转角越大，则汽车前部抬起就越高，前轮的自动回正作用就越明显，但转向时转动转向盘费力，转向轮的轮胎磨损增加。

主销后倾和主销内倾都有使汽车转向自动回正、保持直线行驶的作用，但主销后倾的回正作用与车速有关，而主销内倾的回正作用几乎与车速无关。因此、高速时主销后倾的回正作用起主导地位，而低速时则主要靠主销内倾起回正作用。此外，直行时前轮偶尔遇到冲击而偏转时，也主要依靠主销内倾起回正作用。

4. 前束的影响

正前束太大时，轮胎外侧磨损会有正外倾角太大所形成的磨损形态，胎纹磨损形式为羽毛状。用手从内侧向外侧抚摸，胎纹外缘有税利的刺手感觉。

负前束太大时，轮胎内侧磨损会有负外倾角太大所形成的磨损形态，胎纹磨损形式为羽毛状。用手从外侧向内侧抚摸，胎纹外缘有锐利的刺手感觉。

【案例剖析】

故障现象：汽车轮胎出现鼓包甚至有缺胶，同时伴有漏气情况出现。

故障分析：胎体帘子线过度拉伸而导致的断裂所致。在汽车行驶过程中，轮胎胎肩或接近胎肩的胎边部位因强烈撞击外界异物（如坑洞、路缘、大的石块等），轮辋凸缘和冲击物之间产生严重挤压带来变形。

故障排除：检查轮胎。检查轮胎胎边鼓包五步骤。

第一步，在轮胎充气情况下，用粉笔在轮胎胎边鼓包处作双竖线记号。其目的是确定鼓包范围并为轮胎放气后进行检查做好准备。

第二步，在轮胎放气后、未拆胎之前，在对应鼓包位置上的轮辋凸缘边上检查是否有黑色橡胶残留，以此判断轮胎是否受到过撞击。注意：不一定每次都能发现有黑色橡胶印痕。

第三步，如果轮胎强烈撞击过外界异物，检查轮胎内部气密层。在轮胎内部气密层会发现有一处或两处被挤压后留下的印痕。

第四步，检查胎唇部分。当轮胎撞击外界异物时，胎唇容易在冲击物和轮辋凸缘之间的挤压下产生伤痕。

第五步，在光线好的地方检查气密层，看是否有撞击挤压而带来的伤痕。情况严重时，气密层可能被压破。

有鼓包的轮胎就要及时修补或更换。

【课后思考】

1. 汽车轮胎出现偏磨的原因有哪些？
2. 汽车备胎能否长期使用？

学习单元 6　转向器的检查调整

【学习目标】

1. 掌握汽车转向系统的结构和类型。
2. 了解汽车转向传动机构的结构特点。
3. 能正确选择和使用拆装汽车转向器的工具。
4. 能够正确掌握各种转向器的拆装程序及调整要领。
5. 了解转向操纵机构的拆装要领。

【任务载体】

客户桑塔纳 2000 轿车转向沉重（特别在低速时）。造成汽车转向故障的原因很多，如汽车转向器故障或调节不当，动力转向系统故障，操纵机构及传动装置效率降低等，其中最为常见的故障原因是转向器故障，因此，首先要掌握转向器的结构和检查、调整的方法。

【相关知识】

汽车在行驶过程中，经常需要改变行驶方向。汽车上用来改变汽车行驶方向的系统称为汽车转向系统。汽车行驶方向的改变是由驾驶员通过操纵转向系统来改变转向轮（一般是前轮）的偏转角度来实现的。转向系统不仅可以改变汽车的行驶方向，使其按照驾驶员规定的方向行驶，而且可以克服由于路面侧向干扰力使车轮自行产生的转向，恢复汽车原来的行驶方向。

一、转向系统的类型

汽车转向系统根据其转向能源的不同，可以分为机械转向系统和动力转向系统两大类。

1. 机械转向系统

机械转向系统以驾驶员的体力作为转向能源，又称为人力转向系统。机械转向系统一般由三部分组成，即转向操纵机构、转向器和转向传动机构，如图 3-88 所示。驾驶员操纵转向器工作的机构称为转向操纵机构，包括转向盘、转向轴等机件。转向轴下端为转向器。机械转向器是一个减速增矩机构，经机械转向器放大的力矩传给转向传动机构。转向横拉杆、转向节臂、转向节等机件构成转向传动机构。当一个转向节转动时，另一个转向节也随着变位，使汽车实现转向。

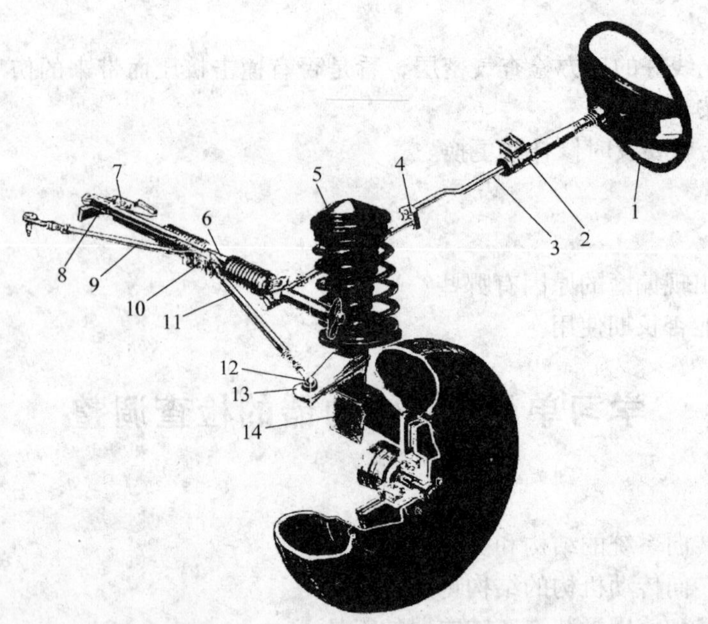

图 3-88　红旗 CA7220 型轿车转向系统

1—转向盘　2—转向柱管　3—转向轴　4—柔性联轴器　5—悬架总成　6—转向器
7—支架　8—转向减振器　9—右横拉杆　10—托架　11—左横拉杆
12—球铰链　13—转向节臂　14—转向节

2. 动力转向系统

动力转向系统兼用驾驶员体力和发动机动力作为转向能源，并且以发动机动力作为主要能源。动力转向系统是在机械转向系统的基础上加设一套转向加力装置而成的（见图 3-89）。转向加力装置包括转向油罐 6、转向油泵 5、转向控制阀和转向动力缸（转向控制阀、转向动力缸和机械转向器共同构成整体式转向器 10）等。转向油泵 5 由发动机驱动，以产生高压油液。当驾驶员逆时针方向转动转向盘 1 时，转向摇臂 9 拉动转向横拉杆 8 向前运动。转向横拉杆 8 的拉力作用在转向节臂 7 上，使左侧转向节及左侧转向轮绕主销向左偏转一个角度，同时另一侧转向节与转向轮绕该侧转向主销偏转一定的角度，这时汽车将向左转向。与此同时，转向直拉杆 11 带动转向控制阀中的滑阀移动，使转向动力缸的左腔接通转向油泵 5 的出油口，右腔通过转向控制阀与转向油罐 6 接通，转向动力缸活塞所受的向右的液压作用力便经其推杆作用在转向横拉杆 8 上。由于液压作用力较大，在很大程度上减轻了驾驶员的操纵力。

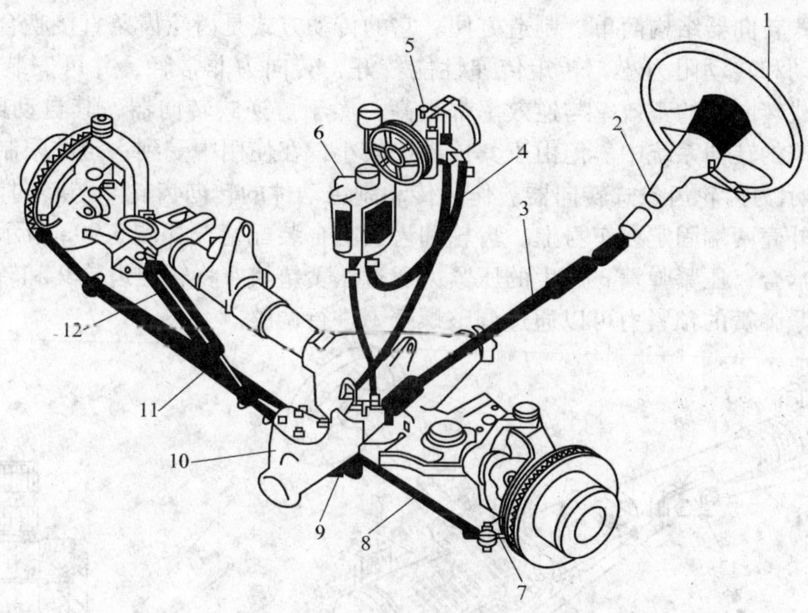

图 3-89　动力转向系统示意图

1—转向盘　2—转向轴　3—转向中间轴　4—转向油管　5—转向油泵　6—转向油罐　7—转向节臂　8—转向横拉杆　9—转向摇臂　10—整体式转向器　11—转向直拉杆　12—转向减振器

二、转向器

转向器的功用是将驾驶员加在转向盘上的力矩放大，并降低速度，然后传给转向传动机构。

由于转向器是一个大传动比的机构，其传动效率一般较低。转向器的输出功率与输入功率之比称为转向器的传动效率。当功率由转向柱输入、由转向摇臂输出的情况下求得的传动效率称为正效率，而在传动方向与此相反时求得的效率为逆效率。为了减轻驾驶员操纵转向盘的体力消耗，应尽量提高转向器的传动效率，特别是其正效率是很重要的。正效率与逆效率均很高的转向器称为可逆式转向器，逆效率极低的转向器称为不可逆式转向器。

可逆式转向器可以使转向结束后转向轮及转向盘自动回正，但汽车在坏路面行驶时，转向轮受到的冲击力会传到转向盘上，发生“打手”现象。经常在良好路面行驶的汽车，多采用可逆式转向器。不可逆式转向器使转向轮受到的冲击力不会传到转向盘上，但也使转向轮及转向盘无自动回正作用，而且还使驾驶员无法由转向盘上感受地面对转向轮作用力的信息，即所谓丧失“路感”。因此，目前汽车上一般不采用不可逆式转向器。

由于转向器各机件间都会有一定的装配间隙，这些间隙还会随着机件的磨损而增大，反映到转向盘上就会产生一定的空转角度。这种转向盘在空转阶段中的角行程称为转向盘的自由行程。一定的转向盘自由行程对缓和路面冲击、避免驾驶员过度紧张是有利的，但如果转向盘的自由行程过大，就会影响其转向灵敏性。因此，转向盘自由行程应限制在一定的范围内，并应经常进行调整。

汽车上采用多种结构型式的转向器，如齿轮齿条式、循环球-齿条齿扇式、循环球-曲柄指销式和蜗杆曲柄指销式转向器等。轿车上使用最多的转向器是齿轮齿条式转向器。

齿轮齿条式转向器结构简单、制造方便。它的传动方式是齿轮齿条直接啮合，操纵灵敏度非常高，滑动和转动阻力小，转矩传递性能较好，转向力非常轻，并可安装转向助力机构。齿轮齿条式转向器的正效率与逆效率都很高，属于可逆式转向器，其自动回正能力强，常用于轻型轿车的转向系统中。但由于其传动比较小，在使用中受到一定的限制。

图 3-90 所示为齿轮齿条式转向器。作为传动副主动件的转向齿轮 9 与转向齿条 5 啮合。整个系统通过外壳两端固定在车身上。齿轮和齿条啮合装配情况如图 3-90a 所示。为保证齿轮齿条无间隙啮合，压紧弹簧 3 产生的压紧力通过压簧垫块 4 将转向齿轮 9 和转向齿条 5 压靠在一起。压紧弹簧的预紧力可以通过调整螺塞 1 进行调整。

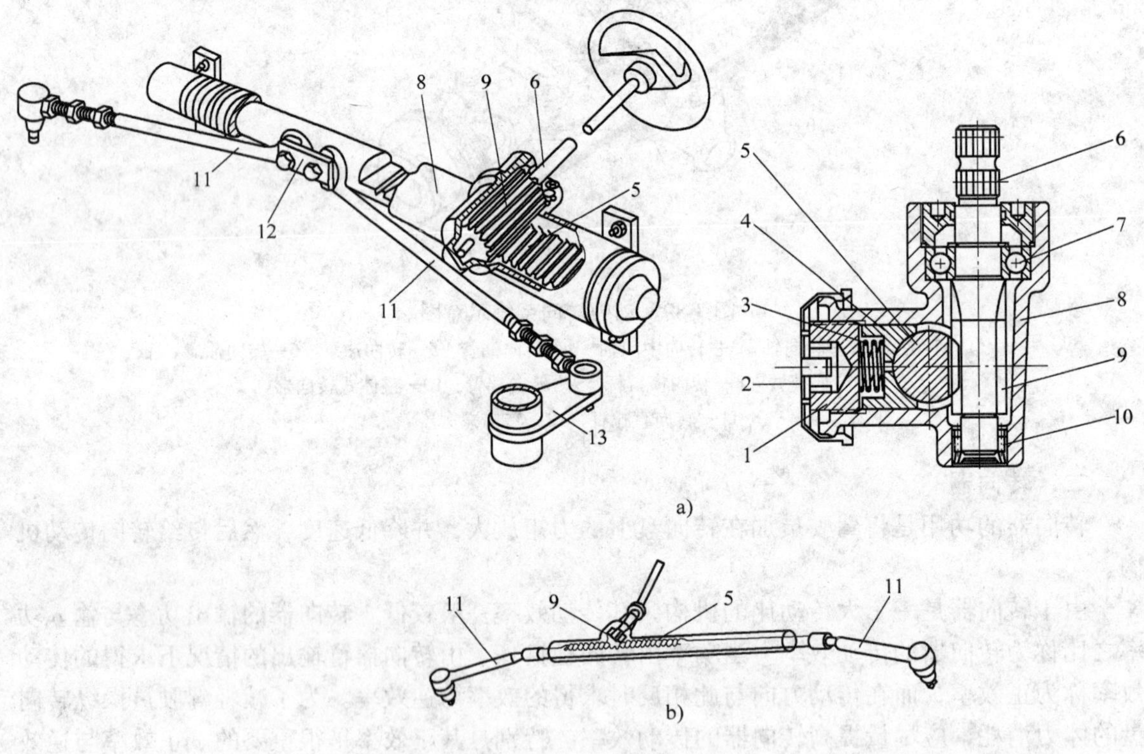

图 3-90　齿轮齿条式转向器

1—调整螺塞　2—罩盖　3—压紧弹簧　4—压簧垫块　5—转向齿条　6—齿轮轴　7—球轴承　8—转向器壳体　9—转向齿轮　10—圆锥滚子轴承　11—转向横拉杆　12—拉杆支架　13—转向节

齿轮齿条式转向器结构简单、加工方便、工作可靠、使用寿命长，所以得到了广泛的应用，如一汽捷达/高尔夫和上海桑塔纳轿车等都采用齿轮齿条式转向器。

三、转向操纵机构

1. 转向操纵机构的组成和布置

从转向盘到转向传动轴这一系列部件和零件属于转向操纵机构。它包括转向盘、转向柱管、转向轴等。它的作用是将驾驶员转动转向盘的操纵力传给转向器，如图3-91所示。有些转向系统考虑车架变形的影响，在转向操纵机构中增加了一个挠性万向节。还有一些转向系统由于总布置的要求，转向盘与转向器的轴线相交成一定的角度，在结构中采用了万向节和传动轴。

由于在发生车祸时，对驾驶员造成主要威胁的是转向盘及转向柱管等，所以人们在设计转向操纵机构时，增加了安全措施，如采用安全转向柱、安全联轴器及能量吸收装置等。

2. 转向盘

转向盘由轮缘、轮辐和轮毂组成。轮辐一般为三根辐条或四根辐条，也有的轮辐采用两根辐条。转向盘轮毂孔具有细牙内花键，借此与转向轴相连。转向盘内部由成型的金属骨架构成，如图3-92所示。

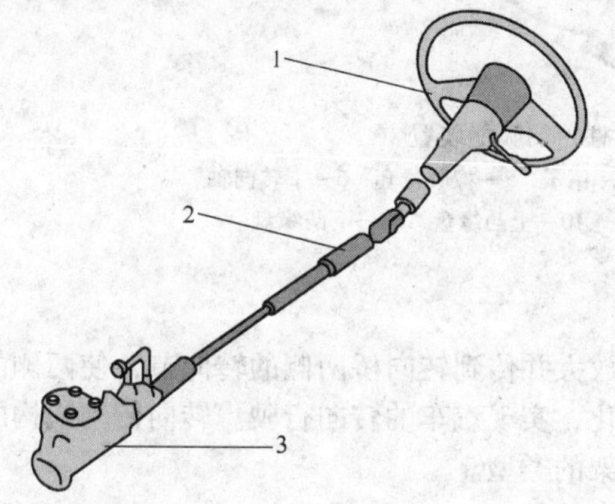

图3-91　转向操纵机构
1—转向盘　2—转向轴　3—转向器

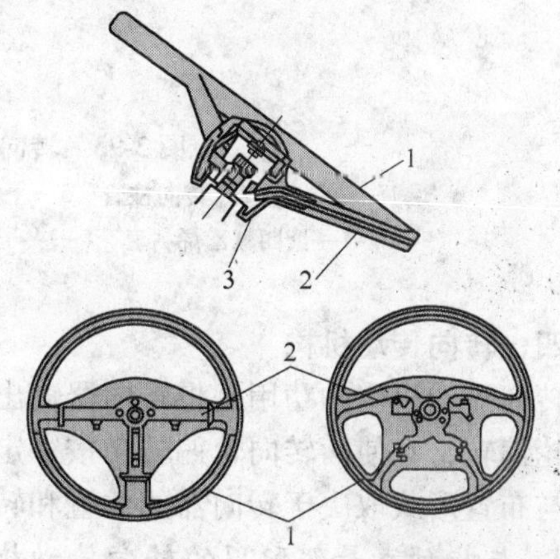

图3-92　转向盘的组成
1—轮缘　2—轮辐　3—转毂

当汽车发生碰撞时，从安全性考虑，不仅要求转向盘具有柔软的外表皮（可起缓冲作用），而且还要求转向盘的骨架能够产生变形，以吸收冲击能量，减轻驾驶员所受到的伤害。

转向盘上都装有喇叭按钮，有些轿车的转向盘上还装有车速控制开关和撞车时保护驾驶员的气囊装置。

3. 转向轴和转向柱管的吸能装置（见图3-93）

转向轴是连接转向盘和转向器的传动件，并传递他们之间的转矩。转向柱管安装在车身上，支撑着转向盘。转向轴从转向柱管中间穿过。

转向轴多用无缝钢管制成，上部用轴承或衬套支承在转向柱管内，下部支承在下固定支架内的轴承中，轴承下端装有弹簧，可自动消除转向柱管与转向轴之间的轴向间隙。转向柱管的下端压装在下固定支架的孔内。下固定支架用两个螺栓固定在驾驶室底板上。转向柱管上端通过上支架固定在驾驶室前围仪表板上。

近年来，由于公路路面状况的改善、汽车车速的提高，许多国家都制定了严格的安全法规。对于轿车除要求装有吸能装置的转向盘外，还要求转向柱管也必须备有缓和冲击的吸能装置。转向轴和转向柱管的吸能装置有多种形式。其基本机构原理是当转向轴受到巨大冲击时，转向轴产生轴向位移，使支架或某些支撑件产生塑性变形，从而吸收冲击能量。

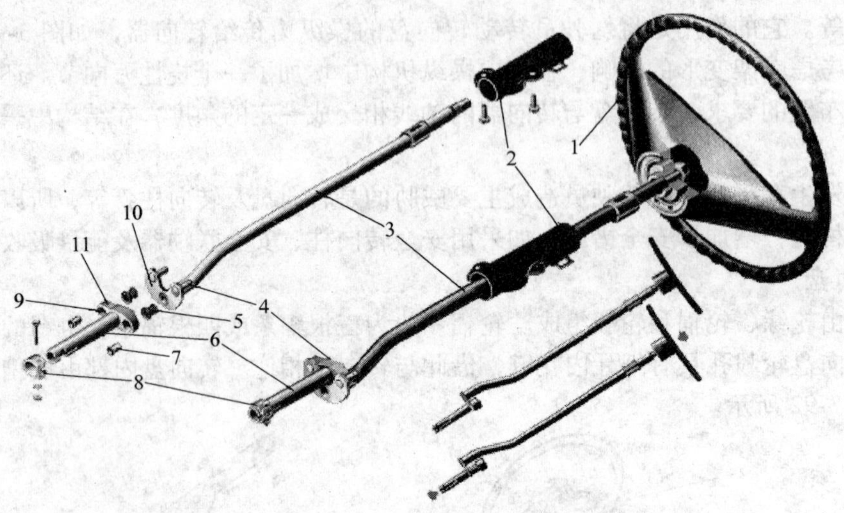

图 3-93　转向轴和转向柱管的吸能装置

1—转向盘　2—转向柱管　3—上转向轴　4—销子　5—橡胶衬套　6—下转向轴
7—聚四氟乙烯衬套　8—夹子　9—销孔　10—上凸缘盘　11—下凸缘盘

四、转向传动机构

转向传动机构的功用是将转向器输出的力矩放大并传到转向桥两侧的转向节，使两侧的转向轮偏转，且使两转向轮偏转角按一定关系变化，实现汽车的转向行驶。转向传动机构的组成与布置形式取决于转向器的位置和转向轮悬架的类型。

1. 与非独立悬架配用的转向传动机构

如图 3-94 所示，与非独立悬架配用的转向传动机构主要包括转向摇臂 2、转向直拉杆 3、转向节臂 4、梯形臂 5 和横拉杆 6。在前桥仅为转向桥的情况下，由转向横拉杆 6 和左、右梯形臂 5 组成的转向梯形机构一般布置在前桥之后，如图 3-94a 所示。当转向轮处于与汽车直线行驶相应的中立位置时，梯形臂 5 与转向横拉杆 6 在与道路平行的水平面内的交角 $\theta > 90°$。在发动机位置较低或转向桥兼驱动桥的情况下，为避免运动干涉，往往将转向梯形布置在前桥之前，此时上述交角 $\theta < 90°$，如图 3-94b 所示。若转向摇臂不是在汽车纵向平面内前后摆动，而是在与道路平行的平面内左右摇动，则可将转向直拉杆 3 横置，并借球头销直接带动转向横拉杆 6，从而推动两侧梯形臂转动，如图 3-94c 所示。

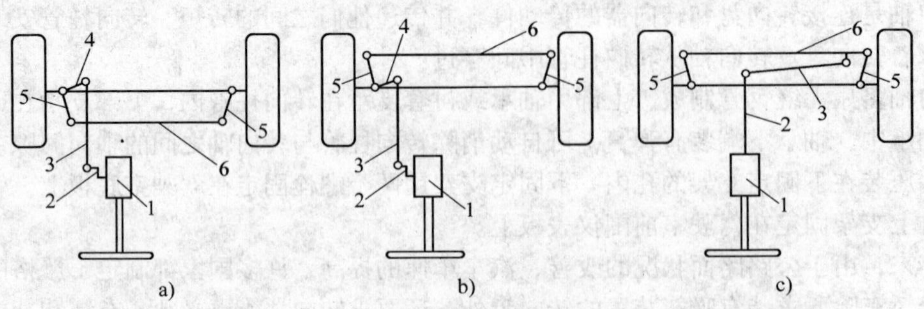

图 3-94　与非独立悬架配用的转向传动机构示意图

1—转向器　2—转向摇臂　3—转向直拉杆　4—转向节臂　5—梯形臂　6—转向横拉杆

2. 与独立悬架配用的转向传动机构

当转向轮为独立悬架时，每个转向轮都需要相对于车架作独立运动，因而转向桥必须是断开式的。与此相应，转向传动机构中的转向梯形也必须是断开式的。图3-95所示为几种与独立悬架配用的转向传动机构示意图。其中，图3-95a、b所示机构与循环球式转向器配用，图3-95c、d所示机构与齿轮齿条式转向器配用。

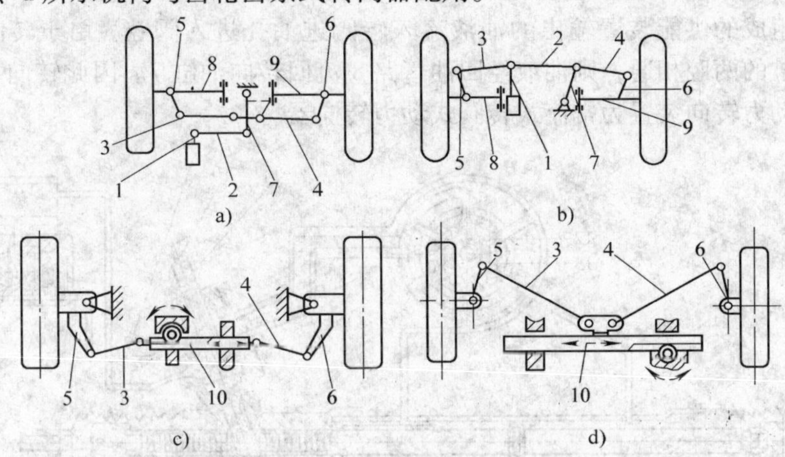

图3-95　与中间输出的齿轮齿条式转向器配用的转向传动机构

1—转向摇臂　2—转向直拉杆　3—左转向横拉杆　4—右转向横拉杆　5—左梯形臂　6—右梯形臂　7—摇杆　8—悬架左摇臂　9—悬架右摇臂　10—齿轮齿条转向器

五、动力转向系统

动力转向系统包括机械式转向器、转向动力缸和转向控制阀。

1. 动力转向系统的基本结构组成和工作原理

液压动力转向系统是在机械式转向系统的基础上加一套动力辅助装置而成的，其一般组成如图3-96所示。转向油泵6安装在发动机上，由曲轴通过传动带驱动并向外输出液压油。转向油罐5有进、出油管接头，通过油管分别与转向油泵和转向控制阀2连接。转向控制阀用以改变油路。机械转向器与转向动力缸总成内有左、右两个工作腔，它们分别通过油道与转向控制阀连接。

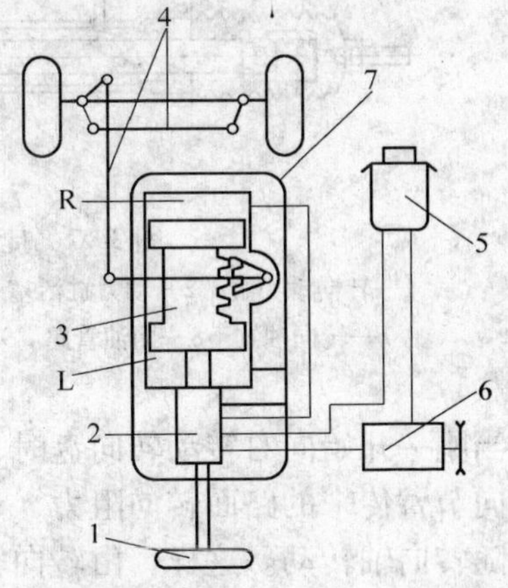

图3-96　液压动力转向系统示意图

1—转向操纵机构　2—转向控制阀　3—机械转向器与转向动力缸总成　4—转向传动机构　5—转向油罐　6—转向油泵　7—动力转向器　R—转向动力缸右腔　L—转向动力缸左腔

当汽车直线行驶时，转向控制阀2将转向油泵6泵出来的工作液与油罐接通，转向油泵处于卸荷状态，动力转向器不起助力作用。当汽车需要向右转向时，驾驶员向右转动转向盘，转向控制阀将转向油泵泵出来的工作液与R腔接通、将L腔与油罐接通，在油压的作用下，活塞向下移动，通过传动机构使左、右轮向右偏转，从而实现右转向。向左转向时，情况与上述相反。

2. 动力转向器

目前国产轿车上大部分都采用了转阀式的整体动力转向器。图3-97所示为捷达轿车整体转阀式动力转向器示意图。齿轮齿条式机械转向器、转向动力缸和控制阀设计成一体，组成整体式动力转向器。其控制阀为转阀。转向动力缸内的活塞 2 与齿条 4 制成一体，活塞 2 将动力缸分成了两部分，扭杆 10 的前端用销与转向齿轮连接，后端与阀芯 12 相连，而阀芯又与转向轴 11 的末端相连，因此转向轴可以通过扭杆带动齿轮转动。

转向控制阀（转阀）处于中立位置时，如图 3-97a 所示，由转向油缸 7、转向油泵 6、流量控制阀 5 组成的供能装置输出的油液流入转阀进油孔进入阀腔。由于转阀处于中立位置，它使动力缸的两腔相通，则油液经回油管路 8 流回转向油缸 7。因此转向动力缸完全不起作用。故该动力转向装置为常流式转阀式动力转向器。

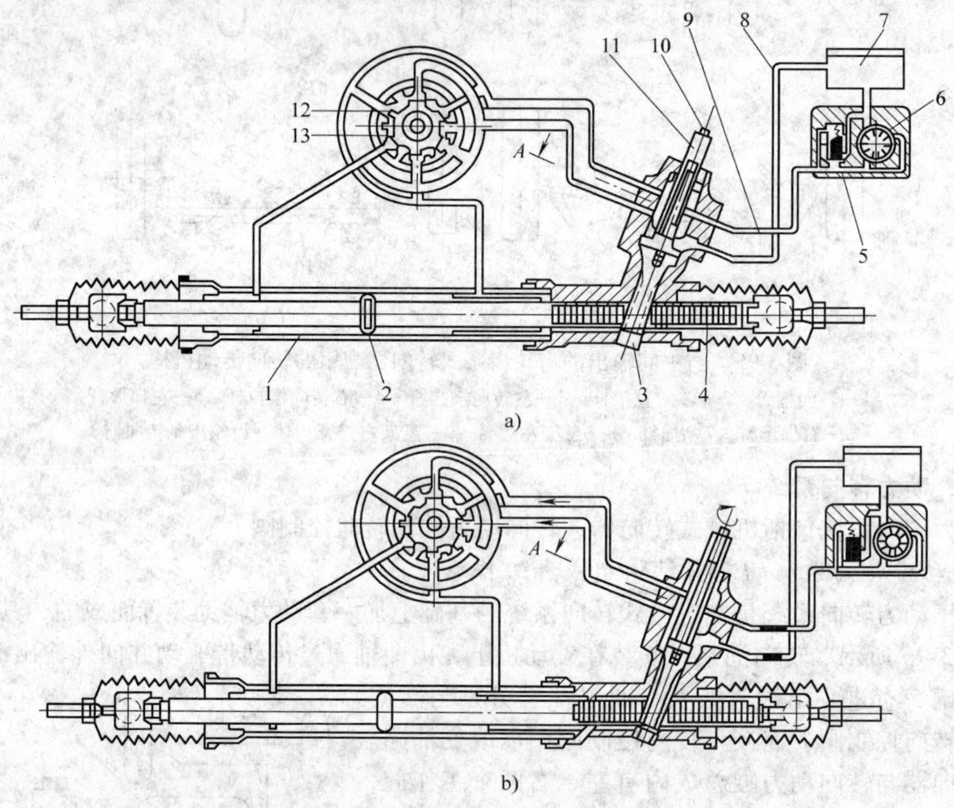

图 3-97　捷达轿车整体转阀式动力转向器示意图

1—转向动力缸　2—动力缸活塞　3—转向齿轮　4—转向齿条　5—流量控制阀　6—转向油泵　7—转向油缸　8—回油管路　9—进油管路　10—扭杆　11—转向轴　12—阀芯　13—阀套

当刚一开始向右转动转向盘时，如图 3-97b 所示，转向轴连同阀芯被顺时针转动，因受到转向节臂传来的路面转向阻力，动力缸活塞和齿条暂时都不能运动，所以转向齿轮暂时也不能随转向轴转动。这样，由转向轴传到转向齿轮的转矩只能使扭杆 10 产生少许扭转变形，使转向轴得以相对转向齿轮转过不大的角度，从而转阀使动力缸右腔（驾驶员方向）成为高压的进油腔，使左腔成为低压的回油腔。作用在动力缸活塞上向左的液压作用力帮助转向齿轮迫使转向齿条开始左移，转向轮开始向右偏转；同时，转向齿轮本身也开始与转向轴同向转动。只要转向盘继续转动，扭杆 10 的扭转变形便一直保持不变，转向控制阀所处的位置也不变。一旦转向盘停止转动，动力缸暂时还继续工作，导致转向齿轮继续转动，使扭杆的扭转变形减小，直到扭杆回复自由状态，控制阀回到中间位置，动力缸停止工作为止。此时，转向盘停驻在某一位置上而不动，则车轮转角保持一定角度；若转向盘继续转动时，转向动力缸又继续工作。这种转向动力缸随转向盘的转动而工作，又随转向盘的停止转动而停止加力动作的作用称为动力转向装置的随动作用。

3. 转向油泵

转向油泵是助力转向系统的动力源，其作用是将输入的机械能转换为液压能输出。在转向油泵只受发动机驱动的情况下，一旦发动机停止转动，油泵即无液压油输出。

对于重型汽车而言，驾驶员无法实现在没有助力油压的情况下轻松转向。为了确保动力转向装置的可靠性，有些重型汽车在转向油泵的驱动装置中采用自由轮机构使转向油泵在正常的情况下受发动机驱动，发动机熄火后转向油泵则受高速滑行的汽车的惯性力驱动。另外，有一些汽车加装了应急转向油泵，它即可以由传动系统驱动也可以由蓄电池驱动。

转向油泵的结构形式有齿轮式、叶片式、转子式、柱塞式等。转向油泵经转向控制阀向转向动力缸提供一定压力和流量的工作油液。目前，转向油泵大多采用双作用式叶片泵，这种油泵有两种结构形式，一种为潜没式，另一种为非潜没式。潜没式油泵潜没在储液罐的油液中；非潜没式转向油泵的储液罐与转向油泵分开安装，用油管与转向油泵相连接。

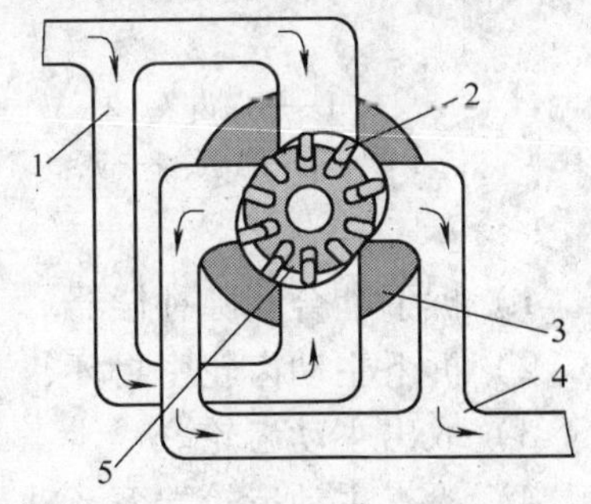

图 3-98　双作用式叶片泵工作原理
1—进油口　2—叶片　3—定子
4—出油口　5—转子

图 3-98 所示为双作用式叶片泵工作原理。当转子顺时针转动时，叶片在离心力和高压油的作用下紧贴在定子的内表面上，从进油口吸入油液；而后工作容积由大变小，压缩油液，经出油口向外供油。由于转子每旋转一周，每个工作腔都吸、压油两次，故这种形式的叶片泵被称为双作用式叶片泵。双作用式叶片泵有两个吸油区和两个排油区，并且各自的中心角是对称的，所以作用在转子上的油压作用力互相平衡，因此这种油泵也称为卸荷式油泵。

当汽车原地转向或低速行驶时，发动机怠速运转，油泵的转速也较低，而此时转向阻力较大，要求转向油泵此时能供给助力转向系统足够流量的油液。当车速增加时，转向阻力变小，如果没有流量控制阀，则转向油泵的供油量将大大超过助力转向的需要，过量的循环油液将使转向过分灵敏，使转向操纵性变坏，同时油泵所消耗的功率也会增大。为此，设置流量控制阀以限制油泵输出，保证助力转向系统能正常工作。

若转向阻力过大或操作不当，助力转向系统内的油液压力将会过高，有可能使系统因过载而损坏。因此，系统中还装设限制系统最高压力的溢流阀。

【技能操作】

以桑塔纳轿车的机械转向器为例。

将车轮放在直线行驶的位置上，转向指示灯开关放在中间位置上。

1. 拆下转向减振器与转向器壳体间的联接螺栓，取下转向减振器

2. 拆除转向器中部及前端凸缘与车身的联接螺栓，取下转向器总成

3. 拆下补偿机构的紧固螺钉，从转向器上拆下补偿机构各机件

4. 转向器分解，如图 3-99 所示

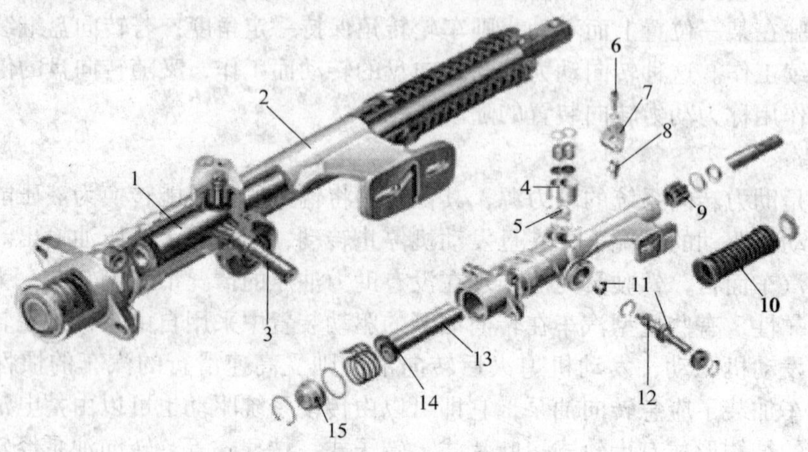

图 3-99　桑塔纳轿车转向器

1—转向齿条　2—转向器壳　3—转向齿轮　4—压块　5—压块衬片　6—调整螺钉　7—盖板　8—调整螺钉座　9—衬套　10—防尘护套　11—轴承　12—转向齿轮　13—转向齿条　14—挡块　15—挡盖

1）拆下啮合间隙补偿器。

2）拆下主动齿轮密封环、卡簧、轴承。

3）取出主动齿轮。

4）检查主动齿轮端面及轴承的磨损情况。

5）将齿条行程做上记号。

6）松开齿条端盖帽，拆卸齿条杆上的防尘罩、挡圈、密封圈，抽出齿条。

5. 转向器的检查

1）检查转向器外壳有无破裂及破损，如破损或磨损严重，则予以更换。

2）检查波形管是否完好，如有破损应更换。

3）自锁螺母和螺栓一经拆卸，安装时必须成对更换。

4）检查各密封圈和密封环，如有溢漏必须更换。

5）不许对转向器零件进行焊接和整形。

6）检查齿条各部分的磨损情况、齿条有无缺齿等。

6. 转向器的装配与调整

1）用专用工具将转向器小齿轮装入转向器壳内。

2）装入轴承挡圈和新油封。

3）装入转向器齿条。齿条齿面及其表面应涂 2 号锂基润滑脂，如图 3-100a 所示。插入齿条时，应防止碰伤衬套，再装上导向块、弹簧和螺塞。

4）齿条预紧力的调整：

①旋转调整螺塞，拧紧力矩为 6.86N · m，如图 3-100b 所示。

②前后移动齿条约 15 次，使齿条处于稳定状态后再继续拧紧调整螺塞，紧固力矩为 12.25N · m。

③用扳手将调整螺塞向回拧 45° ~55°。

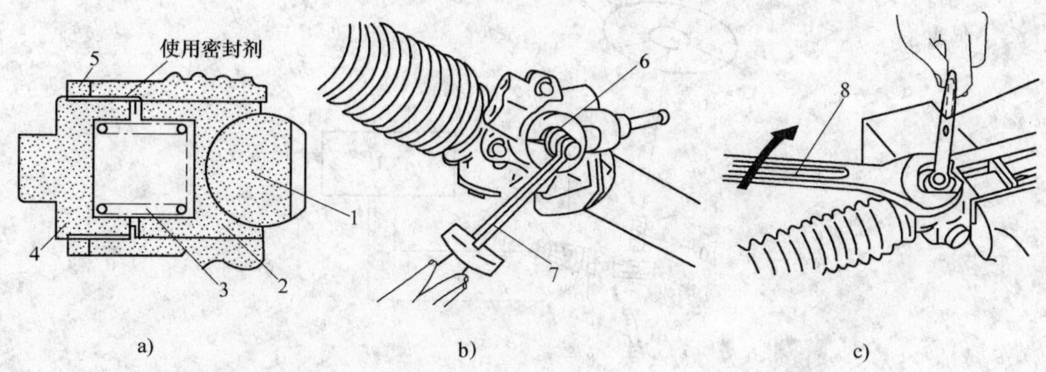

图3-100　齿条调整螺钉的安装与调整

1—齿条　2—顶块　3—弹簧　4—调整螺钉　5—螺母　6—主动齿轮　7—扭力扳手　8—扳手

④用专用工具测量齿条的预加载荷。标准起动力矩为29.4～58.8N·m。

⑤如果起动力矩没有符合标准值，应重复以上的操作方法。

5）安装调整螺塞锁紧螺母，紧固力矩为34.3～44.1N·m如图3-100c所示；再一次检查小齿轮起动力矩，应为29.4～58.8N·m。

6）装配齿条接头总成，螺母的紧固力矩为49～63N·m。

7）装入齿条防尘罩、防尘罩锁簧和管箍。

8）装上转向拉杆接头。

7. 按照拆卸转向器总成相反的顺序对转向器总成进行装配

【知识与能力拓展】

电动式电子控制动力转向系统

随着计算机在汽车上的广泛应用，出现了电动式电子控制动力转向系统，简称电动式EPS。它是一种直接依靠电动机提供辅助转矩的电动助力式转向系统。与液压式电控动力转向系统相比，电动式EPS有如下特点：

1）将电动机、离合器、减速装置、转向杆等各部件装配成一个整体，中间无管道、控制阀的连接，使其结构紧凑、拆装方便。

2）没有液压式动力转向系统所必需的常运转转向油泵，电动机只是在需要转向时才工作，所以动力消耗和燃油消耗均可降到最低。

3）省去了油压系统，所以不需要给转向油泵补充油，也不必担心漏油。

4）可以比较容易地按照汽车性能的需要设置、修改转向助力特性。

1. 电动式EPS的组成、原理

电动式EPS通常由转矩传感器、车速传感器、电子控制单元（ECU）、电动机和电磁离合器等组成，如图3-101所示。电动式EPS是利用直流电动机作为动力源，电子控制单元根据转向参数和车速等信号控制电动机转矩的大小和方向。电动机的转矩由电磁离合器通过减速机构减速增矩后加在汽车的转向机构上，使之得到一个与工况相适应的转向作用力。

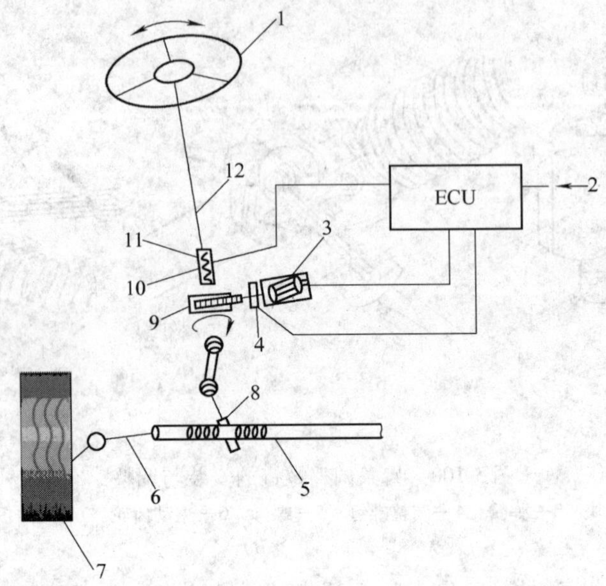

图 3-101　电动式 EPS 的组成

1—转向盘　2—车速传感器信号　3—电动机　4—电磁离合器　5—齿条　6—拉杆　7—转向轮　8—转向齿轮　9—减速机构　10—扭力杆　11—转矩传感器　12—转向轴

当操纵转向盘 1 时，装在转向盘轴上的转矩传感器 11 不断地测出转向轴上的转矩信号，该信号与车速信号同时输入到电子控制单元。电子控制单元根据这些输入信号确定助力转矩的大小和方向，即选定电动机的电流和转向，调整转向辅助动力的大小。电动机的转矩由电磁离合器 4 通过减速机构 9 减速增矩后加在汽车的转向齿轮 8 上，使之得到一个与汽车工况相适应的转向作用力。图 3-102 所示为丰田凌志轿车的电动转向装置。

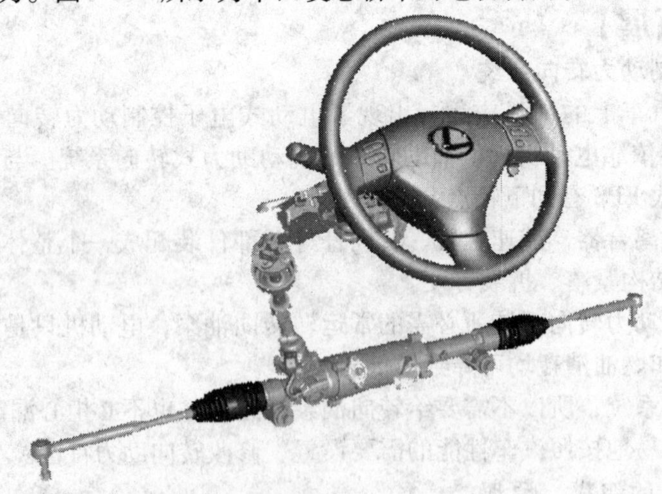

图 3-102　丰田凌志轿车的电动转向装置

2. 电动式 EPS 主要部件的结构及工作原理

（1）转矩传感器　转矩传感器的作用是测量转向盘与转向器之间的相对转矩，以其作为电动助力的依据之一。图3-103所示为滑动可变电阻式转矩传感器的结构。它将负载力矩引起的扭力杆角位移转换为电位器电阻的变化，并经集电环传递出来作为转矩信号。

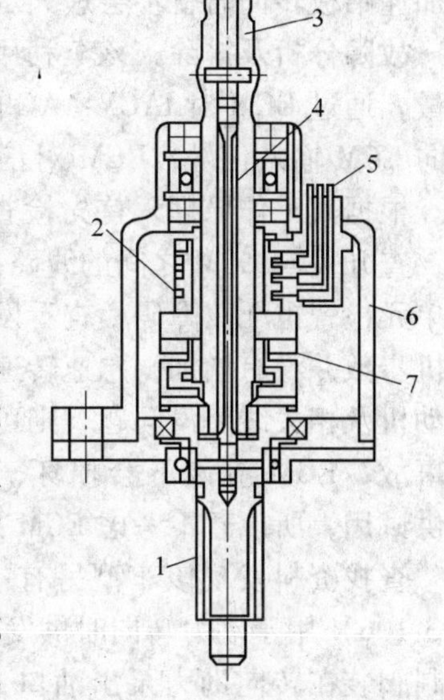

图3-103 滑动可变电阻式转矩传感器的结构
1—转向齿轮 2—集电环 3—转向轴 4—扭力杆 5—输出轴 6—外壳 7—电位器

（2）电动机 电动式EPS所用电动机与起动用直流电动机在原理上基本相同，但一般采用永磁磁场。其最大电流一般为30A左右，电压为DC12V，额定转矩为10N·m左右。转向助力用直流电动机通过简单的控制电路进行正反转控制。图3-104所示为丰田轿车电动转向装置电动机。

（3）电磁离合器 图3-105所示为单片干式电磁离合器的工作原理。当可变电阻式转矩传感器结构电流通过集电环进入电磁离合器线圈时，主动轮产生电磁吸力，带花键的压板被吸引并与主动轮压紧，于是电动机的动力经过轴、主动轴、压板、花键、从动轴传递给执行机构。

（4）减速机构 减速机构是电动式EPS不可缺少的部件。目前实用的减速机构有多种组合方式，一般采用蜗轮蜗杆与转向轴驱动组合式，也有的采用两级行星齿轮与传动齿轮组合式。为了抑制噪声和提高耐久性，减速机构中的齿轮有的采用特殊齿形，有的采用树脂材料制成。

电动式EPS一般都设定一个工作范围，例如当车速达到45km/h时，就不需要辅助动力转向，这时电动机就停止工作。为了不使电动机和电磁离合器的惯性影响转向系统的工作，离合器应及时分离，以切断辅助动力。当电动机发生故障时，离合器会自动分离，这时仍可利用手动控制转向。

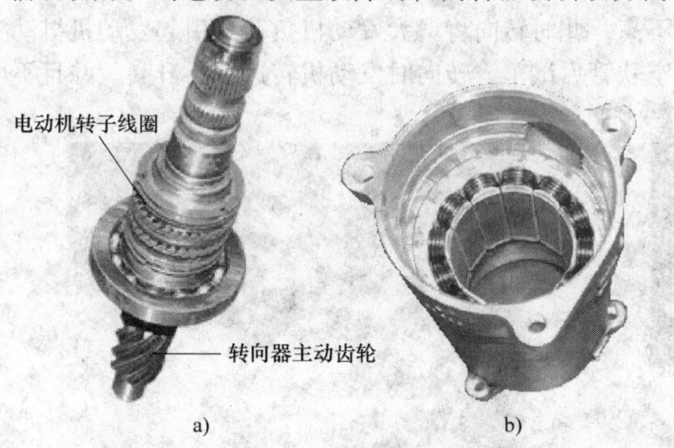

图3-104 丰田轿车电动转向装置电动机
a）电动机转子 b）电动机定子

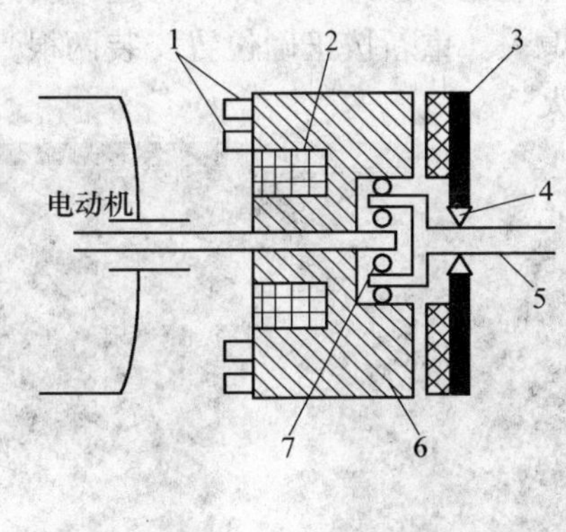

图3-105 单片干式电磁离合器的工作原理
1—集电环 2—线圈 3—压板 4—花键 5—从动轴 6—主动轴 7—滚珠轴承

【案例剖析】

故障现象：一辆2004年产的东风日产阳光轿车，搭载SR20DE发动机，行驶近4 000km。该车由于事故拆下了发动机总成，重装后2天就出现热车转向时熄火的现象。经试车发现热车行驶中和停车转向时都会熄火，且熄火时加速踏板均处于完全释放状态，稍稍踩下加速踏板转向时就不会熄火。因此，可判定为负荷增大时发动机怠速转速过低引起熄火。

故障分析及排除：该车利用 IACV-AAC（怠速空气控制阀-辅助空气控制阀）阀调节进气量，通过 ECM 对 IACV-AAC 阀的控制保证发动机的正常工作。转向时，动力转向油压开关向 ECM 输入信号，ECM 对信息进行处理后向起动机发出动作指令，从而提高发动机转速。根据其工作原理，首先检查动力转向油压开关，用万用表测得开关在转向时能正常动作，查开关与 ECM 之间的线路也正常。用日产公司原厂诊断仪 CONSULT-Ⅱ进入发动机控制单元检查也无故障码。查看发动机工作时的数据流发现，转向时 IACV-ACC 阀中的步进电动机步数并没有增加，怠速转速也没有升高。由于冷车及开空调时怠速均正常，可认定步进电动机及相关线路没问题，则可能是 ECM 存在故障。该车才行驶近 4 000km，而且并不是大事故，ECM 应该不会损坏，况且也没有 ECM 以供试用，所以暂不考虑 ECM 故障。

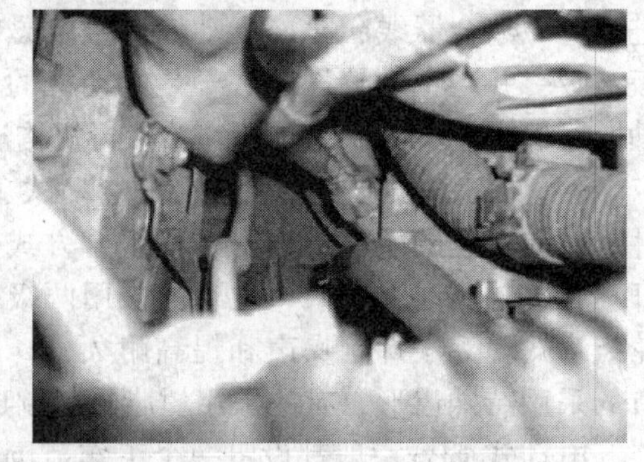

图 3-106　怠速提升空气空气控制阀

查找资料发现该车型另有一空气控制阀（见图 3-106）用于动力转向时供发动机提速。该空气控制阀装在转向助力泵出油口上，与其连接的是两根真空软管，一端接在进气歧管上，另一端接在节气门前进气软管上（见图 3-107）。转向时转向系统油压升高，空气控制阀打开，部分空气通过控制阀进入进气歧管，使发动机转速升高。检查空气控制阀及连接软管发现，该车的软管与活性炭罐上真空软管（见图 3-108）的安装位置颠倒了。转向时，进气歧管通过空气控制阀与活性炭罐电磁阀后的真空软管相通；在怠速时活性炭罐电磁阀是关闭的，所以进气量不会增加，转速也不会升高。热车怠速时转速不高，此时转向将增大发动机负荷，引起发动机抖动甚至熄火。重新按正确位置安装两根真空软管后试车，转向时发动机转速有所升高，并且不再熄火。

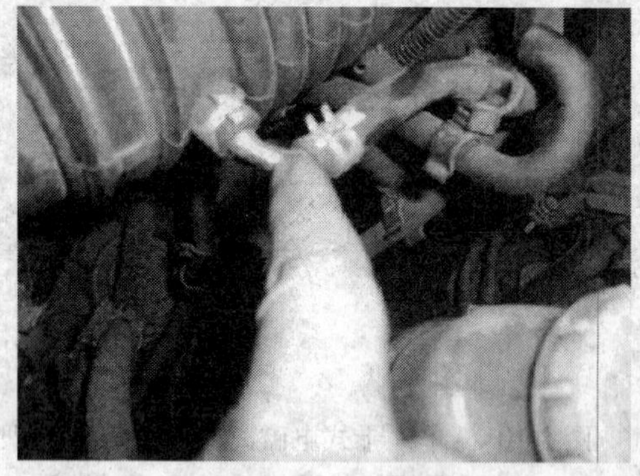

图 3-107　真空软管

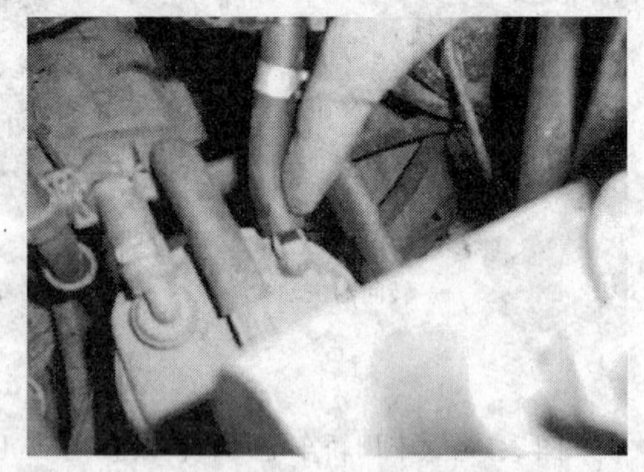

图 3-108　活性炭罐软管

这是一例人为故障，主要是维修人员在安装时没记住两根软管的位置，也没有正确掌握它们的作用。这两根软管粗细基本一样，长短也差不多，安装错误时不易被发现。由此可以看出，在维修过程中不仅要有足够的专业知识，在拆装零部件的时候还要细心，对于不熟悉的车型或系统，拆卸时一定要作好记号。一旦对车辆的零部件进行了错误安装，不仅不能消除车辆的“病症”，反而会使其症状加重或增添新的故障。

【课后思考】

1. 转向盘的转向力是如何传到车轮上的？
2. 动力转向控制阀是如何工作的？

学习单元7　制动蹄与制动块的更换

【学习目标】

1. 了解汽车常规制动系统的基本组成和工作原理。
2. 掌握鼓式制动器的结构和工作原理。
3. 正确、熟练地对盘式制动器、鼓式制动器、驻车制动器进行拆装和调整。

【任务载体】

客户反应汽车在制动过程中向右偏，转向盘抖动。此种现象称为“制动跑偏”，原因是两侧车轮上施加的制动力不同，而制动力不同可能是制动间隙不一致、制动效率低等多种原因造成的，因此必须了解制动系统的结构和原理，才能正确地分析和解决故障。

【相关知识】

在汽车行驶过程中会遇到复杂多变的路面状况，如进入弯道、遇到不平的道路、两车交会、突遇障碍物，为了保证行驶安全，就要求汽车在尽可能短的距离内将车速降低，甚至停车。为了提高汽车安全行驶的性能，汽车上设置了制动系统。

一、制动系统的作用与基本组成

汽车制动系统的功用是根据需要使汽车减速或在最短的距离内停车，以保证行车的安全；使停驶的车辆可靠地驻留在原地不动。

汽车上普遍设置的制动系统一般有两套：

1. 行车制动系统

行车制动系统用于使行驶中的车辆减速或停车。制动器安装在全部的车轮上，通常由驾驶员用脚操纵。

2. 驻车制动系统

驻车制动系统用于使停驶的汽车驻留在原地，通常由驾驶员用手操纵。

汽车制动系统一般由以下4个基本部分组成。

（1）供能装置　包括供给、调节制动所需能量以及改善传能介质状态的各种部件，如图3-109所示。

（2）控制装置　包括产生制动动作和控制制动效能的各种部件，如制动踏板。

（3）传动装置　包括将制动能量传输到制动器的各个部件，如制动主缸和制动轮缸。

（4）制动器　产生阻碍车辆的运动或运动趋势的力（制动力）的部件，其中也包括辅助制动系统中的缓速装置。

较为完善的制动系统还有制动力调节装置。如用来调节前后车轮制动力的分配元件、防抱死制动系统（ABS）、电子制动力分配系统（EBD）、电子稳定系统（ESP）和驱动防滑系统（或称牵引力控制系统）（TRC/ASR）。

制动传动机构按照制动动力源的不同分为：

（1）人力式制动传动机构　单靠驾驶员施加于制动踏板或手柄上的力作为制动动力源的传动机构。人力式制动传动机构分液压式和机械式两种，机械式仅用于驻车制动。

（2）伺服制动传动机构　利用发动机的动力作为制动动力源，并由驾驶员通过踏板或手柄加以控制的传动机构。伺服制动传动机构分为气压式、真空液压式、空气液压式。

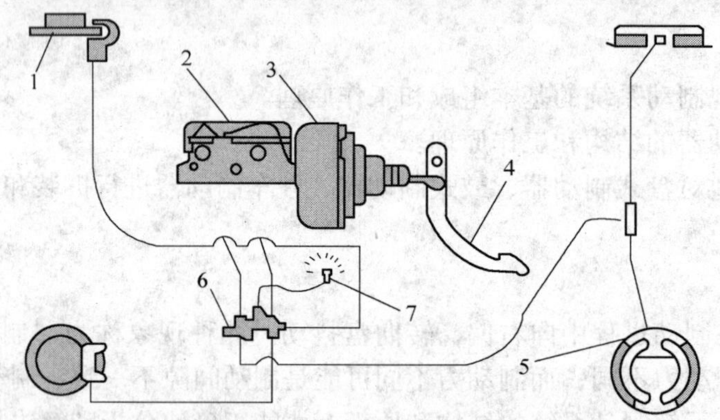

图 3-109　轿车典型制动系统组成示意图

1—前轮盘式制动器　2—制动主缸　3—真空助力器　4—制动踏板机构
5—后轮鼓式制动器　6—制动组合阀　7—制动警告灯

此外，许多汽车还装有第二制动装置，其作用是在行车制动装置失效时保证汽车仍能实现减速或停车。经常在山区行驶的汽车，若单靠行车制动装置来限制下长坡时的车速，则可能导致制动器过热而降低制动效能，甚至完全失效，故还应增装辅助制动装置。另外，较完善的制动系统还具有报警装置、压力保护装置等附加装置。

二、制动系统的工作原理

制动系统的工作原理是利用与车身或车架相连的非旋转元件和与车轮或传动轴相连的旋转元件之间的相互摩擦，来阻止车轮的转动或转动的趋势，并将汽车的动能转化为摩擦副的热能散到大气中。

图 3-110 是一种简单的液压制动系统示意图。以内圆面为工作表面的金属制动鼓 8 固定在车轮轮毂上，随车轮一同旋转。在固定不动的制动底板 11 上，有两个支承销 12，支承着两个弧形制动蹄 10 的下端，制动蹄的外圆面上装有摩擦片 9。制动底板上还装有液压制动轮缸 6，用油管 5 与装在车架上的液压制动主缸 4 相连通。驾驶员踩踏制动踏板 1 时，通过推杆 2 来操纵主缸中的活塞 3。

工作过程：制动系统不工作时，制动鼓的内圆面与制动蹄摩擦片的外圆面之间保持一定的间隙（简称制动间隙），它使车轮和制动鼓可以自由旋转。若使行驶中的汽车减速或停车，驾驶员应踩下制动踏板 1，通过推杆 2 推动主缸活塞 3，使主缸内的油液在一定压力下流入轮缸，并通过两个轮缸活塞 7 推动两制动蹄绕支承销旋转，上端向两边分开并以其摩擦片压紧在制动鼓的内端面上。这样，不旋转的制动蹄就对旋转着的制动鼓作用一个摩擦力矩 M_{μ}，其方向与车轮旋转方向相反。制动鼓将该力矩 M_{μ} 传到车轮后，由于车轮与路面间有附着作用，车轮对路面作用一个向前的周缘力 F_{μ}，同时路面也对车轮作用着一个向后的反作用力，即制动力 F_b。制动力 F_b 由车轮经车桥和悬架传给车架及车身，迫使整个汽车产生一定的减速度。制动力越大，则汽车减速度越大。当放开制动踏板时，制动蹄回位弹簧 13 即将制动蹄拉回原位，摩擦力矩 M_{μ} 和制动力矩 F_b 消失，制动作用即终止。

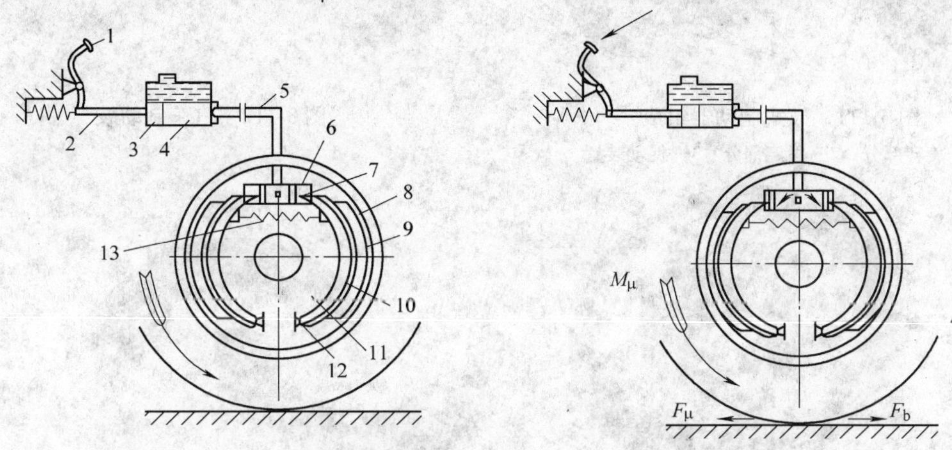

图 3-110 制动系统工作原理示意图

1—制动踏板 2—推杆 3—主缸活塞 4—制动主缸 5—油管 6—制动轮缸 7—轮缸活塞 8—制动鼓 9—摩擦片 10—制动蹄 11—轮缸底板 12—支承销 13—制动蹄回位弹簧

当然，阻碍汽车运动的制动力 F_b 不仅取决于制动力矩 M_{μ}，还取决于轮胎与路面间的附着条件。在讨论制动系统的结构问题时，一般假定路面都具备良好的附着条件。

三、制动器

利用固定元件与旋转元件的工作表面摩擦而产生制动作用的制动器都称为摩擦制动器。制动器按其安装位置的不同分为车轮制动器和中央制动器。车轮制动器的旋转元件固装在车轮或半轴上，制动力矩作用于两侧车轮；中央制动器的旋转元件固装在传动轴上，制动力矩需经驱动桥后作用于两侧车轮。制动器按照摩擦工作表面的不同分为鼓式制动器和盘式制动器。鼓式制动器的旋转元件为制动鼓，其工作表面为圆柱面；盘式制动器的旋转元件为圆盘状的制动盘，其端面为工作表面。

1. 鼓式车轮制动器

（1）鼓式制动器的组成 简单的鼓式车轮制动器由旋转部分、固定部分、促动装置和定位调整机构组成，如图 3-111 所示。

1）旋转部分。旋转部分多为制动鼓。制动鼓由螺栓固定在车轮上，工作时随着车轮一起旋转。制动鼓通常为浇铸件，对于受力小的制动鼓也可用钢板冲压而成，如图 3-112 所示。

2）固定部分。固定部分是制动底板和制动蹄。制动底板固装在车桥的凸缘盘上，通过支承销与制动蹄相连。制动蹄常用钢板冲压后焊接而成或由铸铁或轻合金烧铸，采用 T 形截面，以增大刚度，摩擦片采用粘接或铆接的方式固定于制动蹄上，如图 3-113 所示。

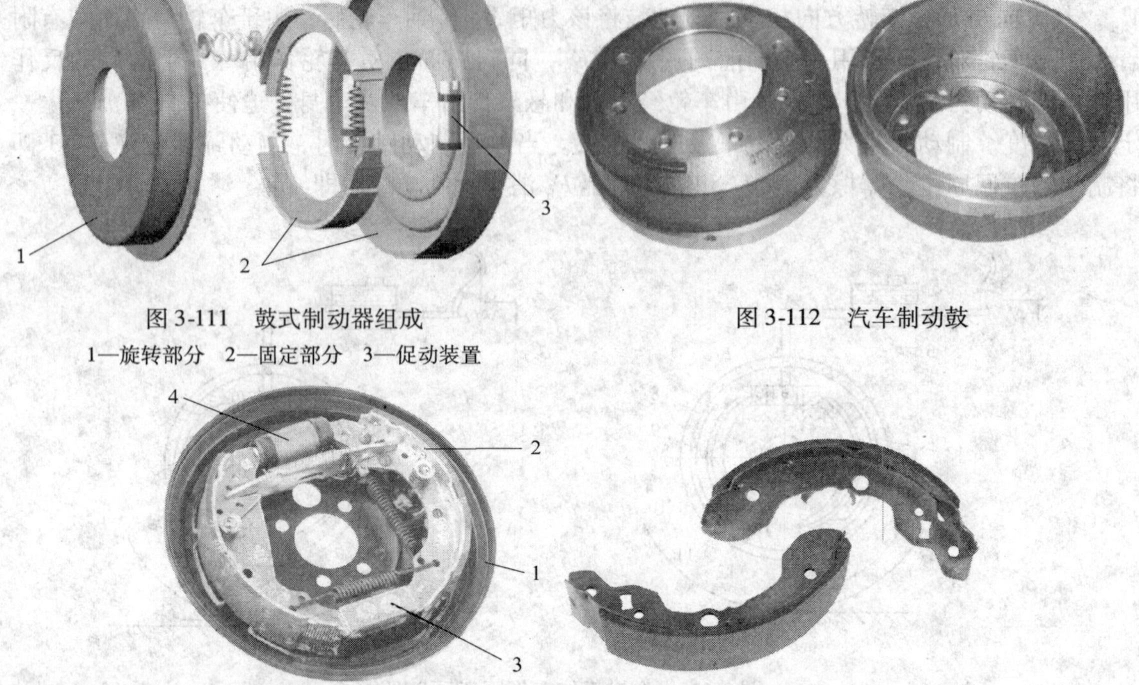

图 3-111　鼓式制动器组成

1—旋转部分　2—固定部分　3—促动装置

图 3-112　汽车制动鼓

图 3-113　制动底板与制动蹄

1—制动底板　2—制动蹄　3—支承销　4—制动轮缸

3）促动装置。促动装置的作用是对制动蹄施加力使其向外张开。常用的促动装置有制动凸轮和制动轮缸。

4）定位调整装置。制动蹄在不工作时，其摩擦片与制动鼓之间应有合适的间隙，此间隙一般在 0.25 ~ 0.5mm 之间。间隙过小易造成制动解除不彻底；但间隙过大会使制动踏板行程过大，导致驾驶员操作不便，同时也会推迟制动器起作用的时刻。但是在制动过程中，摩擦片的不断磨损必将导致此间隙逐渐增大。因此，各种型式的制动器均设有检查、调整此间隙的装置。

定位调整装置的作用是保持和调整制动蹄和制动鼓间正确的相对位置。

（2）鼓式制动器的类型与原理　根据制动过程两制动蹄产生制动力矩的不同，鼓式制动器可分为领从蹄式制动器、双领蹄式制动器、双从蹄式制动器、自增力式制动器等。

1）领从蹄式制动器。

①增势和减势作用：领从蹄式制动器如图 3-114 所示。图中箭头所示为汽车前进时制动鼓的旋转方向，即制动鼓的正向旋转方向。制动轮缸 6 所施加给制动蹄的促动力 F_S 使得该制动蹄绕支承点 2 张开时的旋转方向与制动鼓

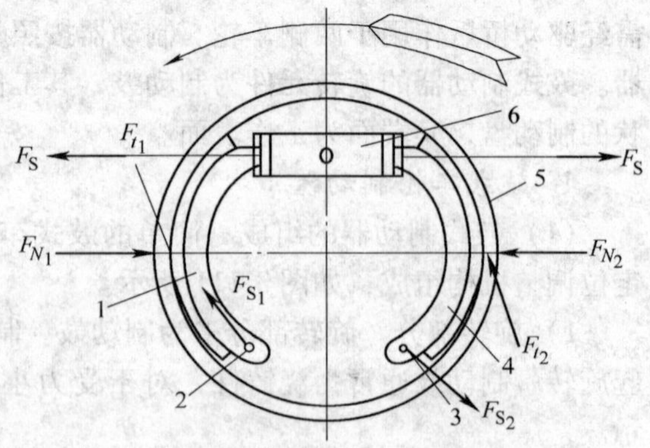

图 3-114　领从蹄式制动器示意图

1—领蹄　2、3—支承点　4—从蹄　5—制动鼓

6—制动轮缸

的旋转方向相同。具有这种属性的制动蹄称为领蹄。与此相反，制动轮缸6所施加给制动蹄的促动力 F_S 使得该制动蹄绕支承点3张开时的旋转方向与制动鼓的旋转方向相反。具有这种属性的制动蹄称为从蹄。当汽车倒驶，即制动鼓反向旋转时，领蹄1变成从蹄，而从蹄4则变成领蹄。这种在制动鼓正向旋转和反向旋转时，都有一个领蹄和一个从蹄的制动器称为领从蹄式制动器。

在图3-114所示领从蹄式制动器的结构中，轮缸中的两活塞直径相同，且都可在轮缸内轴向移动，因此，制动时两活塞对两个制动蹄所施加的促动力是相等的。两蹄所受促动力相等的领从蹄式制动器称为等促动力制动器。制动时，在相等的促动力 F_S 的作用下，领蹄1和从蹄4分别绕各自的支承点2、3旋转到紧压在制动鼓5上。旋转着的制动鼓即对两制动蹄分别作用着法向反力 F_{N_1} 和 F_{N_2}，以及相应的切向反力 F_{t_1} 和 F_{t_2}，这里法向反力 F_N 和切向反力 T 均为分布力的合力。两蹄受到的这些力分别被各自的支点2、3的支承反力 F_{S_1} 和 F_{S_2} 所平衡。由图可见，领蹄上的切向力 F_{t_1} 所造成的绕支点3的力矩与促动力 F_S 所造成的绕同一支点的力矩是同向的。所以力 F_{t_1} 的作用结果是使领蹄1在制动鼓上压的更紧，即力 F_{N_1} 变得更大，从而力 F_{t_1} 也更大。这表明领蹄具有“增势”作用。与此相反，切向力 F_{t_2} 则使从蹄4有放松制动鼓的趋势，即有使 F_{N_2} 和 F_{t_2} 本身减小的趋势。故从蹄具有“减势”作用。

由上述可见，虽然领蹄和从蹄所受促动力相等，但所受制动鼓法向反力 F_{N_1} 和 F_{N_2} 却不相等，且 $F_{N_1} > F_{N_2}$，相应的 $F_{t_1} > F_{t_2}$。故两制动鼓所施加的制动力矩不相等。一般情况下，领蹄产生的制动力矩约为从蹄制动力矩的2~2.5倍。倒车制动时，虽然从蹄4变成领蹄，领蹄1变成从蹄，但整个制动器的制动效能还是和前进制动时一样。显然，由于领蹄与从蹄所受法向反力不等，在两蹄摩擦片工作面积相等的情况下，领蹄摩擦片上的单位压力较大，因而磨损较严重。为了使领蹄和从蹄的摩擦片寿命相近，有些领从蹄式制动器领蹄摩擦片的周向尺寸设计得较大。但这样将使两蹄的摩擦片不能互换，从而增加了零件品种数和制造成本。

此外，领从蹄式制动器的制动鼓所受到的来自两蹄的法向力 F_{N_1} 和 F_{N_2} 不能相互平衡，则两蹄法向力之和只能由车轮轮毂轴承的反力来平衡，这就对轮毂轴承造成了附加径向载荷，使其寿命缩短。制动鼓所受来自两蹄的法向力不能相互平衡的制动器称为非平衡式制动器。

②制动蹄的支承方式：制动蹄的支承方式可分为固定式和浮动式两种。浮动式支承蹄的支承端呈弧形，支靠在制动底板上的支承块上，需用两个回位弹簧来拉紧定位。它可使整个制动蹄向鼓的方向张开，又可沿支承块的支承平面（图3-115c中垂直方向）移动。

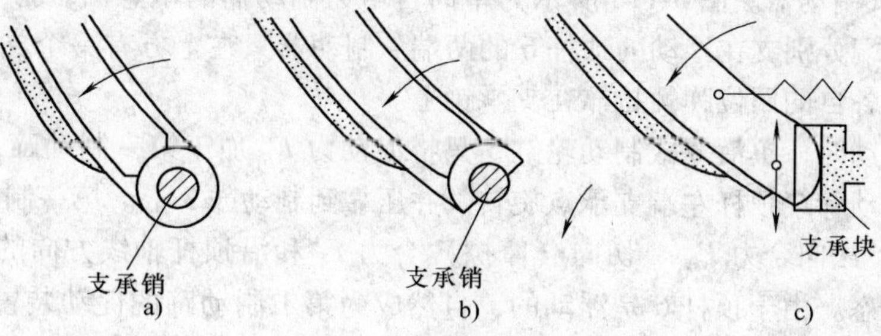

图3-115　制动蹄的支承方式

2）双领蹄式制动器。两个制动蹄都为领蹄的制动器称为双领蹄式制动器，如图 3-116 所示。双领蹄式制动器与领从蹄式制动器在结构上主要有两点不同，一是双领蹄式制动器的两制动蹄各有一个单活塞轮缸，而领从蹄式制动器的两蹄共用一个活塞式轮缸；二是双领蹄式制动器的两套制动蹄、制动轮缸、支承销在制动底板上的布置是中心对称的，而领从蹄式制动器中的制动蹄、制动轮缸、支承销在制动底板上的布置是轴对称的。

双领蹄式制动器的两个轮缸可借助连接油管连通，使其中油压相等，这样，在前进制动时，两蹄都是领蹄，制动器的效能因而得到提高。但在倒车制动时，两蹄将都变成从蹄。

制动器工作时，摩擦所产生的热绝大部分传给了制动鼓，使其温度升高。制动鼓升温后将膨胀而使制动器间隙增大。为了减少升温，应当使制动鼓有较大的热容量，因此制动鼓都具有足够大的质量。

3）双从蹄式制动器。前进制动时两制动蹄均为从蹄的制动器称为双从蹄式制动器，如图 3-117 所示。这种制动器与双领蹄式制动器的结构很相似，两者的差异只在于固定元件与旋转元件的相对运动方向不同。虽然双从蹄式制动器前进制动效能低于双领蹄式和领从蹄式制动器，但其效能对摩擦因数变化的敏感程度较小，即具有良好的制动效能稳定性。

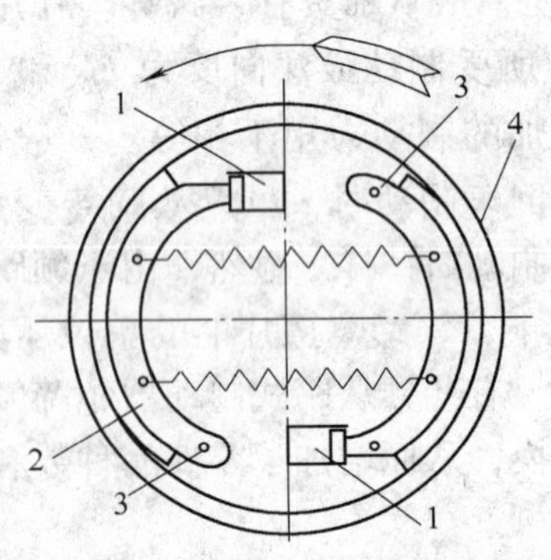

图 3-116　单向双领蹄式制动器示意图

1—制动轮缸　2—制动蹄　3—支承销　4—制动鼓

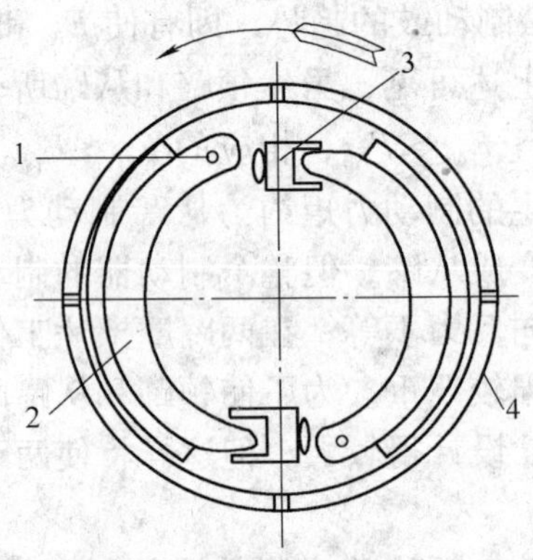

图 3-117　双从蹄式制动器示意图

1—支承销　2—制动蹄　3—制动轮缸　4—制动鼓

双领蹄、双从蹄式制动器的固定元件布置都是中心对称的。如果间隙调整正确，则其制动鼓所受两蹄施加的两个法向合力能互相平衡，不会对轮毂轴承造成附加径向载荷。因此，这三种制动器都属于平衡式制动器。

4）自增力式制动器。图 3-118 所示为单向自增力制动器的示意图。第一制动蹄 1 和第二制动蹄 2 的下端分别支在浮动的顶杆 6 的两端。制动器只在上方有一个支承销 4。不制动时，两蹄上端借各自的回位弹簧拉靠在支承销上。

汽车前进制动时，单活塞式制动轮缸 5 只将促动力 F_{S_1} 加于第一制动蹄，使其上端离开支承销，整个制动蹄绕顶杆左端支承点旋转，并压靠到制动鼓 3 上。第一制动蹄是领蹄，并且在促动力 F_{S_1}、法向合力 F_{N_1}、切向（摩擦）合力 F_{t_1} 和沿顶杆轴线方向的支反力 F_{S_1} 的作用下处于平衡状态。由于顶杆 6 是浮动的，自然成为第二制动蹄的促动装置，而将与力 F_{S_1} 大小相等、方向相反的促动力 F_{S_2} 施加在第二制动蹄的下端，故第二制动蹄也是领蹄。正因为顶杆是完全浮动的，不受制动底板约束，所以作用在第一制动蹄上的促动力和摩擦力的作用没有如一般领蹄那样完全被制动鼓的法向反力和固定于制动底板上的支承件反力的作用所抵消，而是通过顶杆传到第二制动蹄上，形成第二制动蹄促动力 F_{S_2}。对第一制动蹄1进行受力分析可知，$F_{S_2} > F_{S_1}$。此外，F_{S_2}对第一制动蹄支承点的力臂也大于 F_{S_1} 对第一制动蹄支承点的力臂。因此，第二制动蹄的制动力矩必然大于第一制动蹄的制动力矩。由此可见，在制动鼓尺寸和摩擦因数相同的条件下，这种制动器的前进制动效能不仅高于领从蹄式制动器，而且高于双领蹄式制动器。

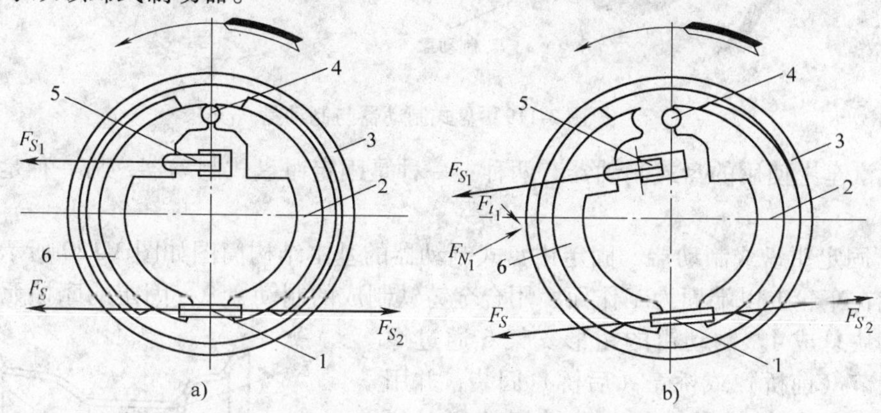

图3-118　单向自增力式制动器示意图

1—顶杆　2—第二制动蹄　3—制动鼓　4—支承销　5—制动轮缸　6—第一制动蹄

倒车制动时，第一制动蹄上端压靠支承销不动。此时第一制动蹄虽然仍是领蹄，且促动力 F_{S_1} 仍可能与前进制动时的相等，但其力臂却大为减小，因而第一制动蹄此时的制动效能比一般领蹄的制动效能低很多；第二制动蹄则因未受促动力而不起制动作用。故此时整个制动器的制动效能甚至比双从蹄式制动器的效能还低。

以上各种鼓式制动器各有利弊。就制动效能而言，在基本结构参数和轮缸工作压力相同的条件下，自增力式制动器由于对摩擦助势作用利用得最为充分而居首位，以下依次为双领蹄式、领从蹄式、双从蹄式。但蹄鼓之间的摩擦因数很不稳定，和摩擦片的材料、温度和表面状况（如是否沾水、沾油，是否有烧结现象等）的不同可在很大范围内变化。自增力式制动器的效能对摩擦因数的依赖性最大，因而其效能的热稳定性最差。此外，在制动过程中，自增力式制动器制动力矩的增长在某些情况下显得过于急速。双向自增力式制动器多用于轿车后轮，原因之一是便于兼作驻车制动器；单向自增力式制动器只用于中、轻型汽车的前轮，因倒车制动时对前轮制动器效能的要求不高。双从蹄式制动器的制动效能虽然最低，但却具有良好的稳定性，因此被少数华贵轿车为保证制动可靠性而采用。领从式制动器发展较早，其效能及效能稳定性均居于中游，且有结构简单等优点，故目前仍广泛应用于各种汽车。

2. 盘式制动器

盘式制动器的基本结构如图3-119所示。其旋转元件是制动盘，它和车轮固装在一起旋转，以其端面为摩擦工作表面。其固定元件是制动块、导向支销和轮缸及活塞，它们均被安装于制动盘两侧的钳体上，总称为制动钳。制动钳用螺栓与转向节或桥壳上的凸缘固装，并用调整垫片来调整钳与盘之间的相对位置。

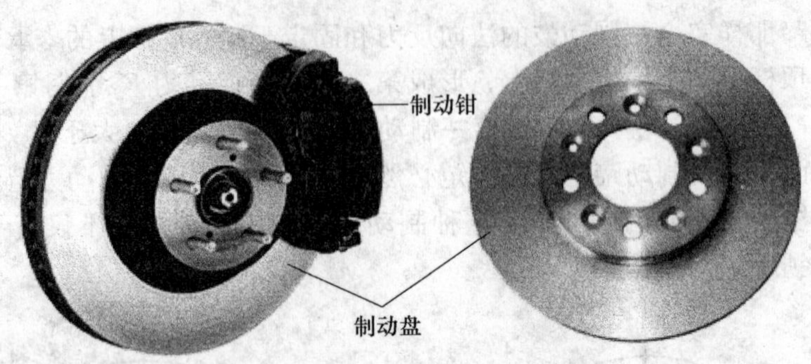

图 3-119　盘式制动器与制动盘

现代汽车上使用的盘式制动器有两种：一种是固定钳盘式制动器，另一种是浮动钳盘式制动器。

(1) 固定钳盘式制动器　固定钳盘式制动器的基本结构简图如图 3-120 所示。其旋转元件是固定在车轮上以端面为工作面、用合金铸铁制成的制动盘 9，固定的摩擦元件是面积不大的制动块总成 4。制动钳的钳形支架 6 通过螺栓与转向节（前桥）或桥壳（后桥）固装，并用调整垫片 2 控制制动钳与制动盘之间的相对位置。

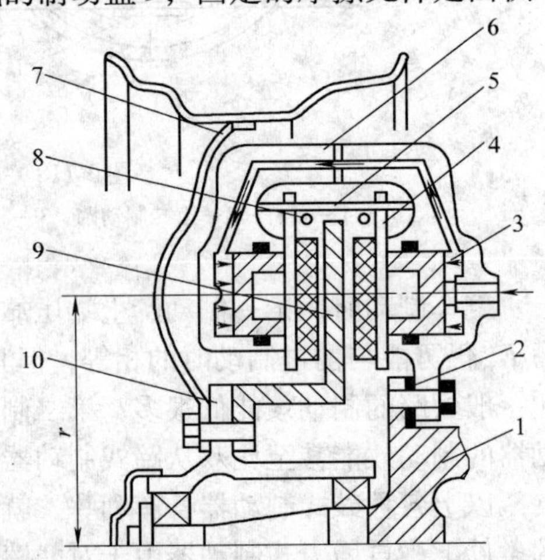

图 3-120　固定钳盘式制动器的基本结构简图

1—转向节或桥壳　2—调整垫片　3—活塞　4—制动块总成　5—导向支承销　6—钳型支架　7—轮盘　8—消声回位弹簧　9—制动盘　10—轮毂　r—制动盘摩擦半径

制动时，制动油液被压入内、外两油缸中，在液压作用下活塞 3 带动两侧制动块作相向移动压紧制动盘 9，产生摩擦力矩。在活塞移动过程中，矩形橡胶密封圈的刃边在活塞摩擦力的作用下随活塞移动而产生微量的弹性变形。相当于极限摩擦力的密封圈极限变形量 δ，应等于制动器间隙为设定值时的完全制动所需活塞行程，如图 3-121a 所示。解除制动时，活塞和制动块依靠密封圈的弹力和消声回位弹簧 8 的弹力回位，如图 3-121b 所示。矩形密封圈的刃边制动时，制动块摩擦片与制动盘之间的间隙每边都只有 0.1mm 左右，以保证解除制动。制动盘受热膨胀时，厚度只有微小的变化，故不会发生“拖滞”现象。但盘式制动器不能使用受热易膨胀的醇类制动油液，要求使用特制的合成型制动液。

若制动块摩擦片与制动盘的间隙因磨损加大，制动时活塞密封圈变形达到极限值 δ 以后，活塞仍可在液压作用下克服密封圈的摩擦力继续移动，直到摩擦片压紧制动盘为止。但解除制动时，矩形密封圈能将活塞推回的距离与摩擦片磨损之前是相同的，即摩擦片与制动盘间隙仍等于 δ。由此可知，矩形密封圈能兼起活塞回位弹簧和自动调整制动器间隙的作用。

(2) 浮动钳盘式制动器　浮动钳盘式制动器由于具有结构简单、紧凑，便于安装等特点，被广泛地使用在轿车和轻型汽车上。桑塔纳、捷达等轿车均采用这种浮动钳盘式制动器。

浮动钳盘式制动器的工作原理示意图如图 3-122 所示。制动时，活动制动块 6 在液压作用力 p_1 作用下，由活塞推靠在制动盘 4 上，同时制动钳上的反力 p_2 推动制动钳沿定位导向销 2 移动，使外侧的固定制动片 7 也压靠在制动盘 4 上，产生制动力，于是制动盘两边都被紧紧抱住，使其停止转动。因制动盘和车轮轮毂装在一起，所以车轮也停止了转动。橡胶套不仅能稍微变形，以便消除制动器的间隙，而且可使导向销免受泥污。

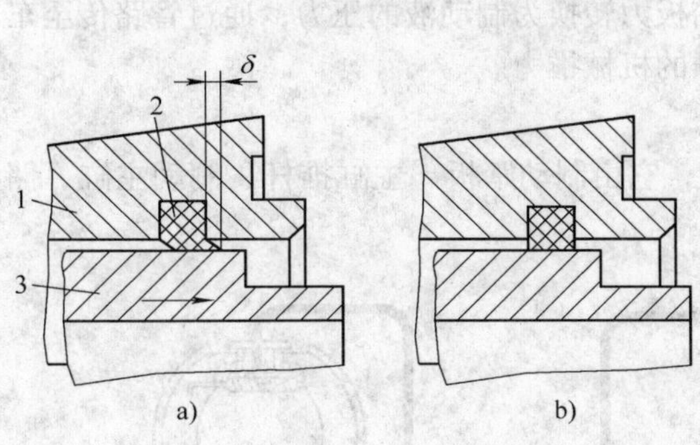

图 3-121 矩形密封圈工作情况

1—油缸 2—矩形密封橡胶圈 3—活塞

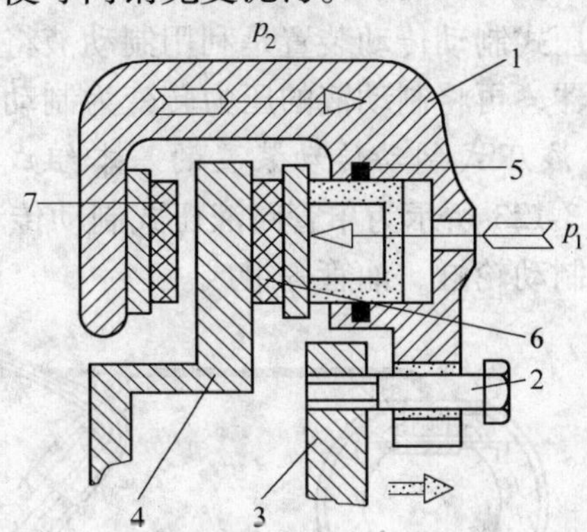

图 3-122 浮动钳盘式制动器的工作原理示意图

1—制动钳台 2—导向销 3—制动钳安装架 4—制动盘 5—活塞密封圈 6—活动制动块 7—固定制动块 p_1—液压作用力 p_2—液压反作用力

解除制动时，橡胶衬套所释放出来的弹性有助于外侧制动块离开制动盘。活塞密封圈 5 在制动时变形，解除制动时就恢复原状，使活塞回位。若制动盘和制动块间产生了过量间隙，则活塞将相对于密封圈滑移，借此实现间隙的自动调整。

与固定钳盘式制动器相比较，浮动钳盘式制动器的单侧轮缸结构不需要设置跨越制动盘的油道，故不仅轴向和径向尺寸较小，可以布置得更接近车轮轮毂，而且制动液受热汽化的机会较少。浮动钳盘式制动器现已基本取代了固定钳盘式制动器。

（3）盘式制动器的特点 盘式制动器与鼓式制动器相比较，有以下优点：

1）制动盘暴露在空气中，散热能力强。特别是采用通风式制动盘时，空气可以流经内部，加强散热。

2）浸水后制动效能降低较少，而且只需经一两次制动即可恢复正常。

3）制动时的平顺性好。由于无摩擦助势作用，产生的制动力矩仅与油缸液压成比例，制动过程中制动力矩增长比鼓式制动器缓和。同时，制动器效能受摩擦因数的影响较小，即效能较稳定。

4）制动盘沿厚度方向的膨胀量极小，不会像制动鼓的热膨胀那样使制动器间隙明显增加而导致制动踏板行程过大。此外，也便于装设间隙自调装置。

5）结构简单，摩擦片拆装更换容易，因而维修方便。

盘式制动器的缺点是：

1）因制动时无助势作用，故要求管路液压比鼓式制动器高，一般需在液压传动装置中加装制动加力装置和采用较大缸径的油缸。

2）由于盘式制动器活塞的回位能力差，且轮缸活塞的断面面积大，制动器间隙较小，故在液压系统中不能留有残余压力。

3）防污性能差，制动块摩擦面积小，磨损较快。

4）兼用于驻车制动时，需要加装的驻车制动传动装置较鼓式制动器复杂，因而在后轮上的应用受到限制。

四、液压式制动传动装置

液压式制动传动装置是利用制动液将制动踏板力转换为制动液的压力，通过管路传至车轮制动器，再将制动液的压力转变为制动蹄张开的机械推力。

1. 液压式制动传动装置的基本组成

图 3-123 所示为单管路液压式制动传动装置，它由制动踏板、主缸推杆、制动主缸、储液罐、制动轮缸、油管等组成。

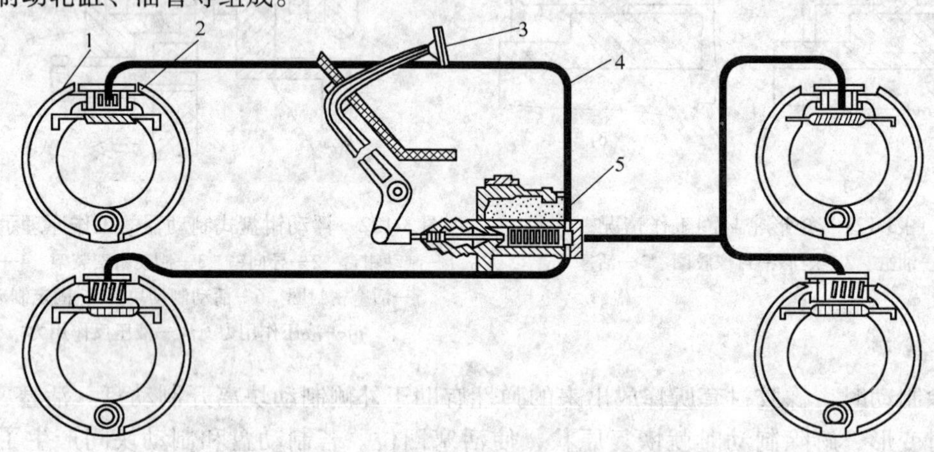

图 3-123　单管路液压式制动传动装置

1—车轮制动器　2—制动轮缸　3—制动踏板　4—油管　5—制动主缸

单管路液压式制动传动装置的任何一处漏油，都将使整个系统失效，其可靠性差，目前汽车上已极少使用；而应用较多的是双管路液压式制动传动装置。常用的双管路液压式制动传动装置有双管路前后独立方式和双管路交叉方式两种。

（1）双管路前后独立式　如图 3-124 所示，双管路前后独立式液压制动传动装置由双腔制动主缸通过两套独立的管路分别控制前桥和后桥的车轮制动器。这种布置方式结构简单，如果其中一套管路损坏漏油，另一套仍能起作用，但会破坏前、后桥制动力分配的比例；主要用于发动机前置后轮驱动的汽车，如南京依维柯等。

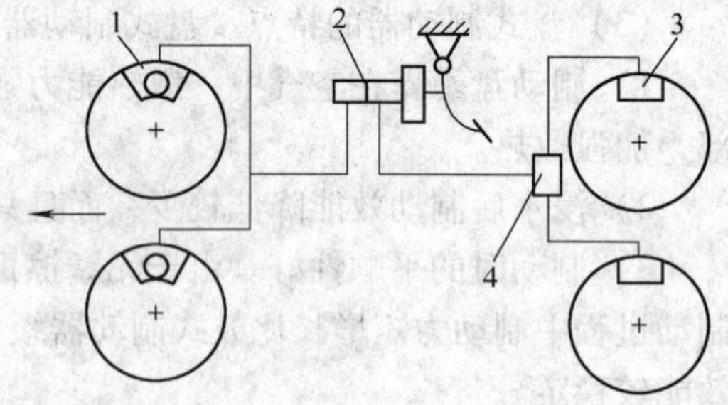

图 3-124　双管路前后独立式液压制动传动装置

1—盘式制动器　2—双腔制动主缸

3—单缸鼓式制动器　4—制动力调节器

（2）双管路交叉式（也称为对角线式）　如图 3-125 所示，双管路交叉式液压制动传动装置由双腔制动主缸通过两套独立的管路分别控制前、后桥对角线方向的两个车轮制动器。这种布置方式在任一管路失效时，仍能保持一半的制动力，且前、后桥制动力分配比例保持不变，有利于提高制动方向稳定性；主要用于发动机前置前轮驱动的轿车。

2. 液压传动装置主要部件

(1) 制动主缸　制动主缸又称为制动总泵，它处于制动踏板与管路之间，其功用是将制动踏板输入的机械力转换成液压力。

如图3-126、图3-127所示，串联式双腔制动主缸主要由储液罐、制动主缸外壳、前活塞、后活塞、前后活塞弹簧、推杆、皮碗等组成。

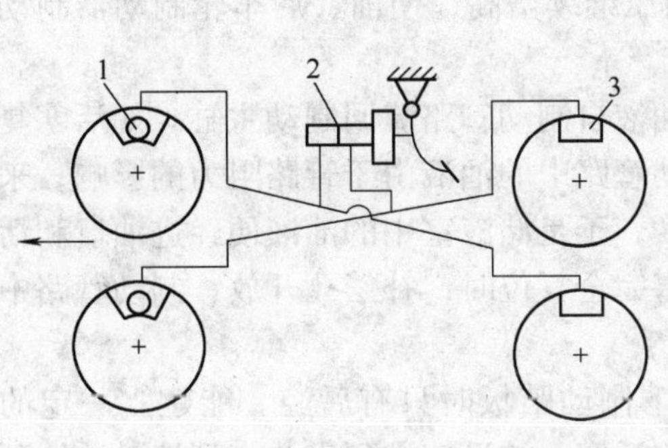

图3-125　双管路交叉式液压制动传动装置
1—盘式制动器　2—双腔制动主缸
3—鼓式制动器

图3-126　制动总泵位置与组成
1—制动总泵　2—储液罐　3—真空助力器

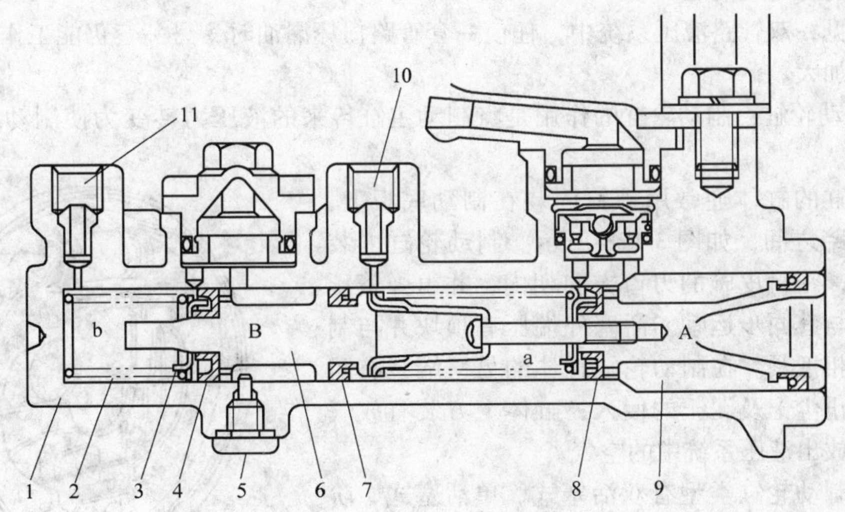

图3-127　串联式双腔制动主缸
1—主缸缸体　2—前活塞回位弹簧　3—前活塞弹簧座　4—前活塞皮碗
5—限位螺钉　6—前活塞　7—前活塞密封皮碗　8—后活塞皮碗
9—后活塞　10—后出油口　11—前出油口

制动主缸缸体内有进油孔和补偿孔，并装有两个活塞，后活塞9是主活塞，右端凹陷部与推杆间留有一定的间隙。前活塞6位于缸筒的中间部分，将制动主缸内腔分隔为两个工作腔即前腔b和后腔a。两工作腔分别和前、后两套液压管路相连，前腔b产生的液压通过前出油口 11 及管路与后轮制动器相连，后腔 a 产生的液压通过后出油口 10 及管路与前轮制动器相连。

当踩下制动踏板时，推杆推动后活塞 9 左移，直到后活塞皮碗 8 将补偿孔盖住后，后腔 a 中液压升高，建立一定液压。油液一方面通过后出油口流入前制动管路，另一方面又推动前活塞 6 左移。在后腔 a 液压和弹簧的作用下，前活塞向左移动，前腔 b 内的压力也随之提高，油液通过腔内出油口进入后制动管路，于是两制动管路对汽车车轮制动器进行制动。

当继续踩下制动踏板时，前腔 b、后腔 a 的液压继续增高，使前、后车轮制动器制动作用加强。

解除制动时，活塞在弹簧作用下复位，高压油液自制动管路流回制动主缸。如活塞复位过快，工作腔容积迅速增大，油压迅速降低，制动管路中的油液由于管路阻力的影响，来不及充分流回工作腔，使工作腔中形成一定的真空度，于是储液室中的油液便经进油口和活塞上的轴向小孔推开垫片及皮碗进入工作腔。当活塞完全复位时，补偿孔开放，制动管路中流回工作腔的多余油液经补偿孔流回储液室。

若与前腔 b 相连的制动管路损坏漏油，在踩下制动踏板时只有后腔 a 能建立一定的液压，而前腔 b 中无液压。此时在液压差作用下，前活塞 6 被迅速推到底，直到接触油缸顶部为止。在前活塞推到底以后，后腔 a 的液压才能升高到制动油压。

若与后腔 a 相连的制动管路损坏漏油，则踩下制动踏板时，开始只是后活塞 9 前移，而不能推动前活塞 6，因而后腔 a 不能建立液压。在主活塞顶触及前活塞 6 时，推杆便能推动前活塞，使前腔建立液压。

由此可见，双管路液压系统中，任何一套管路损坏漏油时，另一套仍能工作，只是所需的踏板行程加大。

（2）制动轮缸　制动轮缸的作用是将制动主缸传来的液压力转变为使制动蹄张开的机械推力。

制动轮缸的缸体通常用螺钉固装在制动底板上，位于两制动蹄之间，如图 3-128 所示。制动轮缸内装铝合金活塞，密封皮碗的刃口方向朝内，并由弹簧压靠在活塞上与其同步运动。活塞外端压有顶块并与制动蹄的上端相抵紧。在制动轮缸缸体的另一端装有防护罩，可防止尘土及泥土的侵入；缸体上方装有放气螺塞，以便放出液压系统中的空气。

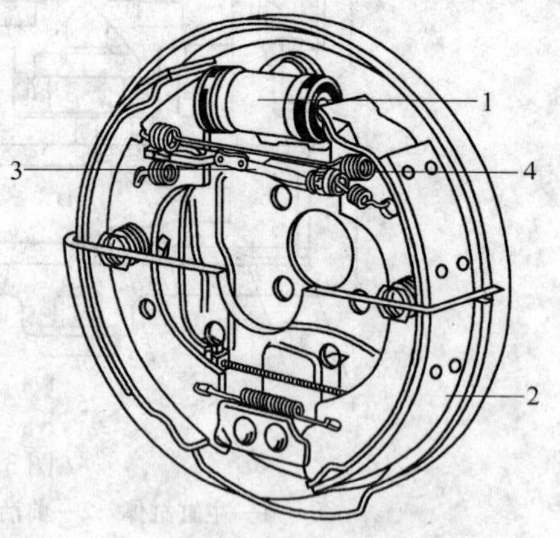

图 3-128　制动轮缸位置

1—制动轮缸　2—摩擦衬片

3—间隙调整杆　4—回位弹簧

常见的制动轮缸类型有双活塞式、单活塞式、阶梯式等。单活塞式制动轮缸多用于单向助势平衡式车轮制动器，目前趋于淘汰；阶梯式轮缸仅用于简单非平衡式车轮制动器。目前使用较多的是双活塞式制动轮缸，如图 3-129 所示。

有些汽车制动器摩擦片上装有磨损传感器，如图 3-130 所示。如果摩擦片磨损到最小厚度（少于 2mm）时，则制动警告灯亮，这时需要检查摩擦片的厚度，更换摩擦片。

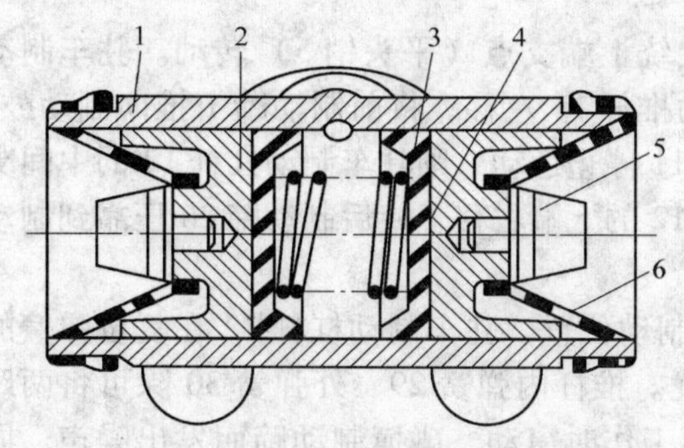

图 3-129　双活塞式制动轮缸

1—缸体　2—活塞　3—皮碗

4—弹簧　5—顶块　6—防护罩

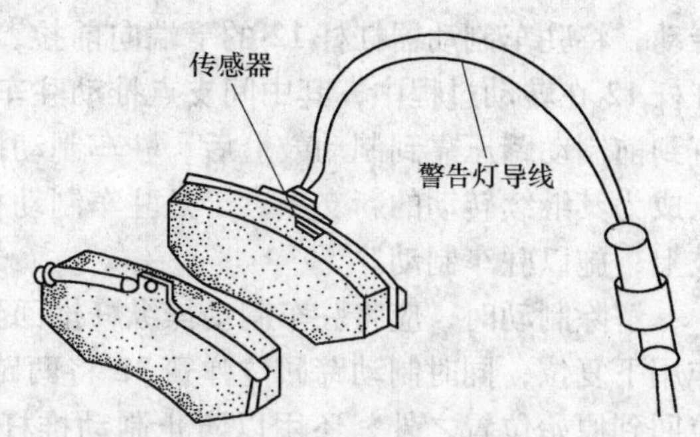

图 3-130　制动器摩擦片及磨损传感器

【操作技能】

桑塔纳轿车制动装置采用液压、串联式总泵，带真空助力器，液压系统为对角布置的×型双回路。前轮为浮钳盘式制动器，后轮为鼓式制动器，驻车制动为用于后轮的机械拉锁式。

一、桑塔纳 2000 型轿车后制动蹄的更换

桑塔纳轿车的后轮制动器为领从蹄式制动器。如图 3-131 所示，作为旋转元件的制动鼓 8 固定在车轮轮毂上，作为部分固定零件装配基体的制动底板 5 用螺栓与后轮轴 1 上的凸缘连接。

图 3-132 所示为桑塔纳轿车后轮制动器零件分解图。其制动蹄采用了浮式支承，制动蹄的上、下支承面均加工成弧面，下端支靠在固定于制动底板上的支承板 14 上。轮缸活塞通过两端支承块对制动蹄的上端施加促动力。此种支承结构可使整个制动蹄沿支承平面有一定的浮动量。其优点是制动蹄可以自动定心，保证有可能与制动鼓全面接触。

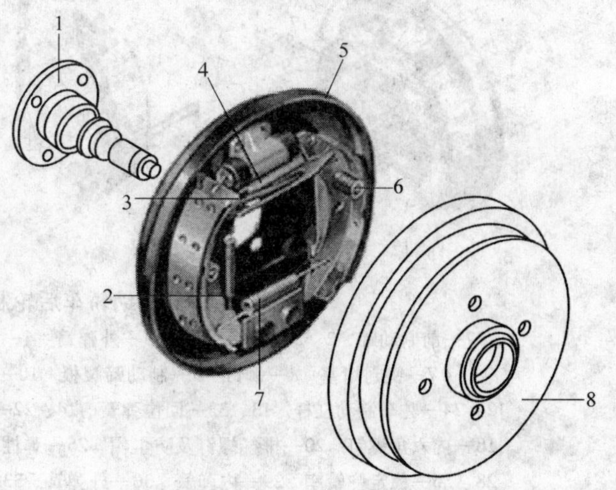

图 3-131　桑塔纳轿车后轮制动器的示意图

1—后轮轴　2—制动间隙调节弹簧　3—驻车制动推杆弹簧　4—上回位弹簧　5—制动底板　6—限位杆　7—下回位弹簧　8—制动鼓

该行车制动器可兼作驻车制动器，因此在制动器中还装设了驻车制动机械促动装置。驻车制动杠杆 12 上端用平头销 5 与后制动蹄 26 连接，其上部卡入驻车制动推杆 11 右端的切槽中，作为中间支点，下端与拉绳连接。前、后制动蹄的腹板卡在驻车制动推杆 11 两端的切槽中。推杆外弹簧 30 左端钩在驻车制动杠杆 12 的左弯舌上，而右端钩在后制动蹄 26 的腹板上，推杆内弹簧 29 的左端钩在前制动蹄 1 的腹板上，而右端则钩在驻车制动杠杆 12 的右弯舌上。

进行驻车制动时，须将驾驶室中的驻车制动操纵杆拉到制动位置，经一系列杠杆和拉绳

传动，将驻车制动器杠杆 12 的下端向前拉，使之绕上端支点（平头销 5）转动。驻车制动杠杆 12 在转动过程中，其中间支点推动驻车制动推杆 11 左移，将前制动蹄 1 推向制动鼓，直到前制动蹄压靠到制动鼓上后，驻车制动推杆 11 停止运动，则驻车制动杠杆 12 的中间支点成为其继续转动的新支点。于是驻车制动杠杆 12 的上端右移，使后制动蹄 26 压靠到制动鼓上，施以驻车制动。

解除制动时，应将驻车制动操纵杆推回到不制动位置，驻车制动杠杆 12 在复位弹簧的作用下复位，同时制动蹄回位弹簧 32 将两蹄拉拢。推杆内弹簧 29、外弹簧 30 除可将两蹄拉回到原始位置之外，还用以防止制动推杆在不工作时窜动，碰撞制动蹄而发出噪声。同时，这种以车轮制动器为驻车制动的系统也可用于应急制动。

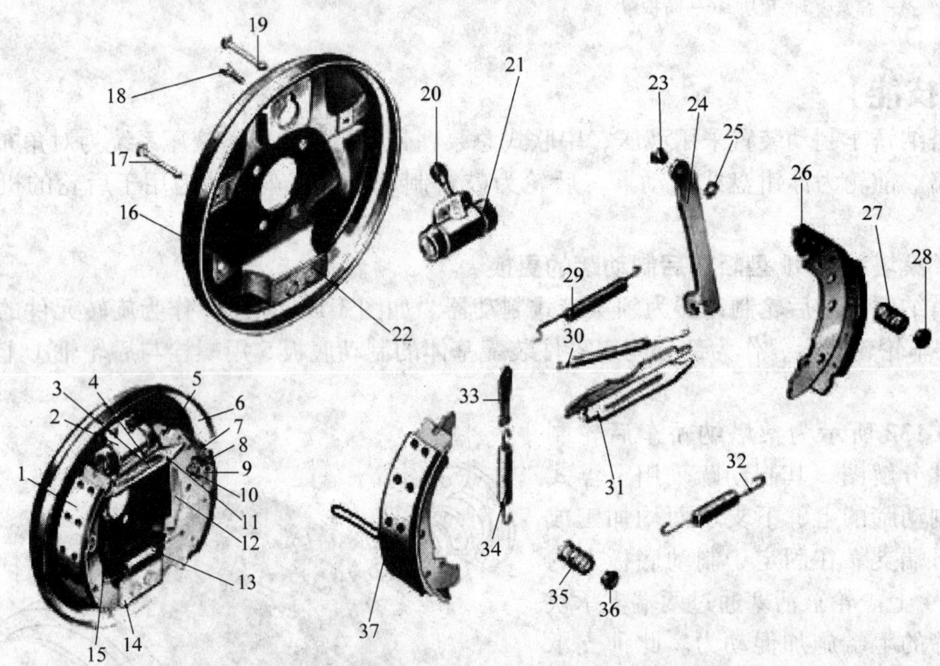

图 3-132　桑塔纳轿车后轮制动器零件分解图

1、37—前制动蹄　2、21—制动轮缸　3—外弹簧　4—内弹簧　5、23—平头销　6、16—制动底板　7—密封堵塞　8—铆钉　9—制动蹄腹板　10—调节齿板　11、31—驻车制动推杆　12、24—驻车制动杠杆　13、32—回位弹簧　14、22—支承板　15—拉力弹簧　17、19—稳定销　18—内六角螺钉　20—排气螺钉及防尘帽　25—弹性垫片　26—后制动蹄　27、35—稳定弹簧　28、36—稳定弹簧座　29—内弹簧　30—外弹簧　33—楔形调节块　34—楔形调节块拉力弹簧

1. 制动鼓的分解

1）拆卸前，使用螺钉旋具通过车轮的螺栓孔将楔形件向上压，使制动蹄回位。

2）用 VW637/2 专用工具拆卸下轮毂轴承，拔出开口销，拆下冠状螺母保险环。

3）拆下轮毂轴承预紧度的调整螺母及垫圈、轴承，取下制动鼓。

2. 制动蹄的分解

1）压下制动蹄定位销压簧，取下制动蹄定位销及压簧垫圈。

2）借助螺钉旋具、撬棍或用手从下面的支座上提起制动蹄，取出下回位弹簧。

3）拆下制动杆上的驻车制动钢丝。

4）用鲤鱼钳取下楔形件的拉力弹簧和上回位弹簧，取下制动蹄。

5）将带压力杆的制动蹄卡紧在台虎钳上，拆下定位弹簧。

3. 制动蹄、鼓的安装

1）装上回位弹簧，并将制动蹄与压力杆（推杆）连接好，装上楔形件（凸块朝向制动器底板）。

2）将另一个带有传动管的制动蹄装在压力杆上。

3）装入上回位弹簧（最大允许长度为130mm），在制动臂上套上驻车制动绳索，把制动蹄装在车轮制动分泵的活塞外槽上。

4）装入下回位弹簧，并把制动蹄提起，装到下面的支座上，装上楔形件的拉力弹簧（最大允许长度为113mm）。

5）装入制动蹄定位销、压簧及垫圈。

6）使制动蹄回位，安装制动鼓。

7）装上轮毂轴承，调整好轴承预紧度。

8）用力踩制动踏板一次，使制动蹄能正确就位。

二、桑塔纳2000型轿车前制动块的更换

图3-133所示为桑塔纳轿车前轮制动器零件分解图。其旋转元件是制动盘1，它和车轮轮毂装在一起，并和车轮一起转动。制动盘两个制动表面之间沿径向铸有36条肋，形成36条通风道，以便散热。其固定元件是制动钳体，装在制动钳支架11上，制动钳支架11固定在前桥转向节上。内部单装一个活塞8的制动钳，可以通过固定在制动钳壳体6上并插入制动钳支架11孔中的导向销做轴向移动。制动钳上制动块所用的摩擦片与背板采用粘接法相连，工艺性好，并能提高摩擦片的使用寿命。

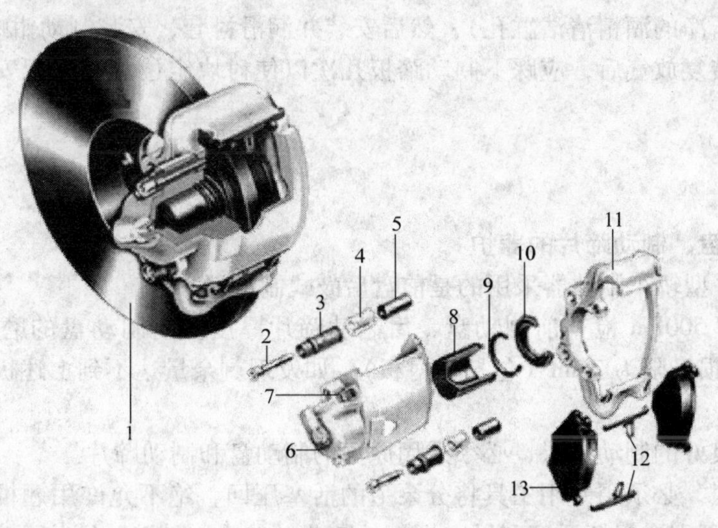

图3-133　桑塔纳轿车前轮制动器零件分解图

1—制动盘　2—螺栓　3—橡胶衬套　4—导向钢管　5—塑料套　6—制动钳壳体　7—排气塞
8—活塞　9—油封　10—活塞防尘罩　11—制动钳支架　12—保持弹簧　13—制动块

1. 制动钳的拆卸

1）拆卸前，先从主缸储液室中放出 2/3 的制动液，以防止在维修时溢出；然后顶起汽车（在车轮与轮毂间做标记，以便恢复原位），拆下前车轮。当制动钳被拆下时，安装并用手拧紧两个带耳螺母以固定转子盘，并使其平的一面朝向转子盘。

2）安装 C 形卡箍，使卡箍的固定端放在制动钳外壳上，且带螺纹的一端放在外侧衬块上。拧紧 C 形卡箍，直到活塞被推至缸孔内足够远的距离为止，使得制动钳能以转子盘脱离 C 形卡箍。

3）如果不需要拆下制动钳时，则应转向下一步；如果制动钳需要完全拆下来大修时，则应拆下制动软管和制动钳的开口，以防止制动液的流失和被污染。

4）拆下制动钳螺栓的衬套后，拆下制动钳。如果制动软管仍然连接在制动钳上，则应将制动钳用铁丝或绳索捆绑在一起，以保护制动软管不受损坏。然后，从制动钳上拆下衬块。

2. 制动块的更换

1）用手拆除防振弹簧，并用顶针顶出定位销。

2）利用顶拔器依次拉出内侧和外侧制动块（制动块若能继续使用，拆卸时应做好标记，装配时原位装复，以免影响其制动效能）。

3）用专用的活塞复位夹具将活塞压入制动钳的泵腔内。

4）用活塞量规检查 20°的活塞位置，必要时用活塞扭转钳对活塞的位置进行调整。

5）按解体的相反顺序装入内、外侧制动块，定位销及防振弹簧。

3. 制动钳的安装

1）安装时，先均匀地在衬套的内表面涂一层润滑脂，再安装制动钳、制动钳螺栓和衬套。如果用手可以使螺栓顺利穿过衬套，则安装紧固制动钳和连接制动软管到制动钳上，对制动液压系统进行放气；如不能，则应先拆下螺栓和衬套，检查制动钳缸孔是否被腐蚀（若有腐蚀，用干净的酒精清洁缸孔），然后安装并润滑衬套，安装制动钳螺栓。

2）制动钳装复放气后，应踩下制动踏板几次以使衬块定位。按标记安装车轮，拧紧车轮带耳螺母。

【知识链接】

一、前制动盘、制动蹄片的养护

桑塔纳 2000 型轿车制动器采用的是前盘后鼓式制动器。

1）每行驶 7 500km 检查前制动盘、后制动蹄片厚度。前制动盘的磨损极限为 10mm，前制动蹄片的磨损极限为 7mm（包括铁衬板），如发现剩余量达不到上述极限，必须立即更换。

2）为保证良好的制动效果，必须采用原厂的制动盘和制动蹄片。

3）在更换时，必须用专用工具将分泵上的活塞压回，绝不允许用翘棍等非专用工具把活塞强行压回，否则会损坏活塞和导向螺杆的弯曲，造成制动蹄片回位不良，制动盘、制动蹄片早期磨损，影响制动效果，影响车辆的正常使用性能。

4）更换完成后，要在原地用力踩制动踏板数次，使制动蹄片进入正常的工作位置。

5）制动蹄片更换后，需磨合 200km 能达到最佳的制动效果；新更换制动蹄片后应谨慎行驶。

二、后制动蹄片、制动鼓的养护

1）桑塔纳2000型轿车制动器的后制动蹄片的使用寿命一般可达十多万公里，如发现驻车制动器拉过5个棘齿仍不能达到制动效果时，必须拆卸检查后制动蹄片、制动鼓部分。若发现制动蹄片已经磨损到铆钉，必须马上更换。

2）驻车制动器调整在2~4个棘齿最佳。

3）如忘记放开驻车制动而造成蹄片的烧损，必须马上更换。

三、制动液的养护

1）制动液具有很强的吸湿性，能吸收周围空气中的水分，使制动液变质，降低制动效能；必须每两年或60 000km更换一次制动液（以先达到者为准）。

2）制动液为有毒物质，有很强的腐蚀性，应避免接触车身油漆和其他部件，必须用专用设备回收。

3）制动液绝不允许混用，只能使用同一厂牌、同一型号、同一成分的制动液。桑塔纳2000型轿车只允许使用大众原厂的DOT制动液（零件号BCN OOO 750 Z3）。

4）更换制动液时，必须排净系统内的空气，才能达到所要的制动效果。如果车辆装备ABS，必须用专用检测设备（VAG1551/1552等），按标准程序进行排气。排气时按右后、左后、右前、左前的顺序进行。

5）制动液的高度要在储液罐的上、下刻度之间（Min~Max），不能超过最大刻度线。

【案例剖析】

案例1：汽车制动甩尾

故障现象：别克GLX高速行驶轻踩制动时，汽车会向左甩尾；而紧急制动时汽车一切正常，不出现任何甩尾现象。

故障分析及排除：反复试车，都是只有轻踩制动时甩尾。多次试车后判定，紧急制动不甩尾时ABS已经起作用了。因为一般情况下紧急制动而四轮却不抱死即为ABS起作用了。

根据别克ABS制动原理，当汽车在高速行驶过程中，轻踩制动属于基本制动，ABS不起作用，此时4个制动分泵的制动油压由制动主缸来控制。若制动主缸分配压力不平衡或有一个活塞轻微泄漏，或有一条制动管路轻微泄漏（注意是轻微），在制动时会有一条制动管路的油压低于另一条，则两侧制动力矩不同而产生甩尾。当高速中紧急制动时，ABS起作用，四轮制动分泵的制动力矩会由ABS电脑控制，所以相差不会太多，也就不会出现甩尾现象。

根据以上分析，在检查制动管路无泄漏后，更换一个新的制动总泵后再次试车，故障消失。

案例2：汽车制动失灵

故障现象：汽车制动踏板行程过大，制动作用迟缓，制动效能很低甚至丧失，制动距离增长。

故障分析：

1）制动油压力不足（制动主缸缺油、制动管路破裂、油管接头渗漏、油路堵塞）。

2）制动系统内有空气。

3）制动踏板自由行程或制动器间隙过大，制动蹄摩擦片接触不良，磨损严重或有油污。

4）制动主缸、轮缸活塞和缸管磨损或拉伤，皮碗老化损坏。

故障排除：

1）连续踩下制动踏板，如踏板逐渐升高且有弹性感觉，但稍停一会后再踩踏板时仍然很低，即为制动系统内有空气，这时应对制动系统进行排气。

2）踩一次制动踏板时制动不灵，但连续踩几次制动踏板时制动效果很好，一般为制动踏板自由行程过大或制动间隙过大；应调整踏板自由行程，而后检查制动器间隙，必要时进行制动器解体修理。

3）踩下制动踏板时，不软弱不沉，但制动效果不良，这一现象为车轮制动器故障，如制动蹄片有油或接触不良、摩擦片老化、磨损、制动鼓磨损不均；应对制动技术状况进行检查，必要时进行调整和修复。

【课后思考】

1. 制动液中进入空气会对制动产生什么影响？

2. 盘式制动器和鼓式制动器各有何特点？

任 务 工 单

任务工单 1.1

任务名称	1.1 汽车拆装工具设备的使用	学时	6	班级	
学生姓名		学生学号		任务成绩	
实训设备	专用工具、教学用车、气缸盖、气缸、变速器等	实训场地	拆装实训室	日期	
客户任务	按标准进行基本连接、机构的拆装				
任务目的	气缸、变速器的拆装				

一、资讯

1. 指出图 1.1-1 中的拆装顺序。

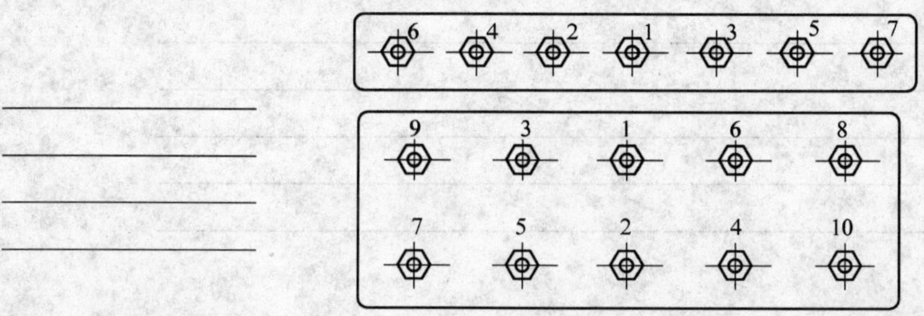

图 1.1-1

2. 滚动轴承的种类和滚动轴承的拆卸方法。

3. 螺母有哪些防松方法？

二、决策与计划

根据任务要求，确定所需要的设备、工具，并对小组成员进行合理分工，制订详细的工作计划。

1. 讨论确定检查基本拆装所需要的设备、工具。

2. 小组成员分工。

3. 制订拆装气缸盖的操作步骤。

(1)

(2)

(3)

(4)

4. 制订拆装变速器的操作步骤。

(1)

(2)

(3)

(4)

(5)

(6)

三、实施

1. 你实践所用拆装对象的类型是什么？有何特点？

2. 总结拆装过程中应该注意的问题。

3. 总结拆装的步骤。

四、检查与评估

1. 检查工具使用是否正确。
2. 检查拆装方法、步骤、动作要领是否正确。
3. 请根据自己任务完成的情况，对自己的工作进行自我评估，并提出改进意见。

____

____

4. 教师对小组工作情况进行评估，并进行点评。

____

____

____

5. 学生本次任务成绩：______________。

任务工单 1. 2

任务名称	1. 2 汽车保险杠拆装	学时	6	班级	
学生姓名		学生学号		任务成绩	
实训设备	专用工具、教学用车、桑塔纳 2000 整车等	实训场地	拆装实训室	日期	
客户任务	按标准进行汽车前后保险杠的拆装				
任务目的	汽车前后保险杠的拆装				

一、资讯

1. 指出图 1. 2-1 所示轿车车身各部分的名称。

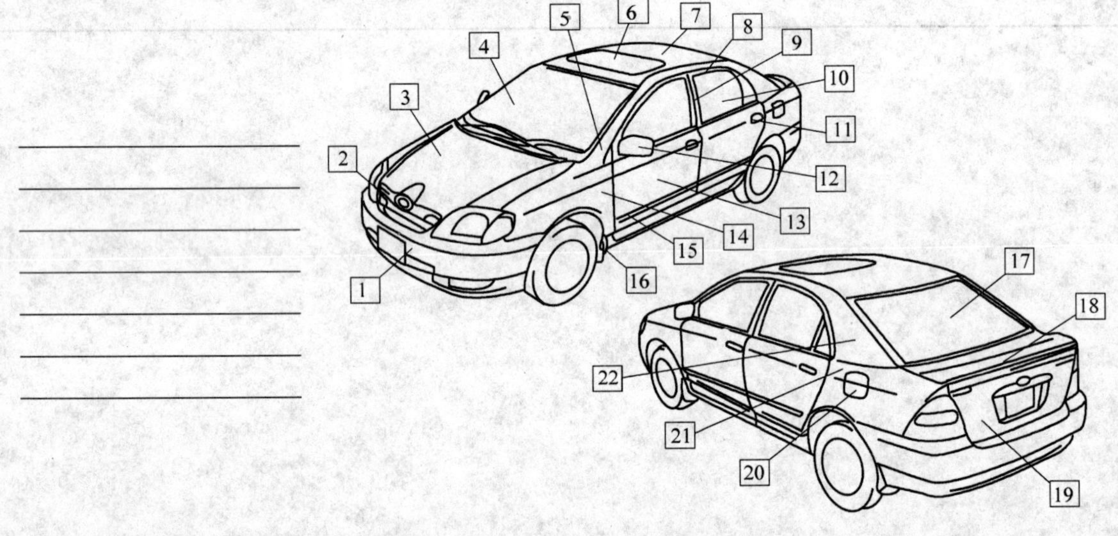

图 1. 2-1

2. 指出图 1. 2-2 所示各是哪种驱动方式。

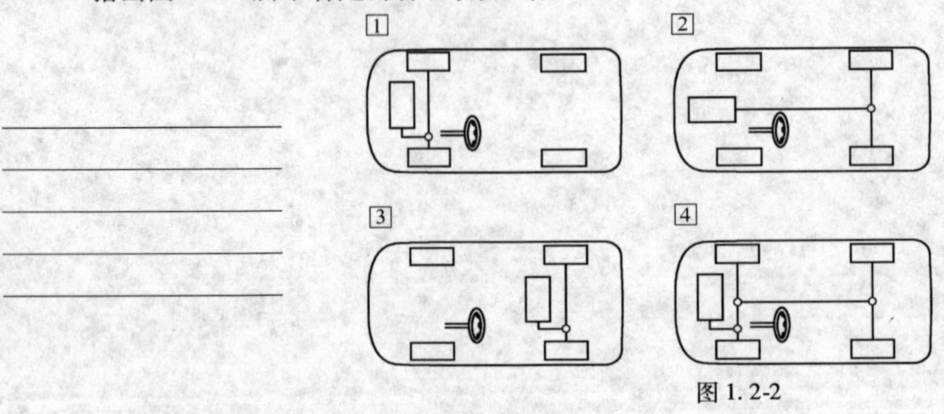

图 1. 2-2

3. 指出汽车图 1.2-3 中所指的各部分参数。

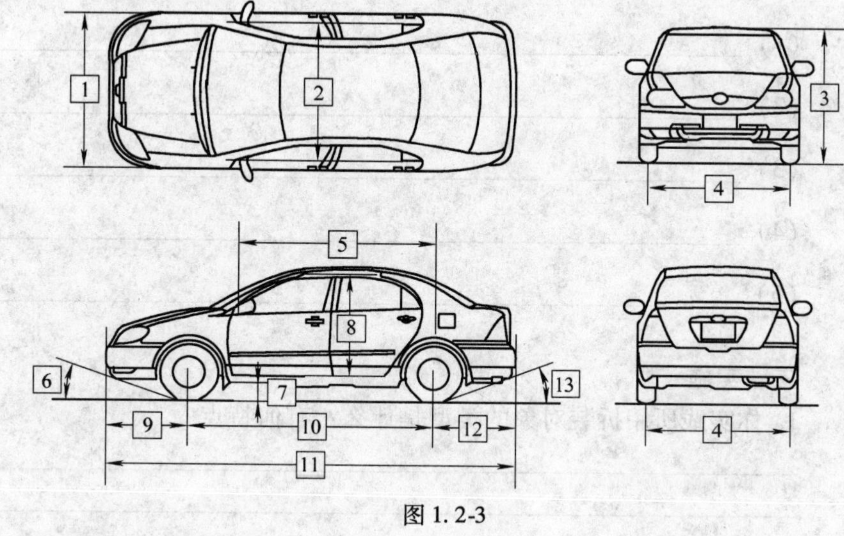

图 1.2-3

二、决策与计划

根据任务要求，确定所需要的设备、工具，并对小组成员进行合理分工，制订详细的工作计划。

1. 讨论确定检查拆卸前后保险杠所需要的设备、工具。

2. 小组成员分工。

3. 制订拆卸前保险杠的操作步骤。

(1)

(2)

(3)

(4)

(5)

4. 制订拆卸后保险杠的操作步骤。

(1) ______

(2) ______

(3) ______

(4) ______

(5) ______

三、实施

1. 你实践所用拆装对象的类型是什么？有何特点？

______

______

______

2. 总结拆装过程中应该注意的问题。

______

______

3. 总结拆装的步骤。

______

______

______

四、检查与评估

1. 检查工具使用是否正确。
2. 检查拆装方法步骤动作要领是否正确。
3. 请根据自己任务完成的情况，对自己的工作进行自我评估，并提出改进意见。

______

______

______

3. 教师对小组工作情况进行评估，并进行点评。

______

______

______

4. 学生本次任务成绩：______。

任务工单 1.3

任务名称	1.3 汽车内饰件的拆装	学时	6	班级	
学生姓名		学生学号		任务成绩	
实训设备	专用工具、教学用车、各种类型的制动器	实训场地	拆装实训室	日期	
客户任务	客户反映汽车内饰破损，请按专业要求修理更换				
任务目的	能分析汽车内饰的类型、组成、结构、连接方式，能够根据安全、环保技术规定正确拆装				

一、资讯

1. 说明图 1.3-1 中汽车内部各组成部分的名称。

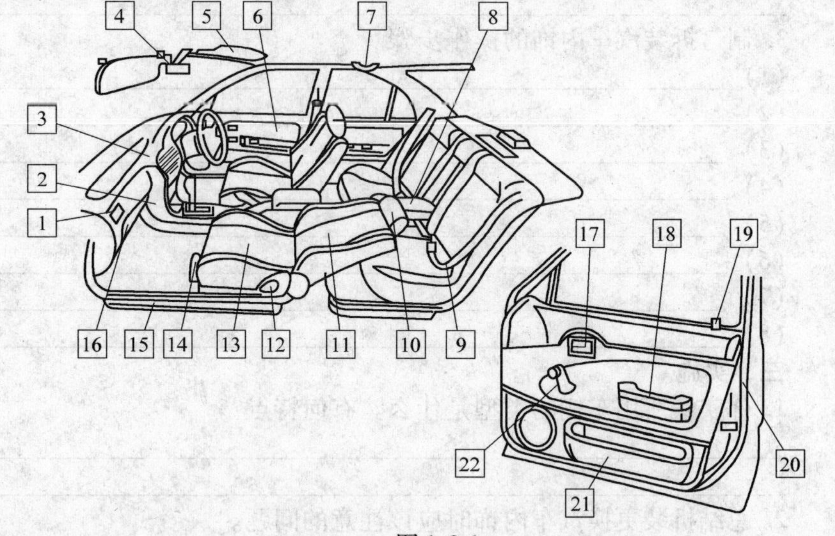

图 1.3-1

2. 说明图 1.3-2 中汽车座椅各部分名称与作用。

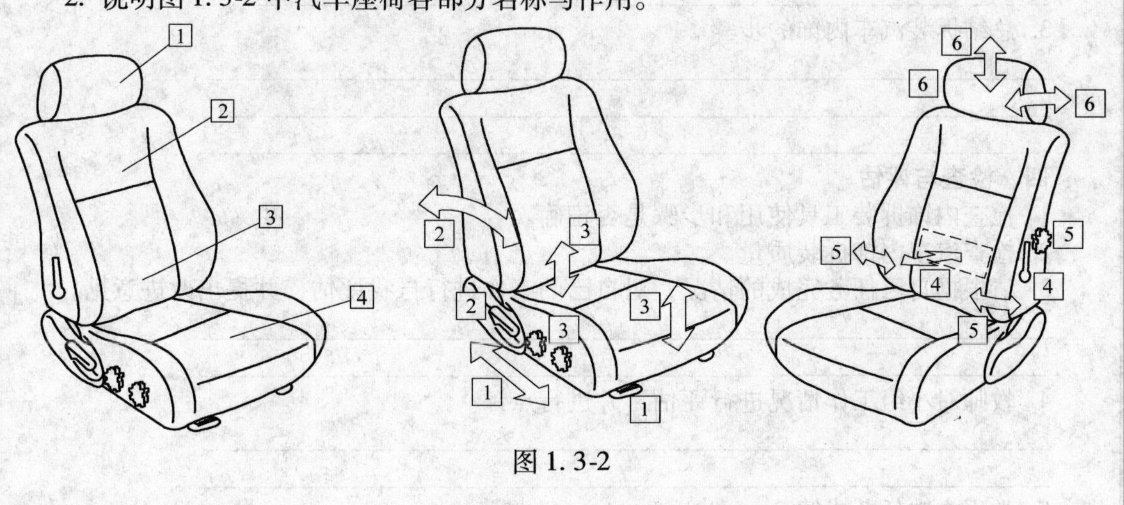

图 1.3-2

3. 说明内饰拆装工具的用途和拆装对象。

二、决策与计划

根据任务要求，确定所需要的设备、工具，并对小组成员进行合理分工，制订详细的工作计划。

1. 讨论确定检查汽车内饰所需要的设备、工具。

2. 小组成员分工。

3. 制订拆装汽车内饰的操作步骤。

（1）

（2）

（3）

（4）

（5）

（6）

（7）

（8）

三、实施

1. 你实践所用车辆的类型是什么？有何特点？

2. 总结拆装更换汽车内饰时应该注意的问题。

3. 总结拆装汽车内饰的步骤。

四、检查与评估

1. 检查内饰拆装工具使用和步骤是否正确。
2. 检查汽车内饰拆装质量。
3. 请根据自己任务完成的情况，对自己的工作进行自我评估，并提出改进意见。

4. 教师对小组工作情况进行评估，并进行点评。

5. 学生本次任务成绩：＿＿＿＿＿＿＿＿＿＿。

任务工单 2.1

任务名称	2.1 发动机拆装	学时	6	班级	
学生姓名		学生学号		任务成绩	
实训设备	专用工具、教学用车、各种类型的发动机	实训场地	拆装实训室	日期	
客户任务	按客户要求大修发动机，请用合理方法对发动机进行拆卸和装配				
任务目的	能正确使用工具，能够根据规范正确拆装发动机				

一、资讯

1. 按先上后下、先外后内的顺序描述发动机分解的合理步骤。

____

____

2. 以下是气缸盖螺栓、凸轮轴瓦盖、曲轴主轴承螺栓的拆卸顺序，分析说明这样做的必要性。

①	⑤	⑨	⑦	③
④	⑧	⑩	⑥	②

____

____

3. 简述装配发动机的大致顺序。

____

____

二、决策与计划

根据任务要求，确定所需要的设备、工具，并对小组成员进行合理分工，制订详细的工作计划。

1. 讨论确定发动机拆装所需要的设备、工具。

____

____

2. 小组成员分工。

____

____

3. 制订拆装发动机的操作步骤。

（1）____________________

（2）____________________

（3）____________________

（4）____________________

三、实施

1. 你实践所用车辆发动机的类型是什么？有何特点？

____

____

2. 总结拆装发动机时应该注意的问题。

____

____

3. 记录操作用工具的特点。

____

____

四、检查与评估

1. 检查发动机的安装是否正确。
2. 检查安装后的发动机技术状况。
3. 请根据自己任务完成的情况，对自己的工作进行自我评估，并提出改进意见。

____

____

4. 教师对小组工作情况进行评估，并进行点评。

____

____

5. 学生本次任务成绩：____________________。

任务工单 2.2

任务名称	2.2 气缸垫的更换	学时	6	班级	
学生姓名		学生学号		任务成绩	
实训设备	专用工具、量具、教学用车、各种类型的发动机	实训场地	拆装实训室	日期	
客户任务	气缸垫渗漏，请用合理方法对其检查和更换				
任务目的	能正确使用工具，能够根据规范正确检查与更换气缸垫				

一、资讯

1. 气缸盖与气缸垫的功用、结构是什么？

____

____

2. 气缸盖的检修方法是什么？

____

____

3. 气缸盖与气缸垫的安装注意事项是什么？

____

____

二、决策与计划

根据任务要求，确定所需要的设备、工具，并对小组成员进行合理分工，制订详细的工作计划。

1. 讨论确定气缸垫的检查与更换所需要的设备、工具。

____

____

2. 小组成员分工。

____

____

3. 制订气缸垫的检查与更换的操作步骤。

（1）____________________________________

（2）____________________________________

（3）____________________________________

（4）____________________________________

三、实施

1. 你所使用的发动机气缸盖下平面的平面度误差是多少？

2. 总结气缸垫的检查与更换时应该注意的问题。

3. 记录操作用工具的特点。

四、检查与评估

1. 检查气缸垫更换是否正确。
2. 请根据自己任务完成的情况，对自己的工作进行自我评估，并提出改进意见。

3. 教师对小组工作情况进行评估，并进行点评。

4. 学生本次任务成绩：________________。

任务工单 2.3

任务名称	2.3 发动机活塞环的检查与更换	学时	6	班级	
学生姓名		学生学号		任务成绩	
实训设备	专用工具、教学用车、各种类型的发动机	实训场地	拆装实训室	日期	
客户任务	活塞环磨损严重，请用合理方法对其进行检查与更换				
任务目的	能正确使用工具，能够根据规范正确检查与更换活塞环				

一、资讯

1. 简述活塞环的分类和活塞环的功能。

____

____

2. 何种情况下活塞环会失效？

____

____

3. 气缸的磨损规律是怎样的？何时应该更换活塞环？

____

____

二、决策与计划

根据任务要求，确定所需要的设备、工具，并对小组成员进行合理分工，制订详细的工作计划。

1. 讨论确定活塞环的检查与更换所需要的设备、工具。

____

____

2. 小组成员分工。

____

____

3. 制订活塞环的检查与更换的操作步骤。

（1）______

（2）______

（3）______

（4）______

三、实施

1. 你实践所用发动机的活塞环类型是什么？有何特点？

______

______

2. 总结更换活塞环时应该注意的问题。

______

______

3. 总结活塞环间隙的检查方法。

______

______

四、检查与评估

1. 检查活塞环安装是否正确。
2. 检查更换活塞环后的发动机技术状况。
3. 请根据自己任务完成的情况，对自己的工作进行自我评估，并提出改进意见。

______

______

4. 教师对小组工作情况进行评估，并进行点评。

______

______

5. 学生本次任务成绩：______。

任务工单2.4

任务名称	2.4 发动机正时带的更换	学时	6	班级	
学生姓名		学生学号		任务成绩	
实训设备	专用工具、量具、教学用车、各种类型的发动机	实训场地	拆装实训室	日期	
客户任务	按客户要求，请用合理方法更换发动机正时带				
任务目的	能正确使用工具，能够根据规范正确拆装发动机				

一、资讯

1. 正时传动装置有哪几种，分别有何特点？

2. 发动机正时传动装置的拆装检修要点是什么？

3. 发动机正时传动装置的安装注意事项是什么？

二、决策与计划

根据任务要求，确定所需要的设备、工具，并对小组成员进行合理分工，制订详细的工作计划。

1. 讨论确定更换发动机正时带所需要的设备、工具。

2. 小组成员分工。

3. 制订更换发动机正时带的操作步骤。

(1) ____________________

(2) ____________________

(3) ____________________

(4) ____________________

三、实施

1. 你实践所用车辆发动机正时带的类型是什么？有何特点？

____

____

2. 总结更换发动机正时带时应该注意的问题。

____

____

3. 记录操作用工具的特点。

____

____

四、检查与评估

1. 检查发动机正时带的安装是否正确。
2. 检查更换正时带后的发动机技术状况。
3. 请根据自己任务完成的情况，对自己的工作进行自我评估，并提出改进意见。

____

____

4. 教师对小组工作情况进行评估，并进行点评。

____

____

5. 学生本次任务成绩：____________________。

任务工单2.5

任务名称	2.5 气门拆装与气门间隙的检查调整	学时	6	班级	
学生姓名		学生学号		任务成绩	
实训设备	专用工具、量具、教学用车、各种类型的发动机	实训场地	拆装实训室	日期	
客户任务	按客户要求，请用合理方法拆卸气门、检查调整气门间隙				
任务目的	能正确使用工具，能够根据规范正确拆装气门与调整气门间隙				

一、资讯

1. 简述气门及气门组的功用与构造特点。

____

____

2. 简述配气相位的概念、气门间隙的概念，气门间隙过大或过小的危害。

____

____

3. 简述如何两遍法调整气门间隙。

____

____

二、决策与计划

根据任务要求，确定所需要的设备、工具，并对小组成员进行合理分工，制订详细的工作计划。

1. 讨论确定气门拆装与气门间隙的检查调整所需要的设备、工具。

____

____

2. 小组成员分工。

____

____

3. 制订气门拆装与气门间隙的检查调整的操作步骤。

（1）________________________________

（2）________________________________

（3）________________________________

（4）________________________________

三、实施

1. 总结调气门间隙的两遍法。

2. 总结气门拆装与气门间隙的检查调整时应该注意的问题。

3. 记录操作用工具的特点。

四、检查与评估

1. 检查气门拆装与气门间隙的检查调整是否正确。
2. 检查安装后的发动机技术状况。
3. 请根据自己任务完成的情况，对自己的工作进行自我评估，并提出改进意见。

4. 教师对小组工作情况进行评估，并进行点评。

5. 学生本次任务成绩：________________。

任务工单 2.6

任务名称	2.6 发动机机油泵的拆装与更换	学时	6	班级	
学生姓名		学生学号		任务成绩	
实训设备	专用工具、教学用车、各种类型的发动机	实训场地	拆装实训室	日期	
客户任务	按客户要求进行维护，请用合理方法更换机油泵				
任务目的	能正确使用工具，能够根据规范正确进行机油泵的检查与更换				

一、资讯

1. 简述润滑系统的功用与组成和润滑方式。

____

____

2. 简述润滑系统的油路分析过程。

____

____

3. 简述机油泵的种类、作用、工作原理。

____

____

二、决策与计划

根据任务要求，确定所需要的设备、工具，并对小组成员进行合理分工，制订详细的工作计划。

1. 讨论确定机油泵的检查与更换所需要的设备、工具。

____

____

2. 小组成员分工。

____

____

3. 制订机油泵的检查与更换的操作步骤。

（1）________________________

（2）________________________

（3）________________________

（4）________________________

三、实施

1. 你实践所用车辆发动机机油泵的类型是什么？有何特点？

2. 总结进行机油泵的检查与更换时应该注意的问题。

3. 记录操作用工具的特点。

四、检查与评估

1. 检查机油泵的安装是否正确。
2. 检查安装后的发动机技术状况。
3. 请根据自己任务完成的情况，对自己的工作进行自我评估，并提出改进意见。

4. 教师对小组工作情况进行评估，并进行点评。

5. 学生本次任务成绩：________________。

任务工单 2.7

任务名称	2.7 空气滤清器及汽油滤清器的更换	学时	6	班级	
学生姓名		学生学号		任务成绩	
实训设备	专用工具、量具、教学用车、各种类型的发动机	实训场地	拆装实训室	日期	
客户任务	按客户要求常规维护，请用合理方法更换空气滤清器、汽油滤清器				
任务目的	能正确使用工具，能够根据规范正确更换空气滤清器及汽油滤清器				

一、资讯

1. 简述空气滤清器的功用。

2. 简述汽油滤清器的功用、结构与工作原理。

3. 简述空气滤清器、汽油滤清器的检查、维护与更换。

二、决策与计划

根据任务要求，确定所需要的设备、工具，并对小组成员进行合理分工，制订详细的工作计划。

1. 讨论确定更换空气滤清器及汽油滤清器所需要的设备、工具。

2. 小组成员分工。

3. 制订更换空气滤清器及汽油滤清器的操作步骤。

（1）________________

（2）________________

（3）________________

（4）________________

三、实施

1. 总结更换空气滤清器及汽油滤清器时应该注意的问题。

____

____

2. 记录操作用工具的特点。

____

____

四、检查与评估

1. 检查空气滤清器、汽油滤清器的安装是否正确。
2. 检查安装后的发动机技术状况。
3. 请根据自己任务完成的情况，对自己的工作进行自我评估，并提出改进意见。

____

____

4. 教师对小组工作情况进行评估，并进行点评。

____

____

5. 学生本次任务成绩：________________。

任务工单 2.8

<table>
<tr><td>任务名称</td><td>2.8 发动机节温器与水泵的拆装与更换</td><td>学时</td><td>6</td><td>班级</td><td></td></tr>
<tr><td>学生姓名</td><td></td><td>学生学号</td><td></td><td>任务成绩</td><td></td></tr>
<tr><td>实训设备</td><td>专用工具、量具、教学用车、各种类型的发动机</td><td>实训场地</td><td>拆装实训室</td><td>日期</td><td></td></tr>
<tr><td>客户任务</td><td colspan="5">冷却系统故障，请用合理方法进行节温器与水泵的检查更换</td></tr>
<tr><td>任务目的</td><td colspan="5">能正确使用工具，能够根据规范正确进行发动机节温器与水泵的检查、更换</td></tr>
</table>

一、资讯

1. 简述冷却系统的组成和大小循环工作过程。

2. 简述节温器的结构、种类和工作原理。

3. 简述水泵的结构与工作原理。

二、决策与计划

根据任务要求，确定所需要的设备、工具，并对小组成员进行合理分工，制订详细的工作计划。

1. 讨论确定发动机节温器与水泵的检查、更换所需要的设备、工具。

2. 小组成员分工。

3. 制订发动机节温器与水泵的检查、更换的操作步骤。

（1）＿＿＿＿＿＿＿＿＿＿＿＿＿＿＿＿＿＿＿＿

（2）＿＿＿＿＿＿＿＿＿＿＿＿＿＿＿＿＿＿＿＿

（3）＿＿＿＿＿＿＿＿＿＿＿＿＿＿＿＿＿＿＿＿

（4）＿＿＿＿＿＿＿＿＿＿＿＿＿＿＿＿＿＿＿＿

三、实施

1. 你实践所用车辆发动机的节温器和冷却系统类型是什么？有何特点？

＿＿＿＿＿＿＿＿＿＿＿＿＿＿＿＿＿＿＿＿＿＿＿＿

＿＿＿＿＿＿＿＿＿＿＿＿＿＿＿＿＿＿＿＿＿＿＿＿

2. 总结进行发动机节温器与水泵的检查、更换时应该注意的问题。

＿＿＿＿＿＿＿＿＿＿＿＿＿＿＿＿＿＿＿＿＿＿＿＿

＿＿＿＿＿＿＿＿＿＿＿＿＿＿＿＿＿＿＿＿＿＿＿＿

3. 记录操作用工具的特点。

＿＿＿＿＿＿＿＿＿＿＿＿＿＿＿＿＿＿＿＿＿＿＿＿

＿＿＿＿＿＿＿＿＿＿＿＿＿＿＿＿＿＿＿＿＿＿＿＿

四、检查与评估

1. 检查发动机节温器与水泵的检查、更换是否正确。
2. 检查安装后的发动机技术状况。
3. 请根据自己任务完成的情况，对自己的工作进行自我评估，并提出改进意见。

＿＿＿＿＿＿＿＿＿＿＿＿＿＿＿＿＿＿＿＿＿＿＿＿

＿＿＿＿＿＿＿＿＿＿＿＿＿＿＿＿＿＿＿＿＿＿＿＿

4. 教师对小组工作情况进行评估，并进行点评。

＿＿＿＿＿＿＿＿＿＿＿＿＿＿＿＿＿＿＿＿＿＿＿＿

＿＿＿＿＿＿＿＿＿＿＿＿＿＿＿＿＿＿＿＿＿＿＿＿

5. 学生本次任务成绩：＿＿＿＿＿＿＿＿＿＿。

任务工单 2.9

任务名称	2.9 发动机排气管更换	学时	6	班级	
学生姓名		学生学号		任务成绩	
实训设备	专用工具、量具、教学用车、各种类型的发动机	实训场地	拆装实训室	日期	
客户任务	排气系统故障，请用合理方法更换排气管				
任务目的	能正确使用工具，能够根据规范正确更换发动机排气管				

一、资讯

1. 简述发动机排气系统结构。

2. 简述消声器的结构、工作原理。

3. 简述三元催化装置、氧传感器的作用。

二、决策与计划

根据任务要求，确定所需要的设备、工具，并对小组成员进行合理分工，制订详细的工作计划。

1. 讨论确定更换发动机排气管所需要的设备、工具。

2. 小组成员分工。

3. 制订更换发动机排气管的操作步骤。

(1) ____________________

(2) ____________________

(3) ____________________

(4) ____________________

三、实施

1. 你实践所用车辆发动机排气系统的类型是什么？有何特点？

____

____

2. 总结更换发动机排气管时应该注意的问题。

____

____

3. 记录操作用工具的特点。

____

____

四、检查与评估

1. 检查发动机排气管的安装是否正确。
2. 检查安装后的发动机技术状况。
3. 请根据自己任务完成的情况，对自己的工作进行自我评估，并提出改进意见。

____

____

4. 教师对小组工作情况进行评估，并进行点评。

____

____

5. 学生本次任务成绩：____________。

任务工单 3.1

任务名称	3.1 离合器调整与离合器片的更换	学时	6	班级	
学生姓名		学生学号		任务成绩	
实训设备	专用工具、量具、教学用车、各种类型的制动器	实训场地	拆装实训室	日期	
客户任务	客户反映汽车在制动过程中熄火，不好挂挡。请按专业要求修理离合器				
任务目的	能分析汽车离合器的类型、组成、结构原理，能够根据安全、环保技术规定正确更换制动片				

一、资讯

1. 根据图 3. 1-1 说明摩擦离合器的工作原理。

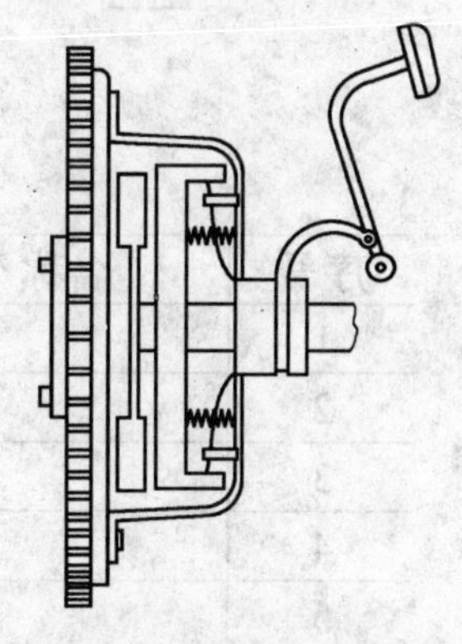

图 3. 1-1

2. 下面是桑塔纳轿车检查离合器踏板自由行程的情况，请说明离合器踏板自由行程的调整要点。

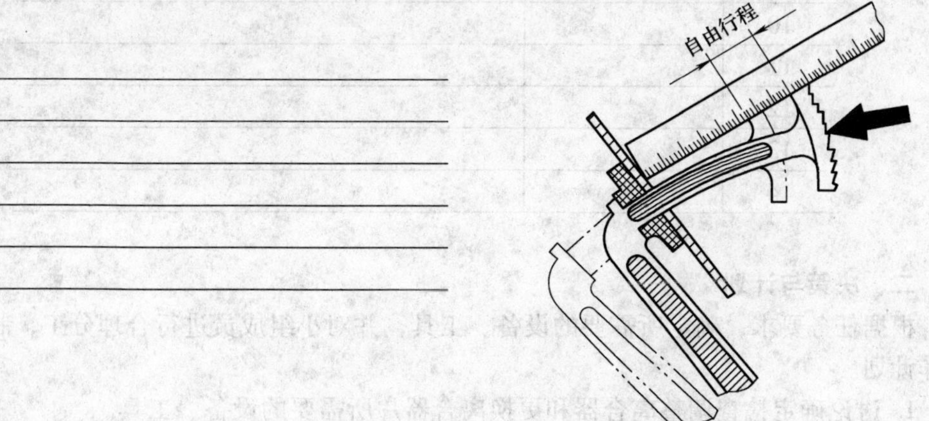

图 3. 1-2

3. 下面是红旗轿车的离合器液压操纵机构，将各组件名称和功能填入下表。

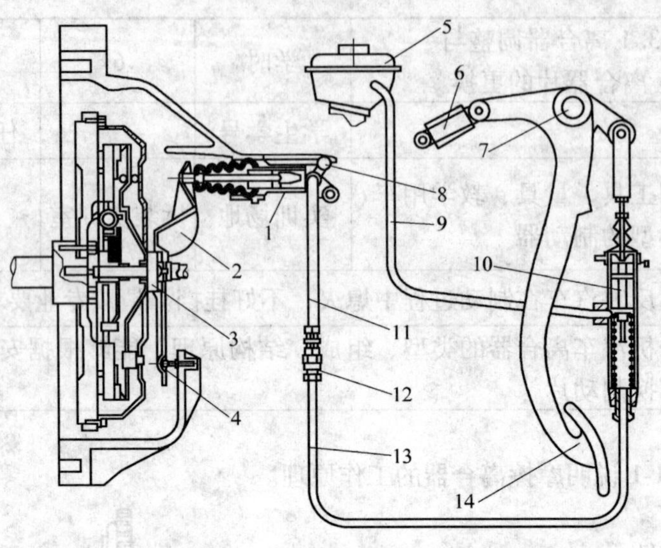

图 3.1-3

序号	名称	功　能
1		
2		
3		
4		
5		
6		
7		
8		
9		
10		
11		
12		
13		
14		

二、决策与计划

根据任务要求，确定所需要的设备、工具，并对小组成员进行合理分工，制订详细的工作计划。

1. 讨论确定检查调整离合器和更换离合器片所需要的设备、工具。

2. 小组成员分工。

____

____

3. 制订更换离合器片的操作步骤。

(1) ______________________

(2) ______________________

(3) ______________________

(4) ______________________

4. 制订调整离合器的操作步骤。

(1) ______________________

(2) ______________________

(3) ______________________

(4) ______________________

三、实施

1. 你实践所用车辆离合器的类型是什么？有何特点？

____

____

2. 总结更换离合器片时应该注意的问题。

____

____

3. 总结离合器检查调整的步骤。

____

____

四、检查与评估

1. 检查离合器的安装是否正确。

2. 检查离合器踏板自由行程及汽车工作中离合情况。

3. 请根据自己任务完成的情况，对自己的工作进行自我评估，并提出改进意见。

____

____

4. 教师对小组工作情况进行评估，并进行点评。

____

____

5. 学生本次任务成绩：______________。

任务工单 3.2

任务名称	3.2 变速器操纵机构调整	学时	6	班级	
学生姓名		学生学号		任务成绩	
实训设备	专用工具、量具、教学用车、各种类型的变速器操作机构	实训场地	拆装实训室	日期	
客户任务	客户反映汽车挡位缺失，请按专业要求修理变速器操作机构				
任务目的	能分析变速器操纵结构结构原理，能够根据安全、环保技术规定正确调整变速器操作机构				

一、资讯

1. 根据图 3.2-1 将对应的零件名称的序号标注在下图中。

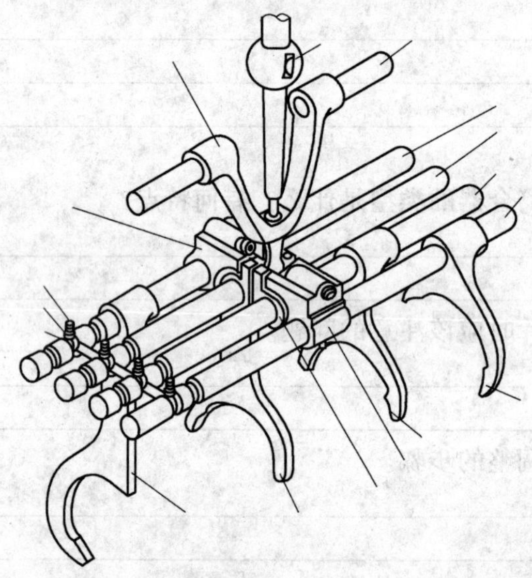

图 3.2-1

1—叉形拨杆　2—变速杆　3—换挡轴　4—五、六挡拨叉轴　5—三、四挡拨叉轴　6— 一、二挡拨叉轴　7—倒挡拨叉轴　8—倒挡拨叉　9— 一、二挡拨叉　10—倒挡拨块　11— 一、二挡拨块　12—三、四挡拨叉　13—五、六挡拨叉　14—互锁销　15—互锁钢球　16—互锁弹簧　17—五、六挡拨块

2. 图 3.2-2 是汽车自锁装置示意图，请标出对应零件序号，并说明自锁装置的作用。

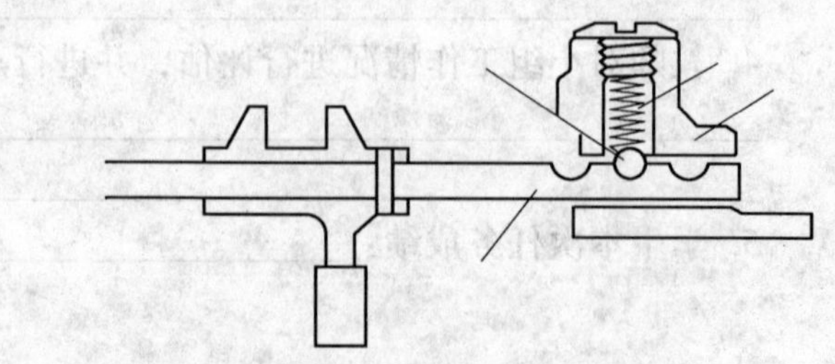

图 3.2-2

1—自锁钢球　2—自锁弹簧　3—变速器盖　4—拨叉轴

3. 图 3. 2-3 是汽车互锁装置示意图，将各组件名称对应序号填入图中，并说明互锁装置的作用。

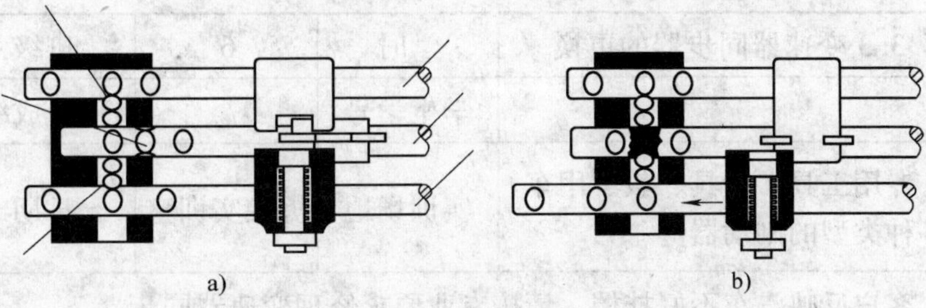

图 3. 2-3
1、5、6—拨叉轴　2、4—互锁钢球　3—互锁顶销

二、决策与计划

根据任务要求，确定所需要的设备、工具，并对小组成员进行合理分工，制订详细的工作计划。

1. 讨论确定进行变速器操作机构调整所需要的设备、工具。

____

____

2. 小组成员分工。

____

____

3. 制订调整变速器操作机构的操作步骤。

(1) ______________________________
(2) ______________________________
(3) ______________________________
(4) ______________________________

三、实施

1. 你实践所用车辆变速器操作机构的类型是什么？有何特点？

____

____

2. 总结调整变速器操作机构时应该注意的问题。

____

____

四、检查与评估

1. 检查变速器操纵机构的调整是否正确。

____

____

2. 请根据自己任务完成的情况，对自己的工作进行自我评估，并提出改进意见。

____

____

3. 教师对小组工作情况进行评估，并进行点评。

____

____

4. 学生本次任务成绩：______________。

任务工单 3.3

任务名称	3.3 变速器同步器的更换	学时	6	班级	
学生姓名		学生学号		任务成绩	
实训设备	专用工具、量具、教学用车、各种类型的制动器	实训场地	拆装实训室	日期	
客户任务	客户反映汽车不好挂档，请按专业要求修理变速器同步器				
任务目的	能分析汽车变速器的类型、组成，能够根据技术要求正确更换变速器同步器				

一、资讯

1. 根据图 3.3-1 指出各部分名称、作用并分析各挡位传动路线。

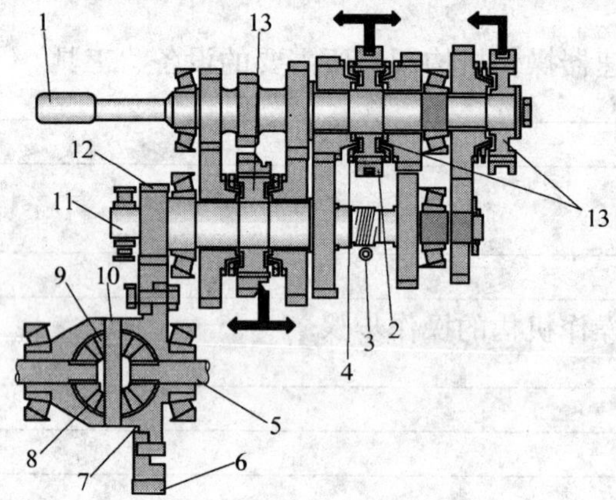

图 3.3-1

序号	名称	功　　能
1		
2		
3		
4		
5		
6		
7		
8		
9		
10		
11		
12		
13		

2. 图 3.3-2 是桑塔纳轿车同步器结构图，请按图指出各部名称作用和装配要点。

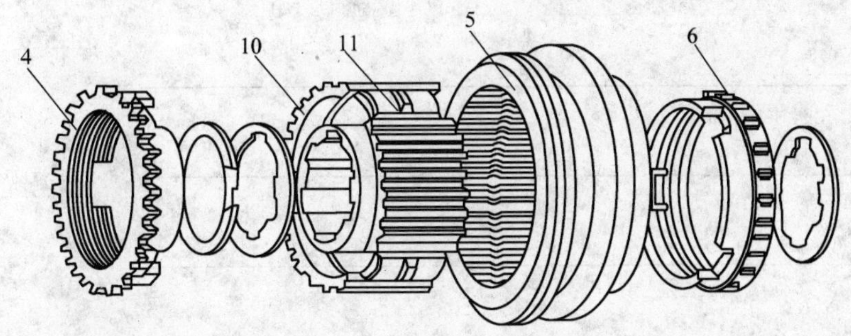

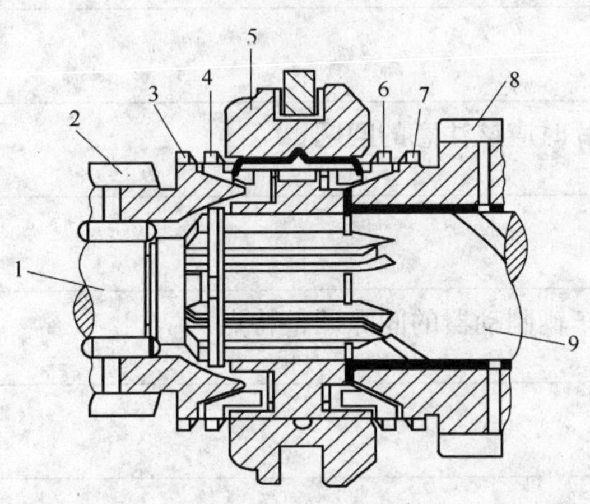

图 3.2-2

二、决策与计划

根据任务要求，确定所需要的设备、工具，并对小组成员进行合理分工，制订详细的工作计划。

1. 讨论确定更换制动器片所需要的设备、工具。

2. 小组成员分工。

3. 制订更换制动器片的操作步骤。

（1）______________________

（2）______________________

（3）______________________

（4）______________________

三、实施

1. 你实践所用车辆制动器的类型是什么？有何特点？

____

____

2. 总结更换制动器片时应该注意的问题。

____

____

3. 记录操作使用的车辆制动器的间隙调整特点。

____

____

四、检查与评估

1. 检查制动器的安装是否正确。
2. 检查制动器的间隙是否正确。
3. 请根据自己任务完成的情况，对自己的工作进行自我评估，并提出改进意见。

____

____

4. 教师对小组工作情况进行评估，并进行点评。

____

____

5. 学生本次任务成绩：______________。

任务工单3.4

任务名称	3.4 悬架减振器的更换	学时	6	班级	
学生姓名		学生学号		任务成绩	
实训设备	专用工具、量具、教学用车、各种类型的制动器	实训场地	拆装实训室	日期	
客户任务	客户反映汽车在行驶过程中异常振动，请按专业要求修理制动器				
任务目的	能分析汽车悬架和减振器的类型、组成，能够根据安全、环保技术规定正确拆装和检查更换减振器				

一、资讯

1. 根据图3.4-1说明汽车悬架的组成。

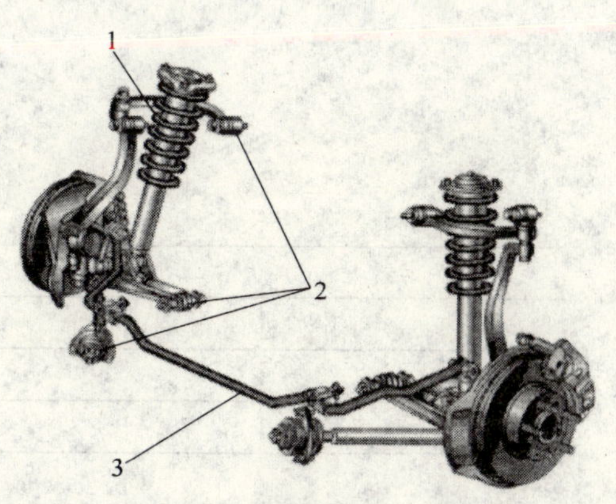

图3.4-1

2. 指出图3.4-2中两图属于哪种类型的悬架。

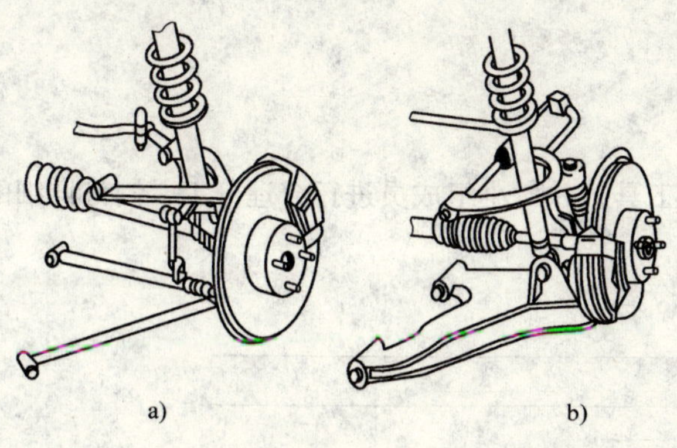

图3.4-2

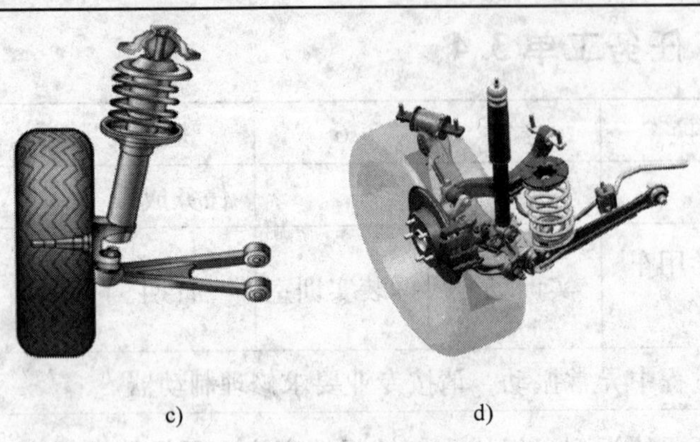
c) d)

图 3. 4-2（续）

3. 对照图 3. 4-3，说明减振器是如何工作的。

图 3. 4-3

二、决策与计划

根据任务要求，确定所需要的设备、工具，并对小组成员进行合理分工，制订详细的工作计划。

1. 讨论确定更换减振器所需要的设备、工具。

2. 小组成员分工。

3. 制订更换减振器的操作步骤。

(1) ______________________________

(2) ______________________________

(3) ______________________________

(4) ______________________________

三、实施

1. 你实践所用车辆悬架的类型是什么？有何特点？

____

____

2. 总结拆装悬架和减振器时应该注意的问题。

____

____

3. 记录你如何检查悬架和减振器的好坏的。

____

____

四、检查与评估

1. 检查悬架减振器的安装是否正确。
2. 评价减振器检查情况。

____

____

3. 请根据自己任务完成的情况，对自己的工作进行自我评估，并提出改进意见。

____

____

4. 教师对小组工作情况进行评估，并进行点评。

____

____

5. 学生本次任务成绩：______________。

任务工单 3.5

任务名称	3.5 车轮与轮胎的拆装	学时	6	班级	
学生姓名		学生学号		任务成绩	
实训设备	专用工具、量具、教学用车、各种类型的制动器	实训场地	拆装实训室	日期	
客户任务	客户反映汽车行驶阻力大，燃油消耗增加，检查轮胎偏磨				
任务目的	能分析车轮的类型、组成，能够根据技术规定正确更换车轮并进行车轮的换位				

一、资讯

1. 根据图 3.5-1 所示说明辐板式车轮的各部分名称。

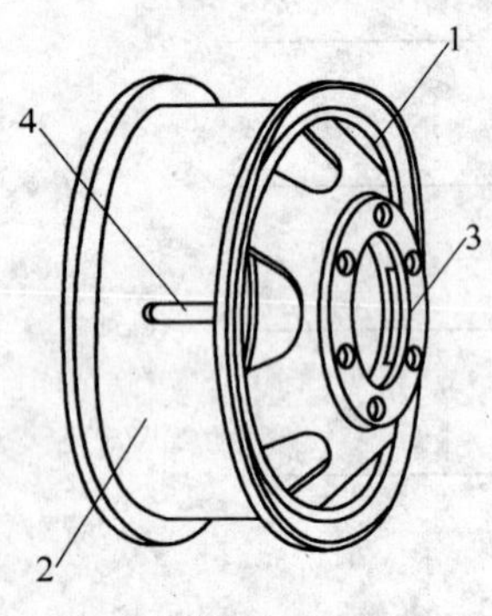

图 3.5-1

2. 根据图 3.5-2 所示解释子午线轮胎和无内胎轮胎各部分名称。

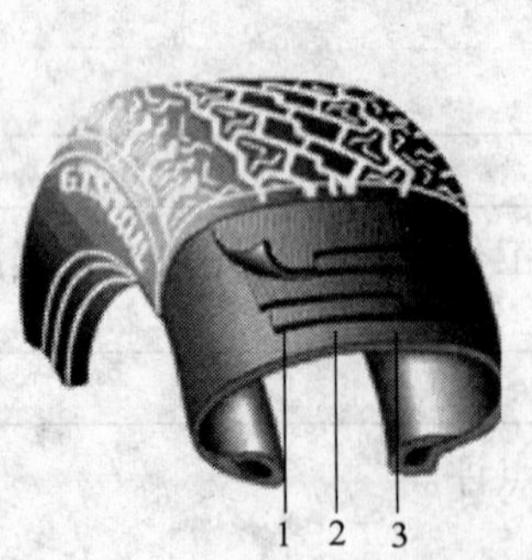

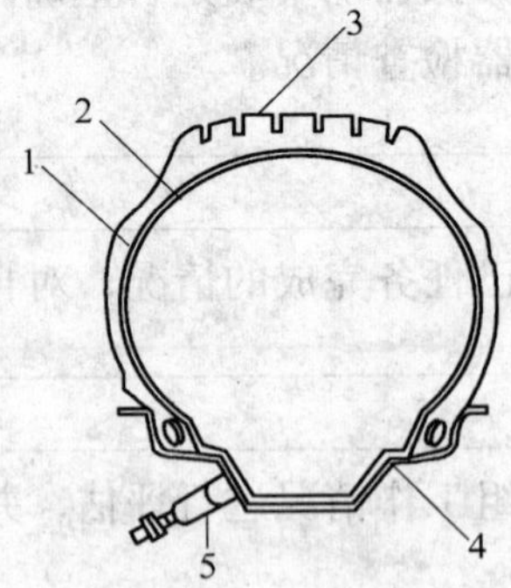

图 3.5-2

3. 解释下列轮胎规格代号含义。

165/70R13：______

二、决策与计划

根据任务要求，确定所需要的设备、工具，并对小组成员进行合理分工，制订详细的工作计划。

1. 讨论确定更换车轮和轮胎所需要的设备、工具。

2. 小组成员分工。

3. 制订更换车轮和轮胎的操作步骤。

(1) ______

(2) ______

(3) ______

(4) ______

三、实施

1. 你实践所用车辆车轮轮胎的类型是什么？有何特点？

2. 总结更换车轮时应该注意的问题。

3. 记录操作使用车辆车轮换位的操作特点。

四、检查与评估

1. 检查车轮的安装是否正确。

2. 请根据自己任务完成的情况，对自己的工作进行自我评估，并提出改进意见。

3. 教师对小组工作情况进行评估，并进行点评。

4. 学生本次任务成绩：______。

任务工单 3.6

任务名称	3.6 转向器的检查调整	学时	6	班级	
学生姓名		学生学号		任务成绩	
实训设备	专用工具、量具、教学用车、各种类型的制动器	实训场地	拆装实训室	日期	
客户任务	客户反映汽车在行驶过程中转向沉重，请按专业要求修理制动器				
任务目的	能分析汽车转向器的类型、组成，能够根据安全、环保技术规定正确更换				

一、资讯

1. 根据图 3.6-1 所示说明齿轮齿条式转向器各部分名称与工作原理。

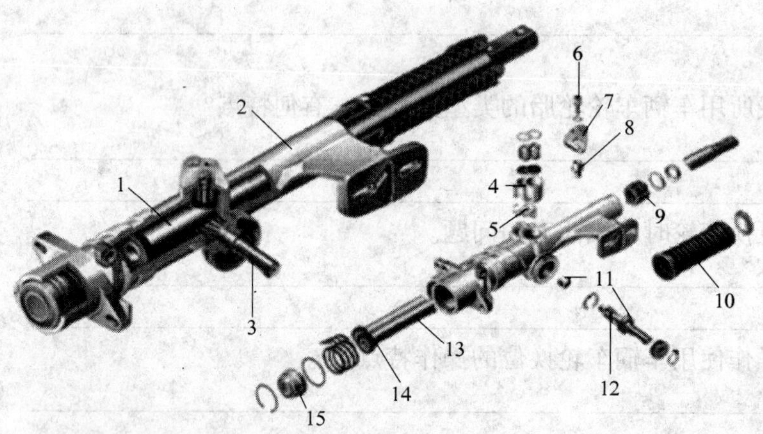

图 3.6-1

____

____

____

____

2. 图 3.6-2 所示是桑塔纳轿车的前车轮机械转向系的工作情况，请说明各部分名称，分析转向操纵的原理。

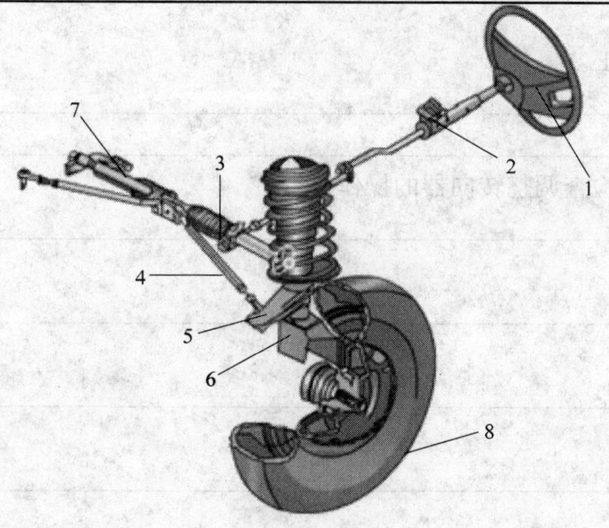

图 3. 6-2

3. 说明图 3. 6-3 所示动力转向系各部分的名称并分析工作情况。

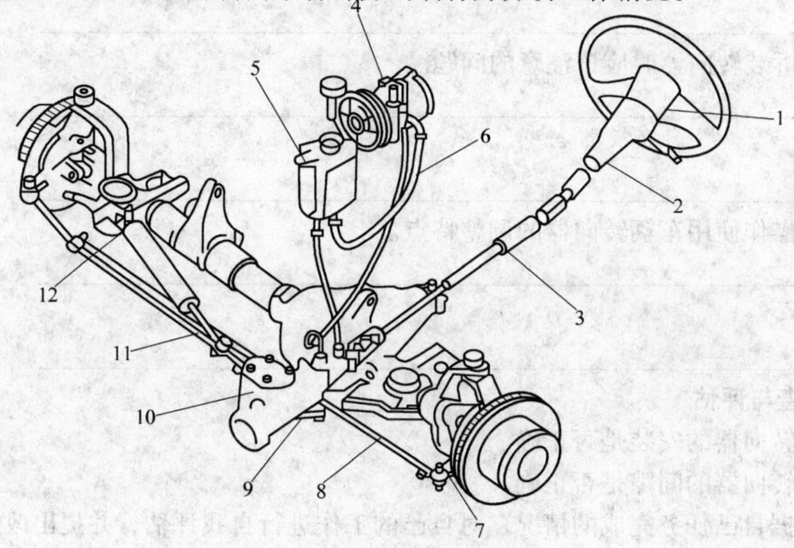

图 3. 6-3

____

____

二、决策与计划

根据任务要求，确定所需要的设备、工具，并对小组成员进行合理分工，制订详细的工作计划。

1. 讨论确定拆装转向器所需要的设备、工具。

____

____

2. 小组成员分工。

3. 制订更换、检查调整转向器的操作步骤。

(1)

(2)

(3)

(4)

三、实施

1. 你实践所用车辆转向器的类型，有何特点？

2. 总结拆装转向器时应该注意的问题。

3. 记录操作使用车辆转向器的调整特点。

四、检查与评估

1. 检查转向器的安装是否正确。
2. 检查转向器的间隙是否正确。
3. 请根据自己任务完成的情况，对自己的工作进行自我评估，并提出改进意见。

4. 教师对小组工作情况进行评估，并进行点评。

5. 学生本次任务成绩：________。

任务工单 3.7

任务名称	3.7 制动蹄与制动块的更换	学时	6	班级	
学生姓名		学生学号		任务成绩	
实训设备	专用工具、量具、教学用车、各种类型的制动器	实训场地	拆装实训室	日期	
客户任务	客户反映汽车在制动过程中向右偏，转向盘抖动，请按专业要求修理制动器				
任务目的	能分析汽车制动器的类型、组成，能够根据安全、环保技术规定正确更换制动蹄和制动块				

一、资讯

1. 根据图 3.7-1 说明盘式制动器的工作原理。

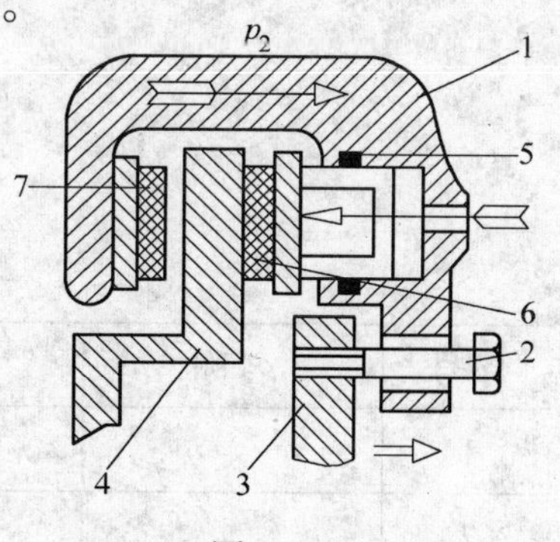

图 3.7-1

2. 图 3.7-2 所示是桑塔纳轿车的前车轮制动器密封圈的工作情况，分析间隙自调的原理，说明车轮制动器的装配要点。

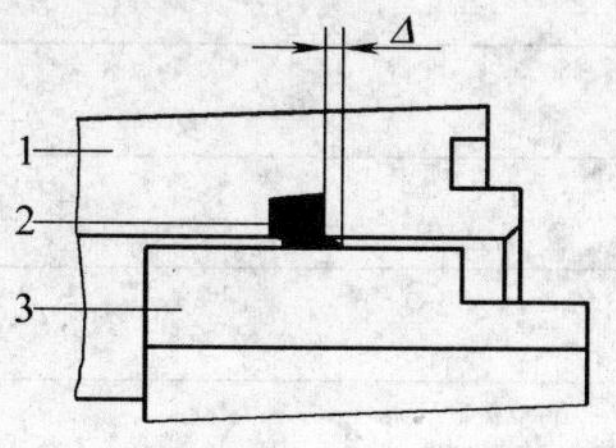

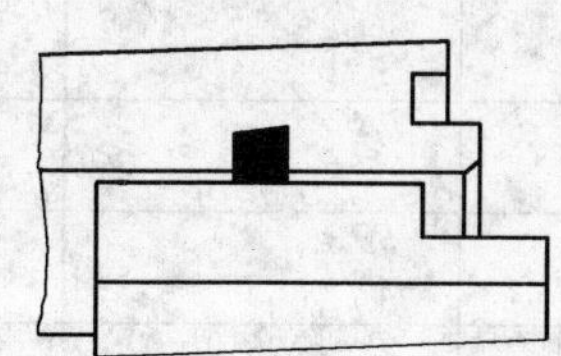

图 3.7-2

3. 图 3. 7-3 所示是桑塔纳轿车的前车轮制动器，将各组件名称和功能添入下表。

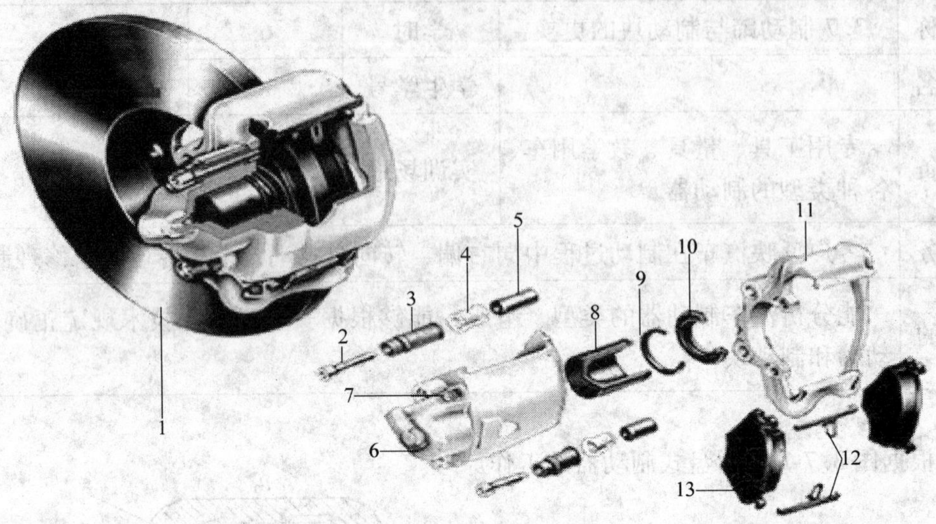

图 3. 7-3

序号	名称	功　能
1		
2		
3		
4		
5		
6		
7		
8		
9		
10		
11		

二、决策与计划

根据任务要求，确定所需要的设备、工具，并对小组成员进行合理分工，制订详细的工作计划。

1. 讨论确定更换制动器片所需要的设备、工具。

2. 小组成员分工。

3. 制订更换制动器片的操作步骤。

(1)

(2)

(3)

(4)

三、实施

1. 你实践所用车辆制动器的类型是什么？有何特点？

2. 总结更换制动器片时应该注意的问题。

3. 记录操作使用车辆制动器的间隙调整特点。

四、检查与评估

1. 检查制动器的安装是否正确。
2. 检查制动器的间隙是否正确。
3. 请根据自己任务完成的情况，对自己的工作进行自我评估，并提出改进意见。

4. 教师对小组工作情况进行评估，并进行点评。

5. 学生本次任务成绩：________。

参 考 文 献

[1] 张春化．汽车电器与电路［M］．北京：人民邮电出版社，2005.

[2] 陈家瑞．汽车构造［M］．北京：人民交通出版社，2002.

[3] 仇雅莉．汽车发动机构造与维修［M］．北京：人民交通出版社，2010.

[4] 李东江，宋良玉．现代汽车电子控制技术［M］．北京：科学技术文献出版社，1998.

[5] 董继明．汽车检测与诊断技术［M］．北京：机械工业出版社，2007.